L'EXTRADITION DES BALTES

DU MÊME AUTEUR

Le Médecin personnel du roi, Actes Sud, 2000.
Hamsun, Actes Sud, 1996.
La Bibliothèque du capitaine Némo, Actes Sud, 1992.
Le Second, Actes Sud, 1989.
L'Heure du lynx, Actes Sud, 1989.
Ecrits sur le sport, Actes Sud, 1988.
L'Ange déchu, Actes Sud, 1986.
Strinberg, une vie, Flammarion, 1985.
Le Départ des musiciens, Flammarion, 1980.
La Cathédrale olympique, Pandora, 1980.
Le Cinquième Hiver du magnétiseur, Flammarion, 1976.
Hess, L'Herne, 1972.

Titre original :
Legionärerna

ISBN 2-7427-2920-8

Illustration de couverture :
Jérôme Bosch, *Le Portement de croix* (détail)

PER OLOV ENQUIST

L'EXTRADITION DES BALTES

roman traduit du suédois
par Marc de Gouvenain
et Lena Grumbach

BABEL

PRÉFACE A L'ÉDITION FRANÇAISE DE 1985

Il y a plus de quinze ans déjà qu'a paru à Stockholm ce roman consacré à l'un des événements les plus douloureux et les plus violemment controversés de l'histoire moderne suédoise, événement qui déclencha un débat passionné dont les clameurs ne sont pas encore retombées. Cesseront-elles même jamais ?

Pour ma part, j'ai tenté de décrire un dilemme suédois dans les remous qui suivirent la seconde Guerre mondiale, à une époque où personne ne savait encore quelles frontières les grandes puissances définiraient, où personne ne savait si la situation était figée ou entièrement ouverte. Au beau milieu se trouvaient quelques centaines de réfugiés militaires baltes qui, du jour au lendemain, furent investis d'un rôle politique. Quand j'écrivais ce livre, voici quinze ans, je pensais que le cas de l'extradition des Baltes nous confrontait à certaines questions d'intérêt général qu'il fallait poser et auxquelles il fallait trouver réponse : à propos du grand schéma idéologique et du petit schéma humain qu'il enferme, à propos des mécanismes politiques et des victimes de ces mécanismes, à propos de l'évolution d'une crise politique et de la manière dont elle succombe à ses propres mécanismes, à propos des conséquences de l'opposition et de celles du compromis. Je pensais qu'il était important de décrire tout cela, aujourd'hui j'en suis encore plus persuadé.

Depuis la parution de mon roman, en 1968, on a beaucoup écrit sur l'extradition des Baltes, mais aucun fait nouveau n'est apparu qui ait modifié, sinon dans des détails, l'image que j'en ai donnée à ce moment-là. Depuis lors, j'ai accompli de nombreux voyages dans les

Etats baltes — ces trois Etats qui furent autrefois souverains et indépendants, que nous oublions si légèrement et qui se font maintenant digérer avec une efficacité effroyable par les boyaux d'une grande puissance —, j'ai parlé à nouveau avec plusieurs extradés, discutant de leur sort, et je crois, aujourd'hui, que la représentation que j'ai donnée des événements était juste.

Ce dilemme suédois dans l'ombre de la Guerre mondiale n'est cependant pas uniquement suédois. A maintes reprises, en vérité de plus en plus souvent, nous sommes affrontés aux problèmes politiques, personnels et, au fond, existentiels que les cent soixante-sept réfugiés baltes nous obligèrent autrefois à considérer.

Stockholm, le 23 février 1985
PER OLOV ENQUIST

L'EXTRADITION DES BALTES

AVANT-PROPOS

Ceci est un roman sur l'extradition des Baltes mais si le mot de "roman" gêne, on peut le remplacer par "reportage" ou "livre". J'ai essayé de coller à la réalité jusque dans de petits détails sans importance : si j'ai échoué c'est plutôt par incapacité que par intention. Les incidents décrits ont eu lieu, les personnages existent ou ont existé même si, dans de nombreux cas, j'ai été obligé de les protéger en employant des initiales fictives.

J'ai choisi de ne pas rendre compte des sources et des preuves d'une page à l'autre. Mais ce roman est basé sur un grand nombre de documents. En plus de tout ce qui a déjà été écrit et imprimé sur cette extradition, je me base sur un ample matériau non imprimé : documents, journaux personnels, lettres et comptes rendus placés sous le sceau du secret. La base même de ce livre est cependant avant tout une longue suite d'entretiens avec les personnages réalisée de 1966 à 1968 en Suède, au Danemark, en Angleterre et en Lettonie soviétique.

Je remercie tous ceux qui m'ont aidé dans mon travail, qui m'ont fourni des matériaux jusqu'ici inconnus, qui m'ont donné d'importantes indications. Beaucoup d'entre eux seront déçus par la vue d'ensemble qui ressort de cette enquête, et par moi-même. Mon intention était de donner une image tout à fait objective et exacte de cette affaire politique unique. J'ai, comme on le verra, échoué dans cette intention de donner une image objective. Je ne crois pas qu'il soit possible de le faire.

Mon ambition n'a pas été d'élever un monument à la tragédie balte mais par contre, de décrire un dilemme, aussi soigneusement que possible.

P. O. E.

I. L'ÉTÉ

"Les deux partis refusent de considérer l'affaire telle qu'elle se présente réellement : comme un processus complexe et embrouillé, où les décisions ne sont nullement prises conformément à des plans minutieusement dressés mais dans le noir, au hasard, où l'ignorance des contingences, le hasard et la bêtise jouent un rôle plus important que des spéculations machiavéliques."

Arthur M. Schlesinger Jr.

1

Voici l'histoire en résumé.

Au cours des deux premières semaines de mai 1945, au moment de l'armistice, un grand nombre de militaires allemands arrivèrent en Suède. Ils venaient pour la plupart de l'Est car ils ne désiraient à aucun prix se livrer aux Russes comme prisonniers de guerre. Ils arrivaient des Etats baltes, surtout de la poche de Courlande, en Lettonie, mais aussi de Danzig. Ils étaient environ trois mille et ils furent immédiatement internés. Parmi eux se trouvaient un petit nombre de Baltes qui soit s'étaient engagés comme volontaires dans l'armée allemande soit y avaient été enrôlés de force.

Les légionnaires baltes empruntèrent deux voies. La première partait de Courlande pour arriver à la côte est de l'île de Gotland, l'autre de Danzig pour arriver à Ystad via Bornholm. Un seul vint par avion. Il atterrit aux environs de Malmö et, huit mois plus tard, il se suicidait sur le quai de Trelleborg. Au total, cela faisait 167 hommes dont 7 Estoniens, 11 Lituaniens et 149 Lettons. Tous portaient l'uniforme allemand.

Ceux qui étaient arrivés sur Gotland et qu'on avait internés dans un camp tout proche de Havdhem furent envoyés début octobre, via Rinkaby, dans un camp de rassemblement à Ränneslätt, près de Eksjö. Le groupe de Ystad fut amené à Bökeberg et, deux semaines plus tard, à Ränneslätt. En novembre le gouvernement annonçait que tous allaient être extradés aux Russes. Les internés protestèrent alors en faisant la grève de la faim et certains se suicidèrent, ce qui retarda l'extradition jusqu'en janvier 1946. Le 25 janvier 1946 ces légionnaires baltes partaient pour l'U.R.S.S. Le groupe était alors réduit à 146 hommes. Le bateau qui les emportait s'appelait le "Beloostrov". Les 21 hommes qu'on n'extradait pas étaient soit morts, soit grièvement blessés, malades ou trop faibles pour supporter le voyage ; quelques-uns aussi avaient été libérés pour d'autres raisons.

Le séjour en Suède est de huit mois au total. Voilà toute l'histoire en résumé.

L'événement, qu'on peut préliminairement appeler "l'extradition des Baltes", ne se produisit pourtant pas en mai 1945, mais beaucoup plus tôt. Cependant il progresse très vite au cours de l'automne 1945, passe apparemment par un point culminant en novembre 1945 puis par un autre en janvier 1946. Il ne cesse pas là pour autant puisque, aujourd'hui encore, il continue à être d'actualité et à changer d'aspect. Il est impossible de décrire la situation dans son ensemble, de même qu'on ne peut la traiter d'une manière objective ; elle se transforme sans cesse suivant l'usage qu'on veut en faire. L'objet de ce livre est un moment de cet événement qu'est l'extradition des Baltes : les années 1945-1968.

Les premiers arrivèrent sur l'île de Gotland le 5 mai, la plupart dans les jours qui suivirent. Ils arrivèrent à Katthammarsvik dans la nuit du 8 au 9 mai sur un bateau de pêche de six mètres, à moitié hors d'usage, qui réussit à pénétrer jusque dans le petit port. A la même heure, un autre bateau letton accostait à un kilomètre au sud du village. Ils arrivèrent presque en même temps, c'était tard le soir et il n'y avait pas âme qui vive sur le port. Le moteur fut mis en panne et le bateau glissa tranquillement vers le quai. Le seul éclairage était une simple ampoule, elle n'éclairait qu'une partie du port et grâce à sa lumière les hommes du bateau virent les ombres des maisons et, çà et là, une fenêtre éclairée. Vingt ans après, les images qui leur restent en mémoire sont faibles et diffuses, ils n'ont plus que quelques impressions indistinctes. "On était fatigués." "C'était une espèce de port ou un village." "C'était tard le soir, des soldats suédois sont arrivés."

L'autre point de vue, le point de vue suédois, est un peu plus clair. Le bateau était donc à l'arrêt près de l'embarcadère. On distinguait sur le pont des silhouettes sombres vêtues d'uniformes, des uniformes allemands. Aucune arme n'était visible. Il y avait maintenant quelques hommes sur le quai, l'un d'entre eux héla le bateau en allemand. On lui répondit.

Le bateau était bas sur l'eau et paraissait en assez mauvais état. Un quart d'heure plus tard les soldats suédois arrivèrent. Le premier posa sa bicyclette contre un mur, avança vers le quai, regarda le bateau de pêche, aperçut les hommes en uniforme, hésita une seconde et cria d'une voix haute et claire "Halte !". Il entendit derrière lui un léger rire étouffé, se tourna alors, indécis, et vit arriver les autres.

On commença le débarquement des réfugiés.

Les hommes n'étaient pas rasés mais ils n'étaient pas complètement épuisés. La plupart d'entre eux se disaient allemands. Trois se disaient lettons. Le temps manquait pour dresser une liste des noms. Le soldat qui avait crié "Halte !" venait de Sigtuna, il ne lui reste pas de souvenir particulier de l'événement. Dès le lendemain on emmena ailleurs le bateau de pêche.

Le lieutenant-colonel letton Karlis Gailitis arriva par bateau à Slite et le procureur du département, qui était présent, lui proposa d'être traité comme réfugié civil. Gailitis insista pourtant fermement pour qu'on l'enregistre comme militaire et pour être traité selon son grade. Il fut alors envoyé au camp d'internement de Havdhem, inscrit comme militaire.

Toute la journée du 9 mai le vent souffla sur la côte est de Gotland, force 3 selon l'échelle Beaufort, le temps était ensoleillé et clair ; le soir, le ciel se couvrit de nuages venus de l'Est et le vent forcit. Tard dans la soirée une bonne brise soufflait du Nord. A 23 h 15 l'équipe du phare de Faludden aperçut une fusée de détresse s'élevant au-dessus des hauts-fonds de Faludden, c'était dans la nuit du 9 au 10 mai et on était en paix depuis bientôt deux jours. La fusée était faible mais bien nette, un petit point de lumière au milieu du vent et du noir, il n'était pas difficile de comprendre qu'il se passait quelque chose.

On sortit un bateau en mer.

La mer était grosse, il fut pénible d'arriver mais on ne s'était pas trompé. A la lumière des lampes de poche on aperçut deux bateaux sur le haut-fond. L'un d'eux semblait être un remorqueur, la peinture manquait en de nombreux endroits, les éraflures abondaient, le bateau était manifestement en mauvais état. Tout à l'avant on distinguait pourtant un nom : "Gulbis". L'autre bateau était un chaland à moteur. Il était, si cela est possible, encore plus endommagé que le premier, très bas sur l'eau et, de plus, couché le flanc contre le haut-fond mais non échoué dessus. Il cognait violemment, et sur le pont on pouvait distinguer une file d'ombres qui se serraient l'une contre l'autre le long d'un bastingage à demi brisé.

La fusée s'était élevée de la proue du remorqueur et celui-ci sembla soudain fourmiller de gens, il n'était pas bien grand mais il devait y avoir plus d'une centaine d'hommes à bord, tous en uniforme et parlant allemand. Ils demandaient qu'on les emmène à terre, ils disaient qu'ils avaient parmi eux beaucoup de blessés.

Du doigt ils montraient le chaland : quelques-unes des ombres étaient étendues sur le pont ; blessés, mourants ou morts. Personne ne semblait leur prêter attention. Ils se serraient tous contre les lisses et, grelottants, regardaient le bateau-pilote qui essayait de se rapprocher d'eux. Température : + 3 degrés. Fort vent du Nord-est.

On parvint à passer un filin au chaland. Le premier

homme à sauter fut un officier allemand qui s'assit tout de suite à l'arrière du bateau-pilote et refusa d'en bouger. Il semblait avoir froid.

Le bateau-pilote avait pris la mer à 23 h 20, il embarqua le premier homme à 0 h 20 et toucha terre avec le premier transbordement à 1 h 30 précise. Aux premières heures de la matinée le chaland se mit à cogner de plus en plus violemment sur le haut-fond, il devint évident qu'il fallait lui consacrer le maximum d'efforts avant qu'il ne sombre. L'équipage du remorqueur pouvait attendre. Au cours de la matinée le vent tourna soudain au sud, la mer se fit très agitée et, vers 4 heures du matin, le chaland se remplit d'eau et ne tarda pas à sombrer. Une grande partie de l'équipement coula avec lui mais aucun homme ne périt. A 5 heures du matin tout le monde était à terre, l'aube commençait à poindre, le vent était toujours très rude, le ciel nuageux et la lumière de l'aube bien froide. Tous étaient transis, une légère brume grise régnait sur toute la côte.

L'aide réclamée avait fini par arriver. On disposait maintenant de logements, quelques tentes sous lesquelles les hommes allaient pouvoir dormir, on leur donna aussi à manger. Là-bas, sur le haut-fond, le remorqueur semblait maintenant très petit, presque caché par l'écume, petit, noir et insignifiant. Il allait rester sur le haut-fond quelques semaines encore car personne n'aurait le temps de s'en occuper.

Lorsqu'on dénombra les soldats ramenés de l'épave, on arriva au chiffre exact de 150. Ils étaient partis plus nombreux ; un des officiers déclara que la veille ils avaient jeté 33 morts par-dessus bord. "Il est possible qu'il y ait eu aussi un certain nombre de blessés parmi eux."

Lorsqu'on lui demanda pourquoi il avait fait cela, il répondit que le vent avait été très rude, que le chaland était bas sur l'eau, qu'ils avaient été obligés de naviguer en prenant les lames de plein flanc et qu'elles avaient ainsi balayé les bateaux.

Le 9 mai 1945, sur la côte est de Gotland, la force du vent variait de 3 à 5, selon l'échelle Beaufort. Le vent soufflait du Nord, Nord-est.

Huit des soldats se déclarèrent citoyens lettons. Quatre d'entre eux étaient des officiers, quatre étaient des adolescents de seize à dix-sept ans.

L'histoire des adolescents est la plus simple à raconter.

En août 1944 on les avait enrôlés de force dans l'armée allemande. Ils avaient échappé au service sur le front en raison de leur âge et parce que, n'ayant aucune formation, ils ne pouvaient guère manier une arme. On les avait employés à l'arrière, dans la Luftwaffe.

En mars 1945 ils atteignirent Ventspils, sur la côte. Le chaos était alors total, la poche de Courlande se resserrait de plus en plus, toutes les voies de retraite par terre vers l'ouest étaient coupées depuis des mois, tous les ports étaient encombrés de bateaux de pêche, de fatras, d'épaves, de bagages, de fugitifs. Beaucoup de Lettons avaient de bonnes raisons de fuir, des civils aussi, ceux qui pendant l'occupation avaient très intimement collaboré avec les Allemands. Beaucoup n'avaient aucune raison de fuir mais fuyaient quand même, tous avaient peur des Russes. De ceux qui portaient l'uniforme, la plupart essayèrent de fuir. Quelques-uns réussirent.

Plusieurs possibilités se présentaient à ceux qui avaient seize ans et qui avaient été enrôlés de force dans l'armée allemande. Pour quelques-uns les forêts paraissaient être ce qu'il y avait de plus raisonnable. L'appareil de propagande allemand avait jusqu'à la fin fonctionné très efficacement. Il inspirait confiance et il avait annoncé que la retraite n'était que temporaire. Les Allemands allaient revenir.

Le 8 mai, vers midi, ils apprirent que les Allemands avaient capitulé. Ce fut un choc, le retour de l'armée allemande avait pourtant paru certain. Maintenant celle-ci disparaissait dans un brouillard et s'ils se retournaient ils pouvaient voir se matérialiser un autre brouillard : les Russes n'étaient qu'à quelques heures.

Ils descendirent vers le port, maintenant presque vide ; il ne restait qu'un bateau, un remorqueur qui avait sans doute servi un jour de bateau de pêche mais qu'on avait transformé. Le "Gulbis". Une légère fumée s'élevait de la cheminée, le bassin du port était encombré d'épaves, un bateau coulé émergeait à moitié, des planches, des bidons d'huile, des oiseaux morts flottaient çà et là, un homme aussi était dans l'eau, le visage tourné vers le fond : une sérénité qui paraissait irréelle planait sur tout cela.

Le "Gulbis" était amarré à un quai criblé de balles. Des soldats allemands montaient à son bord, apparemment sans hâte. Il n'y avait plus le choix, ils se mirent au bout du rang et embarquèrent les derniers, leur uniforme et leurs armes étaient allemands. Deux heures plus tard le bateau quittait Ventspils.

Ils partirent le 8 mai 1945 à 20 heures. Lorsqu'ils furent en eau libre ils se rendirent compte qu'ils n'étaient pas les seuls. Ils étaient les derniers mais ils n'étaient pas seuls. Devant eux, vers le Sud-ouest, vers l'Allemagne, s'étirait une longue file d'embarcations, la plupart très petites mais il y avait aussi un gros bateau à vapeur. Au total une cinquantaine de navires, plus peut-être. Assis sur le pont, ils virent les silhouettes des navires s'estomper, tandis que le crépuscule s'élevait sur le continent, sur la Lettonie qu'ils ne distinguèrent bientôt plus. Puis l'obscurité se fit, ils s'enfoncèrent dans la brume, ils n'entendirent plus aucun bruit. Dans la nuit le moteur tomba en panne mais ils réussirent à le remettre en marche.

Lorsque le jour se leva, ils ne voyaient plus les autres navires. Vers 9 heures ils entendirent de violentes détonations venant du Sud, ils aperçurent de la fumée et des feux. Une heure plus tard un navire de guerre russe était en vue sur l'horizon, marchant cap au Nord. Cela ressemblait à une vedette lance-torpilles ; on arrêta le moteur et on mit en panne. La vedette disparut sans leur prêter attention. A 3 heures de l'après-midi ils virent l'autre navire.

C'était un long chaland, immobile apparemment, les machines ne fonctionnaient pas et les vagues déferlaient sans cesse sur le pont. A bord il y avait des soldats allemands, une cinquantaine d'hommes peut-être. Il y avait en plus un certain nombre de blessés. Les Russes avaient attaqué leur embarcation et lui avaient porté des coups sérieux, laissant de nombreux morts, mais ensuite ils s'étaient remis à la poursuite des autres et ne s'étaient plus souciés d'eux.

Ils lancèrent une amarre au chaland et le prirent en remorque. Puis ils changèrent de route : mirent le cap sur l'île de Gotland. Le moteur bâbord du chaland marcha encore tant bien que mal, pour finir par s'arrêter une heure avant qu'ils n'aperçoivent la côte suédoise. Petit à petit la houle s'était levée. Sur le chaland, déjà lourdement chargé et bas sur l'eau, la situation empirait de minute en minute. Du remorqueur on voyait l'équipage du chaland s'approcher du bastingage à intervalles réguliers et jeter des corps à la mer.

A 20 heures, la côte suédoise fut en vue. Ils aperçurent un phare et mirent le cap dessus. Ils arrivèrent vers 23 heures. Ils échouèrent le remorqueur. C'était tard le soir, le vent soufflait en tempête, les vagues déferlaient sur eux, ils avaient horriblement froid, on échoua le remorqueur et on lança les fusées.

Ceux qui débarquèrent sur Gotland n'étaient pas les premiers à venir de l'Est. Des civils les avaient précédés.

Les histoires abondent, excellentes et véridiques, à propos du flot de réfugiés civils baltes arrivant sur Gotland dans la dernière année de la guerre : on parle de flotilles de petits bateaux financées par les Suédois, de "la petite activité d'armateur de l'Eglise", de bouts de papiers portant les coordonnées de certaines personnes et des informations sur certains lieux, laissés par des individus anonymes et mystérieux, du tanker de la Marine croisant en face de Gotland qui faisait leur plein de fuel aux petits bateaux, de la manière dont 30000 réfugiés furent accueillis. Certains étaient nazis, certains très conservateurs, quelques-uns avaient collaboré avec les Allemands, beaucoup avaient seulement peur des Russes, quelques-uns devaient avoir peur de beaucoup de choses, d'autres ne devaient pas craindre tant, beaucoup étaient des intellectuels, la plupart de simples travailleurs, pour certains la fuite était la seule possibilité offerte, la plupart fuyait quand même. La meilleure de toutes les histoires — elle est véridique — raconte comment l'Eglise suédoise et la Marine suédoise, travaillant en bonne entente, firent venir 700 Baltes en quinze jours au cours de l'automne 1944. Cette histoire, l'enquêteur l'a entendue sous la foi du secret, elle ne peut donc être relatée ici.

En tout cas : ils arrivèrent. Ils font partie du jeu en ce sens qu'en 1945 il y avait presque 30000 Baltes en Suède, qu'ils vivaient en liberté, qu'il leur était possible de jouer un rôle. Lorsque le dernier petit ruisseau de fugitifs, les Baltes militaires, arriva en mai 1945, il venait s'y ajouter.

Ils abordèrent tout au long de la côte est de l'île de Gotland, sur de petites embarcations. La plupart d'entre eux étaient allemands. Le 11 mai 1945 à 8 heures du matin, 542 militaires étaient sous garde à Gotland. Parmi eux "un petit nombre" de nationalité balte.

Ils furent tous transportés au camp d'internement de Havdhem, sur l'île de Gotland. L'accueil fut très bon. "On plaisantait", "Les officiers suédois étaient très gentils, quelques-uns parlaient allemand, ils nous ont donné du ravitaillement et nous ont promis de nous faire envoyer en zone britannique." Les officiers étaient conduits en voiture, les hommes de troupe en car. L'ambiance était bonne.

Le dimanche 13 mai le flot commença à mincir. Le 13 au soir quatorze militaires allemands débarquèrent sur Gotland, près de Storsudret, ils ramaient depuis la poche de Courlande dans un canot de sauvetage endommagé et ils étaient plus qu'épuisés. Ils furent soignés et reprirent vite des forces. On les dirigea sur Havdhem. Trois d'entre eux étaient baltes.

Le dernier groupe arriva le mardi 15 mai. Ils arrivèrent en dinghy et débarquèrent près de Grynge dans la région de Gammelgarn. Il y avait sept hommes à bord. Ils pagayaient depuis la Lettonie. Ils étaient tous militaires. On les admit d'abord à l'hôpital de Lärbro pour examen.

Un des hommes avait environ trente-cinq ans. Cheveux blonds peignés en arrière, des yeux clairs, il parlait un allemand excellent mais se disait letton. Il suivit attentivement la procédure d'enregistrement, eut de brèves conversations avec plusieurs des médecins suédois, il était très poli, ses manières agréables et discrètes et il souriait souvent.

Il disait s'appeler Elmars Eichfuss-Atvars.

Il n'était pas blessé et fut vite rétabli car de constitution excellente. Il se disait médecin. Quelques jours plus tard il fut envoyé au camp de Havdhem ; enregistré le dernier des sept, il fut le dernier de ceux qui arrivèrent par la mer, c'était le 15 mai 1945, à Grynge, Gammelgarn, sur l'île de Gotland.

2

Environ 160 soldats estoniens, lettons et lituaniens arrivèrent sur Gotland venant de la poche de Courlande. Nombre d'entre eux, dans la confusion totale du début, furent déclarés civils, envoyés dans des camps de civils et ne tardèrent pas à être libérés. On peut dire que ceux qui s'efforcèrent de se faire passer pour civils y réussirent, les autres auraient probablement réussi s'ils avaient essayé. Sur près de 160 soldats baltes qui débarquèrent sur Gotland, 41 seulement furent internés comme militaires.

167 moins 41 égale 126. Les 126 restant arrivèrent dans le sud de la Suède, à Ystad.

Ils appartenaient à la 15ème division lettonne. Division formée en partie de volontaires et en partie par des enrôlés de force ; certains récits la mentionnent comme "division SS", certains autres non. L'appellation n'a pas d'importance ici : il ne s'agissait en tout cas pas d'une division SS conventionnelle. Elle était mal formée et disposait d'un assez mauvais matériel. La façon dont on peut envisager l'extradition des Baltes est dans une certaine mesure liée avec la façon dont on considère ces légionnaires SS lettons.

L'histoire de ces divisions SS lettonnes est longue et compliquée. Une "autonomie" de forme avait été établie en Lettonie sous la direction de collaborateurs lettons ; au cours des années trente le fascisme letton n'avait jamais pris beaucoup d'importance, malgré Ulmanis, mais l'année de domination russe avait fait tourner l'opinion ; nombreux étaient ceux qui considéraient les Allemands comme des sauveurs et, malgré la haine traditionnelle des Lettons pour les Allemands (surtout dirigée contre les Baltes germaniques du pays), il ne fut pas difficile de trouver des collaborateurs tout disposés. Au printemps 1943, après Stalingrad, des centres de recrutement pour la "Légion SS lettonne" furent établis à Riga et soutenus par une abondante propagande. Le journal letton *Tevija* devint l'instrument de propagande le plus important et les collaborateurs lettons purent se permettre d'y développer les idées de "cette possibilité", de "devoir qu'ont les peuples baltes d'aider l'armée allemande à gagner le combat pour une nouvelle Europe".

Mais la campagne de recrutement échoua en pratique, et en automne l'administration letto-allemande se sentit obligée d'employer des méthodes plus énergiques. Le premier ordre de mobilisation arriva le 23 novembre 1943. Plusieurs autres devaient suivre. Au total 21 classes d'âge furent touchées et le nombre total des Lettons au service de l'armée allemande s'éleva à 146 610 hommes. On considère que sur ce nombre 30 % furent plus tard blessés, tués ou portés disparus.

Degré de spontanéité ?

Il est ici plus que jamais difficile de généraliser. Parmi ces Lettons au service de l'armée allemande beaucoup avaient servi en arrière du front dans la police. Ils s'étaient chargés d'exterminations et d'exécutions et leur histoire n'est pas belle ; la plupart étaient volontaires. Quant à ceux qui servaient sur le front, la chose est toute différente. Si la majorité des officiers étaient volontaires, les hommes de troupe avaient pour la plupart été mobilisés de force. Une description idéologique ressemblante est peut-être possible : ainsi certains livres d'histoire de la Lettonie publiés à l'Ouest font la distinction suivante. "Certains des officiers étaient des profascistes qui jusqu'à la fin crurent à la victoire allemande, mais la plus grande partie des troupes tendait à l'antinazisme."

Le choix proposé aux appelés sous les drapeaux était enrôlement dans les légions SS lettonnes ou camp de travail. Par la suite le ton se durcit, certaines exécutions eurent lieu au cours du dernier hiver de guerre, pour servir d'exemple aux récalcitrants. Ceux-ci étaient rares pourtant.

Il faut ajouter à cette image psychologique que, en principe, ce furent des Lettons qui s'occupèrent des mobilisations. Dans aucun autre pays occupé en Europe les Allemands n'ont si bien réussi une mobilisation, et la pression qu'ils exercèrent n'en fut pas seule responsable, il y eut aussi ces Lettons pro-allemands dont un grand nombre devaient plus tard fuir vers l'Ouest.

Il faut le répéter : ceux qui arrivaient en Suède n'étaient pas tous des collaborateurs. Certains parmi eux l'étaient. Impossible de déterminer le degré de spontanéité de l'enrôlement de ces légionnaires lettons. Impossible de porter un jugement politique général sur les civils qui arrivèrent.

Les légionnaires lettons qui vinrent en Suède via Danzig et Bornholm appartenaient tous à la 15ème division SS lettonne.

A l'automne 1944 cette 15ème division SS lettonne n'était à peu près plus bonne à rien, à demi brisée elle demandait à être réorganisée. Elle fut alors retirée en Allemagne. Le 25 septembre 1944 elle quittait la Lettonie par la voie maritime et arrivait le 28 à Danzig.

Après, l'histoire de la division est déconcertante et pleine de contradictions. Elle semble lentement se scinder en unités et fractions de plus en plus réduites. Quelques-unes furent envoyées sur le front, d'autres semblent plutôt s'être occupées de travaux de coordination et d'organisation ou bien de fortifications. On peut aisément suivre dans les journaux personnels les transferts capricieux et confus. Septembre : Konitz. Octobre : Sophienwald. Milieu octobre : un groupe d'officiers à Prague assistent à un cours de perfectionnement, la plupart du temps à Josefstadt. Novembre et décembre : séjours à Sophienwald. Janvier : Trembor. Février : petits transferts, se rapprochant de la côte : Nackel. Fin février : une partie de la division est encerclée dans Torun.

Le lieutenant letton P., qui à Trembor le 13 janvier 1945 s'était choisi un bon cheval arabe, fit au cours des semaines qui suivirent de nombreuses promenades avec lui à travers les terres recouvertes d'un peu de neige. Le 25 janvier il aperçoit un chevreuil, il passe toute la matinée du 26 à le poursuivre, en vain. "Trois beaux chevreuils sont pourtant passés à quelque distance de moi." Le soir il note : "A nouveau des pensées inquiètes." Le lendemain il monte encore, l'après-midi il prend congé de sa femme (il est marié depuis six mois) et note que les adieux cette fois-ci ont été calmes ; sa femme est enceinte et cherche un refuge temporaire aux environs de Berlin. Dans la matinée du lendemain il chasse puis travaille sur un plan d'organisation de la division. ''Le cœur très serré.'' Il note encore : ''Ai paressé toute la journée. On écoute les nouvelles du front. Pertes lourdes pour notre division lettonne. Encore une de nos batteries qui part pour le front.''

A la mi-février la situation semble encore plus désespérée. ''Des nouvelles révoltantes. Les Russes sont déjà à Koniza.'' Le 11 au soir il note : ''Bien dîné et un verre de bière'', mais le coup mortel ne doit pas tarder. D'après des ordres venus d'en haut sa batterie doit céder ses canons à un autre groupe. Le 12 février : ''Ce matin nous avons donné tous les canons, qu'allons-nous faire maintenant ?'' Dans la soirée ils organisent une petite fête, tous les officiers lettons sont présents. ''Le capitaine Abolins, ivre, a tiré en l'air. Il est bien difficile de raisonner les gens saouls.''

Le cheval arabe qu'il avait choisi est pourtant toujours là. Il le monte souvent dans ces paysages du nord de la Pologne, tandis que les Russes resserrent leur étau autour d'eux et autour de Danzig et qu'ils finissent par tout encercler. Dans son journal il parle souvent de ''mélancolie''. C'est avec joie pourtant qu'il se promène à cheval. Le soir du 17 février il se rend à cheval jusqu'à la ligne de feu de Raduna, il fait nuit mais le paysage est blanc et il distingue la route. Une tempête de neige s'élève sur le chemin du retour, il décrit la tempête, la neige sèche et cinglante, le cheval. ''Une course à cheval grandiose sous la tourmente de neige.''

C'est la dernière fois qu'il monte à cheval.

Les derniers jours de février, les Russes ne se trouvaient plus qu'à quelques kilomètres de Sophienwald, il était évident qu'on allait bientôt devoir se retirer. Le 3 mars ils reçurent l'ordre de quitter Trembor, si cela continuait ils n'allaient pas tarder à sortir de Pologne. Ils se retirent sous de constantes attaques aériennes. Le 19 mars c'est la fin de la division SS lettonne ; les unités se dispersent, sont absorbées dans des divisions allemandes, tandis que les Russes augmentent de plus en plus leur pression vers l'ouest.

Le 25 mars un reste de la 15ème division traversait Danzig.

La ville subissait un lourd bombardement, de la fumée s'élevait de partout, les maisons étaient en ruines ou en flammes, les journaux personnels ne parlent que de découragement, de désespoir et de peur. Parfois, çà et là, des îlots indemnes, mais sinon la dévastation totale. C'était le printemps, les bourgeons des arbres n'étaient pas encore éclos mais l'air était tiède et doux. Des cadavres gisaient un peu partout, on n'avait plus le temps de les enterrer. Ecrit en hâte sur les murs, en majuscules : SIEG ODER TOD. (Vaincre ou mourir.)

Ils traversèrent Danzig tout droit, ils n'avaient rien à y faire et les attaques de l'armée russe ne cessaient pas. Des guirlandes de pendus étaient accrochées aux réverbères, toujours des soldats. On leur avait passé des pancartes autour du cou, déserteurs fusillés puis pendus ou tout simplement pendus. Impossible de ne pas les voir.

Ils dressèrent leur camp près du village de Heubude (d'autres orthographient Henbuda). Le 26 mars au soir ils étaient tous assis face à la mer, au bord même de la Baltique. Les avions russes pilonnaient Danzig, vers le sud les explosions semblaient couvrir tout l'horizon.

Ils essayèrent d'analyser leurs sentiments.

"Tous les côtés grondent et brûlent. J'écris ceci à minuit, nous sommes assis sur la plage, les esprits sont inquiets, nous ne voyons pas d'issue."

Danzig était le plus grand port polonais sur la Baltique, la dernière et la plus importante des issues pour ces civils et ces militaires dont la retraite se trouvait coupée par l'avance russe. Environ un million de gens s'y bousculaient. Le quartier général allemand déclarait qu'il fallait "tenir jusqu'au bout chaque mètre carré du territoire de Danzig-Gotenhafen''. Un épais tapis de bombes couvrait la ville.

Il existe plusieurs versions de la suite de l'histoire. Ce qu'ils firent exactement n'est pas sans importance puisque plus tard on devait dire des Baltes qu'ils avaient déserté l'armée allemande.

Une des versions est simple et relativement peu compliquée. La voici.

Le 27 mars 1945 au matin la division SS lettonne se dirigea vers l'embouchure de la Weichsel. La nuit précédente, un de ses officiers était entré en contact avec les capitaines de trois navires lettons, à l'ancre dans la rade après avoir effectué un transport de troupes allemandes depuis la poche de Courlande également encerclée : cela datait déjà de quelques semaines, ils étaient restés là et se trouvaient maintenant dans une autre poche. Les trois bateaux, "l'Alnis", "l'Augusts" et "le Potrimbs", pratiquement bons pour la casse, avaient autrefois servi à la navigation fluviale mais ils pouvaient toujours être utilisés. Après quelques heures de négociations les marins acceptèrent d'embarquer la troupe lettonne, et le jour même, le 27 mars vers midi, les navires appareillaient, accompagnés d'un convoi allemand, et mettaient cap à l'ouest, cap vers Flensburg éventuellement.

Histoire donc relativement peu complexe, les Allemands ne font pas de difficultés, il ne s'agit pas de désertion mais d'une tentative légitime de tirer de ce piège le plus grand nombre d'hommes possible. Il est possible que cette version soit correcte. Elle est étayée par le fait que Danzig tomba aux mains des Russes le 27 mars, le jour même du départ, donc. Les Russes envahirent la ville dans la nuit du 26 au 27 ; au cours de la nuit et dans la matinée les combats firent rage puis, dans la journée, prirent de plus en plus un caractère d'extermination. Dans l'après-midi les Russes avaient le contrôle complet de la ville.

Les Baltes furent sans aucun doute les derniers à

pouvoir quitter la poche de Danzig.

Voici maintenant l'autre version.

Parmi les hommes de la division lettonne se trouvait un médecin : Janis Slaidins. Il y était entré le 8 janvier après avoir servi à Courlande. Il était médecin militaire ; un homme au visage long et énergique. Lorsque la division lettonne (dont il ne restait plus maintenant que 185 hommes) dressa son camp à l'embouchure du fleuve, il installa son poste médical dans une ambulance criblée de balles. Le 25 au soir, tard, on frappa à la porte de l'ambulance et le chef de la division entra. Comme les autres il était citoyen letton, il s'appelait Ernests Kessels et avait le grade de capitaine. C'était, au dire de la majorité, un "homme énergique". Maintenant il avait l'occasion d'utiliser son énergie puisque les Russes tout proches les encerclaient et qu'il n'avait pas le droit de quitter la zone.

— Il est interdit à tous les hommes en mesure de porter une arme de quitter la poche de Danzig, dit-il cette nuit-là. Tous les hommes portant l'uniforme allemand et capables de porter les armes doivent rester, les seuls à pouvoir quitter la poche sont les malades, les blessés ou les femmes et les enfants. Les autres doivent rester. Nous allons vraisemblablement lutter jusqu'à la fin.

Slaidins se souvient très bien de la soirée ; au Nord : la mer, calme et sombre ; vers le Sud : des flammes, sans arrêt, très loin ; à l'Ouest : les échos d'explosions, des détonations incessantes et le petit gloussement de l'eau. C'est la seule image qu'il donne de la situation, il le fait avec beaucoup de réserve. Il n'a rien d'un poète.

Ils discutèrent longuement cette nuit-là, sur le marchepied de l'ambulance, dans le noir.

— Il reste une possibilité, dit finalement Kessels. C'est que vous, en tant que médecin, portiez malade toute la division et que nous trouvions un moyen de transport. Cela fait environ cent quarante hommes, ça peut marcher. Pour le moyen de transport, ce sera plus dur.

Ils parlèrent un moment des risques. Tout à l'heure ils avaient traversé une ville. Ils avaient vu des déserteurs pendus, une image nette sur celle de la ville. Des pendus la bouche ouverte, le visage blanc.

— C'est un risque, déclara Kessels, mais il faut le courir. Il faut rejoindre le reste de l'armée ; sinon, avant deux semaines nous sommes aux mains des Russes.

Tôt le lendemain on vit trois navires lettons dans l'embouchure de la Weichsel. Tous trois étaient des bateaux destinés à la navigation fluviale, en mauvais état, ils avaient servi au transport de troupes allemandes de la poche de Courlande, ils étaient maintenant à l'arrêt et l'équipage letton était à bord. On envoya un homme pour parlementer. Il y avait une possibilité.

Le jour suivant Janis Slaidins, médecin letton nouvellement reçu à son examen et au service de l'armée allemande, rédigea cent quarante certificats de maladie pour autant d'hommes de troupe et d'officiers lettons. On entoura de bandes les bras de quelques-uns, certains durent boiter, d'autres durent avoir l'air malade. Les bateaux s'amarrèrent à un quai, les formalités de douane furent effectuées par un officier allemand en service au port. Kessels étala le paquet de certificats de maladie sur sa table et ils commencèrent à examiner les papiers. A peine quelques minutes plus tard ils furent interrompus par une attaque aérienne russe. Les formalités se terminèrent alors rapidement, on embarqua les hommes à bord des trois bateaux, on mit les machines en marche et on quitta dans la panique l'embouchure du fleuve.

Aucun des bateaux n'avait été touché. Les papiers restèrent là, pour toujours.

L'histoire de la division portée malade ne se retrouve guère dans les journaux personnels qui nous restent ; longtemps après, quelques-uns des légionnaires croient pouvoir la confirmer, les autres ne comprennent pas. Plus tard, à l'automne, lors du débat dans la presse suédoise, on présenta souvent les légionnaires baltes comme "des déserteurs", ce qui devait éventuellement leur donner une autre position eu égard au droit international. Le départ de Danzig peut être considéré comme une désertion. Mais il est évident que la désertion cessa au bout de quelques heures seulement. Elle fut un coup réussi, annulé par le fait même d'être réussi.

Ils quittèrent l'embouchure du fleuve le 27 mars vers 13 heures. Ils n'avaient ni compas ni cartes maritimes, il n'y avait du charbon que pour les premières heures du voyage. Ils essayèrent de naviguer à l'aide des boussoles de poche mais celles-ci étaient déréglées par les métaux du navire. Le 28 au matin ils étaient en pleine mer, aucune terre en vue. Le temps était calme. Cinq heures après le départ le plus petit des navires, "l'Augusts", avait eu des ennuis de machines, on avait fait passer ses passagers à bord des deux autres bateaux et on avait continué.

On brûla les intérieurs qui étaient en bois, on chauffa avec tout ce que l'on pouvait démonter.

Les témoignages sur le voyage sont confus et obscurs. Seuls les officiers avaient le droit d'être sur le pont, l'équipage était enfermé en dessous. Il est possible que la première destination ait été Flensburg. Le 29 mars vers midi, on aperçut une côte à l'ouest, ce n'était pas l'Allemagne, ni la Suède, c'était Svaneke, un port de pêche de l'île de Bornholm.

Ils restèrent là quatre jours, se présentèrent au commandant allemand et reçurent l'ordre d'aller à Rönne. Le 4 avril ils sortent en ville le soir. La vue des emblèmes SS ne semble pas avoir rempli les Danois d'enthousiasme. "Les Danois se conduisent envers nous d'une façon peu sympathique." Ils vivent dans une auberge, deux par chambre. Tout est parfait. "On mange de la crème fouettée danoise et des gâteaux délicieux."

Ils allaient rester plus d'un mois à Bornholm.

Leur séjour à Bornholm signifiait que le jugement sur le statut des légionnaires baltes allait se compliquer ; plus tard, à l'automne 1945, certains allaient arguer qu'ils ne venaient pas du front Est mais du front Ouest. Les troupes allemandes qui avaient fui en Suède en furent renvoyées selon des principes simples et faciles à comprendre : celles qui étaient venues du front Est furent renvoyées vers l'Est et vers les Russes, celles qui étaient venues du front Ouest furent renvoyées vers l'Ouest.

Et celles qui étaient venues de Bornholm ?

Bornholm appartenait au Danemark. Le Danemark fut libéré par les troupes britanniques, et le 5 mai les Allemands du Danemark capitulaient. Mais Bornholm fut libérée par des troupes russes et les Allemands de l'île résistèrent bien longtemps après le 5 mai. Bornholm fut déclarée "appartenant à la zone d'intérêt russe".

Ils vinrent du front Est en Suède via Bornholm. Le problème fut réglé par les autorités suédoises avec une simplification facile. Ils furent considérés comme fuyant le front Est.

Le séjour sur l'île de Bornholm fut calme et de peu d'intérêt. Les journaux personnels sont remplis de détails sans importance. "Encore une belle matinée printanière. Ai fait une toilette minutieuse dans la baignoire. Nous avons encore mangé de la crème fouettée danoise." "Je passe la plus grande partie de la journée allongé sur mon lit." Un soldat letton d'une vingtaine d'années décrit avec précision quelques sculptures en bois qu'il a faites et ajoute : "Les vendre ici sur l'île ne doit pas être possible, puisque personne ne veut avoir de contact avec nous. Ce sont les uniformes qui font ça." Le 20 avril : "Nous prenons part à la petite fête organisée par le commandant à l'occasion de l'anniversaire du Führer". Au milieu du mois le capitaine Kessels est envoyé à Copenhague pour recevoir des ordres, au même moment le lieutenant Raiskums part pour l'Allemagne afin d'obtenir des directives. L'incertitude complète règne sur ce que vont être les prochaines opérations et la fin de la guerre approche. Raiskums et Kessels reviennent, tous les deux avec comme instructions que la troupe doit rester sur Bornholm et attendre. Le soir du 4 mai "de sérieuses rumeurs de paix" circulent. Le 5 au matin ils se lèvent et découvrent soudain l'île couverte de drapeaux. L'Allemagne a capitulé.

Le 6 mai au soir le lieutenant P. écrit : "Nous sommes assis sur les bateaux en attendant les Anglais. Un tas de rumeurs contradictoires circulent. Le soir nous nous installons en position de tir."

Le 7 mai Rönne fut bombardée par les Russes. Dans la nuit du 7 ils partirent vers le Nord, la plupart des indications laissent à penser qu'ils quittèrent Bornholm vers 4 ou 5 heures du matin. La veille, le bombardement russe avait tué cinq soldats lettons.

Le 8 mai à 10 heures les deux navires entraient dans le port de Ystad.

Les souvenirs de Bornholm sont pour la plupart vagues et sans intérêt. Rien de spécial ne se passa à Rönne. L'uniforme allemand ne plaisait pas aux Danois mais ils restaient calmes. Les Baltes vivaient à l'hôtel et passaient la plus grande partie de leur temps à se promener. Souvent ils se rendaient compte que les Danois les *regardaient,* mais à part cela tout allait bien.

L'un d'eux se souvient d'une séance de cinéma. Le film avait déjà commencé lorsqu'il était entré, il avait vu une place libre au milieu d'une rangée et s'y était assis. Il n'y avait que des Danois autour de lui. A la fin du film il s'aperçut qu'il était entouré d'un cercle vide.

Il n'a aucun souvenir du film. Ils avaient peur sans doute, dit-il. Ou bien l'uniforme ne leur plaisait pas. Ou ils ne savaient pas qu'on était lettons. D'ailleurs on se foutait de ce qu'ils pensaient. Ils étaient corrects envers nous, autant que l'on pouvait être correct en avril 1945.

Il se souvient en tout cas très nettement du vide autour de lui.

Dans les récits de certains autres on entrevoit qu'il y eut quelques incidents à Bornholm. Un groupe de Danois hostiles veut jeter la troupe en prison jusqu'à l'arrivée des Anglais ou des Russes. Un de ceux qui en parlent est un officier letton, son récit est bref et obscur. Les résistants sont toujours décrits comme "des résistants danois d'inspiration communiste" ou bien comme "des communistes danois".

Mais en général le séjour sur Bornholm semble avoir été calme et sans intérêt. A Svancke, ils ont laissé peu de souvenirs, pratiquement pas de ressentiment. "Ils étaient amarrés au quai là-bas. C'étaient des Lettons en grande partie, ils portaient l'uniforme. Non, ils n'ont rien fait de particulier. Ils ont disparu après quelques jours." A Rönne ils vivaient à l'hôtel Phönix, qui était alors un très grand hôtel de première catégorie mais qui, maintenant, est une ruine où ne règne plus que le désordre, et qui a changé plusieurs fois de propriétaire ; il s'appelle aujourd'hui l'hôtel Bornholm : personne ne se souvient d'eux, dans les mémoires ils furent engloutis avec des milliers d'Allemands et tous les autres réfugiés. "A cette époque il y avait tant de militaires en uniforme allemand qui traînaient, l'air égaré. Des milliers. Des Allemands, des Hollandais, des Baltes ; non, on ne se souvient pas des Lettons."

Les derniers jours ils purent sortir de l'hôtel, quelques-uns allèrent vivre dans les bois entourant Galløkken, et d'autres sur les bateaux ou sur la plage même. Ils dormirent dans les cabines de plage ou se construisirent des cabanes, la ville était pleine de soldats allemands et de gens qui fuyaient la presqu'île de Hel, ou Courlande, ou le nord de l'Allemagne. Le 5 mai au soir ils apprirent officiellement la capitulation des Allemands du Danemark. Ils manquaient de vivres mais arrivèrent à faire quelques échanges avec la population civile pour de la nourriture. La garnison allemande de l'île ne semblait pas vouloir se rendre, pas aux Russes en tout cas.

Le 7 mai, vers 10 heures du matin, on tira des environs de Nexö sur deux avions russes, l'un des deux fut touché. A 12 h 15 Rönne subit une première vague de bombardement russe, une seconde à 12 h 50 et une troisième à 18 h 30. La ville était en flammes maintenant et sérieusement touchée, le commandant allemand refusait toujours de capituler. La première vague de bombardement avait fait cinq morts dans le détachement letton, apparemment il fallait quitter l'île. Dans la nuit du 7 au 8 mai, à 2 h 30, on donna l'ordre d'évacuer complètement la ville de Rönne. Tout de suite après les soldats baltes embarquèrent à bord du "Potrimbs" et de "l'Alnis", les équipages civils n'étaient plus là mais ils réussirent à mettre les machines en marche.

Ils mirent cap au Nord, vers la Suède. Ils partirent avant l'aube. A bord des deux bateaux il y avait au total 156 hommes dont 12 Allemands et 7 civils.

Un peu avant d'arriver à Ystad ils purent voir un nouveau bombardement de Rönne : il était alors 9 h 45, dans la matinée du 8 mai. A 10 heures les deux navires glissaient dans le port de Ystad. Ils entrèrent droit dans le port et jetèrent l'ancre dans le bassin central. Un peu avant la côte ils avaient été accueillis par un bateau de la douane, maintenant bord à bord avec les deux navires, qui ne reçurent pas l'autorisation d'aller à quai.

De nombreux curieux vinrent au port. Ils étaient là sur le quai et regardaient. Il n'y avait rien de spécial à voir. Les réfugiés déclaraient qu'ils avaient fui Rönne par crainte des Russes. Tous donnaient l'impression d'être calmes et lucides. "Les réfugiés ont les âges les plus divers, tous ont l'air bien portant et sont bien habillés", constate le journal *Ystads Allehanda* qui accorde cependant peu d'attention à l'événement.

Ils restèrent à bord des navires jusque dans l'après-midi. Puis on les emmena à l'établissement de bains pour épouillage ou traitement sanitaire, comme on dit aussi. L'humeur de la troupe était excellente. Des unités suédoises avaient maintenant pris le commandement. "Le bruit courait que nous n'allions pas être livrés aux Russes." Puis commencèrent les formalités d'enregistrement.

L'histoire de l'enregistrement à Ystad est un exemple de la manière dont se forme une situation absurde et insoluble. On peut aussi en donner différentes versions.

Dans le groupe letton les hommes de troupe formaient une nette majorité. Lorsqu'ils virent approcher la côte suédoise ils envoyèrent une délégation à leurs officiers. Leur requête était simple : ils voulaient se débarrasser de leurs uniformes et se faire passer pour civils. Ils pensaient que cela leur vaudrait des avantages, que leurs relations avec les autorités suédoises en seraient simplifiées.

La délégation transmit directement cette demande au chef de la troupe. Il convoqua ses officiers et ils tinrent conseil. Un moment après, cinq minutes peut-être, ils annonçaient leur décision : tous devaient garder leurs uniformes, aucun insigne de grade ne devait être retiré. Aucune raison ne fut donnée à la décision.

Beaucoup plus tard, lors des semaines de crise au camp de Ränneslätt, on reparla souvent de cette phase. On avait été si proche de la liberté, sans avoir pu lui tendre la main et la saisir. Comme tout aurait été facile s'ils avaient jeté leurs uniformes et s'étaient déclarés civils ! Comme leurs officiers avaient été naïfs !

La raison ? Pourquoi avait-on dit non ?

C'est facile à comprendre. Vingt-trois ans plus tard elle est donnée par un des légionnaires, il avait vingt-deux ans en 1945 et il était simple soldat, aujourd'hui nous sommes en 1967, sur une plage proche de Riga. Il parle avec une légère résignation, ironiquement peut-être.

— Pour eux c'était très simple. Selon la convention

de La Haye des soldats prisonniers de guerre avaient le droit de toucher une solde complète, même en captivité dans un pays neutre. Le gouvernement suédois payait le salaire complet de capitaine à un capitaine letton fait prisonnier. Un soldat recevait son salaire de soldat. Une solde de soldat n'est pas bien importante, une solde de capitaine l'est notablement plus. Ils ne désiraient pas perdre ce revenu. Kessels ne le voulait pas. Les autres officiers non plus. Ils ont donc dit non. Et l'histoire pouvait continuer.

Lorsqu'ils arrivèrent à Ystad la confusion était complète. Les fugitifs affluaient de tous côtés, les Suédois étaient mal préparés, l'enregistrement se fit souvent un peu au hasard.

Il y avait deux listes pour les Lettons, une pour les civils et une pour les militaires. Mais ils restaient ensemble. Puisqu'on avait été ensemble jusqu'à maintenant on pouvait continuer à l'être encore quelques semaines. Slaidins, qui était médecin, hésita longtemps. Mais il avait ses amis parmi les légionnaires et puis tout ça revenait au même. Il inscrivit son nom sur la liste militaire. Ils devaient indiquer de quel front ils arrivaient et ils écrivirent du front Est. C'était le 8 mai, la guerre était finie et ils étaient en Suède.

Il y avait sûrement quelque part des règles, des directives, des principes. Il y avait quelque part une autorité qui plus tard allait décider que les militaires allemands venus du front est allaient un jour être renvoyés vers l'Est et ceux venus du front Ouest allaient être renvoyés vers l'Ouest. Il y avait sûrement déjà quelqu'un qui savait que la distinction entre civils et militaires allait avoir son importance, qu'on ne tirait rien au sort.

Plus tard ils crurent qu'ils auraient pu faire ce qu'il fallait si seulement ils avaient su. Si ce chaos n'avait pas eu ce côté futile et sans complications. Au milieu du chaos deux cents soldats allemands, qui avaient servi sur le front Est et avaient fui en bateau vers Ystad, furent renvoyés en train pour l'Allemagne de l'Ouest. Ils traversèrent le Danemark. Ce fut très simple : ils prirent le train régulier de Ystad à Malmö, "pour être acheminés vers leur pays".

Personne ne considéra cela comme exceptionnel. Ils furent nourris, épouillés, enregistrés, nourris une seconde fois, ils dormirent une nuit puis, le 10 mai au matin, partirent pour l'Allemagne de l'Ouest. "Ils montèrent dans les quatre derniers wagons du train de Malmö."

Le 10 mai les Baltes arrivèrent à Bökeberg. Ils passèrent deux nuits à Ystad puis furent transportés en cars. Ils traversèrent les bois de hêtres, les arbres étaient clairs, ils tournèrent sur l'esplanade d'un manoir, débarquèrent et regardèrent autour d'eux. On était en mai, en contrebas du château ou du manoir — ils ne savaient pas comment l'appeler — s'étendait un pré. Très vert. Les fenêtres du manoir étaient intactes. Le soir ils pouvaient y voir de la lumière. Ils dressèrent leurs tentes dans le pré, entre deux gigantesques chênes. Deux jours plus tard on leur construisit des baraquements, ce fut mieux.

Ils parlaient parfois de ce qui allait se passer. Ils demandèrent souvent aux officiers suédois ce qu'on allait faire d'eux et où on allait les envoyer mais, à leur étonnement, les officiers suédois n'en savaient rien. Les rapports entre Lettons et Allemands étaient corrects mais un des officiers allemands, plein de réprobation, indiqua à la direction du camp que les Lettons, bien qu'ils aient appartenu aux divisions SS formées par les Allemands, "avaient, lors de leur arrivée en Suède, retiré leurs emblèmes SS".

Personne ne jugea bon de discuter ce problème.

Dans la journée ils se baignaient dans la baie : il y avait des roseaux, un bateau, un appontement. Ils se rappellent qu'ils mangeaient beaucoup. Ils se souviennent volontiers de leurs premiers temps en Suède : aux antipodes de ce qui allait se passer plus tard, le jour et la nuit.

Les nuits étaient tièdes, ils fumaient, assis devant les tentes, et regardaient la lumière couler entre les troncs des hêtres et des chênes, le crépuscule glisser sur le lac, la lumière devenir bleu marine. En mai 1945 les bois de hêtres de Bökeberg étaient clairs et aérés, l'eau était froide mais ils se baignaient quand même. Ils dormaient beaucoup. Dans la journée ils prenaient des bains de soleil au milieu du pré. Aucun problème ne surgit. La direction du camp n'a pas le souvenir d'incidents. Ils se baignaient, se bronzaient, dormaient. Ils pensaient que tout était beau. Pour eux la Suède commença ainsi : un bâtiment blanc, un pré en pente vers le lac, une baie, un appontement de bois. De l'air et du calme.

Ils restèrent quinze jours.

Aujourd'hui le pré existe toujours, les bâtiments du manoir, les chênes, les hêtres. Personne hormis le chef du camp ne se rappelle qu'un jour il y eut ici un camp. Le lac existe toujours ; c'est là qu'ils se baignaient. L'appontement existe toujours, à moitié moisi, entouré de roseaux, une barque à demi coulée non loin de là.

Tout le monde indique l'appontement. Ici, sur l'appontement, disent-ils. Voilà la barque. C'est ici que Hjalmar Gullberg* est mort. C'est là qu'on l'a trouvé. Dans la baie, près de l'appontement, à Bökeberg.

Quinze jours plus tard les légionnaires lettons furent transportés dans un camp aux environs de Eksjö. Le camp s'appelait Ränneslätt.

3

Chaque enquête possède une origine. Toute enquête a son enquêteur. Tout chercheur a ses estimations, ses

* Les astérisques dans le texte renvoient à l'index des noms propres, page 519.

points de départ, ses restrictions cachées, ses conditions secrètes.

Il faut avoir une idée d'au moins un des points de départ de l'enquête. Il est très proche dans le temps : juin 1966.

En juin 1966, une semaine après son départ de New York il se trouvait à Oak Ridge, Tennessee. Le souvenir le plus fort qui devait plus tard lui rester de ces journées-là, c'est cette chaleur étrangement diffuse qui semblait toujours l'entourer. Il ne put jamais s'y habituer, l'air était sec, la chaleur immobile, il n'avait pas les vêtements qu'il fallait, ni les habitudes de manger, ses mouvements et ses habitudes n'étaient pas ceux qu'il fallait, tout semblait concourir à le rendre frêle, délicat, presque hystériquement conscient de la chaleur.

Il y passa deux fois. La première fois le soir, il dormit une nuit et continua vers le sud le lendemain matin. Cinq jours plus tard il revint, sous la même chaleur, et il put voir le village de jour, voir de quoi il avait l'air.

On lui dit que le bourg avait perdu son importance après la guerre. Il y avait eu un jour un centre de recherche sur la physique atomique et on répétait toujours que c'était là que la bombe atomique était née, mais il en doutait fort. Soixante-dix mille personnes et même plus avaient alors habité ici ; maintenant beaucoup de techniciens avaient déménagé et il ne restait plus que les spécialistes ou les théoriciens, aujourd'hui il y avait peut-être vingt mille habitants. La deuxième fois qu'il y passa il se rendit brusquement compte de la laideur de la ville : tout au fond de cette vallée plate, une gigantesque place couverte de sable rouge entourée de baraques basses d'aspect moderne mais qui n'allaient pas tarder à se transformer en taudis d'architectes à la mode : des supermarchés et des boutiques et des bureaux et des poteaux télégraphiques et le soleil et la chaleur et les voitures, le tout éparpillé librement, sans la moindre idée d'ensemble ni la moindre ombre de conscience. L'emblème de la banque était une explosion de bombe atomique, on était fier d'avoir sa place dans l'histoire. Nulle trace d'un plan de la ville, la liberté totale qui se produit lorsqu'on peut construire une maison où on veut et une boutique comme on veut. Il n'y avait pas de centre : un rassemblement de maisons, comme si un géant en s'amusant avait jeté par-dessus son épaule des villas modernes, du sable, des arbres isolés, des voitures et des hangars de tôle sans jamais regarder derrière lui.

C'était une des réalités de la ville. Plus haut, sur les pentes des collines, à l'ombre des arbres s'étendaient les villas de luxe ou les villas qui essayaient de ressembler à des villas de luxe. Des maisons avec des pelouses clairsemées vertes ou jaune paille, avec des arroseuses fouettant l'air tout autour d'elles et se protégeant de la chaleur par leurs fines cloisons d'eau hystériques, des routes sablonneuses et jaunes et des plaques de béton, l'air jaune sableux qui semblait perpétuellement en suspens comme de l'eau stagnante et jaune autour des villas et des gens enfoncés dans de grands aquariums, des maisons qui dans la journée paraissaient mortes et, lorsque l'obscurité tombait et que les cigales commençaient à chanter, semblaient revivre avec une vitalité nouvelle et absurde.

La première fois qu'il passa ici c'était le soir, tout était bien, il se sentait fort, infatigable et vif ; il partit le lendemain et lorsqu'il revint il était très fatigué. Par la suite il pensa : c'est la fatigue qui a fait ça. Pas le paysage, pas le village. C'est la fatigue et la chaleur.

Plus tard il était assis dans le grand living-room plongé dans la fraîcheur artificielle et, passant la main sur son verre recouvert de buée semblable à ces verres qu'il avait vus sur les publicités pour whisky, il savait qu'il s'agissait de s'enivrer le plus vite possible et ensuite de dormir.

C'était exactement comme l'autre fois où il était venu ici. Ils étaient assis là, parlant de l'Asie, et l'homme en face de lui avait souri et dit :

— La conscience du monde. Je sais, j'ai habité en Suède. Les Suédois sont les seules consciences ambulantes du monde, ils parcourent la terre comme des moralistes professionnels. Ils ne parlent jamais des conflits moraux devant lesquels ils se sont eux-mêmes trouvés. Les transits. L'extradition des Baltes. En fait, qu'est-ce que tu connais de l'extradition des Baltes ?

Il aurait pu à l'instant répliquer avec quelques arguments puissants et irrécusables mais à quoi bon ? Il était ici, ancien radical converti au socialisme depuis quatre ans et il ne pouvait même pas s'expliquer ce sentiment curieux de distance et de fatigue qu'il ressentait. Il se sentait vulnérable à toutes les attaques, la seule chose qui lui permettait de se défendre était un "engagement" abstrait que l'on pouvait si facilement saboter. Combien de fois avait-il assisté à cela ? On avait parlé du Venezuela et tout de suite le Tibet était venu, comme dans un jackpot. Il ne savait rien du Tibet et il s'était tu. Pourquoi n'était-il pas allé au Tibet ? N'était-il intéressé que par son engagement, ou bien par des faits ?

Ils avaient parlé du problème racial dans les états du Sud. Une marche était partie de Memphis pour Jackson. On avait tiré sur un homme, c'était une "marche contre la peur". Ils avaient parlé de l'oppression d'une race et il avait essayé de formuler son évolution politique personnelle qui avait été un mouvement ininterrompu vers la gauche, mais c'était une conversation dans le brouillard, loin du centre du problème, et lorsqu'il parlait c'était avec un sentiment diffus de honte, comme s'il exploitait une situation politique au lieu d'avoir une influence sur elle. Ce n'était pas logique de sa part, inutile, il n'aurait pas dû ressentir cela. Il le savait : il y avait des formules qui le prouvaient, il sortait d'une dure école rhétorique. Mais où se trouvait-il, lui-même, au milieu de tout cela ?

Toute sa vie il avait détesté l'indignation lorsqu'elle n'était qu'un geste sentimental, et son indignation, dans la mesure où elle avait existé, n'avait jusqu'ici été qu'un geste sentimental. Il lui était impossible de trouver une forme directe, dépourvue de sentimentalisme, et tout ce dont il était témoin semblait vouloir fortifier son pessimisme.

Tout ceci est en liaison très directe avec l'enquête.

Il arriva à Jackson, Mississippi, tôt un vendredi matin. Il arriva en car. Sur la route, au nord de la ville, le car doubla les manifestants, cent, cent cinquante hommes en une longue file le long de la route. Des Noirs et des Blancs. Ils étaient partis de Memphis et ils allaient marcher jusqu'à Jackson, c'était le dernier été des marches des citoyens idéalistes, des non-violents, des beaux idéalistes aux yeux clairs venus des Etats du Nord dans les horribles Etats du Sud pour y manifester leur compassion, l'été 1966, et on chantait "We shall overcome" sans y découvrir encore aucun cynisme. Il avait aplati son visage contre la vitre du car et avait essayé de fixer leurs visages mais le car allait trop vite et il ne les vit que comme des taches blanches et floues, des taches qui ne lui disaient rien du tout. Il devait faire horriblement chaud : la route pendant des kilomètres traversait une immense plaine sans arbres, avec ici et là de petites cabanes de tôle ondulée prêtes à s'écrouler. Une longue route dure et emmerdante, de la sueur et des ampoules aux pieds. Il se retourna et vit tout près de lui un visage souriant : un homme qui était monté pendant la nuit, tandis qu'il dormait. Il avait l'air sympathique, un visage chaud et plein d'humour.

— The heroes, dit le visage chaud et plein d'humour. Ne les regardez pas, laissez-les dans leur merde. Ils veulent qu'on les regarde ou qu'on leur jette des pierres. Alors ils deviennent des martyrs et ils se sentent bien. Il faut s'en foutre.

Il ne répondit pas et resta immobile, tandis que le car continuait en grondant. Il avait pensé demander au chauffeur du car de s'arrêter mais ne l'avait pas fait. Il ne peut sûrement pas s'arrêter ici, pensa-t-il. Il y a des arrêts et des stations. Je peux bien aller jusqu'à la ville et prendre un taxi pour revenir ici. Ça revient au même. Ils sont assez nombreux comme ça. Ça aurait eu l'air vachement curieux si je m'étais arrêté ici au milieu de la plaine. J'attends.

Puis vint une vallée aux tons vert sombre, étrangement humide. Les arbres étaient couverts de plantes grimpantes, vignes vierges ou lianes, il ne savait pas ce que c'était. Il pouvait demander. Ils parlèrent. Ce fut agréable. C'est un enfer de traverser ces forêts-là, dit l'homme. C'est plein de serpents. A 10 heures ils arrivaient à Jackson, Mississippi.

Il lui fallut plus de temps qu'il n'avait pensé. Il ne trouva pas de chambre d'hôtel. Il tourna en rond ; la ville était propre et moderne mais il n'y avait pas de chambre d'hôtel libre. Vers 5 heures de l'après-midi tout était arrangé, il prit un car pour le nord puisqu'il ne voulait pas ou n'osait pas prendre un taxi. Lorsqu'il arriva c'était trop tard, l'étape était terminée, il sentit un curieux soulagement, une gaieté exubérante presque. Ils avaient essayé de dresser un camp mais n'avaient pas reçu l'autorisation, la police était arrivée avec ses bâtons et ses gaz lacrymogènes et avait démonté les tentes : c'était facile, une victoire facile, c'était le dernier été de la non-violence. Tout était calme maintenant. Ils avaient dressé leurs tentes ailleurs, là où ils avaient le droit. Tout au bout du camp il parla avec un vieux qui avait reçu du gaz lacrymogène sur la peau. Ça le brûlait et il n'osait pas se raser, il était quaker et connaissait la Suède. Demain nous continuons notre marche, dit-il, tu pourras venir dès le début, tu n'as pas peur, j'espère ? Non, dit-il, non. Non, pensa-t-il, non, en fait je n'ai pas peur mais quand je suis arrivé trop tard je n'ai pas senti de honte et j'étais heureux. En fait je suis seulement ici pour éclaircir mon engagement. Il ressentait toujours un bonheur doux, lent et calme, il était là sans prendre part, c'était bon.

Demain à 9 heures, dirent-ils.

Ils firent du stop ensemble pour rentrer en ville. Il leur fallut deux heures, il monta directement à sa chambre d'hôtel, se rasa, prit un bain, enfila un pyjama propre et frais et s'étendit sur son lit. Un moment plus tard il se releva et mit la télé. Cela commença par un film publicitaire pour Tiger, une poupée soldat avec armement complet y compris la mitraillette, qui ressemblait à Action Joe, une autre poupée soldat dont il avait déjà vu les publicités. Le film sur Tiger était très bien fait, les scènes de combats, dramatiques et très bien montées. Puis ce fut le journal et à nouveau de la publicité.

Au milieu de tout cela il y eut des nouvelles de la marche. Il ne vit pas grand-chose, un tas de fumée et des soldats équipés de masques à gaz, des gens qui s'enfuyaient en criant les mains serrées contre le visage. L'endroit s'appelait Canon, il le savait déjà. Puis ce fut un film publicitaire pour la bière Millers. Il en avait bu et il regarda, intéressé. Ce fut bientôt fini, suivit un soap-opera, il était allongé sur le lit et regardait défiler les programmes, ce fut l'heure des informations sur une autre chaîne, sur laquelle il était passé. Un petit film sur la marche. Il ne vit pas grand-chose, un tas de fumée et des soldats, leurs masques à gaz sur le visage, des gens qui s'enfuyaient en criant, et une interview faite sous une des tentes qu'il avait vues. Il était allongé immobile sur le lit et pensait que c'était tout de même mieux qu'en Suède, ça donnait une expérience plus rapide et plus directe et en plus on pouvait changer de chaîne. Qu'il ait raté Canon n'avait pas d'importance, il pouvait le voir à la télé. Ce n'était peut-être pas exactement la même expérience mais quelque chose d'approchant et on avait une vue plus générale, plus de recul. On pouvait se rendre compte de ce qui se passait. C'était quand même mieux qu'en Suède, plus rapide, plus direct.

Bière Millers. Bière Ballentine. Il cherchait sur une chaîne et sur l'autre mais en vain apparemment, c'était peut-être fini. Puis ce fut la fumée, les soldats, et la femme criant, pour la troisième fois, et puis il resta allongé immobile sur le lit, ferma les yeux et pensa : maintenant je m'endors. Mais il ne put pas.

Alors il se leva, prit un bain, s'essuya minutieusement, enfila un jean et une chemise et sortit, mais toutes les rues étaient vides. En ce moment ils dorment là-bas, pensa-t-il, c'est bien de dormir sous la tente. Un instant il pensa aux gaz lacrymogènes et se dit que c'était vraiment dégueulasse la manière dont on les traitait, mais c'était si abstrait qu'il s'arrêta d'y penser. Je me promène ici, songea-t-il, ancien jeune radical de troisième ordre devenu socialiste de troisième ordre et en train de devenir communiste de troisième ordre avec une indifférence de premier ordre pour tout ce qui se passe ; qui se cherche une conscience qui ne soit pas du sentimentalisme ou seulement un geste qui soulage sa mauvaise conscience, je me promène ici et eux sont couchés là-bas. Il retourna à son hôtel mais il ne se déshabilla pas, il s'allongea sur le lit les yeux grands ouverts et regarda le plafond jusqu'à ce que tout devienne brouillard. Il traversait la brume en criant, aucun écho ne lui répondait, sa situation était horrible et cela le rendait calme et gai. Et tout en même temps il avait peur, c'était à cause de sa faculté perdue de ressentir de la crainte. Lorsqu'il se réveilla il était 9 heures et il bondit hors du lit. Automatiquement il brancha la télé et pénétra directement dans la bière Millers. Cela le tranquillisa, il pouvait encore penser clairement.

Il prit un taxi pour y aller. Le chauffeur ne dit pas un mot et dut lui faire payer le tarif double mais ça n'avait pas d'importance. Puis il attendit la marche au bord de la route et marcha, tout à l'arrière, mais rien ne se passa. C'était comme de lire un livre. Le soir, ou l'après-midi, ils arrivèrent à un endroit qui s'appelait Toogaloo. Ils montèrent leur camp, ce fut vite fait, lui ne fit que regarder. Beaucoup parlaient mais lui ne voyait rien de spécial dont il aurait pu parler. Le soir il y eut un grand show dans un gigantesque amphithéâtre naturel, une cuvette de terre de cent mètres de diamètre, dix mille personnes étaient là, assises en larges plaques serrées les unes contre les autres à écouter les sons perçants et rudes déversés par des haut-parleurs qui un jour avaient dû être parfaits mais ne l'étaient plus. Des bruits de tonnerre passaient lentement à travers la foule, c'était la première fois qu'il entendait Stokely Carmichael et il observait prudemment autour de lui. Ça ressemblait à la fête de la Saint-Jean à Sikfors* mais ici tout le monde était sobre. Tous autour de lui étaient assis par terre, ils étaient calmes et souriaient souvent, il y avait chez eux une décontraction qui ressemblait aux rêves qu'il avait faits sur eux autrefois. Un moment il se sentit à l'aise et calme et il put à nouveau regarder la scène. Ceci est mon problème, pensa-t-il, j'ai droit à leur problème, c'est mon problème, mon problème, mon problème. C'est notre problème. Tout près de lui étaient allongés deux universitaires de New York avec qui il avait discuté dans la matinée, ils étaient allongés sur le dos, les yeux fermés, et semblaient dormir. Leurs visages étaient calmes et décontractés, ils n'avaient pas peur, ils étaient chez eux. Il regarda longtemps leurs visages, c'était comme s'ils dormaient dans une étendue d'eau calme et sombre qui les berçait d'avant en arrière, apprivoisés, bons et calmes comme dans du plasma et il pensa que c'était à cela que la vraie indignation et la colère la plus violente auraient dû ressembler : du repos dans du plasma entourant le monde entier. Je suis juste à côté, pensa-t-il. Il me suffit de percer une cloison, une fine petite cloison et puis je suis là. Et puis je repose dans le plasma et je n'aurai plus besoin de me contempler, moi et mes points de départ, et je n'aurai plus besoin de recul ni de doute et je pourrai agir. Alors je serai l'un d'eux, couché tout contre eux et il n'y aura plus de distance.

Là-bas, devant, la scène faisait une gigantesque tache luisante et soudain Sammy Davis Jr. fut dessus, il chanta sans accompagnement et tous commencèrent à frapper dans leurs mains en cadence. Ils étaient assis par terre, sur des troncs d'arbres, sur des chaises, ou montés dans les arbres, dans le fond s'élevait un haut échafaudage avec les caméras de la télévision et devant, la scène, qui seule était éclairée. Ils frappaient dans leurs mains en cadence. Sammy Davis Jr. chantait et eux ils frappaient dans leurs mains. Le rythme était parfait, tout était correct et lui là-bas chantait de sa voix dure et enrouée et c'était le meilleur orchestre qu'il eût jamais entendu. En cadence. Il se mit à frapper avec eux. Ça bougeait, il sentit que tout devenait un fleuve, il y fut entraîné quelques instants, s'arrêta, fut emporté à nouveau, les paumes des mains lui faisaient mal et il frappa encore plus fort, des orages de rythme s'approchèrent puis s'éloignèrent, tout le monde se balançait et il sentit qu'il essayait de se balancer avec eux sans se rendre ridicule, ça marchait ; là-bas devant, l'homme chantait et il fut bientôt l'un d'eux. Ils fixaient tous la scène éblouissante et leurs yeux faisaient mal. Ils frappaient et frappaient des mains et se mirent bientôt à chanter, la mince cloison fut percée et il fut emporté dans le plasma, il frappait des mains et il se mit finalement à chanter et lorsque l'homme là-bas finit par se taire, il sentit la déception jaillir comme une avalanche. Il regarda très haut en l'air pour ne pas la montrer.

Là-haut il y avait des étoiles, deux projecteurs et un hélicoptère. Il regarda longuement les étoiles. Entre les points de lumière la nuit était noire et chaude. Tout cela se terminerait bientôt. Ce qui lui restait, c'étaient les restes d'un sentiment qui allait pouvoir devenir une formule. C'était tout pour l'instant.

Lorsque ce fut fini, ce fut fini et il sut seulement qu'il lui fallait rentrer en ville. Pour atteindre la grand-route ils traversèrent un bois en suivant un étroit sentier, il leur fallut une demi-heure. Il devait y avoir des milliers de gens qui passaient par cet étroit sentier, la plupart noirs. Il eut brusquement l'impression que c'était la première fois depuis un mois ici qu'il n'avait pas peur, peur physiquement, et c'était bien cela. Il n'osait toujours pas leur parler et n'aurait pas su quoi leur dire, il avait continuellement l'impression de tomber dans un romantisme racial inversé mais une chose était évidente : pour la première fois depuis quelques semaines qu'il était dans ce pays curieux il n'avait pas peur. L'obscurité était ici plus obscure que jamais, des deux côtés les arbres formaient une ombre aussi compacte que des murs, on ne voyait ni ciel ni étoiles. Ils avançaient lentement, à tâtons, en fredonnant, comme des ombres, et soudain il entendit les cigales. Il en avait déjà entendu auparavant, avait lu des livres qui en parlaient mais jamais il ne les avait entendues comme aujourd'hui. Cela faisait comme un orchestre assourdissant, un orchestre doux, chaud, dissonant et assourdissant. Il marchait dans l'obscurité chaude, sentait leurs mouvements et entendait leur fredonnement se fondre avec le chant des cigales : tout était uni. Je bouge avec eux, pensa-t-il. J'avance dans l'obscurité chaude. Je n'ai pas besoin de dire quelque chose mais je peux fredonner. C'est fantastique : des milliers de gens et pas un mot et ils fredonnent.

Il marcha pendant longtemps sans penser à rien, en écoutant les bruits. Lorsqu'il arriva à la route il eut envie de refaire tout le chemin une nouvelle fois mais ça ne marcherait sûrement pas, on ne remonte pas contre le courant. On ne répète pas comme ça un sentiment.

Il attendit au bord de la route et essaya de faire du stop, avec succès. Il s'assit à l'arrière et pendant dix minutes parla sans arrêt de ses impressions de Jackson et du Mississippi et le conducteur, un Noir très soigné de classe moyenne, l'écouta attentivement, sérieusement et le déposa dans le centre. Il monta tout droit à son hôtel. La chambre coûtait huit dollars par jour. Il ne mit pas la télé mais s'allongea sur le lit et s'endormit tout de suite. Immédiatement le vieux maître de son enfance surgit dans son rêve, l'homme à la tête d'oiseau, mais cette fois il n'était porteur d'aucun message et ne pleura pas pour lui et ne fit point de signe, il ne fit que glisser devant lui, comme dans un brouillard, comme dans un rêve. Lorsqu'il se réveilla il était minuit, il faisait noir, il resta longtemps éveillé en essayant de rattraper ses sensations de la soirée précédente ; il pensa qu'il en allait toujours ainsi : une poursuite perpétuelle de brèves secondes, d'instants ou de sentiments, une rétention hystérique. Ça ne marchait pas. Il alluma la télé, une publicité pour une marque de lessive puis un film sur l'invasion des vampires. Ses yeux lui faisaient mal mais il ne pouvait pas s'endormir. Il savait qu'il était tout proche d'une découverte importante. Il allait bientôt l'atteindre si seulement il n'essayait pas de la fixer. Demain c'était le dernier jour de la marche. Elle serait peut-être là demain. Dans l'attente de la sincérité et d'une dévotion véritable qui devaient venir et tout racheter il éteignit les lumières de la chambre, baissa le son du poste, fixa son regard sur le carré bleuâtre et scintillant, et s'endormit.

Toute enquête possède une origine. Ceci est une tentative de description d'un des points de départ : un point qui est un sentiment ou bien l'inflexion d'un sentiment. Le sentiment est là. L'inflexion est juste à côté.

A 10 heures du matin il ne savait toujours pas où se trouvait la marche. Elle ne devait pas tarder à entrer dans Jackson mais les rues de la banlieue nord étaient nombreuses et tortueuses, la tête de la colonne devait avoir tourné et personne ne put le renseigner. Il rencontra un groupe qui paraissait sortir de la ville, ils étaient à côté de l'auvent d'un arrêt d'autobus proche de la plaine, un immense hôpital dans leur dos, rien ne se passait. De temps en temps un hélicoptère les survolait, c'étaient les grandes compagnies de télévision qui supervisaient les événements d'en haut : lui-même les supervisait de côté. Il essaya de repérer où se trouvait la marche en étudiant le vol et les virages des hélicoptères mais sans beaucoup de résultats. Il attendit, une heure passa, il faisait 102 degrés Fahrenheit. Puis trois véhicules passèrent et s'arrêtèrent, l'un d'eux était un autocar de 1920, peint en gris, prêt à s'écrouler, une croix rouge peinte sur le côté. Cela faisait penser à la guerre civile espagnole. Il s'approcha et demanda. L'ambulance faisait partie de la marche, elle rejoignait le groupe principal. S'il voulait, il pouvait monter.

Il s'assit derrière le chauffeur, il transpirait abondamment maintenant, il ne connaissait pas le rapport exact entre degrés Celsius et Fahrenheit mais il avait chaud. Un moment après un jeune étudiant en médecine de Washington vint s'asseoir à côté de lui. Il ne raconta pas de belles choses mais il semblait très objectif et cela donnait un aspect étrangement banal à tout ce qu'il disait. Puis ils démarrèrent — non, peut-être pas un aspect banal mais un aspect non-sentimental — puis ils démarrèrent. Le chauffeur était un jeune Noir d'une vingtaine d'années ; il conduisait vite et impulsivement mais ce n'était pas la première fois qu'il touchait un volant. Dans la banlieue, des maisons basses et plus de gens, surtout plus de police, plus de policiers blancs. Puis ils arrivèrent à un carrefour, on les arrêta. Maintenant ils approchaient de la marche, c'était évident, tout près de la marche. Le policier qui les arrêta se tenait au milieu de la rue. Barré ! cria-t-il, foutez le camp ! Demi-tour et foutez le camp ! Pendant quelques étranges secondes le chauffeur passa la tête par la portière et essaya d'expliquer qu'il avait l'autorisation de suivre la marche avec son ambulance mais le policier répondit brièvement mais clairement qu'il se foutait de son autorisation, même s'il avait l'autorisation du Père Noël. Il fallait qu'il fasse demi-tour et vite. Il y avait maintenant une centaine de personnes autour du car, la plupart des Blancs, ils assistaient à la discussion comme des parieurs à un combat de coqs et lorsque la brillante parabole du Père Noël fut introduite dans le débat, la foule éclata en rires et en applaudissements. Apparemment, s'ils ne réussissaient pas à tourner ils allaient rester là longtemps.

Le policier calme et souriant regarda autour de lui. Il était au milieu d'amis.

Autrefois, dans les années vingt, l'ambulance avait peut-être eu une marche arrière convenable et rapide mais elle ne l'avait plus. Ça grinça et ça fit un bruit de crécelle dans la boîte de vitesses puis le chauffeur sembla soudain tomber sur la bonne vitesse, il lâcha prudemment l'embrayage et le car fit un petit bond en avant, un demi-mètre peut-être, puis s'arrêta avec une secousse. Le policier agit vif comme l'éclair : il sauta sur le capot, dégaina son revolver, le pointa contre la vitre et hurla :

— Arrière, salaud de singe ! Recule, j'ai dit !

Dehors, la tempête de rire augmenta. Et lui, dans le car, lui qui la veille avait nagé dans le plasma et avait participé, il se trouva une nouvelle fois de l'autre côté de la mince cloison. Cela semblait signifier quelque chose, seulement il ne savait pas quoi exactement. Il lui semblait que tout le monde le regardait, ils le regardaient, tous les Blancs, comme s'il avait trahi leur race. Ils virent qu'il était le seul Blanc du car et ils savaient ce que cela signifiait et lui savait ce qu'ils pensaient, et s'ils avaient su qu'il était suédois cela aurait été pire encore. Alors ils auraient certainement su qu'il était de l'autre côté du mur. Il était immobile et à cinquante centimètres devant lui il voyait le chauffeur transpirer, de petits ruisselets de sueur coulaient le long de sa nuque, et devant le chauffeur il voyait le revolver mais n'avait pas peur de lui, du rire seulement.

Il doit y avoir un autre moyen, pensa-t-il, ici je suis ballotté de-ci, de-là, par deux espèces de sentimentalisme. Il doit y avoir un autre moyen, plus objectif. C'est sûr.

Puis le chauffeur trouva la marche arrière au moment où il demandait à tous les passagers du car de descendre pour le pousser, il trouva la marche arrière et lui, il sentit un vif soulagement qui le fit presque pleurer. Le car roulait en arrière, ils étaient dégagés. Ils arrivèrent dans une rue latérale, ils tournèrent, ils roulèrent à nouveau.

— Il dégaine vachement vite le gars, dit le chauffeur pensivement, comme pour lui-même.

Deux blocs plus loin ils retrouvèrent la marche, arrivèrent au milieu du serpent. Ce qui auparavant avait été cent cinquante, deux cents personnes était maintenant cinq mille. Et dans les cinq heures suivantes allait devenir quarante mille. Tout était arrêté pour quelques minutes, la tête s'était arrêtée. Puis ils remuèrent, lentement, et se remirent en marche.

Il était alors midi, le soleil était à l'aplomb, la chaleur étendait sa main de fer sur la ville, il marcha avec eux. Quand le cortège avançait, pied à pied, pas à pas, il ressentait un immense soulagement. Ils marchaient par rangs de cinq. Devant eux roulait un camion qu'il crut tout d'abord être le quartier général de la marche mais qui, par la suite, se révéla être la voiture des journalistes. Cinq kilomètres encore puis la marche serait finie. Elle avait duré un mois, cela avait commencé par l'assassinat de Meredith et cela allait bientôt se terminer. C'était le dernier été héroïque de la coexistence pacifique, les radicaux du Nord et les intellectuels européens venaient encore pour marquer leur solidarité, c'était le premier véritable été du Black Power, par-ci, par-là, on les voyait jaillir et bondir hors de la foule des gens paisibles et bons, de petits groupes furieux qui criaient "Black Power !" sans se soucier des regards. Il avait lu quelques articles sur eux dans les journaux suédois, il pensait donc que c'étaient des fous dangereux et il essayait d'éviter de regarder de leur côté.

Je participe à une marche pacifiste pour la liberté, pensa-t-il, une marche contre la peur. Ces fous-là ne devraient pas avoir le droit de marcher ici. Il passa plusieurs fois sa main sur son front.

Et ils marchaient. C'est comme un rêve, pensa-t-il, une hallucination floue. Plutôt qu'il ne le voyait, il sentait que la foule grossissait et grossissait, de petits ruisseaux d'hommes coulaient vers eux venant des rues latérales, des trottoirs et des maisons. Finalement ils marchèrent par rangs de dix, serrés l'un contre l'autre, un courant de plus en plus inexorable, comme si la pression devenait si forte qu'il n'y avait plus d'obstacles et qu'il devenait impossible de s'arrêter. Une eau, un fleuve. Il essaya de se rapprocher de la tête, marcha sur le côté, revint dans la file, comme s'il avait recherché, inquiet, une position à lui, un endroit où il pourrait marcher et où on le laisserait marcher. Il sentait l'excitation croître et s'épanouir dans le cortège, les agitateurs devenir de plus en plus nombreux, les cris se faire plus forts, les disputes devenir plus vives et plus violentes, les cris de Black Power se multiplier, la masse vibrer et se bousculer de plus en plus, augmenter et dominer, et les Blancs sur les trottoirs se faire de plus en plus rares puis disparaître finalement.

Je peux me sentir tout à fait tranquille, pensa-t-il. Aujourd'hui tout est calme. Ils n'ont pas une seule chance aujourd'hui.

Ils chantèrent. Il avait déjà entendu tout cela sur des disques chez lui, dans son propre salon ou à la télévision suédoise mais pas chanté comme ça. Il n'y avait pas tant de foi, ce n'était pas si pur, mais saccadé et agressif et le chant était constamment interrompu par les cris de Black Power, Black Power ! Il s'était imaginé tout cela comme une sorte d'hymne et tous marchant les larmes aux yeux, chantant leur hymne à la liberté, mais ça ne sonnait pas comme ça. Il n'y avait pas la douceur, il n'y avait pas la foi, mais une agressivité déçue, méprisante, exaspérée.

— Venez, criaient-ils vers les trottoirs, venez, nom de Dieu ! Merde, faut pas avoir peur ! Venez, espèces de lâches, salauds, cochons, nous matez pas comme ça, vous perdrez pas vos boulots si vous venez ! Et ils venaient, de plus en plus, des milliers et encore des milliers ; la dernière fois qu'il vit le grand camion, celui-ci était arrêté à un carrefour sans pouvoir avancer et par la suite il ne devait jamais plus avancer. Mais cent mètres plus loin la route du cortège croisait un passage à niveau et au moment où la tête se trouvait à cent mètres de l'autre côté, une locomotive arriva, seule, glissant lentement, et tous s'arrêtèrent brusquement, comme s'ils avaient cru que la locomotive allait continuer droit sur eux et les écraser, comme s'ils avaient voulu un conflit puisque jusqu'à présent tout s'était passé trop calmement. Trente secondes plus tard la locomotive était couverte d'une masse rampante de gens qui semblaient s'être brusquement jetés sur un ennemi potentiel, bien qu'elle se fût arrêtée à temps et ne représentât plus un danger. Ils ressemblaient à des fourmis, il s'arrêta et regarda le conflit se présenter, croître, décroître puis se terminer, il regarda avec une sorte de stupéfaction intéressée : quel est le mécanisme d'un conflit ? Où commence-t-il ? Cela dura cinq minutes, puis la locomotive se dépouilla de ses gens et tous purent continuer.

Et ils marchaient. Lorsqu'ils atteignirent le centre ils étaient déjà si nombreux que tous les calculs devenaient inutiles. Ils pouvaient être quarante mille ou cent cinquante mille. Jamais il n'avait vu une chose pareille, c'était comme un rêve, un rêve de liberté, de participation, de puissance et de justice. Comme un immense rêve gonflé et fiévreux : il marchait, marchait et la sueur inondait son visage, le soleil était au zénith, combien sommes-nous ? pensa-t-il plusieurs fois, combien sommes-nous ?

Qu'est-ce que je fais ici ?

Soudain il s'aperçut qu'il était sur le trottoir et qu'il regardait passer le cortège. Soudain il ne marchait pas dans la file mais à côté, comme un observateur. Soudain il s'aperçut qu'il courait sur le côté comme s'il avait été journaliste ou reporter ou un simple ouvrier de la radio. Les rues ne suffirent plus, on se serra sur les trottoirs et lorsque la file conquit le trottoir ce fut comme si brusquement on empiétait sur son domaine, sur son domaine d'observateur. Un large fleuve noir, brutal, nerveux et vivant, empiétait sur son domaine, ils marchaient à vingt côte à côte, ils jaillissaient sur les trottoirs, dans les rues latérales, partout, un déluge dans la ville de Jackson propre et blanche.

Finalement il ne marcha plus. Ce n'était pas à cause de la chaleur ou de l'épuisement, ni de la soif non plus puisqu'au long des rues il y avait eu des dépôts avec de l'eau et de la nourriture et que des mains s'étaient tendues pour donner. C'était tout simplement qu'il avait fini par sortir du fleuve. Le sentiment de la veille au soir l'avait quitté pour toujours semblait-il et il s'en aperçut avec un mélange de désespoir sec et de très net soulagement. Il marcha lentement, indifférent, vers le but final, le Capitole de Jackson, avec ses vastes pelouses et ses arbres et ses tribunes pour la télévision, montées à l'avance. Il s'assit dans l'herbe tout au bout et regarda. Près de lui il y avait un groupe d'opposants blancs, tant que la file arriva ils ne cessèrent de crier et de vociférer ; bientôt il ne les entendit plus tout en les entendant sans cesse. La place était entourée par la police militaire. Il devait y avoir un millier de policiers, casqués et le fusil à la main, ils étaient debout, tout autour de la place à un mètre les uns des autres. On avait dit qu'ils protégeraient les manifestants des provocations mais leurs baïonnettes étaient tournées vers l'intérieur du cercle. Ils avaient l'air calme puisqu'ils étaient armés et nombreux. Là, au milieu du cercle, sur ces peut-être soixante mille manifestants serrés les uns contre les autres, planait une immense colère retenue et si un seul fusil avait tiré, tout aurait explosé, d'un seul coup : ce n'était pas difficile à comprendre. Mais ce ne fut pas le cas.

Il essaya de retrouver dans sa tête ce qui en lui avait bien pu s'arrêter, mais il n'en était pas sûr. Ça c'était sûrement passé là-bas, sous le soleil tombant tout droit, ça devait s'être passé lorsqu'il s'était arrêté et que pour la première fois il avait réalisé complètement qu'en fait il avait toujours été immobile et spectateur. En lui-même il l'avait toujours su : son moralisme était sentimental, il avait toujours choisi le chemin le plus facile, le geste au lieu de l'action, le sentiment au lieu des faits. Durant toute sa maturité politique il avait rêvé d'une grande participation, d'une action évidente et importante. Et durant toute sa maturité politique il avait essayé de se trouver les gestes qui pourraient lui servir d'alibi, qui pourraient le calmer et le libérer.

Ceci était une excellente manifestation. Elle allait lui donner du calme pour au moins deux ans.

Ils parlaient pendant ce temps. Il resta jusqu'à la fin, il était assis immobile et vit le meeting se terminer, la foule se disperser, la place se vider et il vit qu'on donnait l'ordre aux soldats de se rassembler et il les vit monter dans leurs camions et disparaître. Les caméras de la télévision furent les dernières à disparaître. On les démonta et les porta dans les voitures, les câbles furent enroulés et les voitures disparurent, puis on commença à démonter l'échafaudage aux micros. C'est intéressant cette histoire de télévision, pensa-t-il. Comment est-ce qu'ils préparent le matériel, comment décrivent-ils la manifestation, quels arguments emploient-ils ? Comment se produit une manifestation ? Comment est-elle organisée ? Comment arrange-t-on les problèmes de ravitaillement ? A quoi ressemble le mécanisme d'une action politique ?

Pouvoir en même temps rester dans le plasma et voir le mécanisme, pensa-t-il. Pouvoir être participant mais attentif aux faits. Réduire non pas son sentiment mais son ignorance.

C'était le soir, il ne voyait plus le soleil, il allait bientôt faire nuit. Il parcourut les rues, elles étaient presque désertes, les gens avaient disparu comme par enchantement. Il vit partout les petites affiches : "Faites de Jackson une ville *propre*", et puis partout des petites corbeilles à papiers. Ça ressemblait à la Suède. Il rentra à l'hôtel, fit ses valises, paya et sortit. Il ne savait pas ce qu'il allait faire. Il s'assit sur le trottoir contre le mur d'une maison et y resta jusqu'à ce qu'une voiture de police s'arrête et lui demande qu'est-ce qu'il foutait là nom de Dieu. Alors il se releva et continua. De temps en temps des voitures de sport décapotables passaient à toute vitesse, pleines de jeunes Blancs brandissant le drapeau fédéral, le drapeau des Etats du Sud, et hurlant triomphants lorsqu'ils apercevaient un Noir. Demain leur appartiendra à nouveau, ils sauront se venger. Aujourd'hui ils ont tourné le dos pendant que les sentiments battaient leur plein. Maintenant les sentiments se sont calmés, les Noirs ont regagné leurs trous et les libéraux sont retournés dans leur Nord idéal. Demain le monde leur appartiendra à nouveau. L'obscurité était tiède et bonne, il marchait à travers une ville silencieuse, c'était comme le silence qui suit une grande catastrophe, jamais il n'avait entendu quelque chose de semblable. Il essaya de penser clairement ou au moins de penser à quelque chose mais c'était difficile. Finalement il se dirigea vers la gare routière, la seule chose qui lui restait. Il rentrait chez lui. Tennessee puis New York puis la maison.

Il était assis sur un banc devant la gare routière et il voyait passer les voitures et sa tête était complètement vide. Je suis peut-être fatigué, pensa-t-il à haute voix. Mais ce n'est pas par déception. Je n'ai trompé personne. Je suis exactement comme j'étais auparavant. Je suis seulement fatigué. J'ai beaucoup marché. Il fait chaud.

Après avoir bu trois verres de ce liquide pur et doux que l'on nomme whisky, les silhouettes qui lui faisaient face devinrent plus distinctes et leurs visages plus rigoureux et plus facilement saisissables. Ils ne parlaient plus de la marche, il n'avait pas d'opinion et tout ce qu'il avait dit semblait s'être transformé en une leçon de morale critique. Et ce n'était pas comme ça qu'il voulait présenter la chose. Il se souvenait d'une autre manifestation à laquelle il avait assisté, c'était à New York, presque une semaine plus tôt. Quatre gars qui chaque jour vers cinq heures arrivaient dans le centre de Greenwich Village, déballaient leurs affaires et restaient pendant trois heures sur le trottoir. Ils montaient un petit étalage avec des poupées brûlées, des traductions de Mao et de Hô Chi Minh, des documents sur la guerre et quelques affiches. Ils vinrent chaque jour pendant presque trois semaines et au bout de quelques minutes les gens formaient un cercle et la discussion obligatoire surgissait. Il avait chaque fois été témoin de cela et la routine était bien établie

Discussion d'abord puis de légers petits incidents, les quatre gars se faisaient menacer de recevoir une correction, un jour l'un d'entre eux fut assommé, la police arriva, discussion, papiers, distribution de tracts, discussion, départ de la police, vers huit heures ils remballèrent leurs affaires et rentrèrent chez eux.

Il les avait souvent observés et il avait pensé : en fait jamais je n'ai admiré quelqu'un comme ces gens-là. Leurs sentiments ont dû être épuisés dès les trois ou quatre premières semaines et maintenant il ne leur reste plus qu'une incompréhensible objectivité. Ils viennent là, se font traiter de cinglés, de salauds de rouges, se font cracher dessus et casser la gueule et après ils rentrent chez eux et comptent combien ils ont distribué de tracts.

Mais en fait : comment pouvait-il être tout à fait certain qu'ils étaient plus intéressés par des faits que par leur engagement ? Si, quand même.

Et maintenant ils allaient manger ici à Oak Ridge puis discuter d'autre chose et lui il allait rentrer : vers quoi ? Vers quels problèmes ? Par où allait-il commencer ? Quel fil allait-il tirer en premier ? Ingrid sortit de la cuisine, portant un plateau avec des assiettes, elle avait toujours l'air très suédoise, d'une manière un peu désemparée dont il ne savait pas quoi faire : Mon Dieu, pensa-t-il, je dois avoir le même air, aussi désemparé, bien que recouvert par une pellicule un peu plus habile et possédant un moralisme plus clair. Mais où allait-il piquer ? Dans quels abcès ? Il avait percé pendant si longtemps ses propres abcès que la douleur avait fini par disparaître et le plaisir était venu. Et maintenant ?

Ils allaient manger sur le balcon. Il s'approcha de la balustrade et regarda dehors à travers les arbres, dans le noir. Maudite chaleur, pensa-t-il. Elle m'avachit et me rend incertain et je ne dis pas ce qu'il faut. Il resta immobile, le regard fixé dans l'obscurité bourdonnante. Un petit feu fut allumé derrière lui, il entendit le crépitement de la viande qui grille, ce serait bientôt prêt. Ils allaient manger et être gentils, et petit à petit, jour après jour, il allait tout oublier et les cicatrices allaient s'effacer et il allait retrouver sa certitude et sa confiance. Il allait juger sa confusion plus intéressante qu'effrayante et petit à petit il allait réduire son importance pour la formuler. Il avait déjà commencé. "Il existe une connaissance qui n'est qu'une forme d'auto-compassion et d'apathie", pensa-t-il, la formule était bonne, très bonne. "Une apathie qui a sa source dans une réaction trop personnelle de crainte et de sensation d'isolement" — c'était encore mieux, bien que "sensation d'isolement" fît trop lourd.

Il savait pourtant que les formules n'allaient jamais réussir à anéantir la connaissance violente et obscure qui régnait tout au fond de ce qu'il avait éprouvé et qui allait peut-être le changer politiquement. Derrière lui le feu sautait et dansait, le silence était profond et bourdonnant, quelqu'un qui était un être humain s'approcha dans son dos, vint à côté de lui, s'appuya sur la balustrade et regarda dehors dans le noir.

Il resta immobile, sans chercher de formule maintenant et tint ce sentiment fermement noué autour de ce qui ne devait plus jamais vraiment le quitter.

Dix jours plus tard il était chez lui. Il commença dans une bibliothèque, se fendit un chemin à travers la surface de l'histoire et puis il fut accroché. Toute enquête possède une origine ; ceci est l'une des origines. Une sorte de début d'enquête sur l'extradition des Baltes.

4

La première mention officielle du problème des réfugiés fut faite le 24 mai 1945 ; émanant du chef de l'état-major de la Défense, elle fut publiée par pratiquement tous les journaux suédois et souvent en première page. Pour la première fois on mentionne, ailleurs que dans les journaux locaux, qu'il y a des soldats baltes parmi les militaires allemands internés. Le rapport est détaillé, donne une vue d'ensemble du développement du problème des réfugiés et mentionne que le nombre total des internés s'élève maintenant à 3 200 hommes, répartis dans des camps un peu partout en Suède.

Selon le rapport tout se passe suivant les plans et sans frictions, sauf quelques petites exceptions. "Quelques petits incidents se sont produits, ayant pour origine les divergences d'opinions politiques qui existent entre les Allemands, les Autrichiens, les Sudètes, les Polonais, les Estoniens et autres. Le but à atteindre est bien entendu que les internés soient renvoyés le plus tôt possible vers leurs pays et cela dépend en premier lieu de ce que UD* s'accorde avec les Alliés sur une date et sur un moyen de transport. Vraisemblablement le problème ne sera pas éclairci avant qu'une commission interalliée ait été formée et que celle-ci ait pu trancher la question."

Bien entendu aucune tentative n'est faite par l'état-major de la Défense pour essayer de définir les expressions "renvoyés vers leurs pays" ou "commission interalliée".

5

"Hemse le 2.6.1945. Par ces lignes je m'engage à ne pas présenter au public et à ne fournir à aucun journal ou revue quels qu'ils soient les vues du camp de Havdhem que contiennent les pellicules que je laisse pour développement, ces images n'offrant aucun intérêt pour tout Suédois honnête.

Hemse, même date
(nom) Photographe
Suédois, homme de droite et patriote"

Tous les clichés de Havdhem sont numérotés, il y en a 122, la plupart représentent des scènes identiques et sont donc sans intérêt. Tous ont été pris au cours de la période au camp, soit du 10 mai 1945 au 2 octobre de la même année. Photographe : inconnu.

Le cliché numéro trois montre un office religieux au camp. Il est daté du 13 mai, quelques jours donc après l'armistice et juste après l'établissement du camp. C'est la première image du terrain même du camp. Un grand nombre d'hommes — une centaine peut-être, sont assis dans un pré. A gauche de l'image, un homme debout comme s'il parlait aux autres. La photo, comme la plupart de celles de cette collection sur Havdhem, est pourtant prise de trop loin, les personnages sont petits et sans expression, presque tous tournent le dos à l'objectif, de sorte que les formes se fondent en une masse grise et confuse, on ne peut distinguer ni visages ni traits de personnages, l'image fait plat et gris. De plus elle est mal cadrée et une grande partie de la pelouse ou du pré vide qui s'étend jusqu'au groupe d'hommes la domine complètement. Dans le fond : des broussailles basses.

Le cliché douze représente l'entrée du camp, dominée à droite par une sentinelle. A gauche on voit très nettement la clôture qui entoure le camp. Les poteaux doivent avoir environ 1,50 m de hauteur. A un mètre du sol un simple fil de fer barbelé les relie les uns aux autres et tout en haut un deuxième fil. En se baissant beaucoup il doit être possible de passer sous le fil inférieur.

Cliché trente-six : une inscription sur l'image : "Enseignement des langues". La photo semble avoir été prise d'une distance de 25 à 30 mètres. Sur le mur d'un baraquement est tendue une large bande de papier, 3 m × 1,5 m à peu près. Devant, une longue table de bois. Onze hommes sont assis autour de la table, en uniforme. Le douzième est debout près du papier blanc, il indique du doigt quelque chose qu'on ne peut pas distinguer de cette distance. De l'herbe par terre. Les personnages sont petits, la photo peu agrandie et très peu nette. On peut, pour résumer, dire que la photo présente un des cours de langue qui furent donnés au camp d'internement de Havdhem au cours de l'été 1945.

Cliché trente-sept : une vue en perspective du théâtre en gradins que les internés de Havdhem montèrent au cours de l'été 1945. La scène est vide, les tribunes, très inclinées et formant un demi-cercle, sont également vides, à part un homme qui passe entre les bancs et lève le bras comme pour nous faire signe.

Cliché trente-huit : le même amphithéâtre mais le soir. Apparemment un spectacle s'y déroule. Il y a maintenant sur scène des décors peints, un paysage des Alpes et au premier plan une sorte d'auberge. On doit jouer une comédie. Sept hommes sont sur la scène, dont deux au premier plan. La photo est prise de face, depuis les fauteuils d'orchestre.

Le cliché soixante-douze est une vue de l'hôpital du camp. Trois hommes sont sur l'image, deux sont torse nu, le troisième, au milieu, semble être un infirmier. Il penche la tête, tient quelque chose à la main, l'approche de la main ou des doigts de l'homme qui est à gauche. Celui-ci sourit à l'objectif. Dans le fond une fenêtre, la lumière est forte, il doit y avoir du soleil dehors. L'homme du milieu a de fins cheveux blonds peignés en arrière et porte la barbe. Il semble en train de faire un pansement ou un emplâtre. A part cela l'image ne présente pas de détail intéressant.

Cliché soixante-seize : distribution de la nourriture. Une file de visages gais, des mains qui font des signes. Ils sont tous alignés.

Cliché cent six : un match de football. Une situation critique devant les buts, des tribunes de terre, une centaine de spectateurs.

Cliché cent sept : des hommes nus courent dans l'eau, l'eau gicle, l'image donne une impression de joie de vivre, de cris, de soleil. Sur la rive quelques groupes sont en train de se déshabiller. L'image est prise de l'eau, d'une barque probablement, l'objectif dirigé droit sur la berge.

Cliché cent vingt-deux : "Départ pour Burgsvik". Sur la photo une vaste cour, dans le fond, des baraquements et quelques tentes. Dans la cour : des groupes d'internés les uns derrière les autres. Ils portent des bagages. A gauche on voit l'arrière d'un autocar. De toute la collection c'est la photo dont la qualité est la plus mauvaise, c'est sans doute au petit matin, il y a du brouillard ou bien il pleut, l'image semble recouverte d'un voile gris.

Tout est conservé dans les archives du chef de camp ; il y a aussi, parmi beaucoup d'autres choses, un morceau de papier rectangulaire, sa longueur est de 15 centimètres environ, dans les quatre coins on voit des trous de punaises ou d'épingles. Le morceau de papier a dû être retiré d'un panneau d'affichage. Le texte est en allemand et dit, en traduction :

"Camarades ! ! ! Ne causez pas de difficultés de type politique au peuple suédois si bien intentionné envers nous. Retirez tous vos insignes allemands, décorations ou galons." ("Hochheits — und Rangabzeichen".)

Le papier est écrit à la main et à l'encre, l'écriture est droite, forte et très caractéristique, le papier n'est pas signé. Il n'est pas difficile actuellement d'identifier l'auteur : le docteur Elmars Eichfuss-Atvars.

L'arrière-plan est le suivant.

Leurs premiers temps en Suède durent les surprendre par le ton pastoral, l'atmosphère de camp petit-bourgeois, la nourriture abondante et l'attitude aimable du personnel de garde. "Le régime était doux", écrivirent-ils plus tard dans leurs lettres. Et en effet, il l'était. Ils avaient le droit de faire des petits tours, de cueillir des champignons, de se promener sous une très faible surveillance : ici ce n'était qu'un camp de passage, une pause en attendant la possibilité technique d'un transport vers l'Allemagne de l'Ouest ou une libération définitive. Un bel été sur l'île de Gotland, ils jouaient au football et montaient un amphithéâtre, ils travaillaient à la construction d'un stade et le début de l'été passa sans que personne ne songe à s'enfuir bien que cela eût été très facile.

Mais aussitôt arrivés au camp, dès la première semaine, l'irritation commença à pointer. Les raisons en étaient multiples. Certains Allemands avaient fui tôt le front Est, ils avaient débarqué sur Gotland les 4 et 5 mai après avoir déserté l'armée allemande et, dès que la grande vague des réfugiés arriva dans le camp entre le 9 et le 14 mai, les conflits surgirent. Les déserteurs furent immédiatement traduits devant un conseil de guerre improvisé dans le camp et rapidement condamnés à mort : mais la direction suédoise du camp réussit à intervenir avant qu'ils ne soient pendus. Puis on installa le premier camp spécial à l'intérieur du camp : le camp des déserteurs. Par la suite on les désigna avec un D dans les rôles du camp, ils prirent leurs repas à des heures spéciales, ne s'approchèrent jamais des autres et vécurent dans un monde à part. Puis il y eut d'autres conflits : entre Allemands et Autrichiens, Allemands et Polonais, Allemands et Baltes. Entre officiers et hommes de troupe ; parfois aussi, mais c'était si curieux et si peu fréquent que tous en étaient étonnés, des conflits de nature idéologique. Jusqu'alors la structure idéologique était en gros restée intacte, ceux qui étaient arrivés appartenaient à des troupes d'élite, beaucoup faisaient partie de la SS et il était difficilement envisageable formuler une critique réelle et forte du nazisme.

Ils demandèrent souvent aux Suédois ce qu'on allait faire d'eux. Dès la fin mai ils adressèrent à l'état-major de la Défense des demandes écrites : ils désiraient savoir quelle était leur position en droit. Le 20 juillet la réponse écrite de l'état-major de la Défense arriva, elle fut transmise au délégué à l'information des internés. La réponse est aujourd'hui sous le sceau du secret. La réaction fut cependant évidente. "Ceci eut un effet calmant sur les sentiments qui régnaient dans le camp."

Eichfuss devint immédiatement et sans discussion le chef des Baltes. Il parlait un allemand excellent et en quelques heures la direction suédoise du camp lui accorda sa confiance, il logeait avec les Baltes mais il évoluait tout autour avec une liberté remarquable. Un délégué allemand le choisit pour collaborer au journal du camp et bien que la partie du camp où logeaient les Baltes ait vite été transformée en une section à part, avec une clôture spéciale et des gardes spéciaux, Eichfuss allait partout à son aise. Début juin il dirigea une action des internés contre la nourriture et surtout contre le pain trop sucré : il sortit du bureau du chef suédois du camp en véritable vainqueur et pourvu d'une nouvelle autorité.

Sur toutes les photos il contraste très fortement avec les autres hommes.

Ses vêtements ne ressemblent pas à un uniforme. Il porte une chemise, une cravate et, par-dessus, une autre chemise plus épaisse enfilée dans ses pantalons serrés par une large ceinture. Il a l'air d'un civil. Il est barbu et va toujours tête nue.

Le 2 juillet 1945 la majeure partie du groupe balte fut envoyée à la tourbière de Martebo pour y travailler durant l'été à l'extraction de la tourbe. Trois jours plus tard tout le groupe revint.

Ils arrivèrent à Martebo le 2 juillet au soir, ils portaient leurs uniformes allemands et ils furent "par inadvertance" directement conduits aux logements des ouvriers suédois. Les cars arrivèrent devant les baraquements, les Suédois étaient aux fenêtres, sur le pas des portes, et regardaient le débarquement. Dans le groupe des internés l'ambiance générale était bonne. Le soir même, vers 7 heures, les ouvriers suédois se réunirent, ils s'enfermèrent dans un réfectoire, une heure plus tard ils en sortaient avec une résolution. Ils expliquèrent que les internés étaient des nazis, qu'eux n'avaient pas envie de travailler avec des nazis et qu'ils donneraient immédiatement leur démission si les internés ne partaient pas sur l'heure.

La résolution fut adressée à Walter Wredenfors, l'un des ingénieurs de la société anonyme Slite Cement. Il lut le papier et le lendemain matin convoqua à une assemblée des représentants des différents partis. Etaient présents deux officiers allemands, un officier suédois, dix ouvriers suédois, l'ingénieur suédois et Elmars Eichfuss-Atvars.

Eichfuss prit la parole, ses propos furent immédiatement traduits. Il parla des internés comme de patriotes lettons, et de leur antinazisme. Son discours dura un quart d'heure, tous l'écoutèrent immobiles. Il était calme, avait de l'aisance et leur parlait, ses yeux clairs, bleu ciel, posés sur eux ; son discours terminé, aucun des ouvriers suédois n'eut rien à dire. Ils étaient prêts à accepter.

La réunion se termina vers 9 heures. Le matin même un ordre émanant du commandant militaire de Gotland arriva, enjoignant au groupe de revenir à Havdhem : l'incident lui avait déjà été rapporté.

Tandis qu'ils montaient dans les cars, Eichfuss était dehors et calmement regardait l'embarquement. Il était de bonne humeur et bavardait avec l'officier suédois qui dirigeait la retraite.

— C'était un discours excellent, remarqua l'officier. Il a fait beaucoup d'effet, il a retourné d'un coup toute l'assemblée.

— C'était très facile, répondit Eichfuss avec sérieux. Je n'ai fait que dire la vérité comme je le fais toujours. Retourner une assemblée obstinée est d'ailleurs un art difficile. Certains sont passés maîtres en cet art. Pendant la révolution de 1848, Marx fut arrêté un jour et accusé d'incitation à la révolte. Je crois que cela se passait à Cologne. S'adressant au tribunal il profita de l'occasion pour faire dans un long discours un exposé détaillé de la situation économique et sociale en Allemagne et à l'étranger. Le président du jury le remercia devant la cour pour son exposé intéressant et instructif dont ils avaient beaucoup profité. Résultat assez inattendu, n'est-ce pas ?

— Ah bon, dit l'officier.

— En plus, naturellement, il fut déclaré non coupable, ajouta Eichfuss.

— Je ne connais rien de tout ceci, dit l'officier suédois avec raideur.

Eichfuss montait déjà dans le car. Le soir même ils arrivaient à Havdhem.

Le camp possédait un tableau d'affichage destiné aux communications intérieures. Le lendemain matin Eichfuss se dirigea vers celui-ci avec un morceau de papier écrit à l'encre, de son écriture pointue et caractéristique, mais non signé.

Ils lurent son message le jour même et le soir se réunirent pour en débattre. Les plus jeunes étaient de son côté, ils acceptaient volontiers de retirer leurs insignes de grades. Les officiers, par contre, s'y opposèrent catégoriquement.

Un été chaud, il y avait beaucoup de soleil, l'air était bon. C'était en plus la paix dans le monde. Tout cela participe à l'image de petits incidents qui augmentent et augmentent et finissent par marquer une situation qui devient un peu plus importante, puis finalement, tout à fait importante. Il faut aussi ajouter autre chose. Ceux qui étaient là dans le camp devaient l'avoir sentie venir, latente, lentement et imperceptiblement, comme un vent frais ; une maladie insidieuse, une peste qui les frappait d'une manière imméritée. Ils sentirent soudain que leur popularité à l'extérieur du camp n'était pas grande et qu'elle allait diminuer. Ils le sentirent comme un vent frais et plus tard ils devaient souvent reparler de ces conversations qu'ils avaient eues avec des officiers suédois, de leurs tentatives pour expliquer que leur position aux yeux de l'opinion suédoise était peut-être délicate. C'était le printemps et l'été de la découverte des camps de concentration, cet été où les photos de chambres à gaz et de monceaux de cadavres se répandirent sur l'Europe. Un été chaud, sec et calme, avec beaucoup de photos dans les journaux. Tout cela fait partie de la situation.

Eichfuss prononça encore un de ses discours. Il déclara important que les Baltes ne causent pas de difficultés d'ordre politique. Et lorsqu'il eut fini de parler, la plupart étaient du même avis que lui.

Ils enlevèrent leurs galons, leurs insignes SS et leurs emblèmes, et le lendemain la direction suédoise du camp vit ce qui s'était passé.

Il existe plusieurs versions de la suite des événements. Celle qui suit est en quelque sorte un recoupement.

A cette époque le chef suédois du camp s'appelait Lindeborg. Il ordonna aux Baltes de remettre immédiatement toutes leurs marques distinctives ; à peine un tiers des hommes lui obéit. Les autres déclarèrent qu'ils les avaient perdues et ils furent tout le temps soutenus par Eichfuss qui répandait l'agitation parmi eux, expliquant que le chef suédois du camp n'avait pas le droit légal de leur donner de tels ordres.

Le 10 juin Lindeborg manda Eichfuss à son bureau. La conversation dura une heure puis ils sortirent tous deux et Lindeborg ordonna le rassemblement du détachement balte. La journée était belle, un soleil radieux et pas un nuage, on rassembla le détachement devant les tentes des Baltes dans le "Sonderabteilung" du camp où il n'y avait plus d'herbe mais un sol de sable et de poussière. C'était au milieu de la journée et il faisait très chaud. Le discours que prononça le chef du camp fut très bref, il constata que le docteur Elmars Eichfuss-Atvars avait manqué à l'actuel règlement disciplinaire en créant de l'agitation contre la direction suédoise du camp et qu'il pouvait se considérer comme destitué de son rôle de porte-parole des Baltes auprès de cette même direction.

Il demanda si Eichfuss avait bien clairement compris cela. Eichfuss qui se tenait assez loin en arrière dans le rang répondit tout de suite oui. La majorité de la troupe se retourna pour le regarder. Lindeborg déclara ensuite que le lieutenant-colonel Gailitis serait dorénavant le délégué des Baltes et que le commandement lui était dès lors passé. Puis il rompit les rangs.

Tout cela dut prendre cinq minutes.

Eichfuss alla tout droit sous sa tente sans parler à personne. Lorsque les autres entrèrent il était déjà assis sur son lit de camp, il retira ses chaussures puis s'étendit de tout son long, mit sa pipe dans sa bouche mais ne l'alluma pas. Il resta immobile à regarder la toile de tente. Ils ne lui parlèrent pas mais s'adressèrent des clins d'œil entendus puis sortirent. "Il n'était pas homme à perdre, alors on ne disait rien."

Un seul resta, il avait dans les vingt ans. Eichfuss parlait souvent avec lui puisqu'il préférait parler aux jeunes soldats plutôt qu'aux officiers plus âgés qui ne le supportaient pas ou avaient des amis qui le détestaient. Il s'assis en face de Eichfuss, alluma une cigarette et dit :

— Eh bien, voilà ce que c'est. Tu t'es fait avoir. Maintenant, fini de courir où tu voulais. Eh ? Maintenant fini de courir.

Eichfuss ne dit rien et ne bougea pas, il n'alluma pas sa pipe mais regarda fixement la toile de tente avec ses yeux clairs bleu ciel et profonds.

— Tu n'as rien à dire, maintenant, reprit l'autre.

Et puis il se souvient de la manière dont Eichfuss se mit à sourire de plus en plus largement, de plus en plus amusé et répliqua :

— Tu es trop impatient. On est seulement en juin.

Le 15 juillet, le remplaçant du chef de camp entra dans le bureau de la direction, prit place devant la machine à écrire et dit :

— Je ne comprends pas ce Eichfuss. Quand je parle

avec les Allemands et qu'il écoute, il apparaît volontiers comme un officier allemand et personne ne proteste. En d'autres temps il est un libérateur de la Lettonie. Il cite coup sur coup Marx et Lénine mais aujourd'hui il a cité un passage curieux de *Mein Kampf*. Il s'agissait de quelque chose sur l'impressionnabilité des gens par la propagande : Hitler aurait dit qu'il était inopportun d'essayer d'influencer les gens dans la matinée mais qu'il était par contre très judicieux d'arranger des meetings le soir. Les gens sont alors ''plus accessibles à une volonté plus forte que la leur'', comme il disait. C'est vrai ?

— Ne demandez pas à un simple sergent, répondit le sergent.

Pensif, le lieutenant feuilletait le fichier.

— Ils n'ont pas été très bavards le jour de leur enregistrement, dit-il. Elmars Eichfuss-Atvars. Né à Riga. Adresse Widzemes 225[11]. Sa femme s'appelle Léontine. Habite en Poméranie. Poméranie ? Pourquoi diable habite-t-elle en Poméranie ? A servi comme ''Gefreiter in Stabsabteilung''. Médecin. Qu'est-ce que c'est ''Gefreiter'' ?

— Caporal, dit le sergent. Ou sergent. Je ne sais pas exactement.

— Ils sont laconiques quand ils arrivent, continua le lieutenant. On n'apprend pas grand-chose sur eux. Ecoutez. Peteris Ziemelis. A servi comme lieutenant SS à Ventspils. Ventspils ? Ce n'est pas au bord de la mer, ça ? Que faisait un lieutenant SS au bord de la mer ? Est-ce qu'il n'aurait pas dû être sur le front ?

— Il y avait sans doute aussi des problèmes en arrière du front.

Les documents du camp sont remplis de notes, d'allusions négligemment jetées sur le papier, de faits, d'explications, d'ordres, de noms, de dates. Il n'y a pourtant rien sur la période précédant l'arrivée, sur les années de guerre et sur les biographies personnelles. Tous, sans exception, ont évité de parler de cette époque, les indications qu'ils ont données sont laconiques et évasives, parfois manifestement fausses ou absurdes. Ceci est valable pour les Allemands aussi bien que pour les Baltes.

Au milieu des listes de noms, des tentatives sont parfois faites pour caractériser un interné ; quelqu'un ou quelques-uns à la direction suédoise ont tenu le crayon. Parfois les notes se réduisent à un simple D pour déserteur ; le seul Balte parmi eux est Johannes Indress. Parfois les caractérisations sont plus claires, plus personnelles. "Type sympa", ou "Sadique" ou "Mécanicien doué". Sur le lieutenant-colonel Gailitis, le nouveau leader des Baltes, il y a seulement écrit : "A servi à Struthof" et en dessous, dans une parenthèse explicative, "(camp de c.)".

Eichfuss par contre est pourvu d'une note vigoureuse, soulignée d'un trait large et furieux. Il y a écrit à la suite de son nom : "Véritable crapule, intrigant, faux et lâche".

6

"Il ne fallait pas oublier qu'auparavant l'esprit avait été tout autre."

Au premier avril 1945 le nombre total des réfugiés en Suède s'élevait à 104682 dont 36154 Baltes. L'attitude prise auparavant à l'égard des réfugiés est un arrière-plan à l'extradition des Baltes. Ils étaient donc 104682, un chiffre important. En mai 1945 le nombre total des étrangers (pas tous des réfugiés donc) s'élevait à 195000.

Coutume, politique des réfugiés. Autant d'arrière-plans. Le choix de l'arrière-plan est important.

On pouvait choisir entre de nombreux arrière-plans. Au bout d'un moment le chercheur eut l'impression de travailler avec un système de fiches, des arrière-plans interchangeables, des petits décors à monter ou à enlever, selon son esprit, son humeur politique, son degré d'irritation, et à chaque échange qu'il faisait, à chaque tentative d'apercevoir un rapport, il croyait tirer un nouveau boulet contre le bateau de l'exactitude. Une montagne de bouts de papier, d'allusions, de faits, de contradictions et d'images grandissait devant lui, les images passaient mais sans cohésion, toute l'affaire était chaotique et capricieuse, il ne servait à rien de distinguer des structures, des ensembles. Et puis en même temps il savait que tout cela n'était que l'expression de sa paresse, de son ignorance, de son défaut d'intelligence, de son manque de vue d'ensemble, d'expérience, de ténacité. Ce sont les ignorants et les paresseux qui ressentent le monde comme un chaos, se disait-il. Et il se répétait sans cesse que le puzzle pouvait être reconstitué, peut-être pas durant sa génération et par un seul homme, mais par plusieurs, un morceau après l'autre, un secteur à la fois. Et le dessin finirait par apparaître, par devenir net et solide, il servirait de point d'appui à un suivant. Chaque jour il se persuadait qu'il en allait ainsi mais la nuit, plongé dans la pénombre de la chambre à coucher, le regard tourné vers la fenêtre sur laquelle les ombres dansaient et les lumières venaient puis disparaissaient, il savait alors qu'en réalité ce n'était pas le résultat qui l'intéressait mais uniquement le travail, la progression, le modèle de travail. Et si, pourtant, peut-être : il changeait lentement et il y avait autre chose : non pas uniquement un résultat, un modèle de travail, mais une *approximation*. Jamais il ne réussissait à traduire ce mot en termes compréhensibles, c'est pour cela qu'il l'employait puisqu'il protégeait un sentiment et une connaissance encore trop fragiles.

Durant une certaine période il lut quelques-uns de ces romans historiques réels et grandioses qu'on appelait ''Les enquêtes officielles de l'Etat'' ; il y en avait un en particulier auquel il revint souvent. C'était un mémoire sur le traitement des réfugiés au cours des années de guerre. L'enquête avait été commencée en janvier 1945 et le résultat prêt en 1946, un volume de 500 pages exactement.

Il ne s'agissait pas des Baltes, ni Baltes civils ni Baltes militaires dans tout cela, ils n'étaient pas concernés. Mais un morceau du puzzle s'y trouvait quand même, ou plutôt : un arrière-plan possible.

C'était une enquête sur la manière dont la Suède avait traité les réfugiés au cours de la guerre. Ceux que l'on avait mal traités occupaient le volume, c'était une vision injuste des choses, on ne donnait pas d'exemples de la générosité qui s'était souvent manifestée, le volume ne mentionnait que ceux qui avaient été traités injustement et illégalement, ceux qu'on avait arbitrairement expulsés ou refusés.

Par endroits la lecture devenait presque une hallucination, puisqu'il savait que tout cela se passait dans un vide, dans le silence total, sans tempête d'indignation ou de protestation.

Tout d'abord il y avait les juifs.

En 1937 les experts de la loi sur les étrangers avaient constaté qu'on ne pouvait considérer comme réfugiés politiques ceux qui "pour des raisons raciales ou autres sont limités ou gênés dans leurs possibilités de subvenir à leur existence". C'était deux ans après les lois de Nüremberg dont le sens était clair pour tout le monde. En 1938 on renforça encore plus les formalités nécessaires à l'établissement des visas. Depuis le 5 octobre 1938 le passeport des juifs allemands était tamponné d'un J rouge. Le 27 octobre 1938, UD déclara dans une circulaire que les personnes dont le passeport portait un J ne recevraient en principe pas d'autorisation d'entrée "tant que les autorités compétentes suédoises, après examen, ne jugent pas raisonnable de recevoir le solliciteur". Et cela continuait : "Au cas où un doute s'élèverait, la recommandation d'entrée ne devra pas être délivrée sans l'accord préalable du ministère des Affaires étrangères." A l'automne 1941 les restrictions furent un peu adoucies, il n'y avait plus de risques puisque les juifs n'avaient plus le droit de quitter le territoire allemand. La commission d'enquête ne pouvait que constater : "Il faut malheureusement dire que le changement de la politique suédoise à l'égard des réfugiés s'est fait trop tard".

Mais ce même automne les chiffres furent tout aussi parlants. En un mois, 170 demandes de visas d'entrée furent déposées par des juifs. 52 furent satisfaites. Les refus étaient tous conformes à la loi.

Cela ne devient clair, distinct et instructif que lorsqu'on considère les cas individuels. En novembre 1939 un juif polonais demanda un visa d'entrée en Suède. Sa situation était critique, quelques semaines auparavant son fils unique avait été envoyé en camp de concentration. Maintenant il avait peur, il voulait venir en Suède où il avait une fille. La Direction générale de la prévoyance sociale donna un avis défavorable sur son cas et UD refusa. Un peu plus tard il fut envoyé en camp de concentration et exécuté : son cas était réglé. En septembre 1939 une femme médecin juive demanda l'autorisation de venir en Suède, elle ne voulait pas y rester mais désirait gagner de là un autre pays. Ce fut non. Elle redemanda en janvier 1940. L'avis de la Direction générale de la prévoyance sociale fut défavorable et UD refusa. Elle fut plus tard déportée et exécutée. En novembre 1939 une fillette de douze ans, habitant Nüremberg, fit une demande de visa d'entrée. L'affaire fut mise en attente. Le 3 avril 1941 elle essaya encore ; l'avis de la Direction générale de la prévoyance sociale fut favorable mais "au ministère des Affaires étrangères, selon une note de travail du conseiller de légation Hellstedt datée du 2 juillet 1941, la demande fut mise aux *affaires classées*" Puis UD refusa définitivement la demande le 6 août 1941. La fillette fut déportée et exécutée. Une femme d'origine juive avait en Suède son seul frère, il était citoyen suédois et il demanda pour elle un visa d'entrée. Il le fit en octobre 1939, sa demande fut repoussée : elle ne reçut pas l'autorisation de venir. Il le fit en novembre 1939, refus. Il le fit en février 1940 en parlant de la menace de déportation qui pesait maintenant sur elle. L'avis de la Direction générale de la prévoyance sociale fut défavorable et UD refusa en mai. En juin 1940 le frère réitéra sa demande : UD réagit cette fois plus vite et plus fermement en refusant deux jours plus tard, sans renvoi à la Direction générale de la prévoyance sociale. Il renouvela sa demande en novembre 1940 en mentionnant dans sa lettre les déplacements de populations juives en Allemagne et les camps de concentration. UD refusa quatre jours plus tard. Il demanda une nouvelle fois en mars 1941, les dossiers de demande se font maintenant plus complets et plus détaillés, il décrit la déportation des juifs de Bade, de Szczecin et de Vienne. UD refusa rapidement. La dernière demande arriva en septembre 1941. Il pouvait maintenant dire que sa sœur était depuis déjà trois mois en camp de concentration mais qu'il y avait peut-être encore une faible chance de l'en sortir vivante. UD accepta enfin la demande mais il était bien entendu trop tard. La sœur mourut le 1er juin 1942 au camp de Ravensbrück. Cause du décès : "Pneumonie".

Les cas semblent innombrables.

Un couple juif de Berlin dont la fille vivait en Suède fit en décembre 1940 une demande de visa. Un de leurs fils avait été déporté en 1938 mais avait réussi à s'échapper du camp de concentration. Ils avaient de l'argent pour leur séjour en Suède. La Direction générale de la prévoyance sociale donna un avis défavorable et UD refusa. En juin 1941 nouvelle demande. Refus de UD. Troisième demande en septembre 1941 finalement acceptée. Il était alors trop tard : le couple ne pouvait plus sortir d'Allemagne. "La force de résistance de G fut brisée et il mourut en octobre 1942. En janvier 1943 Mme G fut déportée vers l'Est. Sa fille n'espère plus la retrouver vivante." La fille semble en plus penser, dans un accès de méfiance à l'égard de la bonne volonté des autorités suédoises, que le visa finalement accordé ne l'était pas sincèrement : "A cette époque les autorités suédoises savaient très bien que les juifs n'étaient plus autorisés à quitter l'Allemagne.'' Un couple juif fit en juin 1940 une demande de visa. Refusée. Ils essayèrent en octobre 1941 et ils purent dire qu'ils étaient directement menacés de déportation. On leur répondit alors finalement oui, ceci en octobre 1941, à condition qu'ils s'engagent à ''repartir vers un autre pays''. Mais il était trop tard, ils n'avaient plus le droit de quitter l'Allemagne. Ils furent déportés au camp de Theresienstadt, personne n'a de renseignements sur eux par la suite.

Dans les rapports, tous étaient anonymes ; ils étaient des cas, signifiés par des lettres. Il y eut certaines exceptions. L'une d'elles est Ernst Neisser, professeur en faculté de médecine et juif. Sa femme souffrait d'une grave maladie nerveuse et il ne voulait pas la quitter, il voyageait d'un endroit d'Allemagne à un autre pour qu'elle ''apprenne aussi peu que possible tout ce qu'il y avait de mal autour d'eux''. Elle se suicida en octobre 1941. Quelques semaines plus tard des amis suédois firent pour lui une demande de visa, la réponse fut non. Ils essayèrent à nouveau en février 1942 et ils présentèrent alors une suite impressionnante de références de chercheurs suédois. Ils demandaient une action aussi prompte que possible mais, ''selon une note de travail du conseiller de légation Hellstedt datée du 5 mai 1942, la demande fut mise aux *affaires classées*.'' Hellstedt notait aussi au crayon : ''Parent le plus proche : un cousin réfugié en Suède. Aucune nouvelle pièce au dossier donc renvoi inutile à la Direction générale de la prévoyance sociale. Il semble extrêmement invraisemblable qu'une menace de déportation plane sur lui. A refuser en temps voulu.'' Une nouvelle demande fut faite en septembre. UD répondit alors oui. Mais il était trop tard, il n'avait plus l'autorisation de quitter l'Allemagne. Il se suicida dans la nuit du 3 octobre 1942. Le conseiller de légation Hellstedt déclara à la commission que l'affaire avait été présentée au ministre des Affaires étrangères Günther*. Personne ne sait si cela eut lieu en octobre 1941 ou en février 1942.

Chaque cas est suivi des commentaires laconiques de la commission d'enquête : une manière aimable et discrète qu'ont les fonctionnaires de réprimander les regrettables erreurs commises par d'autres fonctionnaires. "Trouve remarquable que". "Trouve remarquable que". Renate J., née en 1922 à Wroclaw, juive, mariée à l'écrivain "aryen" Jochen Klepper. En octobre 1941, lorsque la situation des juifs en Allemagne devint impossible, ils demandèrent tous deux un visa d'entrée en Suède. Ils avaient de l'argent et un futur emploi. La Direction générale de la prévoyance sociale donna un avis défavorable et UD refusa. Nouvelle tentative le 26 novembre 1941. En Allemagne on avait indiqué en haut lieu qu'on donnerait l'autorisation de quitter le territoire si les autorités suédoises accordaient le visa. UD refusa pourtant immédiatement sans renvoi à la Direction générale de la prévoyance sociale. Leurs amis suédois firent une dernière demande le 10 décembre 1941. Avant que l'affaire ne soit réglée on apprenait que le couple Klepper s'était donné la mort dans la nuit du 10 décembre. L'affaire n'était donc plus d'actualité.

La commission "trouve remarquable que", etc.

Les listes paraissaient douloureusement longues. En ce qui concerne les refoulements aux frontières, la Direction générale de la prévoyance sociale avait communiqué le 27 octobre à tous les postes de contrôle des passeports une circulaire secrète dans laquelle on constatait que tous les passeports allemands ou autrichiens "qui sont marqués de la lettre J à la première page du passeport appartiennent à des émigrants. Les détenteurs de ces passeports des deux catégories mentionnées doivent pour cette raison être refoulés à moins qu'ils ne soient en possession d'un permis de séjour ou d'une recommandation pour le passage de la frontière." Mais si les cas relevés et étudiés par la commission d'enquête étaient pour la plupart ceux qui lui avaient été signalés, combien en existait-il d'autres ? Combien de personnes possédaient en 1945 un sentiment de la justice ou une haine assez forts pour dénoncer l'autorité qui un jour avait marqué pour toujours le destin de leurs parents ?

Le 27 août 1939 seize réfugiés juifs arrivèrent à Utö ; quelques-uns avaient passé les dernières années de leur vie à fuir de pays en pays sans que jamais personne n'ait voulu s'occuper de leur sort, ils étaient sociaux-démocrates et ils fuyaient les Allemands, certains avaient eu directement affaire avec la Gestapo. Les autorités suédoises les soumirent à un rapide interrogatoire puis les renvoyèrent à Riga où la plupart furent emprisonnés : ils restèrent en prison une courte période puis furent expulsés du pays, le groupe se dispersa et quelques-uns disparurent sans laisser de traces, quelques-uns essayèrent à nouveau de s'enfuir en Suède, cette fois-ci cachés dans la soute à charbon d'un navire. Les autorités suédoises les mirent aux arrêts puis les renvoyèrent en Lettonie. Ceci se passait pendant la période de liberté des Etats baltes, donc pendant la dictature fasciste d'Ulmanis en ce qui concerne la Lettonie. Deux Lettons, un médecin et un "docent" d'université, déclarèrent ce qui suit à la commission : "Selon les clauses en vigueur en 1939 en Lettonie, la police avait le droit de retenir légalement en prison pendant six mois des personnes dont la présence dans le pays était illégale ou qui ne possédaient pas de carte d'identité. Par contre il n'y avait pas de camps de concentration dans le pays à cette époque. A leur retour dans le pays F et G furent probablement emprisonnés un certain temps, relativement court, puis expulsés. C'était en effet ainsi qu'on avait en général agi auparavant avec les émigrants juifs ou socialistes."

On avait en principe agi de la même manière en Suède. Les juifs et les communistes devaient s'attendre à un traitement dur et net, dépourvu de sentiment. Les juifs et les communistes étaient soit refoulés soit expulsés ou, si un visa leur était donné, placés sous surveillance — les communistes dans des camps spéciaux. Il y eut des exceptions, dans toutes les directions, et l'attitude changea lentement au fur et à mesure que le sort des armes tournait. Vers la fin de la guerre on pouvait dire de l'attitude des fonctionnaires qu'elle était claire, juste et objective.

Parfois les cas semblaient être traités avec le soutien de la loi, parfois ils ne semblaient soumis qu'à des caprices personnels confus. Ceci en particulier lorsqu'il s'agissait de cas sur lesquels on hésitait. A la suite de l'occupation allemande du Danemark, deux familles de réfugiés allemands arrivèrent à Hälsingborg venant du Danemark. Ils étaient en tout six, dont deux enfants, l'un âgé de trois ans. L'un des deux hommes était un communiste allemand, il avait fui l'Allemagne et avait travaillé plusieurs années dans un chantier naval danois. Lorsque les Allemands occupèrent le pays ils le recherchèrent mais il s'était terré avec sa famille. Le deuxième homme, un universitaire pourvu d'un titre de docteur, était lui aussi communiste, il avait fui la Gestapo et il savait qu'il se trouvait maintenant dans la zone dangereuse. Tous les six s'enfuirent en traversant le Sund sur un petit bateau à moteur. Le commissariat de police de Hälsingborg qui était chargé de l'affaire fit à la Direction générale de la prévoyance sociale un rapport très clair disant qu' "au cas où les étrangers ne seraient pas renvoyés très prochainement au Danemark, ils tomberaient selon toute vraisemblance pour un temps indéfini à la charge de la société et pourraient peut-être même nuire à la sécurité du pays." Les hommes avaient respectivement quarante et un et quarante-huit ans. Le 12 juillet 1940 le commissariat de Hälsingborg annonça la décision de renvoi des deux familles. Le soir même le ferry les emmenait à Helsingör aux autorités allemandes. Par la suite on essaya de retrouver leur trace mais en vain. Personne n'a, depuis ce moment, reçu de leurs nouvelles.

Souvent au cours des semaines de lecture du dossier il fut pris de vertige, d'une stupéfaction sans défense, comme s'il s'était trouvé dans un paysage qui ne pouvait pas être réel. Ce qu'il lut sur les tables de recherche de Carolina Rediviva* à Uppsala, cet automne de grâce 1966, c'étaient des contes, des contes secs et corrects d'un monde rêvé, en tout cas pas d'un monde suédois. Ce qu'il lut était un matériau imprimé et officiel, l'enquête publique faite par l'Etat, mais il savait qu'une partie du matériau rassemblé avait été placée sous le sceau du secret, c'était trop horrible, on n'avait pas le droit d'en parler. Il se tenait souvent dans l'escalier de la bibliothèque, pendant les pauses, à regarder Uppsala en pensant qu'à cette époque, nom de Dieu, il n'y avait pas de courant de protestations, quel que soit le nombre de personnes exécutées ; et pendant quelques jours la question de l'extradition des Baltes lui sembla éclairée d'une nouvelle lumière : comme si l'indifférence d'un peuple ou d'une opinion ou d'une presse devant ces meurtres administratifs allait placer l'opinion confrontée à l'extradition des Baltes dans une situation tout à fait nouvelle et décisive. Mais il n'en allait pas ainsi, même si pendant longtemps il avait été étonné par le fait que des réfugiés ayant des sympathies à gauche aient si méthodiquement été traités plus durement que des réfugiés de l'autre bord, par le fait que l'humanité semblait toujours suivre des lois idéologiques. Mais l'étonnement le quitta bientôt et il put penser plus clairement.

C'était comme si le monde des bureaucrates s'était ouvert pour lui d'une manière maintenant plus concrète qu'auparavant. Un monde protégé par des prescriptions de secret, des affirmations diffuses sur les risques que couraient la sécurité et la sûreté nationale, et le monde des fonctionnaires pouvait maintenant une nouvelle fois fleurir à l'abri de tout cela et de la crainte des "fourbes communistes." Le pouvoir pouvait à nouveau être utilisé, les agressions commises, les vengeances tirées, on pouvait mettre à l'écart des politiciens et des décisions politiques, on pouvait exploiter des thèmes idéologiques sans pour cela les dévoiler.

A la fin il pouvait automatiquement sauter les lignes de présentation des cas et ne se consacrer qu'à la conclusion : au résultat, la date du refus, le motif de l'expulsion, la date de la déportation, la date d'exécution. "Le fils mourut en février 1942 et quelques mois plus tard le couple C fut déporté en Pologne par les autorités allemandes d'occupation. La commission d'enquête ignore leur sort par la suite." "On ne connaît rien de précis sur le sort du couple. Selon certaines informations la mère de E aurait plus tard déclaré dans une lettre que son fils *était subitement décédé*." "D'après ce que la fiancée a en outre indiqué, F ne fut pas libéré après avoir accompli sa peine et il mourut en août 1942 en camp de concentration." Et puis les notes laconiques de la commission : "Remarquable", "On doit considérer comme remarquable."

Ce n'étaient pas uniquement les extraditions importantes et dramatiques, celles qui la plupart du temps semblaient finir dans une chambre à gaz, qui paraissaient extraordinaires. Il y avait aussi toute une série de petites erreurs ou de provocations, de petites "informations" qui parvenaient aux autorités allemandes par de curieuses voies administratives, de petites tracasseries, de petits renforcements dans l'attitude des autorités envers "les communistes", envers les internés dans les camps un peu partout en Suède au cours des années de guerre. Des petits bouts de papier glissés dans les dossiers. "Il est temps de supprimer les permissions !" "N.B. Pas de régime de faveur !" Et les durées d'internement prolongées, le rideau de brouillard impénétrable entourant toutes les décisions, l'impossibilité de connaître les détails, les raisons, de savoir.

Il avait lui-même l'impression d'avoir observé cette chose curieuse : la manière dont apparaît une bureaucratie, dont elle se consolide, augmente, et se protège elle-même. Il l'avait observée en réduction à Uppsala dans la vie des associations étudiantes et dans la bureaucratie des groupes, la manière dont les fonctionnaires créaient leur monde et le protégeaient, dont une administration se défendait et devenait invulnérable. Mais ceci, c'était au cours des années quarante, pendant la période rêvée de l'administration, et on laissait alors peu de parties à découvert.

Les cas sont nombreux mais aucun d'entre eux ne porte atteinte à un sympathisant nazi. Vraisemblablement il n'en existait pas en Suède.

Les aspects comiques ou ridicules finirent par dominer ou bien ce fut sa propre vision des choses qui changea. Dans les années trente un syndicaliste allemand arriva en Suède, fuyant le nazisme. Le 13 janvier 1938 deux autres communistes allemands allaient être extradés au Danemark d'où ils devraient à nouveau être renvoyés. Un incident se produisit à la gare centrale de Stockholm, l'un d'eux essaya de se suicider et le syndicaliste qui était alors présent ne put s'empêcher de parler. Selon le témoignage des policiers il aurait crié à leur adresse : "Ce ne sont pas des êtres humains, ce sont des bandits !" et puis : "Et on appelle ça une démocratie !" Il fut arrêté, et la Direction générale de la prévoyance sociale décida qu'il serait placé sous surveillance dans un camp. Il fut conduit au camp de Långmora. A cette époque, en effet, la Direction générale de la prévoyance sociale trouvait que "des mesures de sécurité devraient en principe être prises contre les membres du groupe anarcho-syndicaliste, auquel C avait dit appartenir."

Tous les réfugiés ne furent pas internés ; mais, parmi ceux qui avaient réussi à entrer en Suède et qui avaient eu l'autorisation d'y rester, la plupart de ceux qui furent internés le furent apparemment parce que des bruits dénués de fondements avaient fait valoir qu'un réfugié était un extrémiste politique (donc extrémiste à gauche, jamais à droite) ou qu'il faisait de la propagande politique. Dans le monde des fonctionnaires la définition du "communisme" devenait très vague : on prenait souvent l'antinazisme des réfugiés pour un signe de leur affiliation au parti communiste et puis on en restait là. Au camp de Långmora, par exemple, l'attention était en éveil contre toute forme d'agitation politique. Le 12 octobre 1942 un des mouchards du camp rapporta que certains internés faisaient de la propagande politique (communiste) parmi les détenus. La Direction générale de la prévoyance sociale, menée par l'inspecteur Robert Paulsson, frappa un grand coup. Le 13 novembre 1942, après de solides préparatifs, 34 policiers envahirent le camp et se saisirent de 26 internés. "Le réfectoire fut soumis à une inspection minutieuse qui se termina à 10 h 15. Puis on commença les fouilles corporelles. Quatre groupes de fouille furent formés à l'intérieur des bâtiments et ils terminèrent leur inspection à 11 h 15. Pendant la durée de la fouille la température extérieure était de 10° Celsius, le temps était calme et clair."

A la suite de la razzia les internés déposèrent un certain nombre de plaintes contre la brutalité de la police, un réfugié amputé d'une jambe avait selon ses dires été obligé de rester au garde-à-vous pendant trop longtemps. Les plaintes furent fermement démenties et repoussées par la police.

A part le fait que les internés arrêtés furent emmenés à Långholmen, la prison centrale de Stockholm, le résultat de la razzia fut malheureusement très limité. Les bruits faisant état d'une propagande politique ne purent jamais être vérifiés, malgré de longs et minutieux interrogatoires. Le rapport de la commission d'enquête parle aussi des objets suspects qui furent découverts. "On a trouvé en outre des croquis d'armes, un manuel sur les armes portatives modernes, un schéma de la coupe d'une grenade de 75 mm, un tableau ressemblant à un code, un certain nombre de croquis au crayon de pièces de machines et deux bouteilles contenant un liquide que l'on soupçonna avoir été utilisé en vue de la fabrication d'une encre sympathique. Les cartes et l'esquisse de carte ne semblent pas avoir été utiles à l'enquête. Une partie des croquis au crayon se révéla être les ébauches d'un simple tour. On ne put déchiffrer les autres, un examen détaillé de ceux-ci établit qu'en tout cas il ne pouvait s'agir d'armes ou d'une étude sur des munitions. L'examen du liquide par le Service criminologique national révéla qu'il contenait du permanganate de potassium, que l'on employait d'habitude pour les gargarismes mais dont on ne pouvait se servir pour la confection d'une encre sympathique."

Au printemps suivant, la razzia de Långmora fut mentionnée au Riksdag*. "Le fait d'être internés dans des camps ou mis en prison pendant des années alors que le peuple entier luttait contre la barbarie nazie a soulevé beaucoup d'amertume au sein des communistes allemands." "Leur conviction communiste a suffi à les faire mettre sous les verrous." Les opinions qui se firent jour au Riksdag sont bien entendu subjectives. La plupart des vingt-six inculpés avaient cependant passé deux ans en prison. La commission d'enquête trouvait en gros toute l'action confuse et mal préparée, comme beaucoup d'autres interventions du même genre. "Les décisions qui menèrent à cette intervention reposaient sur des *suppositions* que les agissements des internés impliquaient *vraisemblablement* la préparation de certaines actions qui ne devaient se réaliser qu'*au cas où* une certaine situation politique extérieure se serait présentée." Le modèle de décision ne s'appliqua pourtant jamais à des mouvements politiques du bord opposé.

Ceux qu'on laissa entrer pouvaient pourtant s'estimer heureux : ils étaient réfugiés politiques, des gens qui avaient donc fui à cause d'une activité ou d'une position politique antérieure ou pour d'autres raisons politiques, comme il était dit dans la formule. Mais on peut lire dans un mémorandum strictement confidentiel : "Ne peuvent guère être considérés comme réfugiés politiques les étrangers qui ne viennent dans notre pays qu'à la suite d'un embarras dû au contexte politique de leur patrie ou du dernier pays dans lequel ils ont séjourné ou pour d'autres raisons semblables."

Aucune tentative n'est cependant faite pour définir plus exactement l'expression "qu'à la suite d'un embarras".

Conséquences pratiques : l'exemple de A, né en 1924, Norvégien.

Le 1er novembre 1941, A arriva en Suède comme réfugié. Il se qualifiait de résistant, il avait lutté contre le nouveau gouvernement norvégien en distribuant des brochures interdites. Les autorités suédoises lui refusèrent le visa d'urgence et on le renvoya en Norvège. Deux semaines plus tard il s'enfuit à nouveau en Suède et il eut alors l'autorisation d'y rester jusqu'à la fin de la guerre.

Il fait partie du grand nombre qui eut le droit de rester ; mais l'important dans son histoire, ce n'est pas lui, mais bien ce qui l'entoura.

Quand il était venu en Suède pour la première fois, lorsqu'il en avait été expulsé, il avait été conduit dans un établissement militaire suédois où, selon ses propres dires, "un officier suédois l'avait mal reçu." Huit autres réfugiés norvégiens se trouvaient alors dans le même établissement. Le soir de son arrivée, le procureur de la province lui avait signifié qu'il serait reconduit en Norvège le lendemain. A avait alors violemment protesté mais le procureur lui avait répondu qu'il n'était qu'un trop menu fretin pour pouvoir rester. "La Suède ne pouvait pas recevoir 99 % de la population norvégienne."

En bref il n'était qu'un cas d'"embarras". Tout comme ses huit camarades.

On lui tendit un papier. C'était une déclaration dans laquelle A s'engageait à retourner en Norvège de son plein gré parce qu'il n'avait pas les pièces d'identité nécessaires. De plus le procureur lui avait notifié que s'il refusait de signer on le remettrait aux gardes allemands à la frontière mais que s'il signait on le laisserait à la frontière, qu'il pourrait passer par ses propres moyens. Il avait l'entière liberté du choix. Alors il signa.

A certains des autres on avait promis un permis de séjour s'ils fournissaient certaines informations, les noms de personnes avec qui ils étaient en contact en Norvège, par exemple, ou de celles qui les avaient aidés à passer la frontière, informations que les résistants norvégiens refusèrent de donner vu les relations apparemment bonnes qui existaient entre les Allemands et les autorités policières suédoises. Ils furent donc tous expulsés.

Le lendemain les neuf hommes furent emmenés à la frontière. Ils affirmèrent qu'ils n'avaient pas reçu à manger et qu'il faisait jour. A la frontière les Norvégiens se séparèrent en deux groupes et, pour sa part, A réussit à passer les gardes allemands. Deux des résistants qui avaient été expulsés avec lui furent plus tard arrêtés à Oslo et emprisonnés par les Allemands. Il ne connaît rien du sort des autres.

L'extradition des neuf résistants norvégiens fut dans la suite éclairée par le témoignage des autorités suédoises concernées. Hiertner, le procureur de la province, estimait qu'il était délicat de juger si quelqu'un était un réfugié politique ou non et que pratiquement tous les réfugiés norvégiens avaient reçu l'autorisation d'entrée dans le pays après 1942 : après la bataille de Stalingrad pourrait-on ajouter. En ce cas particulier, "pour pouvoir porter un jugement sur les mesures qui furent prises, il fallait prendre en considération les directives mentionnées en haut lieu et non pas la situation telle qu'elle se présentait alors. Le cas présent ne fut pas le seul cas de refoulement qui se produisit dans le district de Järeskog. *De telles situations s'étaient certainement présentées dans d'autres districts frontaliers.*"

Quant aux indications de A sur le traitement dans le camp, toutes les autorités suédoises émettent des doutes très prononcés sur ce qu'il a pu dire. Le lieutenant Söderberg par exemple fait remarquer que "dans l'attente d'une distribution normale de nourriture, des boissons chaudes, des sandwiches, de la soupe ou autres leur furent distribués. *Et je voudrais à juste titre ajouter que personne n'eut à quitter l'établissement sans avoir mangé auparavant, qu'ils aient été reconduits à la frontière ou emmenés dans une autre région du pays.*"

Le ministère des Affaires étrangères ajoute en outre

que ''le fonctionnaire du service des passeports pour étrangers savait'' que les Norvégiens ne couraient aucun risque d'être découverts par les gardes allemands au passage de la frontière norvégienne.

Rien n'indique cependant qui est ce fonctionnaire, son âge, son expérience, son opinion politique, ses sources d'information et son degré d'influence.

Mais au fur et à mesure que le chercheur pénétrait les listes il se rendait compte que quelque chose changeait : non pas dans les listes mais dans son attitude personnelle. L'indignation des premiers jours, qui au moins en partie n'avait pas été simulée mais sincère, fut remplacée par autre chose : une sorte d'attention, ou plutôt une sorte de satisfaction. En tout cas ses yeux se dirigeaient bien vite vers les lignes finales et un vif plaisir l'envahissait lorsqu'il découvrait un cas qui avait fini en catastrophe : passage par les armes ou autre exécution. Pas d'exécution : à sauter. Exécution : un cas excellent, dont on pourrait parler, bien émouvant. Le mécanicien norvégien âgé d'une quarantaine d'années qui avait lutté contre les Allemands dans le nord de la Norvège puis s'était enfui en Suède avait été extradé en décembre 1940 ; arrêté par la police allemande, il avait réussi à s'enfuir une nouvelle fois en Suède et avait à nouveau été arrêté par les autorités suédoises. La Direction générale de la prévoyance sociale décida de l'extrader cette fois encore. ''Le 14 mars 1941 la police le livra au poste frontière allemand de Kornsjö.'' En septembre 1941 les Allemands l'envoyèrent dans un camp de concentration en Allemagne où il fut exécuté : un cas excellent. Une femme professeur avait servi comme volontaire dans l'armée norvégienne au nord du pays puis s'était sauvée en Suède où elle s'était présentée comme réfugiée politique. Mais, par la suite, elle eut un démêlé avec la légation norvégienne à Stockholm, on lui supprima son allocation et, pour plus de sécurité, les Suédois l'expulsèrent. On considéra que l'expulsion ne la mettrait pas en danger puisque les Allemands n'avaient pas de raison de la persécuter. Le 25 juillet 1941 elle fut livrée au poste frontière allemand.

On la retrouva en été 1945 au camp de concentration de Ravensbrück, totalement épuisée mais vivante. Elle a survécu. Un cas un peu moins satisfaisant : trop compliqué.

Derrière chaque décision, un homme. L'administration : pas un appareil mais un groupe d'hommes. Ceux qui prirent les décisions. La grande machine administrative constituée de cerveaux, d'avis politiques, d'opinions, de préjugés, de largeurs de vue, de signatures. Qui étaient-ils ? Pendant toute la durée de la guerre la police suédoise fournit aux autorités et à la police allemandes des informations sur des réfugiés. Informations sur des circonstances, sur des antécédents, sur des lieux de séjour et des couleurs politiques, renseignements confidentiels qui souvent nuisirent d'une façon catastrophique aux parents des réfugiés restés en Allemagne. Il apparut que "à la Direction de la sûreté nationale, on avait considéré que la collaboration avec la police allemande ne dépendait pas uniquement des rapports policiers mais également du contexte politique". Et il était évident que la collaboration intime de la Sûreté suédoise et de la Gestapo avait pesé sur les réfugiés. Ceci faisait partie de "l'esprit d'auparavant". Mais qui se trouvait derrière les décisions ? Quels fonctionnaires ? Quels individus ?

Les hommes de la machine ne se montraient pratiquement jamais : l'un d'eux perçait parfois, au passage. Il n'apprit jamais qui ils étaient, qui se trouvait derrière les décisions, qui préparait, qui apposait le tampon, qui dirigeait un second et faisait agir un troisième.

En un seul cas un homme apparut. C'est l'histoire de Robert Paulsson. Il occupait une position centrale, décida du sort de milliers de réfugiés pendant la guerre. Il serait resté anonyme s'il n'avait pas commis une erreur tout à fait inutile qui le sépara de la machine et le rendit visible.

Né à Hälsingborg en 1886, il avait appartenu aux gardes blanches* lors de la guerre civile en Finlande, et en 1920 il fut attaché à la section de la police dont la tâche était la surveillance des étrangers en Suède, enregistrement de ceux-ci et dépistage des espions. En 1933, Paulsson passe chef de section. En 1938 il est inspecteur à la Direction générale de la prévoyance sociale. Il n'eut jamais besoin de faire une demande pour ce poste, il le reçut. Il pouvait présenter de nombreuses références : d'inspecteurs de police ou de chefs de départements de l'état-major de la Défense. Les certificats semblaient montrer qu'il "conviendrait parfaitement à ce poste pour lequel il était qualifié et qu'on devait lui accorder la plus grande confiance".

Paulsson devint un homme important : l'araignée de nombreuses toiles, le rapporteur des affaires douteuses, celui qui souvent prononça la décision finale. C'était un homme de routine. Ses relations avec UD, avec la Sûreté, l'état-major de la Défense ou les postes de contrôle des passeports étaient excellentes. C'était un homme en qui on pouvait avoir confiance. Le 4 janvier 1945 il fut arrêté et accusé d'avoir donné des informations à un agent allemand. Et alors tout commença à se savoir.

Au début de l'année 1942 Paulsson fut chargé de tirer au clair les activités d'un nommé Lönnegren, que l'on soupçonnait d'être un espion allemand en Suède ; ce dut être une tâche bien difficile pour Paulsson puisque Lönnegren était son contact avec les Allemands. Cela prit donc du temps : le 6 décembre 1944 seulement l'enquête entra dans sa phase décisive. Deux policiers écoutèrent et enregistrèrent alors une conversation entre Paulsson et Lönnegren. Les preuves étaient maintenant suffisantes et Lönnegren fut condamné. Paulsson ne fut même pas mis en accusation. Pourtant, par la suite, on contrôla le contrôleur. On considéra qu'il ne fallait pas employer les preuves contre Paulsson puisque l'écoute de la conversation du 6 décembre "n'avait été qu'un moyen d'investigation que l'on devait réserver pour le cas où une situation extrêmement critique se serait présentée et que la révélation prématurée de cette conversation pouvait nuire à son effet dans une telle situation." Trois semaines plus tard il fut arrêté quand même.

Nombreux furent ceux qui pensèrent voir se confirmer leurs soupçons : soupçons de fuites, de la tendance pro-allemande de la Direction générale de la prévoyance sociale, d'expulsions et d'extraditions sommaires et arbitraires, d'antisémitisme et de bien d'autres choses. Le procès établit que Paulsson avait livré au service d'information allemand toute une série de renseignements sur les réfugiés politiques en Suède. Il fut condamné à un an et dix mois de travaux forcés ; il fit pourtant appel et en janvier 1946, au moment de l'extradition des Baltes militaires, il était libéré. Il n'avait rien à voir avec eux. Ses activités s'étaient dirigées contre d'autres catégories de réfugiés. Ce qui est intéressant dans cette affaire c'est la partie découverte de l'administration qui se montre ici, l'instant bref et inattendu où un homme apparaît derrière la décision, derrière la signature.

On étudia l'opinion qu'avait Paulsson des réfugiés sur lesquels il possédait tous les pouvoirs. Lui-même se déclarait "anticommuniste et antinazi." Il n'était pas ennemi des juifs, pensait-il, "bien qu'il ne fût pas non plus un de leurs amis." Un chef de bataillon à l'état-major de la Défense qui le connaissait bien disait de Paulsson : "Du point de vue politique il avait toujours penché du côté suédois et ses sympathies pour la Finlande étaient très prononcées." Il avait montré en outre "une position très antibolcheviste." Une employée qui avait été à son service trouvait par contre qu'il n'avait jamais montré de partialité spéciale envers une quelconque catégorie de réfugiés. Il ne se trouva en tout cas personne pour nier l'anticommunisme de Paulsson : anticommunisme bien documenté et, de plus, "teinté de sentiments".

Nombreux furent les témoignages sur l'attitude de Paulsson envers les juifs. Les moins fermes dirent que

Paulsson ''n'appréciait pas'' les juifs. D'autres dirent plus directement qu'il avait été antisémite ; dans ce cas l'information devenait assez importante lorsqu'elle s'appliquait à un homme qui depuis 1938 avait occupé un poste important à la prévoyance sociale et dont l'autorité avait pu décider ou diriger le sort de milliers de réfugiés. On peut considérer comme instructif et un peu moins prudent que beaucoup d'autres ce témoignage qu'un de ses surbonnés porta sur lui.

Paulsson était antisémite et hostile aux réfugiés ou, à dire mieux, hostile à tous les étrangers. Son opinion sur les Finlandais était pourtant favorable. Il trouvait que les juifs faisaient partie d'une race inférieure à celle des ''hommes normaux'' et qu'il était très inopportun que des juifs entrent en Suède ou qu'ils reçoivent l'autorisation d'y séjourner. Paulsson n'avait pas porté de jugement sur le traitement des juifs en Allemagne mais il avait exprimé le désir qu'en tout cas il n'y eût point de juifs en Suède. Il n'aimait pas non plus les juifs suédois. Le fonctionnaire avait entendu Paulsson ''en quelque sorte s'excuser'' du fait qu'il s'occupait de la gestion d'immeubles pour le compte d'une femme juive. Son opinion sur les juifs s'était fréquemment manifestée dans sa conduite extérieure, souvent très rude. Il lui était par exemple arrivé de se trouver dans la salle d'attente des huissiers et de regarder les réfugiés. Il leur avait demandé ce qu'ils faisaient là, exigé leurs passeports puis, si les réfugiés étaient arrivés dans les bureaux tard dans la journée, les avait priés de revenir le lendemain en ajoutant que cela ''leur apprendrait à se lever tôt le matin.'' Il est probable que ''l'attitude généralement grossière'' de Paulsson et sa manière de réagir devant les juifs et les réfugiés étaient connues de ses supérieurs. On peut également supposer que l'antisémitisme de Paulsson était de notoriété publique et que pour cette raison ''ce n'était pas la peine de jaser là-dessus'', puisque même ses supérieurs devaient le savoir.

Toutes ces déclarations de Paulsson sur les juifs avaient fait que le fonctionnaire dont il est question n'avait pas particulièrement désiré être en contact avec Paulsson. On peut comprendre le fait que l'entourage de Paulsson n'ait pas particulièrement remarqué son antisémitisme si l'on tient compte de l'opinion publique générale et de la position de la presse dans les premières années de la guerre. Il ne fallait pas oublier qu'auparavant l'esprit avait été tout autre.

Aux dires de la majorité il était plus ou moins net qu'il avait été antisémite et qu'il avait aussi dirigé une "battue aux communistes". Certains des témoignages sont cependant contradictoires et en partie troublants. Ceci s'applique par exemple à la déclaration d'une employée de l'Office National des Etrangers. Elle aurait déclaré que "Paulsson n'avait pas manifesté de sympathie particulière pour les juifs mais que d'autre part il ne leur avait pas non plus manifesté d'aversion notable." Ceci selon le procès-verbal du tribunal, mais lorsqu'on procéda à la lecture de ce procès-verbal, nombreux furent ceux qui remirent en question la formule en disant qu'elle avait été altérée. La femme n'aurait pas dit cela, mais que "Paulsson n'avait pas manifesté pour les juifs une aversion plus grande que celle de la plupart de nous autres fonctionnaires à la commission."

La confusion régna alors dans le tribunal, le témoin fut de nouveau appelé et interrogé. Il ressortit de tout cela que la remarque avait été ou aurait dû être : "Je ne pense pas qu'il ait eu envers les juifs plus de sympathies ou d'antipathies que d'autres personnes" ou bien : "plus d'antipathies que la plupart."

L'ordre revint alors et le procès put continuer.

L'affaire Paulsson n'est en aucun cas une preuve de la présence de l'antisémitisme et de l'anticommunisme dans l'administration suédoise pendant la guerre. Elle n'est guère matière à s'indigner non plus puisque la plupart de ceux qui furent marqués par son aversion moururent très vite et ne sont donc plus capables de nous accuser ou de nous troubler. Ce fragment de la politique suédoise des réfugiés n'est peut-être qu'une sélection non-représentative, un détail d'un puzzle. Et, lorsqu'il s'agit d'autres extraditions, qu'une allusion à un arrière-plan. "Il ne fallait pas oublier qu'auparavant l'esprit avait été tout autre."

Le point important est le suivant : les grandes lignes de la politique suédoise des réfugiés et l'attitude des autorités suédoises envers certains réfugiés n'étaient pas connues uniquement du gouvernement suédois mais aussi du gouvernement soviétique. Ils devaient savoir tout ceci. Ils connaissaient en outre le transit des troupes allemandes à travers la Suède, ils connaissaient les transports de minerai et de roulements à billes qui avaient permis aux Allemands de faire la guerre, ils savaient qu'on avait arrêté et mis dans des camps des communistes suédois tandis que tous les nazis étaient restés en liberté, ils connaissaient l'attitude pro-allemande des officiers suédois, ils savaient que la défense suédoise était excellente sur la frontière finlandaise mais qu'elle était inexistante vers le Sud, vers l'Allemagne, ils connaissaient les propositions d'interdiction du parti communiste, ils connaissaient l'attitude pro-allemande de l'administration, ils connaissaient toutes les tentatives des activistes suédois pour faire entrer la Suède dans le conflit finno-russe, ils connaissaient la haine ancestrale pour les Russes, ils savaient combien la véritable neutralité de la Suède était de peu d'importance et combien le sentiment proallemand était fort. Ils purent peut-être remarquer un changement d'attitude après la bataille de Stalingrad mais ils avaient alors perdu leurs illusions, s'ils en avaient jamais eu.

Ils savaient et le gouvernement suédois savait qu'ils savaient. Et quand le jeu commença, en juin 1945, cette connaissance devint un jeton qui ne fut pas sans importance, ni pour un côté ni pour l'autre.

Printemps 1945 : l'Allemagne avait perdu la guerre et la Suède était redevenue neutre. Au cours de ce printemps des attaques contre la Suède et contre l'attitude pro-allemande de la Suède reviennent à intervalles réguliers dans la presse russe.

Quelques exemples.

En voici un tiré du journal *La Guerre et la classe ouvrière,* de janvier 1945. L'article débute par une analyse de la manière dont les Suédois avaient aidé les réfugiés baltes à traverser la Baltique, dont ils autorisaient des "éléments hostiles à l'Union soviétique" parmi les Baltes à rester en Suède et à exercer "une propagande antisoviétique", dont ils interdisaient aux représentants soviétiques la visite des camps de Baltes civils bien que ceci ait été permis aux représentants des puissances occidentales.

Exemple d'argumentation et de rhétorique russe.

"On exerce une campagne de propagande antisoviétique parmi ces réfugiés civils baltes tenus dans des camps spéciaux. Certains personnages officiels ont même pris part à cette campagne en mésusant donc de leur position de fonctionnaire. Au camp de Söderköping, le "directeur du camp" Ljungberg prononce régulièrement des discours hostiles aux Soviétiques. Il a choisi un groupe d'agitateurs et d'espions antisoviétiques parmi les agents de Hitler. Il a, de plus, catégoriquement interdit aux réfugiés de s'exprimer en russe ou de parler de la vie en U.R.S.S.

"Les lettres des réfugiés témoignent aussi des conditions révoltantes qui règnent dans les camps. Ces conditions existent à la fois à l'insu et avec l'approbation des autorités suédoises. Les portes des camps sont ouvertes pour Balodis, pour Rei et pour d'autres agents de l'hitlérisme. Leurs protégés ont reçu le droit de s'installer à Stockholm même ou dans les environs. Dans d'autres cas cette permission n'est accordée qu'à titre exceptionnel. La police a même conseillé à quelques-uns d'entre eux de changer de nom pour éviter toute publicité. D'un autre côté, des citoyens soviétiques qui sont restés fidèles à leur patrie ont été envoyés dans des camps spéciaux situés dans des régions éloignées et peu peuplées.

''Il est à noter que les principaux journaux suédois publient avec une unanimité frappante les appels et les lettres des agents allemands. *On doit se poser la question de savoir si le bâton d'un chef d'orchestre ne dirige pas cette musique.*

''Les partisans d'une coopération de la Suède et de l'Allemagne hitlérienne qui sont actuellement en déroute et les cercles réactionnaires suédois où règne ''la haine traditionnelle pour les Russes'' ne veulent pas capituler. Ils suivent leur vieille ligne de conduite en opposition avec les faits, en opposition avec le bon sens. Cette conduite pourrait causer aux intérêts nationaux de la Suède un dommage sérieux et irréparable.''

D'autres exemples. Dans un article du 27 mai, selon des renseignements fournis par TASS, on s'étonne du traitement que les Suédois ont accordé à un groupe de vingt officiers allemands sous la conduite d'un lieutenant-colonel. Les Suédois ne s'étaient même pas souciés d'examiner leurs bagages mais avaient escorté sans tarder les officiers allemands au mess des officiers où un excellent repas leur avait été servi. Les Suédois, estimant que les Allemands semblaient fatigués, ont même différé leur interrogatoire jusqu'à ce qu'ils se soient reposés.

Ceci contraste avec la manière dont les Suédois traitèrent un groupe d'officiers russes venus de Norvège. On les avait logés dans une maison pratiquement en ruine et ''ils ne reçurent pas de nourriture avant tard dans la soirée''. Pas question non plus de manger au mess des officiers.

Les Russes étaient rigoureusement surveillés, les Allemands se déplaçaient librement. Ce qui s'est passé a soulevé, selon TASS, ''une grande et pénible attention dans les milieux russes.''

Deux jours plus tard c'est une nouvelle attaque contre l'attitude ''antisoviétique'' de la Suède. ''Il est notoire que la Suède a systématiquement dépassé sa neutralité pour se rapprocher de l'Allemagne. Dans la presse suédoise les cris hostiles aux Soviétiques noient les paroles de sagesse et de gloire qu'on y trouve aussi. La presse suédoise garde le style provocateur et antisoviétique qu'elle avait pendant la guerre.''

Certaines formules sont intéressantes. Cette expression par exemple ''le bâton d'un chef d'orchestre qui dirige cette musique.'' Il lui semblait l'avoir déjà lue quelque part : il retrouva finalement où. Elle était tirée d'un des discours les plus célèbres de Lénine, de mars 1921. Le discours de Lénine était une violente diatribe contre ''les cercles d'immigrants réactionnaires'' qui essayaient d'anéantir les résultats de la révolution et qui avaient failli réussir pendant la guerre civile. ''De tels orchestres ne sont cependant pas dirigés par un seul homme mais ils suivent une partition fixe. La dirige le capital international, avec des moyens qui sont moins évidents que le bâton d'un chef d'orchestre. Mais chaque mesure devrait vous faire voir que l'orchestre est unanime.'' Et celui qui écrivait l'article en 1945 devait avoir eu tout ceci en tête, toute cette situation, et il devait voir le chaos et l'oppression des premières années de crise extérieure traduits dans sa propre situation, à une échelle plus petite maintenant, mais presque comparable.

Dans plusieurs cas les accusations russes sont apparemment bâties sur de fausses informations. Dans d'autres cas elles sont tout à fait correctes. Un fait est absolument indéniable : les Russes avaient réellement ce sentiment de la présence d'une partialité et d'une attitude antirusse chez les Suédois. Que ce sentiment ait été exagéré, paranoïaque, ou réel, dépend du point de vue que l'on choisit. Mais la situation politique qui se développe n'en est pas moins impossible à comprendre si on ne saisit pas le sentiment qui sert de base à la réaction russe. Et le traumatisme de la mauvaise conscience suédoise.

7

"Même si l'on considère que les "experts" sont en possession des connaissances et des principes nécessaires pour le faire, ceux-ci devraient-ils prendre invariablement les décisions "les meilleures" ? Et, logiquement, une question devrait se poser tout d'abord : "l'expertise" somme toute est-elle applicable ? — c'est-à-dire existe-t-il en dehors de la connaissance publique une structure théorique, une forme d'information essentielle que l'on peut appliquer à l'analyse de la politique étrangère ou qui nous montre la justesse des mesures que l'on prend actuellement d'une manière que les psychologues, les mathématiciens, les chimistes et les philosophes ne peuvent saisir ?"

Noam Chomsky

"Le Roi est tenu, en cas de guerre ou lorsque la défense du pays l'exige ou lorsque d'autres circonstances particulières le réclament, de notifier les prescriptions spéciales jugées nécessaires en ce qui concerne le droit des étrangers d'entrer et de séjourner dans le pays ou de demeurer dans le pays ou d'y prendre ou exercer un emploi."

Loi sur les étrangers § 59

Les événements politiques de juin 1945 possèdent un fond diffus et sur lequel il est difficile de prendre appui :

tous les documents sont secret d'Etat et le seront encore pendant trente ans. Nombreux étaient ceux qui présageaient ce qui allait se produire : que les troupes allemandes viendraient chercher refuge en Suède, que les troupes d'occupation en Norvège passeraient la frontière, que ceux du Sud allaient traverser la Baltique, que ceux du Danemark s'enfuiraient ici. Lorsqu' enfin ils arrivèrent, ce fut en nombre étonnamment réduit et pratiquement aucun ne vint de l'Ouest.

A l'arrière-plan il y a éventuellement quelques conversations entre Günther, le ministre des Affaires étrangères, et Mme Kollontaj à l'automne 1944 ; à l'arrière-plan il y a en tout cas les articles de la convention d'armistice entre l'Allemagne et les Alliés. On y donnait l'ordre à toutes les troupes allemandes de cesser toutes les opérations actives à 23 h 01, heure d'Europe centrale, de rester dans les positions alors occupées et de déposer les armes, et de livrer armes et matériel aux commandements alliés locaux.

Le 2 juin 1945 la légation d'U.R.S.S. à Stockholm posait au ministre suédois des Affaires étrangères une question sur la conduite que la Suède comptait tenir à l'égard des Allemands internés et de ceux qui, ayant été sous contrôle allemand, se trouvaient à l'heure actuelle internés en Suède. La note demandait si les internés allaient, selon les intentions des Alliés, être renvoyés là où ils se trouvaient lorsque l'armistice avait été conclu.

Le principe était donc que ceux du front Est allaient être renvoyés vers l'Est et ceux du front Ouest vers l'Ouest.

On peut après cela suivre pas à pas la marche de l'événement politique.

UD commença à étudier l'affaire ; à la suite de quelques conversations et enquêtes, on écrivit deux réponses possibles.

L'une des réponses était un non signifié aux Russes.

On déclarait que la Suède ne pouvait accepter une convention unilatérale, qu'on désirait attendre, que la Suède ne s'était pas engagée à suivre les clauses de l'armistice et qu'on se voyait obligé de répondre non.

L'autre réponse était un oui avec un bref exposé des motifs.

Après discussion avec le chef de département, un des secrétaires de cabinet de UD fut envoyé pour présenter l'alternative à Per Albin Hansson*. Appelons ce fonctionnaire S. Il entra dans le bureau de Per Albin Hansson, déposa les deux papiers sur la table devant le premier ministre, raconta que les Russes avaient envoyé une note posant une question à propos des militaires allemands qui se trouvaient alors internés en Suède, que les Alliés avaient passé entre eux une convention stipulant que ceux des Alliés qui avaient occupé un territoire défini devraient se charger des militaires allemands qui s'y trouvaient lors de l'armistice. Puis il se tut.

Per Albin Hansson prit tout d'abord le papier sur lequel était la réponse positive et le lut. Il hésita un moment puis leva les yeux vers S et dit :

— Eh bien, tout ceci a l'air raisonnable.

Puis il aperçut le deuxième papier et demanda :

— Et ça, qu'est-ce que c'est ?

— C'est la négative, répondit S rapidement.

Per Albin Hansson la parcourut des yeux, grogna, et posa le papier de côté.

— La première m'a l'air bonne, dit-il.

S ramassa alors les deux papiers, sortit du bureau et retourna à UD.

— La variante positive lui a plu, dit-il aux autres.

— Et qu'est-ce qu'il pense de la réponse négative ?

— Il s'y est moins attaché.

— Mais tu l'as bien informé de tout le problème ? Tu devais tout lui expliquer. Tu l'as fait ?

— Il a lu les deux variantes, dit S avec raideur.

Puis, voyant qu'il était vexé, ils ne lui posèrent plus

de questions. Deux semaines plus tard ils avaient tout oublié de l'affaire.

L'épisode semble déconcertant mais il est tout à fait authentique. Il a éventuellement son importance : c'est la première des nombreuses bifurcations que l'affaire devait rencontrer. La raison pour laquelle l'exposé fut fait devant Per Albin Hansson et non devant Christian Günther est très simple : Günther était tout simplement en vacances, dans sa maison de campagne en Dalécarlie, la Fermette du Ménétrier, et Per Albin Hansson faisait aussi office de ministre des Affaires étrangères. Günther ne devait revenir que quelques jours plus tard. Il est aujourd'hui impossible de fixer qui des fonctionnaires de UD a écrit les deux textes : il est possible que ce soit la même personne. Il est tout à fait clair que l'exposé fait devant Per Albin Hansson fut extrêmement incomplet mais il fut le premier au gouvernement à être en contact avec l'affaire : et cela devait en partie marquer son action à venir. Il avait pris connaissance, il avait fait un choix, presque sans le savoir, et maintenant on continuait le traitement de l'affaire.

Sur quoi étaient bâties les deux variantes ? La variante positive et finalement victorieuse a peut-être sa source dans un exposé antérieur des autorités militaires. "Des accords successifs avaient sûrement été passés entre ces dernières et UD", devait constater plus tard dans une lettre un de ceux qui avaient été témoins de l'événement à UD. La position des autorités militaires était déjà nette depuis le 24 mai.

C'est ainsi que cela se passa : l'affaire fut présentée et menée comme une affaire de routine et personne ne lui accorda une attention particulière. L'affaire se présenta comme un des derniers phénomènes curieux dus à la guerre, arriva à UD un jour de juin 1945 et tomba par hasard entre un ministre des Affaires étrangères remplaçant et un ministre en vacances. L'affaire n'était là ni dangereuse ni controversée, ce n'était ni une grande question politique ni une question qui devait décider de la vie de beaucoup de gens ; un des derniers fragments d'une énorme explosion, même pas digne d'un exposé ou d'une instruction ou d'un traitement minutieux. Et puis on travailla la variante positive, les vacances de Günther prirent fin et il revint et l'affaire put continuer sa marche dans la procédure de décision.

UD avait fait son travail.

Le ministère des Affaires étrangères fut chargé de l'instruction de l'affaire. Le responsable au ministère était le ministre des Affaires étrangères Günther. L'affaire devait ensuite passer au Comité des Affaires étrangères. L'extradition y fut traitée le 11 juin 1945.

Il fut un temps où le Comité des Affaires étrangères avait été destiné à servir d'organe de relation entre le gouvernement et le Riksdag, un organe fonctionnant en temps de crise ou lorsque des affaires extérieures complexes et délicates nécessitaient un éclairage plus intense, une discussion plus libre et tenue sous un secret absolu. Un comité ouvert, à huis clos. Mais un jour quelqu'un en avait parlé comme d'une ''souricière dorée'' et beaucoup avaient paru d'accord. L'origine de la dorure n'était pas bien difficile à distinguer. C'étaient en général les hommes les plus hauts dans la hiérarchie des partis qui occupaient les seize sièges du Comité : des chefs de partis, des chefs de groupes, d'anciens ministres et d'autres. Le Comité des Affaires étrangères devint ''sans conteste la délégation la plus noble que le Riksdag ait pu compter.'' Une conséquence en fut que l'âge moyen du Comité était exceptionnellement élevé : pendant la guerre il était de 54,75 ans. Beaucoup plus tard, Rickard Sandler* devait constater que ''des considérations d'ancienneté ou de rang dans la hiérarchie des partis'' avaient joué un rôle un peu trop important lors des élections au Comité des Affaires étrangères ; il n'y eut personne pour le contredire.

Aucun communiste n'a jamais appartenu au Comité. En 1947 le parti faillit avoir une place de suppléant mais la grande menace fut détournée.

Les membres du Comité sont tenus au secret professionnel. Il peut être rompu selon des règlements capricieux ou sous la pression des circonstances. Dans cette affaire le silence fut levé progressivement mais assez rapidement : au cours d'un débat au Riksdag le 23 novembre 1945 on discuta déjà ce qui s'y était passé, cela fut tout d'abord mentionné par Ivar Andersson* à la première chambre puis par Per Albin Hansson. La discussion ne devint jamais particulièrement instructive mais le secret avait quand même été levé ou au moins remis en question.

Le Comité des Affaires étrangères était donc un de ces organes mystérieux dans lesquels on pouvait supposer trouver des informations plus fournies, des analyses plus profondes ou une vue plus claire sur le Grand Jeu. Le Comité des Affaires étrangères ne prit aucune décision, il n'avait qu'un rôle de conseiller, mais le lustre et l'air mystérieux du Comité en firent quand même quelque chose de particulier.

Pas toujours aux yeux des politiciens pourtant.

"Ils s'assoient peut-être à une table bien servie mais ils ont tout juste le temps de goûter aux plats avant que l'heure ne soit venue de quitter le festin, ce que les hôtes ne voient peut-être pas d'un mauvais œil." Ainsi parlait Brusewitz autour des années trente, mais tout ceci pouvait aussi bien s'appliquer à 1945. La critique, souvent violente et faite avec une amertume surprenante, vint presque toujours de l'opposition : Domö, Herlitz, Hammar, à la fin des années quarante et plus tard aussi. On attaqua toujours le manque d'information, de directives, parfois aussi le manque de clarté, la confusion, les rideaux de brouillard qui environnaient les décisions importantes. "Pour employer une expression assez vulgaire, on est souvent un peu déboussolé au Comité des Affaires étrangères. On arrive à une réunion pour laquelle on a reçu une convocation et on est à cent lieues de se douter du sujet qui va être traité. On écoute un exposé et puis on est subitement pressé de donner son opinion ou peut-être même l'opinion de tout un parti."

Conseiller, recevoir des informations, contrôler : les tâches du Comité semblent assez confuses. Il ne fut pas particulièrement occupé non plus. En 1945 il se réunit huit fois, en 1946 six fois. L'information fut faite à la petite cuillère et avec de longs intervalles. Et la tâche de ceux qui critiquaient le comité ne fut que trop facile : ils s'en prirent au rythme de travail trop lent, aux longues pauses, aux réunions trop courtes, au manque d'information, à la mauvaise disposition des membres.

"La souricière dorée" — une souricière pour l'opposition ? Certains le comprirent ainsi. Le gouvernement y exposait ses affaires, les discussions suivaient, puis tous les intéressés et tous les partis se retrouvaient satisfaits et pieds et poings liés. "Un otage livré à l'ennemi — c'est-à-dire au gouvernement — et exposé à toutes sortes de mauvaises pensées et de mauvaises influences." En juin 1945 la situation fut compliquée par le fait que le gouvernement de coalition regroupait tous les partis sauf le parti communiste et que les communistes n'étaient pas représentés au Comité des Affaires étrangères. Le contraste gouvernement-opposition n'existait donc plus alors. Un autre le remplaçait peut-être : le contraste entre ministère responsable, ministère des Affaires étrangères, et les autres. UD possédait toutes les informations, exposait le cas. Tous les autres, avec une gaucherie inconsciente, jouaient le rôle de l'opposition.

Pour le chercheur, l'été 1966 signifia le deuxième été du Viêt-nam : il possédait sa chronologie personnelle. L'été suivant fut le troisième, le suivant le quatrième. Pendant toute la durée de l'enquête un raisonnement se développa autour de lui, concernant le rôle de l'amateur en politique. Il lui sembla qu'on ne cessait de lui dire que la politique est un jeu dont les fils sont cachés, qu'il existe des rapports et des restrictions inconnus, que le jeu est un Jeu et donc réservé à ceux qui en connaissent les règles : les politiciens. Et aussi souvent il se demanda si de tels hommes existaient réellement, des hommes qui non seulement avaient le temps de se consacrer à la politique intérieure et à des réformes de la constitution, non seulement à une politique d'aménagement du territoire et à une tactique de parti, mais aussi avaient le temps et les forces nécessaires pour se mettre au courant d'une multitude de questions de politique extérieure, pour tout lire, pour prendre position. Personnellement il avait lu presque tout ce qu'il avait trouvé concernant quelques domaines étroits et limités, il lui avait fallu beaucoup de temps, et il ne comprenait pas comment tout ce temps pouvait encore rester à un politicien.

Il n'y avait qu'une réponse à cette question, elle était évidente et personne ne la mettait en doute : la politique extérieure était une maison comprenant plusieurs appartements et un politicien suédois ne pouvait habiter dans tous à la fois, à peine dans un seul. On les donnait aux autres : aux diplomates de carrière tels qu'ils étaient avec leurs estimations, et aux chercheurs, si ils le désiraient. Et puis aux autres.

Toute sa vie il avait ressenti une demi-méfiance à l'égard des politiciens, une demi-crainte aussi. Toutes deux disparurent petit à petit, non pas parce qu'il lui sembla deviner le Grand Jeu mais parce que parfois il lui sembla distinguer l'homme dans un jeu. La crainte et le mépris s'expliquaient par le sentiment qu'il avait d'être en dehors et il ne cessa d'être en dehors puisque, en politique, l'amateurisme ne disparaît pas lorsqu'on acquiert des connaissances. Mais petit à petit il se rendit compte que ceux qu'il avait craints ou méprisés avaient aussi été en dehors. Ils se déplaçaient perpétuellement en surface, guidés par des demi-appréciations, des demi-informations, ils essayaient perpétuellement d'avoir une vue d'ensemble du Grand Jeu mais ils échouaient aussi perpétuellement puisqu'il y avait peu de sommets, que le ciel était nuageux, que les nuages étaient larges et bas, les vallées brumeuses et la visibilité réduite. Il partageait son ignorance avec beaucoup de gens et même avec les élus du peuple et lorsqu'il s'en rendit compte ce fut comme une déception et comme un soulagement à la fois.

Cela n'avait rien à voir avec l'efficacité ou avec le manque d'efficacité d'un comité et même rien à voir avec l'extradition. C'était seulement que tout semblait se réduire à des connaissances. Certains possédaient en apparence toute une interminable série de connaissances et les fixaient grâce à une conscience idéologique. D'autres en avaient moins. Mais ces connaissances n'avaient rien à voir avec ce qu'il pensait être fondamental : que la politique est certainement aussi bien des faits qu'une idéologie ou une morale mais qu'en aucun cas elle ne peut être *réservée* à quelqu'un.

On continuait à parler autour de lui, l'été, l'automne, l'hiver, toute l'année : à parler de l'homme animal politique. Il réalisait petit à petit ce qui était si évident qu'il se sentait gêné de l'avouer : ils étaient tous des animaux politiques et ils avaient le droit de participer.

On lui dit que le Comité des Affaires étrangères s'était un peu amélioré par la suite : pas beaucoup mais un peu. Des petites informations écrites furent données, des listes de questions particulières, on distribua les polycopiés du compte rendu de petites enquêtes, tout cela couvert par le secret. Mais il devait toujours se poser la même question : qui entreprenait ces enquêtes ? Qui les menait ? Quel fonctionnaire, quel arrière-plan, quelles opinions, quelle famille, quelle éducation ?

"*L'exemple parfait,* devait-il lire à l'automne 1966 à propos d'une question toute différente, *l'exemple parfait du triomphe de l'inattention. Notre engagement actuel en cet endroit ne résulte pas d'une politique soigneusement étudiée mais de toute une série de petites décisions. Maintenant, avec le recul, on se rend compte combien chaque nouveau pas ne faisait que conduire inexorablement au suivant, jusqu'à ce que...*"

Il arrêta sa lecture à temps pour pouvoir se servir de

la citation comme il l'entendait. En allait-il ainsi ? Une série de petits hasards, de petites décisions ? Ou bien tout ceci n'était-il que la tentative d'un idiot idéologique pour rationaliser son ignorance ? La citation était peut-être plus utilisable à propos de 1945 que de 1966. Et cela ne devait jamais pouvoir l'empêcher de penser qu'en principe la politique était *accessible*. Qu'en fait la politique n'avait pas de secrets. Qu'elle n'était réservée à personne.

Cinq mois plus tard, en novembre 1945, Ivar Andersson devait affirmer devant le Riksdag que le Comité des Affaires étrangères n'avait pas du tout été informé, que "l'affaire" n'avait alors pas été présentée comme on la présentait actuellement. La discussion menée au Comité des Affaires étrangères n'avait pas porté sur une extradition maintenant proche mais sur la livraison des militaires en question — en majorité des Allemands — à une commission interalliée. Et Per Albin Hansson pouvait, avec autant de raison, constater que "le gouvernement n'avait pas laissé le Comité des Affaires étrangères ignorant du fait qu'il faudrait suivre la voie qu'on choisirait. L'autre possibilité fut bien entendu discutée aussi mais comme elle ne s'offrait plus à nous, il devint tout à fait évident que la voie que nous suivions actuellement était celle qu'il fallait prendre."

Les grandes lignes du débat qui commence en juin semblent évidentes : la thèse de la participation et de la responsabilité de tous. La décision d'extrader avait été prise par un gouvernement de coalition qui se référait en partie au Comité des Affaires étrangères. C'était là que pour la première fois la question avait été discutée et les lignes générales posées. Le développement politique qui allait suivre devait dépendre de cette thèse.

La réunion du 11 juin 1945 du Comité des Affaires étrangères est donc une réunion importante.

La situation fut compliquée par le fait que deux ministres des Affaires étrangères se trouvaient le même jour dans le comité. Il y avait Christian Günther, chef du ministère, ministre des Affaires étrangères dans le gouvernement de coalition et rapporteur responsable de l'affaire. C'était sa dernière réunion au Comité des Affaires étrangères (il quittait le service avec la démission du gouvernement de coalition) et elle devait être fatale. Parmi les membres ordinaires du comité se trouvait aussi Östen Undén*. Ancien ministre des Affaires étrangères, écarté pendant la guerre à cause de ses sentiments anti-allemands et de son aversion à faire des compromis avec la droite, et, à l'époque, membre ordinaire du Riksdag. A l'automne de la même année il devait remplacer Günther au ministère des Affaires étrangères au sein d'un gouvernement alors purement social-démocrate et c'est lui qui allait être chargé de mettre à exécution la décision d'extradition prise par le gouvernement de coalition. Il entra en fonction le 31 juillet 1945, il était prêt à se consacrer à la politique "durant les quelques années" où le gouvernement devait rester. Il quitta son service en 1962 pour raison d'âge. L'extradition des Baltes en vint à être considérée comme "la sienne", une tache sur sa carrière.

Plus tard à l'automne, lorsque la question de culpabilité et de responsabilité devint la question principale, Günther fit observer qu'ils avaient tous les deux été présents, et il le fit sans ambages. "L'affaire a été traitée par le gouvernement mais elle n'était pas le domaine réservé du ministre des Affaires étrangères, elle concernait tout autant les autres ministères. Cette affaire d'ailleurs fut aussi traitée au Comité des Affaires étrangères dont l'actuel ministre des Affaires étrangères était membre à l'époque. A-t-on fait appel à un expert en droit international, ça je ne peux m'en souvenir à l'heure actuelle." La citation est extraite d'une interview recueillie par le journal *Expressen** du 22 novembre 1945, il y a aussi une photo de Günther avec une légende. "Christian Günther : — Undén lui-même participait à la prise de décision sur les Baltes." On ne retrouve pas dans l'interview les mots "décision sur les Baltes" et ils sont au fond absurdes puisque le Comité des Affaires étrangères ne peut rien décider. Il faut supposer que la légende est l'œuvre du journal.

Parce qu'il a été malade, parce qu'il est maintenant très vieux, parce que l'appartement est plongé dans la pénombre, il se déplace à petits pas prudents, comme si toutes ces années reposaient sur lui et qu'il marchait à présent sur de fines coquilles d'œufs prêtes à craquer d'un moment à l'autre. Puis celui qui a effectué l'extradition des Baltes et qui maintenant est très âgé s'assied, juste sous la lampe puissante, et il regarde de ses yeux aimables et vifs. Ce matin l'ascenseur de l'immeuble de Fyrverkarbacken est tombé en panne, c'était très ennuyeux. Il a essayé plusieurs fois de téléphoner pour expliquer par où on passe pour monter sans ascenseur, sans succès. Mais cela ne fait rien. Il regarde le visiteur avec un soulagement aimable : l'ascenseur a été réparé à temps.

Une demi-heure plus tard ils en arrivent au Comité des Affaires étrangères de juin.

— Le gouvernement nous a informés, dit-il sèchement. L'affaire fut mise en discussion.

— Cette discussion fut-elle violente ?

— Certains avaient des opinions divergentes.

— A-t-on fait appel à des experts en droit international extérieurs au Comité ?

— Non, bien entendu.

Et puis, après une hésitation et un moment de réflexion :

— J'ai relu mes notes de la réunion. Elles montrent que je n'ai pas pris part à la décision sauf que j'ai répondu à une question. La question était de savoir si on avait fait des recherches pour voir s'il était possible d'envoyer les internés autre part. Mes notes me montrent que je n'ai pas participé au reste du débat.

— D'ailleurs, dit-il après une pause, il a parfois été dit qu'on ne savait pas *alors* qu'il y avait des Baltes parmi les internés. C'est faux. Ils savaient, nous savions très bien qu'il y avait des Baltes. Cela avait été expressément mentionné dans l'exposé tenu devant le Comité des Affaires étrangères. Il existe des documents là-dessus.

— Mais cette décision d'extradition, le gouvernement de coalition ne l'a-t-il pas prise — disons — un peu rapidement ? L'exposé fait au Comité des Affaires étrangères n'était-il pas obscur et négligé ? A-t-on vraiment compris de quelle question litigieuse il s'agissait ?

— Je ne sais pas, dit-il lentement. Je ne siégeais pas dans ce gouvernement. Et au Comité des Affaires étrangères... oui. Il n'y avait pas matière à réflexion profonde. C'est-à-dire du moment qu'on avait choisi cette voie.

Plus tard, au cours de la même conversation, il devait motiver en détail son point de vue : ceci est une autre histoire, une autre phase, elle viendra plus tard. Mais au moment de prendre congé, dans le vestibule sombre, avant que l'interrogateur ne parte, Undén parla à nouveau du Comité des Affaires étrangères et des notes.

— Les discussions du Comité des Affaires étrangères se déroulent toujours sans procès-verbal, c'est en quelque sorte leur condition. Mais beaucoup prennent des notes personnelles et les publient. Je n'ai jamais aimé cela. C'est comme de rédiger des procès-verbaux officiels mais subjectifs. Personne ne peut contrôler la vérité mais cela donne une impression très correcte et très vraie.

— Avez-vous aussi rédigé des procès-verbaux ou des notes ?

— Oui, je l'ai fait. Et je ne peux pas les communiquer. Pourtant elles contiennent certaines choses que parfois j'aimerais publier mais je ne sais pas, je ne sais pas si je le peux.

— Quoi par exemple ?

— Par exemple les notes prises au Comité des Affaires étrangères du 11 juin 1945. Pour éclairer exactement mon apport et ma responsabilité. Les notes ne sont pas très détaillées mais elles sont très claires.

— Ne me serait-il pas possible d'en prendre connaissance ?

Il resta silencieux et pensif et sa réponse tarda presque une minute.

— J'aimerais bien les publier. Ces papiers-là sont pour moi des documents très importants. Mais je ne sais pas. Je ne sais pas.

Ces documents ne devaient jamais venir.

Ivar Andersson siégea au Comité des Affaires étrangères de 1935 à 1948 ; homme de droite, il était depuis 1940 directeur du journal *Svenska Dagbladet**. Il prit des notes, souvent détaillées, à chaque réunion. Il se souvient très bien du 11 juin 1945.

L'exposé de l'affaire des Baltes se fit à la fin d'une réunion. Elle durait depuis près de deux heures et tout le monde savait que la réunion n'allait pas tarder à se terminer puisque le vieux roi en était le président. On était bien obligé de prendre en considération ses quatre-vingt-dix ans proches : il ne fallait pas trop l'astreindre. Comme toujours ou presque toujours à cette époque la réunion se tenait au château, dans le salon de la reine Sofia, dans une vieille salle à manger. Ils siégeaient autour d'une longue table, le roi à l'extrémité entre le premier ministre et le ministre des Affaires étrangères.

On siégeait depuis deux heures. C'était une belle journée du début de l'été, toute la journée le temps avait été clair et ensoleillé, à 13 heures la température était de 18,5° et c'était la dernière réunion de l'année. On y avait surtout discuté des problèmes du moment en Norvège et au Danemark et on en avait presque terminé.

Günther demanda alors la parole et dit :

— Oui, eh bien il reste encore quelque chose.

Puis il exposa l'affaire. L'exposé fut, selon Ivar Andersson, très confus, "comme d'habitude lorsqu'il s'agissait de Günther". "Il n'avait aucune idée de la forme. Il était très imprécis, parlait vite, à voix basse et en bredouillant, ceux qui étaient assis tout à fait au bout de la table avaient beaucoup de mal à saisir.''

Günther expliqua que les Russes avaient demandé l'extradition de militaires allemands qui s'étaient réfugiés en Suède et de ceux qui s'étaient enfuis en Suède vêtus de l'uniforme allemand. Il signala qu'ils n'étaient pas obligés d'accéder à la demande des Russes. D'après les souvenirs d'Ivar Andersson il résultait de l'exposé que l'extradition allait se faire à une commission interalliée.

Günther parlait sans suivre autre chose que quelques notes sur un papier.

— A-t-il dit que des Baltes se trouvaient parmi les internés ?

— Non... si, peut-être. Peut-être l'a-t-il mentionné. Mais je suppose que personne ne comprit la différence, nous étions tellement pris au dépourvu.

— Y a-t-il eu discussion ?

— Oui, trois membres du Comité des Affaires étrangères protestèrent, de manière différente : Sandler, Undén et moi-même. Mes notes indiquent que Undén protesta fermement. Pour ma part je le fis d'un point de vue moral et je ne faisais alors pas de distinction entre les Allemands et les Baltes. Je n'avais pas le sentiment qu'il y ait eu là une différence. La différence ne nous apparut que plus tard ; Undén, par exemple, s'employa tout le temps par la suite à ce que les Baltes ne soient pas extradés. Il n'avait aucun penchant pour les Allemands.

— Comment avez-vous considéré la réunion sur le plan formel ?

— Elle fut considérée *alors* comme une information du gouvernement ; cette information ne pouvait en tout cas d'aucune manière signifier que le Comité des Affaires étrangères sanctionnait la décision d'extradition prise par le gouvernement de coalition. Trois suffrages étaient contre, les autres se taisaient, étaient hésitants ou bien soutenaient vaguement. L'exposé avait été tellement négligé, obscur et confus.

— Saviez-vous que par la suite le gouvernement allait décider l'extradition ?

— Nous n'avons rien appris avant novembre.

Trois suffrages contre : deux sociaux-démocrates et un homme de droite. Les autres hésitants, tous mal informés. Aucun conscient du fait que la question était litigieuse.

Il existe dans les versions de Undén et de Ivar Andersson des contradictions nettes. Les plus importantes sont sur le rôle joué par Undén et sur la question de savoir si l'extradition allait se faire à une commission interalliée ou directement aux Russes. Les deux points obscurs se confondent en partie. Les souvenirs d'Ivar Andersson sont peut-être mauvais, il mélange peut-être cette question d'une possibilité d'envoyer les internés à une commission interalliée avec la question originelle : extradition ou pas. Et mélange l'attitude négative de Undén envers "la commission interalliée" avec son attitude envers l'extradition en général.

De toutes façons personne ne vit l'étendue et la complication du problème. Si l'un des opposants avait indiqué avec force et précision toute la complexité possible de la question, d'autres auraient parlé. Il est malgré tout peu probable que l'un d'entre eux l'eût fait, pas même un des trois qui protestèrent.

Ainsi se termina la première réunion sur la question de l'extradition : le 11 juin 1945.

Mais ce qui devait rester le plus longtemps dans le souvenir du chercheur c'est la vignette ironique de la fin de cette importante réunion, fatale, ensommeillée et idyllique du Comité des Affaires étrangères. Le début en fut si innocent avec, planant sur tout, la sensation équivoque de contingences, de hasards capricieux, d'événements imprévus. Pendant longtemps il devait revoir devant lui ce salon de la reine Sofia, les ornements d'or et les tapis, les hautes fenêtres, la longue table au centre de la salle et les nappes vertes, par la fenêtre le soleil d'été précoce et l'air frais qui paraissait si propre et si léger lorsqu'on entrait, et il devait les revoir parler longuement, le roi assis là au bout de la table avec ses quatre-vingt-dix ans et qui avait supporté leurs discussions pendant deux heures. Et le petit sentiment de culpabilité qu'ils ressentaient à cette idée, ou peut-être de nervosité, et puis finalement, lorsque tout le monde pensait que c'était fini et qu'ils avaient cessé de parler de la Norvège, du Danemark ou des problèmes de l'après-guerre et qu'ils allaient pouvoir sortir pour aller dîner ou pour prendre leur train ou revoir leur famille, Günther qui redemandait la parole et un frisson de malaise et de mécontentement qui les traversa tous mais que personne ne remarqua, quelqu'un froissa un papier, le salon était frais et silencieux et un autre luttait contre le sommeil et puis tout leur tomba dessus si subitement et si sournoisement qu'ils ne prirent jamais conscience de l'attaque, qu'ils n'eurent pas le temps de rassembler leurs esprits avant novembre. Et alors il était trop tard.

Günther se tourna vers le roi, reçut un hochement de tête d'assentiment, s'éclaircit la gorge, regarda droit devant et prit finalement la parole.

— Oui, eh bien il reste encore quelque chose.

Deux jours plus tard ce fut la séance préparatoire du conseil des ministres. Le gouvernement siégeait dans une des salles de la Chancellerie, tous étaient présents et ils parlèrent pratiquement tout le temps du problème des réfugiés. On parla surtout des 36 000 Baltes civils qui se trouvaient alors en Suède. Ils savaient tous que cela déplaisait aux Russes et pas seulement à cause de la perte d'une énorme réserve de main-d'œuvre. Les Russes, ceci était apparu nettement lors de conversations officieuses, étaient surtout gênés par l'idée qu'un nouveau centre de propagande antisoviétique allait surgir à Stockholm. Ils en avaient vu un de très près à Riga entre les deux guerres et maintenant ils n'avaient aucune envie d'en voir un autre à Stockholm.

Il y avait aussi d'autres raisons mais celle-ci était la plus importante.

Presque toute la séance préparatoire fut consacrée à cela. Tout le monde sembla d'accord pour "rester ferme au sujet des Baltes civils". *Si* les Russes y faisaient allusion on répondrait non. Les réfugiés qui se trouvaient en Suède avaient le droit d'y rester.

La discussion de ce point dura presque deux heures.

Dans la description de cette discussion entre un vague sentiment de fermeté, de tolérance, de générosité, qu'aucun des interrogés n'est prêt à reconnaître ou encore moins à décrire. Le sentiment dut s'étendre au fur et à mesure que les contours du problème se faisaient plus clairs et la position ferme de la Suède mieux définie. Il est possible que ce sentiment n'ait jamais existé. On peut éventuellement le décrire comme "une satisfaction morale" mais toutes les tentatives pour le décrire ou même pour le fixer s'il a existé ne peuvent être que des spéculations.

A la suite de cette discussion en détail le ministre des Affaires étrangères fit l'exposé d'une affaire concernant les réfugiés militaires internés. Les Russes venaient de demander si leur extradition allait avoir lieu et certains précédents montraient qu'on devait agir ainsi. On avait auparavant extradé aux autres alliés, à la France par exemple, des militaires allemands réfugiés en Suède, et les militaires allemands alors internés dans les camps suédois étaient nombreux, environ 3000. La plupart étaient venus du front Est et on ne pouvait pas les garder éternellement.

Le problème semblait très simple, c'était juste avant le déjeuner, on allait bientôt s'en aller et tout semblait très évident. L'armée allemande qui avait causé tant de mal ne devait pas se dérober aux suites de sa défaite. Beaucoup de choses étaient à rebâtir en U.R.S.S. Les internés allaient servir.

Günther termina son exposé, qui avait duré environ cinq minutes, par quelques précisions.

— D'autres groupes existent aussi parmi les Allemands ; certains engagés qui en fait ne sont pas des Allemands. Il y a par exemple un groupe de Baltes. Mais il nous est bien difficile ici de faire une distinction entre eux. Ils font tous partie de l'armée allemande, n'est-ce pas, et je suppose qu'ils doivent tous être extradés.

Un léger murmure s'éleva. Quelques-uns approuvèrent en hésitant, il était tard, personne ne saisissait le problème ou n'avait la force de s'en informer et pour la plupart d'entre eux tout était évident. On discuta quelques instants la possibilité de délivrer aux internés des certificats disant qu'ils s'étaient enfuis avant la date de l'armistice, pour les aider à éviter des sanctions disciplinaires, mais la discussion fut courte et confuse et rien ne fut décidé. "Nous étions habitués à ce que tout soit si bien préparé dans les ministères, tout semblait évident et on n'allait pas rester là à chercher des détails, je suppose que beaucoup parmi nous n'avaient guère saisi de quoi il s'agissait ou même n'avaient pas bien écouté."

La discussion s'acheva avant même d'avoir commencé et puis tout le monde s'en alla.

Dans l'escalier menant au restaurant un ministre social-démocrate, appelons-le A, marchait au côté d'un ministre appartenant aux partis bourgeois*, appelons-le Ewerlöf. A demanda :

— Dis, qu'est-ce qu'il a dit en fait à la fin ? Tu as compris ?

— Quoi ? dit Ewerlöf.

— Ben, qu'on allait extrader des Baltes, il me semble qu'il y avait des Baltes avec les militaires allemands. C'est pas ça ?

Ewerlöf eut un murmure approbateur mais ne dit rien.

— Si, c'est bien ça, continua A. Tu crois qu'il va y avoir une erreur ? Que nous commettons une erreur ? Qu'on va avoir du sang sur les mains ?

Mais ils avaient alors rejoint le restaurant, ils entrèrent et prirent place, A et Ewerlöf ne se trouvèrent pas côte à côte et d'autres sujets de conversation se présentèrent. Ils ne discutèrent plus jamais de l'affaire. C'était en juin, l'extradition des Baltes était décidée. Ils ne devaient pas se rappeler l'incident avant le milieu de l'automne 1945. Le gouvernement de coalition était alors parti et le ministère était purement social-démocrate. Ils avaient un long été devant eux pour oublier.

Citation d'un ministre présent : "Pour tous ceux qui étaient au gouvernement de coalition, le problème, par la suite, fut de fournir une explication valable de ce qui s'était passé. Pour les sociaux-démocrates ce fut un peu plus facile : ils purent tout simplement dire que la décision était juste et correcte. Pour les partis bourgeois la chose fut plus difficile. Ils se trouvèrent en partie bloqués par la décision de juin et ce fait marqua toute la suite du débat, c'est la raison pour laquelle la question ne devint pas tout à fait une question de politique de partis ni même une question de politique gouvernementale. Dans les partis bourgeois certains semblaient avoir honte et vouloir se tenir sur la réserve. Il est en quelque sorte plus facile de dire qu'on s'est trompé, que l'on a fait une erreur de jugement ; mais avouer qu'on est passé à côté d'une décision ou que l'on n'a pas saisi ce qu'elle avait d'important parce qu'on dormait : c'est peut-être encore plus difficile."

La décision fut définitivement arrêtée au conseil du 15 juin 1945 et, le lendemain, le gouvernement suédois répondait à la note soviétique. La réponse était ainsi formulée :

"Par une note verbale datée du 2 juin 1945 la légation de l'Union des Républiques Socialistes Soviétiques a sur ordre présenté une proposition d'extradition en Union soviétique de tous les soldats, officiers et autre personnel militaire allemand (et tels placés sous le contrôle allemand) ayant quitté le front soviéto-allemand pour se réfugier en Suède après la signature à Berlin le

8 mai 1945 de l'acte de capitulation de l'Allemagne.

"En réponse à ceci, le Ministère Royal des Affaires étrangères peut annoncer que le gouvernement suédois est prêt à laisser les militaires allemands ou militaires ayant été sous contrôle allemand réfugiés en Suède quitter son territoire et que l'état-major de la Défense a été chargé d'entrer en contact avec la légation pour fixer les modalités du départ et de l'extradition aux autorités militaires de l'Union soviétique. Rappel doit être fait de la présence parmi les personnes concernées de certaines arrivées en Suède avant la signature de l'acte de capitulation.

"Cette communication implique en outre naturellement — ce qui a été expressément formulé dans la note de la légation — que le gouvernement suédois n'offrira pas asile à ces personnes sur son territoire."

On peut faire la constatation suivante : la note russe ne signifiait qu'une interrogation et non pas une demande directe d'extradition. L'acte de capitulation stipulait que les forces allemandes devaient rester sur leurs positions et se défaire de leurs armes. On renvoyait à ce passage. La note posait donc deux questions. Premièrement, la Suède comptait-elle appliquer la convention d'armistice. Deuxièmement, la Suède allait-elle agir comme s'il était un fait acquis que les Allemands qui avaient quitté leurs positions devaient être renvoyés.

La réponse suédoise dépassait de beaucoup ce que les Russes avaient prudemment demandé. La demande concernait ceux qui avaient *quitté le front après la signature le 8 mai 1945 de l'acte de capitulation militaire de l'Allemagne*. Cet acte *fut signé* le 8 mai à 0 h 16, heure d'Europe centrale. La plupart des Baltes étaient arrivés à Ystad à 10 heures du matin le 8 mai et avaient quitté "le front", Bornholm en ce cas, cinq à sept heures plus tôt. Ils n'étaient ni les premiers ni les derniers, le défilé des réfugiés s'étendit des 4 et 5 mai au 15 mai.

Ce fait n'entra jamais dans les considérations : le gouvernement suédois déclarait directement qu'il pensait extrader aussi ceux qui étaient arrivés *avant* le 8 mai.

Le 24 novembre il devait préciser encore et reculer la limite au 1er mai.

Le 3 juillet 1945 l'attaché militaire de l'Union soviétique reçut une indication sur le nombre de personnes qui allaient être extradées. Faisaient partie du nombre tous ceux qui étaient venus en Suède du front Est. Parmi eux se trouvaient 167 Baltes.

La décision prise, l'affaire fut placée sous le sceau du secret. L'événement politique était passé, maintenant l'administration allait s'en occuper. L'administration devait par exemple veiller à ce que personne dans les camps n'apprenne la décision, qu'aucune agitation ne s'y élève, que le laps de temps entre décision et extradition soit le plus court possible : les camps coûtaient en plus des sommes élevées, payées par l'Etat suédois.

Le lieutenant-colonel Nils Leuhusen reçut le 2 mai 1945 l'ordre d'organiser une division provisoire d'internement qu'il commanderait. Il avait auparavant servi à la section des transmissions à l'état-major de la Défense et il fut donc le plus directement en contact avec les Russes afin de régler les détails pratiques et techniques de l'extradition : les modalités comme disait la note.

Du côté russe, le préposé aux négociations fut l'attaché naval Slepenkov. Il est impossible d'entrer en contact avec lui et il ne sera décrit que d'après ce qu'en dirent des militaires suédois. Ces derniers émirent parfois des doutes sur la qualité d'officier de marine de Slepenkov : ses connaissances maritimes semblaient limitées. Leuhusen lui-même ne l'appréciait pas du tout. "C'était un rustre sans pareil. Il entrait à l'état-major sans s'annoncer. A cette époque nous avions certainement moins de plantons que maintenant mais quand même. Particulièrement désagréable."

Dès l'instant où les autorités militaires se chargèrent de la responsabilité des modalités de l'extradition, on travailla ferme du côté suédois pour accélérer celle-ci. Les tâches de garde des camps étaient peu appréciées et on désirait se débarrasser du problème le plus rapidement possible. Leuhusen se trouvait pratiquement tous les jours à la légation russe à Villagatan pour inciter Slepenkov à arranger le transport, essayant de le faire décider ses supérieurs à envoyer un navire.

Mais les Russes ne donnaient pas l'impression d'être particulièrement intéressés, plutôt d'être dérangés. Ils avaient fait par note une requête modérée ; tout de suite ils avaient reçu une réponse presque trop positive et maintenant on leur réclamait sans cesse d'envoyer des bateaux pour ramasser pratiquement 3 000 prisonniers de guerre allemands. Il y avait à cette époque en Norvège 20 000 Allemands qui attendaient leur transport en Union soviétique mais Slepenkov et ses supérieurs se laissèrent finalement convaincre d'accorder la priorité au groupe suédois.

Un bateau fut envoyé de Mourmansk.

Vers la fin de l'été le bruit courut parmi certains hommes politiques initiés que l'extradition n'aboutirait pas. "Les Russes ne désiraient sans doute pas recevoir les internés ou bien n'avaient pas les moyens de les recevoir." Ce n'était qu'en partie exact. Les Russes réussirent finalement à trouver des moyens de transport et donnèrent la priorité à la Suède, pour avoir la paix.

Les Suédois avaient demandé aux autorités norvégiennes des renseignements sur la position du bateau. Les Russes eux-mêmes ne savaient pas où il se trouvait, ils savaient seulement qu'il était parti et qu'il devait arriver. On recevait continuellement des informations des stations côtières norvégiennes, le bateau se dirigeait vers le sud. On devait commencer l'évacuation des camps lorsqu'il arriverait dans le détroit du Sund et on allait effectuer cela rapidement, comme une attaque.

Le bateau s'appelait le "Cuban".

Nils Leuhusen n'était qu'un exécutant, il ne connaît rien de l'arrière-plan politique, il sait seulement qu'il était très laborieux de faire venir les Russes pour qu'ils s'occupent de leurs prisonniers. Il mentionne une opposition évidente entre UD et la Défense, très nette surtout en novembre lors des semaines de crise. "Ils ne firent que se disculper en rejetant toute la responsabilité sur les militaires." Il décrit la pièce dans laquelle se déroulaient les conversations avec Slepenkov : c'était à la légation russe, toujours les mêmes conversations, les mêmes questions, la même mollesse, les mêmes réponses. Dans un coin de la pièce il y avait un buffet et sur le buffet une bouteille de madère. Chaque fois qu'il venait on sortait cette foutue bouteille. On amenait deux verres et puis ils se mettaient à boire du madère. Puis venaient les excuses, pourquoi on n'avait pas encore envoyé le bateau, pourquoi ce retard des Russes. S'ils pouvaient se dépêcher. Les assurances.

Il se souvient très bien de ses retours des conversations. Il traversait le parc de Humlegården du côté d'Östermalm, c'était la fin de l'été, il faisait souvent très beau, du soleil et les cris des enfants qui jouaient. Il sentait les effets du vin dans sa tête, c'était le premier été de paix, il revenait de la légation russe et il traversait Humlegården. C'est de cela qu'il se souvient le mieux : comme c'était bon lorsqu'il traversait le parc avec les enfants qui jouaient et sa tête qui résonnait légèrement et sourdement.

8

Ils retournèrent par groupes de dix à la tourbière de Martebo, ils avaient maintenant des uniformes suédois et ils devaient les porter tout le temps que durerait leur travail. Pour certains d'entre eux l'habitude de changer régulièrement d'uniforme était devenue quelque chose comme un passe-temps et c'est avec intérêt qu'ils notèrent cette nouvelle phase de leur carrière militaire.

Durant les sept années précédentes trois d'entre eux avaient porté les uniformes de quatre armées différentes. D'abord l'uniforme letton puis, à l'automne 1940, le russe. Puis l'allemand. Puis le suédois.

En tout cas maintenant ils pouvaient travailler. Les ouvriers suédois se taisaient. On contrôlait les oppositions.

Juillet fut pour le reste sans intérêt. Ils travaillèrent la plupart du temps et à leurs moments de liberté ils n'avaient pas grand-chose d'autre à faire que rester devant les baraquements à regarder la plaine de Gotland en fumant et faire des comparaisons avec le séjour à Havdhem, agité mais plus palpitant. Tous les soirs ils regardaient le soleil poussiéreux et ocre se coucher au-dessus des tourbières et ils n'avaient plus grand-chose à se dire. Ils se sentaient à moitié déportés, comme s'ils avaient été envoyés aux travaux forcés et ils comprenaient que les Allemands de Havdhem ne voulaient plus les voir revenir : sinon les conflits allaient se rallumer. Des bruits leur parvenaient parfois : les Allemands auraient envoyé des délégations au commandant du camp demandant que les Baltes restent à Martebo. Pas une seconde ils ne mirent ces bruits en doute mais certains d'entre eux se sentirent blessés.

Le 13 août, deux Français arrivèrent à Martebo pour y chercher deux compatriotes en exil. Il n'y en avait pas mais ils en avaient trouvé deux à Havdhem.

— Les voilà qui commencent, constata Eichfuss prophétiquement. Les Français arrivent maintenant, ramènent leurs transfuges et les passent en conseil de guerre. Puis tous les autres viendront. Et finalement les Russes. Ils emmèneront alors tous les Baltes, les aligneront sur le quai à Riga et les fusilleront. S'il y en a un qui arrive tous les autres arriveront tôt ou tard. Maintenant il n'y a plus qu'à attendre.

Pourtant lorsqu'ils revinrent à Havdhem les Français étaient toujours là, ils n'avaient pas été extradés. Leur extradition tarda jusqu'au 8 septembre. On les emmena à Stockholm puis, sous escorte, ils regagnèrent la France en train.

Mais cela se passa beaucoup plus tard. Le 21 août les Baltes durent retourner à Havdhem. Ils furent immédiatement placés dans un Sonderlager strictement isolé.

Le reste du séjour au camp n'apparaît que fragmentairement dans des lettres, des journaux personnels. Le 24 août : entre 9 h 30 et 17 heures, visite du camp par M. Hellman de la Croix-Rouge. A 10 h 45 il prononça un discours devant tous les officiers internés. A 18 heures, partie de football entre les internés et une équipe de la compagnie de garde. Les internés gagnèrent par 7 à 0. Hellman les avait informés de leur position juridique et de ce qu'ils pouvaient attendre de l'avenir. Il avait en outre cité des passages des prescriptions de la capitulation, ce qui "causa une vive inquiétude chez certains des internés." Le 26 août des fuites commencèrent à se produire ; dans le journal du camp une note laconique : "l'influence de Hellman". La journée du 27 août fut consacrée à des travaux de réfection et de renforcement de la clôture. Les internés firent un travail méritoire. Le 30 août la clôture qui entoure le camp est considérablement renforcée. Un rapport est fait à l'état-major de la Défense, le rapport n'est pourtant pas tout à fait conforme aux rôles de travail, du moins en ce qui concerne l'aspect chronologique. "Le renforcement de la clôture par des fils croisés a été fait dès le 1/7, ces mêmes fils croisés ont été liés par des fils tressés. Les grilles, lorsqu' aucune entrée ou sortie ne s'effectuait, étaient doublées de fils de fer barbelés. Dès le 20/8 une réfection complète (quadrillage) de la clôture a été commencée, elle s'est achevée le 26/8."

L'état psychique des internés n'est mentionné que partiellement dans certaines notes brèves. "Parle souvent des interrog. en Russie. Angoisse pour les parents, malaises, doutes." "Veut entrer dans l'armée anglaise."

Au milieu de l'été, l'ambassade d'Abyssinie entreprit une action visant à engager en Ethiopie des officiers et des soldats baltes. On avait besoin de trois cents officiers et la proposition fut sérieusement discutée par les internés pendant plusieurs semaines.

Ils n'eurent pourtant jamais la possibilité de décider eux-mêmes. Des directives de Stockholm bloquèrent toute discussion. Note brève : "Renvoi de la note d'Abyssinie. Nous les gardons nous-mêmes."

Portrait d'un cueilleur de champignons. Nom : Vincas Lengvelis. Officier lituanien en service allemand. Interné à Havdhem.

Dans une lettre au commandant suédois du camp il porte de graves accusations contre un soldat allemand dont il cite le nom. "Le 10 septembre 1945, la division balte du camp participait — avec Votre permission — à une cueillette de champignons dans les alentours du camp. Je fus alors désigné comme "le plus âgé" et responsable principal. Le caporal-chef Otto Neujoks ne cueillit pourtant pas de champignons, dès le début son intention fut de ramasser des pommes dans un jardin voisin. Neujoks est un déserteur autrichien qui a été placé dans le "Sonderlager". J'avais personnellement interdit toute cueillette des pommes. Neujoks n'obéit pas et, bien qu'il m'ait vu, rampa dans le jardin et ramassa des pommes aussi bien par terre que dans les arbres. J'ai immédiatement rapporté ce fait au garde suédois et aussi par la suite au chef de compagnie.

"Après être rentré, alors que j'étais assis devant ma tente, le soldat Ginther, ami de Neujoks, s'avança subitement vers moi. A mes côtés se trouvaient alors d'autres officiers et plusieurs hommes de troupe. Le soldat Ginther me cria que j'étais un bandit et ajouta, en me menaçant du poing, qu'il se vengerait au retour en Allemagne. Je souligne que je portais tout le temps mon uniforme d'officier allemand !

"Je me sens offensé puisque j'ai été appelé bandit par un soldat et ceci en présence d'autres personnes. Je vous demande, Monsieur le lieutenant-colonel, de punir sévèrement le soldat Ginther."

Le 11 septembre un avertissement fut donné au soldat Ginther.

Il existe sur Vincas Lengvelis des notes biographiques détaillées rédigées par le "Comité Suprême pour la libération de la Lituanie" dont le siège se trouve en Allemagne de l'Ouest, rédigées après la libération de Lengvelis et datées de Reutlingen 1er février 1954. Il faisait partie des 146 extradés en janvier 1946.

Lengvelis est né en Lituanie en 1902. Deux de ses sœurs avaient été, selon lui, déportées à l'Est. Il avait le grade de lieutenant et est parfois mentionné comme "policier". De 1924 à 1941 il sert d'une part dans des régiments lituaniens et d'autre part dans la police frontalière à la frontière germano-polonaise. En janvier 1941 il quitte la Lituanie pour l'Ouest et dès août 1941 se fait naturaliser Allemand.

L'arrière-plan est connu : le 22 mars 1939 les Allemands avaient occupé Memel et obligé le gouvernement lituanien à suivre une ligne prosoviétique. Vers la fin des années trente la Lituanie devint pratiquement une dictature fasciste et en dépit de ce fait on entama en juin 1940 les négociations qui devaient aboutir à une adhésion forcée et réticente à l'Union soviétique. En août de la même année la Lituanie devenait une "république soviétique". En juin 1941 c'était l'agression allemande contre la Russie et la Lituanie fut rapidement occupée par les troupes allemandes.

En août 1943 Vincas Lengvelis retourna en Lituanie. Pendant l'occupation, une résistance nationaliste balte et anti-allemande s'était formée, de petits groupes d'hommes qui essayaient sans cesse de saboter les communications entre les Allemands et le front. Lengvelis n'entra pourtant pas en contact avec ces compatriotes-ci. Il s'engagea dans ce qui fut appelé "Abteilung der 3000" ou "Litauischer Landes-Schutzverband", un corps de police lituanien.

Le but final des attaques allemandes à l'Est, selon Himmler, était de se débarrasser des populations orientales, Russes, Estoniens, Lettons, Lituaniens, Russes blancs, Ukrainiens et autres, de "repêcher les éléments de valeur de cette collection" et de laisser dépérir ou succomber les autres éléments de population. Himmler écrivait : "La population de ce gouvernorat, à la suite d'une application méthodique et forcée de ces mesures dans les dix années à venir, ne sera plus constituée que d'une race pour toujours médiocre. Cette population ne sera plus qu'un peuple travailleur dépourvu de chefs, à la disposition de l'Allemagne pour les travaux saisonniers." On introduirait une éducation primaire de quatre ans pour les éléments non aryens médiocres afin de leur apprendre l'obéissance envers l'Allemagne. "Je ne trouve pas nécessaire de leur apprendre à lire", écrivait Himmler.

Pour atteindre à une soumission totale et à un degré élevé d'efficacité il était pourtant nécessaire d'éliminer tous les éléments de résistance, tous les juifs et tous les membres de l'intelligentsia. Les troupes SS allaient jouer ici un rôle important et déterminant. On créa ce qu'on appela des "groupes d'apport" qui servirent en arrière du front comme groupes d'extermination. Et de l'Estonie au nord à la Pologne au sud les groupes SS firent preuve d'une efficacité extraordinaire. Même de très petits groupes d'apport arrivèrent à atteindre des chiffres élevés ; dès l'automne 1941, le groupe d'apport A, constitué d'une centaine d'hommes, rapportait 249420 liquidations. Les autres groupes atteignirent des résultats identiques.

Malheureusement il n'était pas possible de garder à propos de ces exterminations la discrétion totale qui aurait été souhaitable ; les méthodes de liquidation des éléments indésirables (et ils n'étaient pas rares, rien qu'en Pologne le nombre des personnes exterminées s'éleva à plus de 3,5 millions) ne satisfaisaient pas tout à fait. Les troupes régulières allemandes ne purent manquer de voir l'abattage qui se passait derrière elles et s'indignèrent surtout des méthodes employées pour exécuter les femmes et les enfants. Quant aux populations et surtout aux Baltes, aux Polonais et aux Russes blancs, ils furent saisis de terreur devant ces massacres interminables, beaucoup s'enfuirent dans les forêts, des mouvements de résistance se dressèrent, l'agitation commença.

Vincas Lengvelis devint officier dans un des corps de police qui avaient pour mission de combattre et d'éliminer ces mouvements de résistance en arrière du front. Sa tâche fut de lutter contre les groupes de partisans qui attaquaient les trains entre Siauliai et Taurage, il devint chef de quelques-uns des centres de contrôle. Il décrit les résistants comme "populaires et rouges" mais il est réservé sur le sens exact de ses tâches d'élimination. On peut également objecter que les groupes résistants lituaniens n'étaient pas uniquement rouges mais aussi composés de toute une série de fractions de couleurs politiques très diverses que seule unissait leur haine des Allemands. Lengvelis, lituanien lui-même et qui devait bien connaître le terrain et dont la langue maternelle était le lituanien, réunissait toutes les conditions pour mener efficacement son action. Après un court repos en Allemagne, il revint en Lituanie du Nord en hiver 1944 et y entreprit en arrière du front une suite d'actions couronnées de succès contre les partisans. On ne mentionne pas le détail de ces actions, ce qu'il faut regretter. Au printemps 1945 il fut élevé au grade de lieutenant par les Allemands, après avoir servi un moment sur le front.

Le 9 mai à 6 heures du matin il quitta le petit port de Pavel en Lettonie à bord d'un bateau de pêche. On mit le cap sur Gotland. A bord du bateau se trouvait aussi un groupe d'officiers baltes en service allemand. C'étaient : le major Ambraziunas, les lieutenants Jancys, Plevokas et Vosylius, l'adjudant Ingelevicius, le sous-officier Dranseika et le médecin de bataillon Zenkevicius.

La traversée dura soixante heures et fut en partie dramatique puisqu'ils subirent les attaques d'avions russes.

Un officier suédois les accueillit sur Gotland. "Il nous parla amicalement", lit-on dans le témoignage.

Les notes sont longues, très détaillées, et donnent une impression de relative objectivité. On ne mentionne pourtant pas les traits psychologiques et personnels de Vincas Lengvelis, on doit de ce fait abandonner l'idée d'en tracer un portrait.

Le journal du camp du 10 septembre 1945 ne donne pas la moindre indication sur une éventuelle cueillette de champignons ce jour-là et ne mentionne pas non plus la plainte de Lengvelis, que les archives conservent pourtant. Les notes sur cette journée-là sont très brèves.

Il y a écrit : "18 heures. On fait sortir les chiens. 18 h 30. Coucher du soleil. Le nouvel éclairage extérieur est allumé. 21 heures. Exercice particulier du fourrier Hammarström avec le chien limier NERO."

Relation d'un court épisode romantique.

Le 20 septembre le lieutenant letton A K, né en 1912, adressa une requête à la direction suédoise du camp, dans laquelle il demandait l'autorisation pour sa femme, prénommée K, de venir lui rendre visite dans le camp. Elle s'était enfuie de Lettonie en août 1944 mais, comme il avait servi dans l'armée depuis le printemps 1943, ils n'avaient pas trouvé l'occasion de se revoir depuis cette dernière date. Elle habitait maintenant sur Gotland, ils s'étaient contactés par lettres et tous deux désiraient maintenant se rencontrer. La requête fut immédiatement satisfaite.

Elle arriva en voiture le 23 septembre à 11 h 30 et repartit, d'après les notes du chef du poste de garde, le même jour à 16 heures. Un sergent suédois du contingent qui parlait bien allemand et qu'on avait chargé de surveiller le déroulement de la conversation l'accueillit à la voiture, l'aida à descendre et l'escorta jusqu'à la pièce du bâtiment suédois dans laquelle son mari se trouvait depuis déjà une heure environ. Elle était brune, de taille moyenne, relativement bien habillée, les traits de son visage étaient doux et réguliers, elle ne parlait rien d'autre que le letton. Elle était assez maigre et enceinte, de six ou sept mois peut-être. Le sergent la conduisit sans tarder vers le lieu de rencontre.

Dès que la femme fut dans la chambre ils s'embrassèrent violemment tous les deux puis restèrent immobiles un moment, sans rien dire, tandis que le sergent suédois se trouvait toujours dans la pièce. Puis la femme se libéra soudain, regarda la chambre autour d'elle avec une expression curieuse, presque désespérée, se dirigea vers une chaise, s'assit et se mit à pleurer à gros sanglots. L'homme restait au milieu de la pièce et la regardait l'air stupéfait. Le Suédois se mit rapidement au garde-à-vous, fit le salut et quitta la pièce.

Dehors il y avait une chaise, une table et un cendrier. Il s'assit et commença à attendre. Il se souvient très bien de l'épisode.

Environ dix minutes plus tard on put entendre des éclats de voix dans la pièce, tous les deux semblaient crier. Le sergent hésita quelques secondes puis s'avança et ouvrit la porte. L'homme était debout à la fenêtre et la femme assise sur la chaise. La dispute violente s'était interrompue dès que la porte s'était ouverte, l'homme se retourna, en apparence mécontent, regarda vers la cour, le dos tourné à la pièce, la femme fixa silencieusement le Suédois, avec hostilité.

Comme il ne trouvait rien à dire il ressortit et ferma la porte. Il entendit tout de suite que la conversation reprenait mais maintenant à voix basse et plus prudente. Il s'assit et se remit à fumer.

A 13 heures on lui apporta du café et deux petits pains au lait. Il les mangea méticuleusement, sortit ensuite sur l'escalier et en fit venir d'autres. Un quart d'heure plus tard on lui apporta un plateau avec une cafetière, deux tasses et une petite assiette avec des pains au lait. Il prit le plateau, frappa prudemment à la porte et l'ouvrit après un moment puisque personne ne répondait. Ils étaient assis tout près l'un de l'autre et tous deux semblaient avoir pleuré. Il posa le plateau sur la table et leur fit signe de se servir. L'homme eut alors un faible sourire et fit un petit signe de tête. Personne ne dit rien tant qu'il se trouva dans la pièce.

Il rentra à nouveau une demi-heure plus tard pour reprendre le plateau. A en juger par les bruits et par les longues pauses silencieuses qu'il entendait derrière la porte, la conversation avait maintenant pratiquement cessé. Il prit le plateau, jeta un rapide coup d'œil dans la pièce et sortit. Il ne vit rien de spécial, ils étaient simplement assis.

Un moment plus tard l'homme se remit à parler, il parla apparemment sans s'arrêter, un assez long moment. Puis l'échange de paroles se fit plus fort mais resta cependant à un niveau assez bas et acceptable.

A 15 h 50 la porte s'ouvrit et la femme sortit. Elle regarda le Suédois et ne dit qu'un mot : "Auto". L'expression de son visage était difficile à définir. Le sergent se leva immédiatement, ouvrit la porte extérieure, fit un signe à l'ordonnance. La voiture arriva presque aussitôt, on devait conduire la femme à Hemse. Ce n'était pas très loin. Pendant ce temps elle était restée debout sur le perron, les deux mains serrées autour de la poignée de son sac. Le sergent ouvrit la porte de la voiture, elle monta, se pencha elle-même pour fermer la porte. Elle ne dit pas un mot pendant tout ce temps. Le sergent se mit au garde-à-vous, fit le salut, puis la voiture démarra et disparut. Heure : 16 heures.

Le sergent retourna vers la pièce, entra, et regarda l'homme. Son visage semblait plus gris mais sinon rien n'avait changé. Le Suédois demanda si la visite allait se reproduire mais l'homme secoua vivement la tête. Puis il sortit et resta en haut de l'escalier. L'air était frais, il avait plu dans la journée et le ciel était maintenant nuageux, on sentait que l'automne était proche. L'homme avança au bord de l'escalier et regarda dans la direction des baraquements et des tentes.

Lorsque le sergent revint une demi-heure plus tard,

il était toujours là. C'était interdit puisqu'il n'avait reçu l'autorisation de sortir de la section balte du camp que pour la durée de la rencontre avec sa femme. Le sergent s'avança donc vers lui et le lui fit remarquer, en allemand.

— Vous devez regagner votre bâtiment maintenant.

L'homme resta silencieux, il semblait ne pas avoir entendu. Il regardait toujours obstinément les tentes, les baraquements, les fils de fer barbelés et les grilles. Le crépuscule tombait et il se mit à pleuvoir légèrement, le sergent le regarda hésitant, ne sachant pas trop quoi faire. Puis l'homme se mit à murmurer quelque chose mais en letton et donc impossible à comprendre. "Il avait l'air assez mal à l'aise." Puis il se mit brusquement à marcher vers les baraquements, sans se retourner. Il traversa tout droit la cour de sable sous la pluie fine et ne se retourna pas.

Le lieutenant letton A K dont la femme habitait sur l'île de Gotland est dans la suite de son séjour d'internement en Suède complètement invisible. Il n'attire jamais l'attention sur lui, personne ne se souvient de lui. Il semble tout à fait anonyme. Il fit partie des extradés.

On peut cataloguer l'épisode comme un des trois épisodes romantiques qui eurent lieu durant le séjour d'internement en Suède. Les deux autres se déroulèrent respectivement en novembre et en janvier. Vu la rareté de tels épisodes, celui-ci a manifestement sa place dans le récit.

Gailitis les étonna toujours : il était lieutenant-colonel, il devait donc avoir l'habitude de donner des ordres, on l'avait choisi comme leader et délégué des Baltes du camp. Mais il donnait toujours l'impression curieuse de se dérober, comme si tout le temps il avait été ailleurs ou comme s'il n'osait pas se fier à son autorité, n'osait pas l'essayer.

Il n'existe pas de photo de lui. Ce qui frappait le plus, c'étaient ses dents. Il possédait une fantastique mâchoire d'or, toutes ses dents avaient dû être brisées un jour et remplacées par des dents en or. Les rares fois qu'il riait ou souriait le résultat était étonnant : une grotesque et brillante rangée d'or.

Plusieurs dans le camp connaissaient son passé ; cela n'avait rien de bien extraordinaire puisque beaucoup l'avaient rencontré en Lettonie. Un jour d'août un officier allemand raconta au docteur Eichfuss l'histoire du lieutenant-colonel Karlis Gailitis. Eichfuss écouta très attentivement, posa des questions, réfléchit pendant quelques jours, puis il attaqua.

L'histoire de Gailitis est très simple. Il était juriste et chef de l'organisation judiciaire militaire en Lettonie. Lorsque les Russes arrivèrent en 1940 il se terra, pour surgir à nouveau lors de l'occupation du pays par les Allemands. Il s'entendit avec eux, il y avait à cette époque beaucoup de travail pour un juriste et juge letton pro-allemand.

C'est à la lumière d'un épisode particulier qu'on le distingue. A l'automne 1944, lorsque les Allemands étaient refoulés et que le front semblait se rapprocher, certaines des divisions lettonnes au service des Allemands acquirent de plus en plus de liberté. Deux ou trois d'entre elles se cachèrent dans les forêts de Lettonie et à la fin de l'automne elles semblaient avoir formé une petite armée lettonne autonome, détachée des Allemands et n'ayant pas de tâches militaires, attendant la paix, composée pour moitié de déserteurs, l'ossature d'une future armée de libération nationale peut-être. Beaucoup réussirent à se cacher jusqu'à l'été suivant, ils prirent contact avec les résistants lettons, formèrent des groupes de partisans, furent appelés des ''partisans''.

Mais le front allemand se stabilisa et la grande poche encerclée qu'on avait appelée ''la forteresse de Courlande'' se forma. C'était l'époque des liquidations. La chasse aux divisions lettonnes de libération commença. Deux compagnies furent prises et jugées. C'est ici qu'intervient Karlis Gailitis.

Un matin les deux compagnies lettonnes prisonnières furent alignées dans la cour du camp de concentration de Struthof. Beaucoup de regards étaient portés sur elles. Tout au long de la journée les hommes entrèrent l'un après l'autre pour être interrogés. Les interrogatoires furent rapides et instructifs. Le juge était Karlis Gailitis. Il condamna tous ses compatriotes qui passèrent devant lui à rester au camp de concentration de Struthof.

Le lendemain, en plus d'un grand nombre de juifs et de communistes prisonniers, les deux compagnies furent emmenées aux baraquements. On ne connaît rien de leur sort par la suite. Le pourcentage de morts à Struthof est considéré comme exceptionnellement élevé, plusieurs épidémies de dysenterie sévirent dans les baraquements, la nourriture était avariée ou introuvable, de larges exterminations y furent entreprises. Lorsque plus tard les Russes approchèrent, les survivants durent partir à pied vers l'Ouest. Ceux qui n'avaient pas la force de marcher étaient abattus, un groupe de gardes suivait la marche et veillait à ce que personne ne quitte vivant la colonne. Les pertes au cours de la marche furent ainsi très élevées. Il est maintenant impossible de fixer lesquels des soldats condamnés par Gailitis moururent ou survécurent.

Gailitis n'était en tous cas pas officier de troupe. Il était juriste et donc homme cultivé. Il n'avait pas l'habitude de diriger. Ses dérobades dans le camp et son manque de volonté s'expliquent ainsi aisément.

Un soir vers la fin août, le docteur Elmars Eichfuss-Atvars accusa subitement Gailitis d'être un nazi, d'être l'ennemi du peuple letton et un laquais des Allemands. Cela vint d'une manière extrêmement inattendue et lorsqu'il eut parlé le silence fut long et pénible.

Aucun de ceux qui étaient présents ne devait oublier l'incident. Ils étaient assis devant les tentes comme à l'accoutumée et puis il vint devant eux, tête nue comme toujours, avec sa barbe blonde en petite pointe sous son visage rond en forme de cœur, il se tint là et accusa

Gailitis d'être un nazi, collaborateur et inopportun comme chef.

Une discussion suivit. Une demi-heure plus tard elle était si vive que les gardes suédois durent intervenir. Eichfuss était alors déjà à l'écart au bout du terrain, souriant largement en regardant la scène confuse.

Personne ne révéla aux Suédois le sujet de la discussion. Dans le journal du camp il y a seulement écrit : "Des histoires au camp des Baltes. Une nouvelle tente est montée."

Tout se calma, Gailitis resta le chef des Baltes, aucune accusation ne fut reprise ou réfutée mais le groupe avait pour toujours éclaté en deux parties. Dans l'une se trouvaient Gailitis et tous les officiers lettons, dans l'autre Eichfuss, tous les Estoniens et la moitié du groupe lituanien. Certains des jeunes soldats lettons appartenaient aussi au deuxième groupe. La division était un fait, la période idyllique passée.

La description de la lutte pour le pouvoir au sein des Baltes est une partie de la description de comment une situation absurde et dénuée de sens est créée ou se crée d'elle-même. La lutte commence sur Gotland mais ne s'y termine pas.

Le 22 septembre les officiers internés furent informés du transport prochain de tous les internés sur le continent. On invoqua de meilleures possibilités d'installation.

Lors de la réunion d'information on servit du café. Personne ne s'éleva contre la décision de transfert.

9

Description d'une fête au camp. La fête commença à 18 heures et se termina officiellement à 0 h 30. Elle se déroula sur le terrain de jeu à l'intérieur du camp de Havdhem. Les participants à la fête appartenaient à la 2ème compagnie allemande.

Lorsque les Baltes entendirent les bruits de la fête, ils se rassemblèrent contre les clôtures limitant leur zone du camp. Ils discutèrent un moment. A 23 heures ils appelèrent la sentinelle suédoise qui se trouvait à cet endroit du terrain. Ils dirent que le tapage les dérangeait. Un soldat letton ajouta que les Suédois donnaient l'impression de favoriser les Allemands. Le garde ne répondit pas mais alla chercher un officier qui donna aux Baltes l'ordre d'aller se coucher. Pourtant jusqu'à 24 heures on put voir devant les tentes deux officiers lettons qui regardaient la fête. Ils étaient en uniforme.

Du côté suédois on ne fut guère surpris par la réaction des Baltes. Ces derniers étaient peu populaires au sein de la garde car on les considérait comme renfermés et ayant une certaine tendance à récriminer sans arrêt. "Ils rouspétaient à propos de tout. Parfois ils avaient raison et parfois non. Mais ils rouspétaient toujours."

Soldat suédois de 2ème classe, 21 ans, garde. Souvent c'était bien de monter la garde, il fallait suivre un sentier donné tout autour des clôtures et les soirs d'été et les nuits claires il pouvait marcher, respirer l'air frais et oublier pourquoi il était là. Il aimait bien Gotland, l'été léger et pur, le service facile, et il aimait l'air.

Ce soir-là les Allemands commencèrent à chanter et à brailler un peu avant 7 heures mais comme ils semblaient en avoir l'autorisation il ne s'en occupa pas. Lorsqu'il commença son tour de garde suivant ils étaient toujours là et à ce moment les Baltes s'étaient rassemblés au bout de leur camp et rouspétaient, le bruit les gênait. A cette époque il n'y avait pas beaucoup de Baltes puisqu'un groupe d'entre eux était toujours à Martebo, mais ils savaient bien rouspéter. Il ne les avait jamais compris, jamais compris leur fonction ou quel rôle ils jouaient. Les vieux, les officiers, se présentaient souvent comme des officiers victorieux de l'armée allemande victorieuse. La plupart du temps les jeunes, eux, semblaient mal à l'aise. Ils haïssaient les Allemands et ne s'entendaient pas avec leurs officiers, ils étaient indécis et on les voyait en général le regard morne et la tête basse. Il ne comprenait pas du tout les Baltes.

A 22 heures la fête aurait dû se terminer pour que le terrain de jeu puisse être fermé et que le parcours de garde puisse être plus court en coupant à travers le terrain. Mais elle continua. On sonna la fin mais ils ne firent que chanter plus fort. A 22 h 30 le chef du poste de garde accompagné de deux hommes entra dans le groupe allemand. Il en ressortit bientôt en constatant, déçu, que la durée était prolongée, que le commandant suédois du camp était lui-même de la fête et qu'il n'y avait pas grand-chose à faire. Au moment où il était entré le commandant prononçait un discours.

Ils discutèrent un moment de cela. Une heure plus tard ils discutaient toujours, puis il termina son tour de garde. Le lendemain pourtant il discuta de ce qui s'était passé avec quelques-uns de ses camarades. Il y pensa plusieurs jours et une semaine plus tard il était vraiment furieux. Il pensait que tout cela était réellement dégueulasse. Puis il fut libéré de ses obligations militaires dans la première semaine de septembre mais il était toujours furieux. Rentré chez lui dans le Värmland il écrivit un article pour le journal local. Il fut publié en première page.

"Le commandant suédois du camp, écrivait-il, participait à la fête. Il était juste en train de porter un toast après un discours dans lequel le mot "Kameraden" était revenu souvent. Comme le commandant était l'officier supérieur avec un grade de lieutenant-colonel, le chef de garde, simple fourrier, n'a pas osé intervenir. La fête continua comme auparavant. A 23 h 30 l'officier de jour arriva. "On va les chasser maintenant, qu'on puisse dormir'', dit-il. Nous lui fîmes remarquer que le commandant était de la fête. ''Alors on ne peut rien faire'' fut sa réponse. Après avoir épanché nos biles un moment nous fûmes relevés. Nos camarades qui avaient pris la relève nous dirent plus tard que la fête avait duré jusqu'aux environs de 1 h 30. Il faut ajouter qu'il y avait des maisons d'habitation dans le voisinage.''

Il pense qu'il est tout à fait juste que son article ait été publié et remarqué. A part cela ses souvenirs de Gotland sont agréables. Mais il trouve que ce qu'on aurait dû faire, puisqu'on n'avait pas pu intervenir contre les nazis pendant la guerre, c'était au moins de ne pas fraterniser avec eux par la suite.

Réfutation ferme. Dans une lettre au commandement militaire les accusations absolument sans fondements sont rejetées. On ne peut en aucune manière critiquer la fête. Les collations étaient composées de café, pris sur celui du déjeuner, et de pain acheté à la cantine allemande et aussi de petite bière (classe I) également achetée à la cantine allemande.

Rapport sur les différentes distractions de la fête. La fête n'avait été organisée que par les internés eux-mêmes. Elle s'était composée des moments suivants :

a) Musique jouée par l'orchestre du camp.
b) Chanson en chœur (''Heimatlieder'').
c) Soli extraits d'opérettes.
d) Pièce de théâtre déjà présentée au camp.
e) Deux chansons suédoises (''Kom lilla flicka dansa med mig'' et ''Uti vår hage'').(1)
f) Comiques imitant des animaux.
g) Chanson en chœur.

A 23 heures le chef suédois du camp prononça un discours exprimant sa satisfaction pour cette fête si bien organisée. Son discours dura environ trente secondes. Le mot ''Kamerad'' n'y figurait qu'en rapport avec les

(1) ''Viens petite fille danse avec moi'' et ''Dans notre bocage''.

relations des Allemands entre eux. Aucun toast ne fut porté.

A 24 heures le chef de la compagnie allemande demanda la possibilité de prolonger la fête parce qu'un poète improvisé voulait se présenter. L'autorisation fut accordée puisque la nuit était belle et le temps doux. Il resta longtemps en scène et amusa beaucoup les Allemands. Puis on remercia l'orchestre et les Allemands poussèrent des hourras.

La séance fut levée un peu après 0 h 30 mais il fallut bien entendu quelques instants avant que le nettoyage et l'extinction des feux fussent terminés.

Le lieu de fête se trouve aux distances suivantes des bâtiments civils. Trois petites fermes — distance 300 mètres. Cinq grandes fermes — distance 500 à 1 200 mètres. Village de Havdhem — distance 1,5 km.

Les accusations sont donc tout à fait sans fondements.

Notes du journal du camp. "Fête p. 2ème comp. Le Gefreiter Glass a bu six litres (classe I)." La fête ne fut pas si extraordinaire et on peut dire qu'elle se passa de manière normale. Le camp allemand organisait de temps en temps de telles fêtes. Cela ne se fit jamais dans le camp balte.

10

Ils quittèrent le camp le 2 octobre tôt dans la matinée. Il faisait encore nuit lorsqu'ils se mirent en rangs, il tombait une pluie fine, les projecteurs étaient allumés et la pluie cessa. A 6 h 45 le premier car militaire suédois peint en camouflé s'avança. Ils commencèrent l'embarquement tout de suite.

Deux jours plus tôt le camp avait été clos officiellement. C'était comme une distribution des prix à la fin de l'année scolaire : on fit des totaux, on fit des discours. La somme totale des heures de travail s'élevait à 155 000. On avait bâti un stade, un amphithéâtre et beaucoup d'autres choses. Dans l'après-midi, on célébra un office religieux avec bénédiction puis on chanta sur le terrain de jeu. On nettoya, on fit ses paquets, on mit tout en ordre. L'été était fini.

Ils arrivèrent à Burgsvik un peu avant 8 heures, il faisait alors déjà jour et ils virent tout de suite le bateau. Ancré dans la rade de Burgsvik il s'appelait le "Regin". Il y avait plus de six cents hommes à embarquer, ce qui devait pouvoir se faire. L'embarquement commença à 9 heures, une vedette les transborda sur le bateau, tout fut terminé vers 14 heures.

Le bateau quitta le port à l'heure prévue : 14 h 15.

Un peu avant d'embarquer sur la vedette, Eichfuss avait rassemblé quelques Lettons autour de lui. Il était monté sur une bitte d'amarrage et leur avait tenu un discours à voix basse, en letton.

— Maintenant on monte à bord d'un bateau, dit-il. Le bateau est là-bas. Ils nous disent qu'on va sur le continent suédois. Mais s'ils nous trompaient ? Imaginez-vous que ceci ne soit qu'un piège, un moyen de nous livrer aux Russes. Qu'est-ce qui va se passer si tout d'un coup le bateau met le cap à l'est ? Qu'est-ce qu'on fait ? Est-ce qu'il ne faudrait pas faire un plan ? Préparer un coup ?

Il parlait à voix basse et était très convaincant. Quelqu'un se mit à rire et d'autres l'imitèrent. Ils riaient encore lorsqu'ils montèrent à bord de la vedette.

Eichfuss regarda silencieusement les rieurs, sauta ensuite sur le quai et enfonça ses mains dans ses poches. Au bout d'un moment il se mit à sourire. Il sourit largement et embarqua sur le bateau à Burgsvik, destination Åhus, Suède, le continent, le 2 octobre 1945.

De Burgsvik sur la côte ouest de Gotland, ils montèrent d'abord tout droit vers le Nord puis vers l'Ouest et ensuite mirent le cap droit au Sud : on suivait le chenal de mines. Le temps était nuageux, il y avait beaucoup de vent, force 4 selon l'échelle Beaufort, vent de Nord-est et quelques-uns furent malades. Vers le soir le vent se calma et la nuit fut très bonne.

Le soir, le délégué allemand s'approcha d'un des officiers suédois et lui dit :

— Nous comprenons les raisons de notre transfert. L'armée suédoise veut nous rendre la fuite plus facile. Il est difficile de s'enfuir d'une île mais pas de la terre ferme. Laissez-moi vous exprimer la gratitude, certainement inofficielle mais pourtant profondément ressentie par les internés allemands.

Le soir même Eichfuss fit une proposition aux plus jeunes des soldats baltes. Il s'agissait de faire un coup de force sur les commandes du navire, de faire prisonniers les gardes suédois et de mettre le cap sur l'Angleterre.

Ils écoutèrent distraitement, mais amusés.

— D'abord tu croyais qu'ils nous jouaient un tour et maintenant tu vois que tu as tort. C'étaient des conneries ce que tu racontais. Maintenant c'est toi qui veux leur jouer un tour. C'est encore des conneries.

Ils dormirent tous bien pendant la nuit.

Ils se réveillèrent tôt le matin. Des deux côtés du bateau ils voyaient la terre. Ils passaient le détroit de Kalmar, ils allaient bientôt arriver. L'ambiance devint enjouée, on sortit de la bière, quelqu'un se mit à chanter. La matinée était belle, le temps calme, une légère brume se dispersait, le soleil commença à se lever. Ils avaient passé la première phase suédoise, le séjour à Havdhem. L'été était fini.

On retrouve là les dernières notes du journal du camp. "Très belle traversée du détroit de Kalmar. Beaucoup de bleus et de rouges, de la brume. Lever du soleil. Bonne ambiance. Les soldats chantaient."

Les Baltes restèrent une semaine à Rinkaby. Puis ils furent transportés à Ränneslätt. Les légionnaires baltes étaient maintenant rassemblés et le jeu pouvait commencer.

II. RÄNNESLÄTT

"Oui, ce fut, comme je vous l'ai dit, sans conteste une des choses les plus curieuses qu'il nous ait été donné de voir, la chose la plus curieuse qu'un Suédois ait pu voir en terre suédoise."

Aftontidningen * *du 30.11.1945*

1

Si l'on part de la Grand-Place à Eksjö et que l'on continue vers le nord, en passant par les vieux quartiers du XVIIème siècle qui entourent Norra Storgatan, si on part de la statue équestre qui fait curieusement penser à un condottiere et si l'on va vers le nord en passant devant Vaxblekargården, si l'on passe le cimetière et se dirige vers la route de Stockholm, tourne à gauche et passe les petites villas, les jardins et les baraques en bois des années vingt et si l'on marche droit vers le nord-ouest alors on arrive à Ränneslätt. Le camp est situé à l'ouest de la route de Stockholm, il fut pendant des siècles le camp d'instruction du régiment des hussards et des grenadiers du Småland, ici le temps n'a pas sévi et rien n'a changé. La plaine est vaste, deux kilomètres peut-être d'un bout à l'autre, la forêt l'entoure de tous les côtés et à l'est il y a un lac, une baignade, des plongeoirs, des barques, des petites baies. Les baraquements ressemblent à ceux de tous les camps d'entraînement suédois : la plupart sont bas et n'ont qu'un rez-de-chaussée mais il y en a aussi de plus grands avec des remises. Une route traverse le camp et sur le côté droit on voit encore aujourd'hui les gigantesques baraquements rouges, réservés aux stocks, avec, entre eux, les maisons de bois qui un jour servirent aux officiers mais que l'on utilise rarement aujourd'hui. La ville est toute proche, un kilomètre et demi d'ici au centre, ceci est Ränneslätt et fait partie de la ville.

C'est ici que le 31 mai 1945 au soir arriva le premier groupe de Baltes, ils arrivèrent de Bökeberg et ils furent placés avec les internés allemands qui se trouvaient déjà dans le camp. Le camp avait presque le même aspect qu'aujourd'hui, la forêt était un peu plus basse et les baraquements étaient un peu plus nombreux mais à part cela pas de différences. Les Baltes étaient au nombre de 126, leur voyage était parti de Lettonie pour passer par Danzig, Bornholm, Ystad, Bökeberg et arriver ici au point décisif. Les Allemands étaient déjà installés dans la place, ils étaient arrivés aux environs du 12 mai et avaient aussitôt constitué une cour martiale dans le camp puisque parmi eux quatre hommes s'étaient déjà enfuis du front Est le 3 mai et qu'ils les considéraient donc comme déserteurs. Ces déserteurs furent immédiatement appréhendés, enfermés dans un baraquement et rapidement mais formellement condamnés à mort. Le 13 mai au soir on commença à passer des cordes dans les arbres, les déserteurs furent amenés les mains dans le dos, un officier servait aussi d'aumônier militaire et il lut une prière pour les condamnés ; le premier était déjà entraîné vers la corde lorsque la garde suédoise arriva et, à la déception générale, interrompit l'exécution.

Le groupe allemand se trouvait donc déjà là, l'organisation était bonne, le moral exceptionnel et la discipline parfaite. Les Baltes furent reçus poliment par les Allemands mais sans aucun enthousiasme. Au fur et à mesure les relations se firent plus fraîches et les Baltes furent mis à part dans un camp spécial. On l'appela le camp balte, il se trouvait dans la partie sud de Ränneslätt, la partie la plus proche de la ville. Les soldats baltes furent installés dans des baraquements à gauche de la route et leurs officiers à droite de la route. Le centre du camp allemand était de l'autre côté de la plaine à un kilomètre environ. Un réseau de fils de fer barbelés entourait tout cela, la garde était la même pour les deux camps.

Parler des conditions de vie du camp balte de Ränneslätt sans mentionner la partie allemande est impossible. Même séparés ils eurent une influence l'un sur l'autre.

Ränneslätt était donc partagé en deux parties : le grand camp allemand et le petit balte. Décrire les divisions du camp balte est plus difficile et la tâche devient pratiquement impossible après l'arrivée en octobre à Ränneslätt du groupe venu de Gotland.

Il y avait donc des oppositions.

Portrait d'un poêlier-fumiste. A seize ans il quitta l'école et trouva du travail comme poêlier-fumiste. A dix-sept ans il fut enrôlé dans l'armée allemande. Il hésita pendant quelques jours : il dit qu'il avait pensé demander un poste aux chemins de fer puisque les employés du chemin de fer étaient dégagés des obligations militaires. Il choisit l'armée. Raison ? "J'avais reçu un ordre et j'obéissais."

Il apprit à obéir aux officiers et à éviter de leur parler. "C'était l'ordre ancien." Certains étaient bons, d'autres mauvais. "Certains étaient un peu nazis, je suppose." Il cite un certain nombre d'exceptions qu'il désigne comme des bons patriotes lettons. Certains pourtant étaient des officiers *allemands*, bien que citoyens lettons. Il essaie de décrire la marge qui existait entre simples soldats et officiers, une marge qui devint de plus en plus évidente à mesure que l'été 1945 avançait. Les officiers vivaient dans leurs baraquements d'officiers. "On ne parlait jamais avec eux. Ils décidaient et nous obéissions."

Cet été-là on commença à parler politique dans le camp. Les soldats lettons discutaient, la discussion ne s'étendit jamais aux officiers ou, plus précisément, les discussions furent menées parallèlement. On discuta avant tout des différences entre les mentalités communiste, nazie et démocrate.

On exprima son inquiétude pour l'avenir.

Le poêlier-fumiste avait alors dix-huit ans. Ses parents étaient restés en Lettonie. Il ne reçut bien sûr jamais de lettres d'eux, à tout hasard il se disait qu'ils étaient vivants. Le niveau de vie en Suède était bien entendu remarquablement plus élevé que celui qu'on pouvait supposer exister en Lettonie ; à ceci s'opposait le fait que la Lettonie était sa patrie. La Suède était démocrate, la Lettonie communiste. Au cours des discussions du début de l'été, lui-même et beaucoup de ses camarades exprimèrent leur incertitude sur la manière dont ils devaient agir. Peu à peu leurs hésitations se firent plus faibles, puis cessèrent totalement. De toutes parts ils apprirent le sort qui les attendait s'ils rentraient. Des émigrants lettons leur rendirent visite dans le camp et les informèrent des risques. Les Russes allaient certainement les exécuter s'ils retournaient. Les Russes avaient occupé la Lettonie et tenaient le pays sous une main de fer.

Pourtant on pouvait espérer qu'en cas de troisième guerre mondiale le communisme serait anéanti et que la Lettonie serait libre.

On discutait souvent de politique dans le camp. Le poêlier-fumiste qui avait dix-huit ans et dont les parents étaient restés en Lettonie attendait avec inquiétude. Aucune des alternatives qui se présentaient ne semblait satisfaisante. Par ailleurs il jouait au football et participait de temps en temps aux travaux volontaires du camp.

Ils parlaient souvent de leurs officiers. Par contre ils ne leur parlaient jamais, ou alors très rarement. Des ordres arrivaient et ils obéissaient. L'ordre ancien était toujours en vigueur.

Ils parlaient souvent de tout ceci.

Le 9 août, six des jeunes soldats envoyèrent une lettre à Bruno Kalnins, ancien député social-démocrate qui avait été à Struthof, en avait été libéré et se trouvait maintenant en Suède. Ils savaient que celui-ci travaillait à leur libération et ils lui écrivirent une lettre.

"*Honoré Monsieur Kalnins,* écrivaient-ils. *Nous Vous en demandons pardon mais nous sommes dans l'obligation de Vous déranger. Nous savons que Vous avez fait beaucoup de choses pour nous aider mais nous pensons que Vous ne connaissez pas certains faits sur notre situation ici au camp.*

"*Notre chef, le capitaine E. Kessels, tient tout ce qui nous concerne dans le plus grand secret et nous osons même dire qu'il empêche notre situation de s'arranger. Son attitude n'est pas favorable à la Lettonie. Il a dit que la Lettonie était née par erreur et que le Parlement n'y était qu'une place de marché. "Nous allons périr avec l'Allemagne", nous a-t-il répété plusieurs fois.*

"Nous espérons que Vous comprendrez combien notre méfiance est fondée. Nous nous adressons à Vous et c'est en Vous que tous nos hommes placent leurs espérances pour que Vous sachiez que c'est là l'opinion de LA PLUPART *ici au camp.*

"Nous avons jusqu'à présent supporté la tutelle de Kessels mais nous voulons maintenant que l'on s'informe de nos désirs sans l'entremise de ce monsieur et que l'on nous demande directement.

"Nos hommes n'ont rien en commun ni avec les Russes ni avec les Allemands et nous comparer aux Allemands serait pour nous comme une gifle.

"SI LE GOUVERNEMENT SUÉDOIS DEVAIT QUAND MÊME EN DÉCIDER AINSI NOUS NE POURRIONS RIEN FAIRE. *Mais nous ne voulons pas que notre cas qui pourrait peut-être s'arranger à notre avantage soit compromis par un homme et quelques-uns de ses partisans qui ont une autre opinion que nous autres Lettons.*

"Nous ne considérons pas cette lettre comme une accusation. Nous voulons uniquement Vous informer de l'opinion de LA PLUPART *ici au camp pour que Vous sachiez ceci dans vos efforts continus pour arranger notre affaire."*

La lettre était signée par six hommes, tous simples soldats, jeunes ou très jeunes. Ecrite au début du mois d'août, elle est un des premiers signes du conflit qui devait apparaître entre les officiers baltes pro-allemands et les soldats. Le fossé séparant les deux camps devait se creuser lentement, il allait se deviner dans toutes les conversations que le chercheur eut avec eux vingt ans plus tard, mais il ne fut jamais assez large pour ne pas être franchi dans la situation de crise en novembre. Beaucoup furent persuadés d'une chose : si le fossé entre les officiers et les hommes de troupe avait été assez large et la rupture complète, le déroulement des événements aurait été tout différent.

''Si le gouvernement suédois devait quand même en décider ainsi nous ne pourrions rien faire.'' Rien dans cette formule n'est un signe de désespoir ou n'indique une volonté de choisir la mort plutôt que l'extradition. Cela est une phase postérieure, une autre situation. A l'époque, en août, tout était encore calme. Il faut ajouter autre chose : les légionnaires savaient très bien qu'ils se trouvaient dans une situation de crise, sans espoir peut-être. Les sources d'information étaient nombreuses, les visites nombreuses aussi et les visiteurs particulièrement bien informés.

Sans compter qu'ils recevaient des lettres.

Le 7 juin, le général en exil Tepfers leur avait écrit et indiqué qu'il y avait un risque d'extradition : il se basait sur la convention d'armistice. Dans la nuit du 25 au 26 juin les officiers du camp balte discutèrent jusqu'à l'aube après avoir appris que les Polonais allaient être livrés à la Pologne via les Russes. ''La situation prend un nouvel aspect.'' Le 30 juin un des officiers reçoit une lettre d'un des journalistes de *Latvju Vards*, journal d'émigrants d'extrême-droite : celui-ci écrit que leur situation est ''extrêmement incertaine''. Le 24 juillet un autre officier reçoit une nouvelle lettre du général Tepfers, elle contient une analyse détaillée de la situation et Tepfers indique que tout l'été leur situation a été ''extrêmement critique'', mais que tout danger semble être écarté dans l'immédiat.

Ils passent la semaine qui suit en tenant réunion sur réunion à propos de leur ''situation''. Ils sont maintenant conscients du fait que l'extradition est peut-être impossible à éviter. Ils posent beaucoup de questions, ils écrivent beaucoup de lettres.

Puis, le 8 août, c'est l'arrivée d'un membre de la Croix-Rouge, Hellman, l'homme dont plus tard le discours devait causer une épidémie d'évasions parmi les

Allemands de Gotland. Il informa les internés de leur position juridique, celle-ci n'était en aucun cas bien définie, ce qui renforça les craintes de certains mais en calma d'autres.

Le 8 août au soir, après le discours de Hellman, un groupe de soldats lettons se rassembla pour écrire une lettre à Bruno Kalnins, cette lettre que nous avons déjà citée. Elle contient des formules intéressantes, un signe parmi de nombreux autres indiquant que le développement de l'affaire des Baltes aurait pu être tout différent.

Mais il reste trois mois d'ici novembre : des sentiments ont le temps de changer. Comment décrit-on le mécanisme d'un sentiment ?

Il est évident que la plupart des 167 internés voulaient rester en Suède. Ils voulaient rester, le voulaient aussi au cours de l'été 1945. Ils ne le voulaient pas d'une manière désespérée mais fermement.

Ceux qui le voulaient d'une manière désespérée — il s'agissait avant tout d'un groupe d'officiers — décidèrent de l'évolution des choses.

Un seul des Baltes se déclara dès le début et ostensiblement prêt à retourner. Il n'était pas communiste mais il restait tout à fait fermé aux images effrayantes des ravages russes en Lettonie que beaucoup de gens étaient capables de lui fournir. Avant toute chose il avait sa famille en Lettonie, il voulait y retourner le plus vite possible. Il ne voulait pas habiter en Suède, il voulait rentrer chez lui. Il était totalement insensible aux arguments.

Au début du mois de novembre, les médecins suédois constatèrent qu'il était atteint de tuberculose. Il fut immédiatement transporté dans un hôpital de Stockholm et il disparaît là de l'histoire. Lorsque les autres furent extradés il était toujours à l'hôpital.

Le 11 octobre le groupe des légionnaires baltes de Gotland arriva à Ränneslätt. Dans ce groupe se trouvaient Elmars Eichfuss-Atvars ainsi que le lieutenant-colonel

Karlis Gailitis. A Ränneslätt se trouvait déjà Ernsts Kessels.

On avait maintenant trois leaders.

Le conflit entre Eichfuss et Gailitis fut réglé dès les premiers jours à Ränneslätt. Tous deux se rendirent compte qu'un conflit entre eux était inutile et peu pratique et que trop de gens luttaient pour le pouvoir dans le camp pour que leur opposition puisse servir à quelque chose. L'aide leur vint d'un côté inattendu, du camp allemand.

Dans une lettre, Eichfuss décrit l'arrangement du conflit. De l'Allemand mêlé à l'affaire il dit : "Il y a ici un homme qui a été à Struthof, le camp de concentration où a servi Gailitis. Il a pu donner un rapport positif sur l'activité du colonel là-bas."

Le 7 novembre éclate le deuxième conflit. Les témoignages sont maintenant en partie contradictoires, en partie obscurs. Eichfuss constate dans une lettre : "Hier nous, vieux Havdhemiens, nous sommes réunis avec l'intention de régler les oppositions de Gotland, au moins pour le temps du séjour en Suède". Manifestement cela dut être un échec mais une autre rupture plus dramatique fit alors son apparition. A la suite d'une rencontre tumultueuse entre les représentants des officiers et ceux des hommes de troupe, ces derniers se retirèrent en déclarant qu'ils refusaient toute relation avec Eichfuss, Gailitis ou Kessels ; ils exprimèrent en particulier leur méfiance à l'égard de ce dernier.

La conférence de crise dura encore 24 heures puis les résultats furent clairs. Kessels, dorénavant soutenu par personne dans le camp balte, fut transféré au camp allemand où il habita par la suite : son rôle est terminé. Gailitis, avec l'appui de Eichfuss, fut choisi comme chef des officiers et délégué à la direction suédoise du camp. Les hommes de troupe choisirent eux-mêmes un délégué qui serait leur porte-parole devant les Suédois. Il fallait obligatoirement un officier, ils choisirent Paul Lielkajs, un lieutenant letton.

Il faut ajouter que la lutte pour le pouvoir dans le camp des Baltes, cette lutte en micro-format, se fit sans cesse implicitement suivant des modèles politiques et idéologiques. Elle devait avoir des conséquences politiques directes.

2

"Qui, pour l'amour de Dieu, pourrait nous demander aujourd'hui de continuer à suivre le vieux règlement militaire poussiéreux de l'ancienne Prusse ? Je ne pense pas que quelqu'un le puisse, hormis justement ces jeunes nazis aveugles de cette résidence de Potsdam-Ränneslätt."

Rudolf Hein, lettre du 25.9.1945

Essai de description de "l'ordre ancien" : incident bref à Ränneslätt le 15 octobre 1945. Description et conséquences. Titre : Récit de l'anéantissement du "groupe démocrate".

Dans le procès-verbal l'affaire est mentionnée sous le titre "Circonstances de l'attaque intérieure au camp d'internement de Ränneslätt le 15 octobre 1945 ainsi que certains faits qui s'y rapportent". L'épisode touche surtout la partie allemande du camp mais semble aussi avoir des conséquences directes sur la partie balte.

Au fur et à mesure que l'été avançait, la partie allemande du camp de Ränneslätt devint un Etat dans l'Etat. Les Allemands jouissaient d'une grande liberté intérieure, ils organisaient eux-mêmes leurs rapports internes, créaient, en se basant sur l'ancienne discipline, une discipline exacte, militante et extrêmement rigide. La guerre était finie, les armées se défaisaient lentement et tombaient en morceaux, la fatigue s'emparait de l'Europe en ce premier été de paix, mais à Ränneslätt en Suède subsistait un dernier reste de l'appareil de guerre allemand, précis et parfait, avec toutes ses cérémonies, son exigence d'obéissance absolue, avec sa hiérarchie militaire et surtout avec sa base idéologique intacte. Ceux qui étaient rassemblés là étaient des soldats d'élite, ils avaient encore leur vitalité et ils n'étaient pas battus, ils organisaient leur monde avec une précision inouïe. Les officiers suédois en parlèrent souvent avec étonnement et une sorte d'admiration : cette fraction de l'armée allemande, si isolée par la captivité, qui se retrouvait si rapidement, qui recréait ses formes.

Ces camps pour militaires allemands se trouvaient un peu partout en Suède : Backamo, Grunnebo, Havdhem, Rinkaby, Gälltofta, Ränneslätt. Ce dernier peut contribuer à les décrire tous, ce n'est pas le moins actif du point de vue idéologique. Parce que presque tous les témoins sont d'accord sur ce point : une majorité dominante et même accablante des officiers allemands étaient des nazis, idéologiquement persuadés et peu enclins à abandonner leur position.

Une petite minorité parmi les Allemands de Ränneslätt ne l'étaient pas. Cela faisait à peu près 1 % des internés ou plus précisément 11 hommes. On les qualifia alternativement de "groupe démocrate" ou de "communistes" suivant la position personnelle de celui qui en parlait. Pourtant aucun d'entre eux ne semble avoir été communiste au sens propre du terme. Ils protestèrent contre ce qu'ils ressentirent comme un endoctrinement nazi se développant à Ränneslätt plus ou moins avec l'approbation silencieuse de la direction suédoise du camp.

Le 15 octobre 1945 au soir, deux des membres de ce groupe démocrate, Auler et Schöppner, se dirigeaient vers la salle de correspondance du camp allemand. Il faisait nuit, les barbelés entourant le camp étaient comme toujours éclairés par les projecteurs mais ici, dans le centre du camp, il faisait assez sombre. Il était environ 20 heures ; devant l'entrée de la salle de correspondance ils rencontrèrent un homme nommé Deutschbein. Ils s'appuyèrent tous trois contre le petit mur et allumèrent des cigarettes. Quelques minutes plus tard dix hommes sortirent subitement de l'obscurité et se dirigèrent vers eux. Ils s'étaient cachés derrière des broussailles qui bordaient le baraquement, maintenant ils se dirigeaient vers les trois hommes, ils étaient armés de bâtons, ils les entourèrent et tout se passa très vite.

L'un des hommes était armé d'un mât de tente à bout ferré, on le retrouva par la suite, par terre à côté du baraquement. L'homme au bâton ferré commença par frapper Auler sur la tête et Auler tomba inconscient. L'homme au bâton ferré frappa alors encore un moment tandis que les autres s'occupaient de Schöppner. Il tomba, mais ne perdit pas tout de suite connaissance et essaya de se traîner vers la porte. Les hommes le frappèrent sans cesse mais comme les coups l'atteignaient surtout au corps il resta conscient et il finit par atteindre la porte. Il criait sans arrêt et des internés commencèrent prudemment à venir de plusieurs côtés. Les attaquants poursuivirent leur agression mais disparurent dans le noir trois ou quatre minutes plus tard.

Pendant tout ce temps Deutschbein était resté à l'écart en regardant. Quelques hommes qui se trouvaient à l'intérieur du baraquement avaient été témoins de l'agression mais par la suite personne ne fut capable d'identifier les agresseurs. Quelques déclarations : "Il faisait trop sombre devant le baraquement." "Je ne pouvais pas voir ceux qui tapaient, ils étaient cachés." "Je suis parti tout de suite pour ne pas être mêlé à ça."

Le mât de tente ferré qu'on retrouva par la suite fut mesuré : il avait 70 centimètres de long et le ferrage avait un diamètre de 5 cm. On appela le médecin allemand du camp qui refusa cependant de s'occuper de quelqu'un appartenant au "groupe démocrate". On fit alors venir le médecin letton Janis Slaidins qui arriva tout de suite et pansa les blessés.

On transporta Auler et Schöppner dans le baraquement, puis on appela la direction suédoise du camp.

Mesures prises par la direction suédoise du camp. Aucune mesure sérieuse ne fut prise pour retrouver les auteurs de l'agression. Le lendemain, au rassemblement dans la cour devant les baraquements, on fit le tri des onze hommes qui selon la direction allemande du camp formaient "le groupe démocrate" ou, suivant une autre terminologie, "le groupe d'opposition". Ceux-ci, y compris les deux hommes grièvement blessés, furent immédiatement mis aux arrêts et placés dans les locaux de détention du 2ème rég. du génie. Motifs de l'arrestation :

1) "Parce que les autres internés les avaient dénoncés comme perturbateurs."

2) "Je ne voulais pas risquer que d'autres agressions semblables aient lieu."

Le tri des onze hommes du groupe démocrate fut fait sous des formes peu ordinaires et au milieu des ricanements des autres internés. Parmi ces derniers se trouvaient aussi, sans compter les nazis du camp allemand, le groupe d'action nazi "Les Griffons" qui fut généralement considéré comme responsable de la bastonnade méritée du "groupe démocrate". L'élimination du groupe démocrate fut saluée par la satisfaction des autres Allemands. On avait maintenant fait cesser la propagande démocratique et les actions de provocation illégales du groupe, dès lors la situation dans le camp fut considérée comme définitivement plus calme.

Une action judiciaire contre les onze hommes du groupe démocrate fut décidée par les autorités suédoises. Date : 19 octobre.

Motifs d'accusation. Le procureur militaire suédois retint certains motifs d'accusation contre le groupe démocrate ; contre Hein pour activités illégales ainsi que refus d'obéissance et propagande politique ; contre Zeun pour tenue indisciplinée, menaces et propagande politique ; contre Kreidel pour manque de tenue en présence du commandant et propagande politique ; contre Kauertz pour manque de tenue, relation interdite avec un garde suédois, menaces et propagande politique ; contre Lange pour tenue indisciplinée, menaces et propagande politique ; contre Auler pour manque de tenue ; contre Hückinghaus pour manque de tenue en présence du chef du camp allemand Kohn et contre Schöppner pour propagande politique.

Dans tous les camps d'internement et pour des raisons évidentes toute propagande politique était interdite. Par propagande politique on entendait dans le cas présent des conversations politiques ou une propagande ouverte ou cachée pour un régime démocratique considéré comme très choquant par les autres internés. Par tenue indisciplinée on entendait des entorses à la discipline militaire.

En ce qui concerne les actes d'insubordination militaire. Le groupe démocrate estimait que l'armée allemande n'existait plus dès la capitulation de l'Allemagne. Qu'il n'existait donc plus d'officiers allemands ou de rapports d'obéissance. Ils estimaient que leur service était maintenant fini. Ils se considéraient tous comme des prisonniers, sans grades. Ils estimaient nuisibles la discipline absolue, les saluts et l'adoration des autorités. Ils trouvaient que le camp était tout imprégné des idées nazies et ils entendaient protester contre ce fait. Ils voulaient suivre des cours de "pensée démocrate" puisqu'ils n'avaient jamais reçu de telle éducation. Par tout ceci ils s'élevaient contre les règlements en vigueur.

Par "manque de tenue" on entendait d'une part que certains hommes du groupe démocrate avaient participé à un rassemblement sans être vêtus des effets corrects mais de chapeaux civils, et d'autre part un dégoût lassé des formes militaires affiché en plusieurs occasions, parfois même avec une certaine nonchalance.

Par ''menaces'' on entendait des déclarations du type ''quand on sera rentrés les Alliés s'occuperont de vous, salauds de nazis.''

En ce qui concerne le manque d'assiduité au travail. Les internés accomplissaient des travaux volontaires dans le camp. Les officiers allemands dirigeaient alors ces travaux sans avoir à travailler eux-mêmes. Ils supervisaient et se promenaient en regardant. Ceci sembla parfois soulever une certaine animosité chez ceux qui travaillaient, ils trouvèrent que le travail était dirigé d'une manière trop souvent arrogante. Au procès du groupe démocrate on put cependant prouver chiffres à l'appui que le nombre de volontaires aux travaux avant, pendant et après la naissance du groupe avait été le même.

Mots-clés au procès : ''action de propagande'', ''fauteurs de troubles'', ''semble avoir pris une part active à l'opposition contre la direction allemande du camp'', ''perturbateurs'', ''éléments démocrates''.

Réactions suédoises. Un des officiers suédois, le commandant Klingspor, n'avait ''jamais remarqué une quelconque influence nazie émanant de la direction allemande du camp''. Il était pourtant conscient des violentes oppositions politiques du camp. ''Certains internés s'étaient en plusieurs occasions mis en opposition avec le chef allemand du camp, le capitaine Kohn, et avaient contrevenu à certains règlements concernant la tenue, etc. Il est ainsi arrivé que certains hommes de ce cercle, plus tard appelé ''le groupe d'opposition'' soient venus au rassemblement portant un chapeau.''

Il parle de Kohn comme d'un ''homme honnête''.

Un autre officier, le capitaine Trägårdh, constate pourtant que ''certains des jeunes officiers en particulier étaient probablement fortement nazis''. Un des leaders du groupe démocrate était venu le trouver. Il s'appelait von d. Hagen et il avait demandé pour lui et ses amis la possibilité de suivre un cours de rééducation démocrate.

Celui-ci ne fut bien entendu jamais autorisé.

Le 15 octobre un des sergents était en permission, il n'était donc pas présent au camp lors de l'agression. Il n'avait pas de commentaires à faire. A son retour il avait immédiatement appris ce qui s'était passé et il avait reçu l'ordre "de sortir des rangs les onze hommes qui étaient à l'origine de la bagarre".

Une infirmière de l'infirmerie du 2ème rég. du génie. Les onze hommes du groupe démocrate lui avaient fait une impression calme et sympathique. Plusieurs d'entre eux avaient été détenus en Allemagne dans les années trente pour leurs opinions démocrates. Auler avait d'abord été examiné par des médecins allemands puis avait été arrêté. Quelques jours plus tard il avait passé un examen radiographique qui avait révélé quelque chose ressemblant à une fêlure du crâne. Il avait alors été transporté à l'infirmerie du 2ème rég. du génie.

En ce qui concerne l'identification des agresseurs. Au cours de l'attaque on avait entendu des cris tels que "Tue-le", "Bousille-le". Un des agresseurs, un dénommé Leist, fut identifié par les attaqués. Il ne fut pourtant pas arrêté.

L'étincelle qui avait mis le feu aux poudres était sans aucun doute un incident qui s'était passé le matin même, le 15 octobre. On avait, à une réunion interne du camp allemand, choisi un délégué pour un poste important et le choix s'était porté sur un des nazis les plus actifs du camp, le lieutenant Simon. La réunion avait lieu dans la cour des baraquements et, ensuite, un des hommes du groupe démocrate avait protesté contre le choix d'un ancien nazi, SS et Sturmführer. L'ambiance s'était tout de suite échauffée. Le capitaine Kohn avait pris ceci comme une attaque personnelle et avait demandé si l'on avait confiance en lui. Un dénommé Kauertz avait alors répondu non à haute voix (ce qu'il faut naturellement considérer comme "manque de tenue"). Certains des officiers voulurent savoir qui avait crié non et Kohn avait alors désigné l'homme, rapidement identifié comme appartenant au "groupe démocrate". L'ambiance se fit houleuse, plusieurs commencèrent à crier "Cassez-lui les jambes !" "Sortez-le du camp !" ou "Cognez-le !" Le ton finit pourtant par s'apaiser petit à petit.

Le soir même l'attaque avait lieu.

Réactions parmi les interpellés. Rudolf Hein, un des "démocrates", extrait de lettre.

"Les agresseurs sont en liberté, on ne les poursuit même pas, et les agressés ainsi que leurs camarades sont mis aux arrêts. Le lendemain même de l'attaque en effet onze hommes en tout et parmi eux les blessés Auler et Schöppner furent flétris devant tout le camp, et d'une manière assez rude, comme étant les véritables fauteurs de troubles, puis il furent immédiatement transportés en camion hors de Ränneslätt vers la "caserne des pionniers" suédoise où ils furent mis aux arrêts. Oui, mon cher Karl, nous fûmes mis aux arrêts, personne ne nous avait parlé auparavant, nous n'avions été interrogés ni par le commandant suédois du camp ni par l'allemand et on ne nous donna pas l'occasion de nous défendre. Même Schöppner et Auler, dans l'état où ils étaient, furent mis dans une cellule que l'on appelait "abri". Le jour même de notre arrestation tous nos effets furent fouillés à la caserne, on nous retira nos bretelles et nos ceintures et nous fûmes même obligés de retirer les lacets de nos chaussures, nous dûmes laisser aussi tous nos effets personnels et on nous interdit de fumer. Je fus ensuite mis dans une cellule isolée, mes camarades par groupes de trois ou quatre dans les cellules voisines. Auler et Schöppner furent ensuite amenés devant le médecin suédois, celui-ci envoya Auler à l'infirmerie vu qu'il avait une fracture du crâne, Schöppner resta aux arrêts avec sa blessure, il était pourtant très affaibli. Rien de curieux

à cela puisqu'on avait littéralement assommé nos deux camarades avec un mât de tente au bout ferré. Auler fut transporté à l'infirmerie du camp nazi complètement sans connaissance. Maintenant nous sommes sous les verrous. Cet ordre a été donné par le capitaine Rosenberg, chef suédois du camp, nous n'avons même pas été autorisés à sortir dans la cour une fois par jour accompagnés par un soldat suédois, même pas cinq minutes d'air frais. C'est ce qu'on appelle comme je l'ai dit un ''abri''. Pourquoi la direction suédoise a-t-elle été si sévère envers nous, je n'arrive pas à le comprendre.''

Défense des accusés contre l'accusation de propagande politique. ''Quand quelqu'un, par exemple, dit qu'il faut exterminer tous les juifs survivants, on ne peut pas s'empêcher de protester.'' En ce qui concerne les rapports avec les gardes suédois : les accusés pensaient avoir des preuves que la direction allemande du camp ouvrait leurs lettres avant de les envoyer à la censure. Par deux fois ils avaient transmis directement leurs lettres à un garde suédois qui était allé les réexpédier à la direction suédoise.

Passa-t-on des films documentaires sur les camps de concentration allemands au camp d'internement de Ränneslätt ? Non. Informations ? Non. Des tentatives furent-elles faites pour briser la domination nazie du camp ? Non, bien sûr que non, puisque les directives interdisaient toute propagande politique dans le camp. Par contre un journal allemand fut publié, d'un avis politique tout à fait neutre. Il contenait la plupart du temps des articles sur des affaires internes et de très courts articles citant les critiques suédoises et internationales sur la conduite des forces d'occupation en Allemagne.

Exemple de propagande politique d'un membre du groupe démocrate ; lettre du 25 septembre 1945.

"Qui, pour l'amour de Dieu, pourrait nous demander aujourd'hui de continuer à suivre le vieux règlement militaire poussiéreux de l'ancienne Prusse ? Je ne pense pas que quelqu'un le puisse hormis justement ces jeunes nazis aveugles de cette résidence de Potsdam-Ränneslätt. Même plus tard, retourné à une vie tout à fait libre, il ne viendra jamais à l'idée de quelqu'un de se comporter trop librement et sans discipline, même s'il n'a plus à s'adresser à ses supérieurs avec leurs anciens titres militaires. Je pense qu'il peut en être ainsi dès maintenant ; on pourrait de cette manière préparer les jeunes à une vie complètement démilitarisée, qui doit venir, n'est-ce pas ? Ce qui manque dans notre camp, je ne le cache pas, c'est une éducation démocrate, une préparation méthodique de nos jeunes aux dures années qui viennent, pour préparer à notre nouvelle Allemagne la place qui lui revient, pour le bien de tous dans le cercle des pays démocrates. Au cours des mois d'hiver à venir on pourrait aussi nous soutenir de l'extérieur par des discussions politiques orientées vers un esprit démocrate comme on le fait dans tous les camps de prisonniers dans les pays alliés. S'il est vrai que nous ne retournerons pas en Allemagne avant le printemps 1946, alors la jeunesse a l'occasion pendant toute une année de s'occuper des idées nouvelles et d'apprendre tout ce qui vaut la peine d'être connu. Nos hommes, par contre, vont se retrouver entièrement novices face à cette situation politique complètement changée."

Le procès des onze "éléments démocrates" du camp d'internement de Ränneslätt ne fut malheureusement jamais poursuivi ; l'extradition intervint et les accusés ne reçurent pas les peines qu'ils méritaient. Lors de l'extradition, ce groupe de onze hommes fut le seul qui suivit volontiers et sans protestations les indications. Le 6 décembre 1945 la cour martiale se réunit pour la dernière fois, on constata qu'accusateurs et accusés avaient été extradés en Union soviétique et que le procès ne pouvait donc pas être mené à terme. L'officier de justice militaire suédois retira alors son accusation. L'avocat de la défense réclama une compensation de 610 couronnes, qui lui fut accordée.

Pour les simples soldats baltes du camp d'internement de Rännеslätt l'incident du groupe démocrate fut un choc. La grande majorité des soldats baltes n'aimaient pas les Allemands ou même les haïssaient et ils savaient leurs sentiments réciproques. Ils arrivaient cependant à s'entendre avec quelques-uns des Allemands et c'était justement avec les onze "démocrates". Ils jouaient parfois ensemble au football, ils parlaient, ils partageaient leur dégoût pour les exercices militaires, ils se prêtaient leurs machines à écrire.

Ils pouvaient vivre ensemble.

Au cours de l'été et de l'automne deux faits semblèrent se dérouler parallèlement. L'un fut le conflit du groupe démocrate avec le reste du camp allemand. L'autre, le fossé se creusant de plus en plus entre les hommes de troupe baltes et la majorité de leurs officiers. Le conflit intérieur au camp allemand fut plus dramatique, plus évident. Les oppositions internes au camp balte furent freinées puis arrêtées vers la fin de l'automne, et l'issue de l'épisode de l'agression contre Auler et Schöppner n'en fut pas la moindre des raisons.

Plusieurs des anciens légionnaires baltes se souviennent très nettement de tout, même vingt-deux ans plus tard. Extrait d'un entretien, le 15 juillet 1967 à Riga, Lettonie.

— Oui, on avait très peur. Nous ne voulions pas retourner en Lettonie, nous savions que nous allions mourir. Les officiers nous avaient parlé d'une émission de radio Madona dans laquelle les Russes avaient promis de nous exécuter si seulement ils mettaient la main sur nous.

— Vous n'avez jamais douté des officiers ?

— Plus tôt, oui, pas vers la fin novembre, pendant la grève de la faim. Auparavant les conflits avaient été nombreux. Mais par la suite nous avions compris que c'était toujours l'ordre ancien qui était en vigueur et alors il n'y avait plus grand-chose à discuter.

— L'ordre ancien ?

— Oui, c'est-à-dire l'ordre de la guerre : ''pas discuter, obéir, c'est tout''. Les Suédois eux-mêmes avaient montré qu'il en allait ainsi. Alors plus tard, lorsque la crise est arrivée, nous avons obéi à tout ce que disaient les officiers.

— Les Suédois l'avaient montré ?

— Oui, c'est une longue histoire ; dans le camp allemand il y avait un petit groupe qui s'élevait contre les officiers. Mais une nuit deux hommes de ce groupe furent attaqués par les nazis et presque tués, on les amena à Slaidins, notre médecin, et après cela on croyait que tous les coupables allaient être condamnés. Mais le chef suédois du camp rassembla tous les internés, fit sortir les hommes du groupe démocrate et les mit aux arrêts. Et puis l'ordre ancien fut rétabli.

L'épisode dont la plupart se souviennent le mieux est justement celui-ci : le rassemblement dans la cour devant les baraquements et la manière dont on fit le tri des éléments démocrates et dont on les mit aux arrêts. Les descriptions s'attardent souvent sur la situation humiliante des interpellés : le ton rude et arrogant de l'officier suédois, les rires et les cris moqueurs du reste des Allemands. Le mystère de tout ceci : les agresseurs restaient libres tandis que l'on condamnait les agressés.

Assistaient-ils eux-mêmes à cela ? Participaient-ils eux-mêmes au rassemblement ? Ou bien la version détaillée et dramatique que plusieurs d'entre eux racontent ne leur a-t-elle été que relatée ?

On revient toujours sur ceci : les rires et les plaisanteries déversées sur ce petit groupe d'Allemands antinazis qui jusqu'alors avaient été les seuls avec qui ils avaient pu parler, l'humiliation de ce petit groupe d'hommes qu'on arrêtait, ce qui montrait que l'ordre ancien allait pour toujours régner à Ränneslätt.

Le souvenir des soldats baltes est une chose, celui des officiers baltes en est une autre.

Vincas Lengvelis, lieutenant lituanien, installé dans la grande maison blanche des officiers, chasseur de partisans et écrivant ses mémoires. En quelques phrases courtes il donne son opinion sur ce qui s'est passé. "Parmi les militaires allemands s'était peu à peu formée une organisation communiste allemande. Cela provoqua des bagarres horribles dans lesquelles les communistes finirent pourtant par périr. Après les bagarres les communistes allemands furent sortis du camp et transférés dans un camp spécial."

Comment décrit-on le mécanisme d'un sentiment ? Comment décrit-on le mécanisme de la naissance, de la transformation, du déplacement d'un sentiment ? Comment décrit-on le mécanisme d'une situation qui pousse en avant un homme jusqu'au point où il ne peut plus faire demi-tour ?

3

"Nous n'avions pas de vrais contacts avec eux, la plupart du temps on les voyait à distance. Mais on apprenait leur situation par les journaux."

Simple soldat appartenant à un corps de garde, interview du 10.9.1966

Il essaya pendant longtemps d'avoir une image d'ensemble de la position politique dominante des officiers, du personnel de garde suédois et des officiers de Eksjö, mais il dut abandonner cette idée au bout de quelque temps. Il était évident que la position des officiers n'était pas sans importance dans le jeu mais il paraissait impossible de s'en faire une image juste. La plupart des gens avec qui il parla réclamaient immédiatement la garantie du secret. Certains indiquaient que le groupe des officiers suédois avait de fortes sympathies pour les Allemands, mêlées à une certaine affinité d'idéologie. D'autres estimaient que certains étaient probablement "assez infectés". D'autres essayaient d'analyser les composantes de l'attitude pro-allemande qu'on rencontrait parfois et surtout de souligner l'admiration et le profond respect de l'officier suédois devant le soldat allemand en tant qu'homme de métier, sans nuance idéologique. D'autres indiquaient que l'intérêt parfois évident des officiers suédois pour leurs collègues allemands était surtout une curiosité de militaire de métier devant des hommes ayant une expérience pratique de la guerre. D'autres disaient que bien entendu certains cas pouvaient paraître suspects mais qu'une majorité des officiers suédois étaient de bons démocrates qui n'accomplissaient que leur devoir. Tous ceux avec qui il parla baissèrent la voix. Impossible d'aboutir à un résultat concluant.

Beaucoup des officiers avec qui il parla exprimèrent une sorte de résignation objective devant ce qui s'était passé, ils ne correspondaient pas aux idées préconçues que s'en était faites le chercheur, ils étaient très aimables, ouverts, et il comprit bien vite à son désappointement qu'il ne pourrait guère dresser ce panorama destructeur du corps des officiers suédois de 1945 qu'il s'était attendu à faire. Les exceptions étaient nombreuses, mais pas assez nombreuses pour motiver un jugement général.

Officier, 58 ans, portrait *fictif* composé par trois portraits authentiques ; contours extérieurs orientés vers la droite. Il n'a jamais eu beaucoup de succès en tant que militaire mais il habite une maison agréable qu'on peut bien appeler une propriété. Il dit immédiatement que jamais, jamais il ne va confier des informations sur l'extradition des Baltes à quelqu'un ayant des sympathies à gauche mais que le chercheur lui semble être quelqu'un de bien. Par sympathies à gauche il entend un large secteur politique dont un côté borde la phalange modérée du parti de droite. Il commence à parler des Baltes mais passe vite, pour dire quel horrible crime c'était d'extrader les Allemands. Il ne revient plus à son point de départ. L'affaire des Baltes c'est de la faute des sociaux-démocrates. L'affaire entache l'honneur des officiers suédois. Il fut très proche témoin de l'extradition, sans pour cela avoir été directement responsable. Il possède un vif sentiment de la nation. Les sentiments nationaux ne sont, dans son cas, en aucune manière issus d'une dévotion à un certain pays ou à une certaine tradition ; il possède, du côté maternel, une autre patrie, et il est nationaliste dans ses deux patries. Il fut de plus, pendant une courte période, nationaliste en Finlande. Le nationalisme est une qualité fondamentale, mouvante, mobile. C'est un heureux hasard pour le pays dans lequel il s'applique. L'annexion russe des pays baltes fut surtout une catastrophe stratégique de l'armée suédoise. Avant 1940 la marine suédoise jouait un rôle important dans la mer Baltique et les Russes en étaient repoussés. Après 1940 la situation changea du tout au tout, la Suède devint une petite puissance maritime. Une tragédie. Les Russes sont des brutes, des monstres. La population simple de la campagne, elle, on peut quand même dire qu'elle a bon cœur.

Il est impossible de décrire cet homme sans tomber dans des images stéréotypées, simplistes, des caricatures, sans tomber dans l'ironie. Il est, comme tant de gens actifs et influents à notre époque, une reconstitution trop artificielle et trop littéraire du XIX ème siècle. Trop simple pour donner une impression de crédibilité. Il faut pour cela l'écarter de l'enquête.

Soldat du contingent, garde au camp de Ränneslätt, aujourd'hui 43 ans. Désire garder l'anonymat. En voyage au Danemark pour une conférence à laquelle il participait en tant que représentant de l'organisation des employés municipaux de Stockholm. La conférence durait quatre jours. "C'était surtout pour faire un peu connaissance", la phrase revient souvent et figurait apparemment dans un des discours de bienvenue. Il fut garde à Ränneslätt pendant deux semaines de l'été 1945. Il décrit très en détail sa peur des internés. "Il fallait faire tout seul le tour des baraquements, on nous avait dit de faire attention parce qu'on pouvait recevoir un couteau dans le dos, j'avais vachement peur, jamais eu autant peur de ma vie, je crois." Il avait proposé à la direction du camp que la garde soit doublée. Ce qui ne fut pas accordé au début. Un moment plus tard il se met à donner son opinion sur le corps des officiers suédois. Il trouve que dans une guerre contre les Allemands on n'aurait pas pu avoir confiance en eux. "Et je me rappelle qu'on disait que si ça pétait et si on entrait en guerre avec les Allemands alors les premières balles seraient pour les officiers suédois." Il n'est pas très disposé à faire des distinctions plus nuancées. Au bout d'une demi-heure il se retire dans sa coquille, il répond en se dérobant, il ne veut pas donner son nom, il ne veut pas remuer "l'affaire". Il dit pourtant avec fermeté qu'il fallait extrader les Baltes. "Pas de doute là-dessus, cette fois-là on a bien fait." Il porte un costume gris et un gilet tricoté, il ne trouve pas que la remontée au pouvoir des partis bourgeois à Stockholm ait jusqu'à maintenant apporté des changements visibles. Il est militant syndical. Il n'a plus rien à ajouter. Puis il parle de la conférence au Danemark, qui a été très vivante.

L'intendant du camp de Ränneslätt, âge 49 ans, nom Sigurd Strand. Il avait appris tout seul l'allemand et le parlait parfaitement, en tant qu'intendant il eut un contact direct avec presque tous les internés, il se trouvait dans le camp pratiquement chaque jour, il fut en service pendant toute la durée du camp.

Comme tous ceux qui furent en contact avec les internés il s'aperçut bien vite de l'écart psychologique qui séparait les Baltes des Allemands. Des conflits existaient à l'intérieur du groupe allemand, il était facile de voir que nombre d'entre eux étaient nazis. Vers l'extérieur, dans leurs contacts avec les Suédois, ils étaient des prisonniers idéaux, exemplaires. Ils étaient très faciles à traiter, suivaient toujours une discipline de fer, étaient polis et attentifs à l'extrême et possédaient en outre une sorte de vitalité inutilisée qui rendait très faciles les relations avec eux. S servit plusieurs fois d'intermédiaire lorsqu'ils voulaient acheter quelque chose au village. Il partait souvent avec de longues listes d'achats à faire. Leur gratitude était touchante, ils étaient d'excellents travailleurs et de parfaits organisateurs, ils avaient gardé leur curiosité, ils posaient des questions sans arrêt, il était presque impossible de ne pas bien s'entendre avec eux.

"Et je suppose que presque tous les Suédois les considéraient ainsi."

Avec les Baltes c'était différent. Ils restaient souvent à part, les simples soldats ne parlaient pas beaucoup l'allemand et il n'eut presque pas de contacts avec eux. Par contre il parla souvent avec les officiers, sans vraiment les comprendre. Contrairement aux Allemands ils n'étaient pas intéressés par le travail volontaire, la plupart du temps ils flânaient dans le camp, ils en faisaient le tour, "une triste assemblée". Il était difficile de nouer des relations avec eux. S servait aussi d'intermédiaire pour les Baltes, sans grand enthousiasme pourtant. "Ils râlaient et se plaignaient souvent pour des petites bricoles." Toutes les conversations entre S et les officiers baltes furent brèves, superficielles, fragmentaires. Parfois ils en arrivaient aux années de guerre, ils mentionnaient rapidement certains épisodes mais ne voulaient pas donner de précisions ni de vue d'ensemble. "Je crois que beaucoup d'officiers avaient pas mal de choses à se reprocher : ils disaient souvent qu'ils étaient sûrs de passer en jugement s'ils retournaient dans les Etats baltes." Plusieurs fois S revient sur cela : l'impossibilité d'avoir des contacts profonds avec eux. "Ils ne faisaient que tourner en rond, l'air maussade."

Ils parlaient rarement de politique, seulement de leur passé et de leur avenir. Une seule fois, S s'en souvient, une allusion à une situation politique actuelle fut faite. Il s'agissait alors d'un Allemand.

Lorsqu'on découvrit les camps de concentration, les bruits atteignirent aussi peu à peu Ränneslätt. Au camp d'internement peu nombreux étaient ceux qui croyaient à ces bruits ou jugeaient nécessaire d'en parler. Un jour pourtant un colonel allemand appela S dans sa chambre et lui demanda s'il pensait que toutes ces histoires de camps de concentration et de millions de juifs tués étaient vraies. S répondit oui. Ils parlèrent un moment de ce sujet puis l'intendant alla chercher un numéro de la revue *SE* qui contenait des photos des camps de concentration, avec les tas de cadavres et les rangées de fours. Il donna le journal au colonel, qui avait plus de cinquante ans et qui pendant toute la guerre s'était battu sur le front Est, un vieux Prussien de la vieille école, rarement intime avec quelqu'un. Le colonel regarda attentivement les photos, demanda qu'on lui traduise certains textes puis laissa le journal sur une table, il s'allongea sur son lit et pleura mais le visage fixe, les yeux rivés au plafond. Puis il se leva, remercia pour le journal et demanda l'autorisation de le garder pendant la nuit pour le regarder de plus près. Le lendemain, après le rassemblement du matin, il s'approcha de S et lui rendit le journal. Il vint avec le journal roulé dans sa main, regardant S avec une expression très réservée sur le visage, fit le salut et repartit à pas très sûrs. Ils ne parlèrent plus jamais des camps de concentration.

Fixation d'une distance : description du soldat Johan G , astreint aux obligations militaires suédoises, garde au camp de Rännelslätt. Désire garder l'anonymat.

Johan G ne voyait pas grand-chose des Baltes. Il ne trouvait pas la situation très dramatique, pas même en novembre. Ce n'est que lorsqu'il lut les journaux, à cette époque et plus tard, qu'il eut la sensation de participer à un événement intéressant. Il se souvient en particulier que pendant la dernière semaine de novembre, lorsque l'affaire culminait, après avoir lu les énormes reportages des journaux il avait pris l'habitude de sortir de la tente, de s'avancer vers le fil de fer barbelé et de regarder vers le camp. Mais il ne voyait pas grand-chose, seulement des petites silhouettes à distance. C'était sûrement vrai ce qu'on disait dans les journaux mais il était difficile de s'imaginer que c'était la même réalité. "Tout le monde parlait des Baltes et nous on était là à les regarder et on ne sentait rien, on s'ennuyait, c'est tout." Sa tâche était de garder certains points des clôtures, quelquefois il était à l'entrée du camp. Il n'eut bien entendu jamais de relations personnelles avec les internés. "Ils ne parlaient pas suédois." D'habitude, quand un interné essayait de lui parler, il appelait un supérieur qui se chargeait de l'affaire. Les relations entre le personnel de garde en service militaire et les internés étaient extrêmement correctes. "On avait lu des articles sur les camps de concentration et tout ça et on voulait montrer qu'on était vachement corrects."

A certaines périodes les tâches de garde consistaient à surveiller les lieux de travail à l'extérieur du camp, travaux de voirie entre autres. Johan G fut souvent fort indécis devant ces tâches. Les internés se dispersaient, il ne savait pas jusqu'où allaient ses droits. Il était dangereux d'être trop dur. "On savait que les Allemands au moins (les Baltes peut-être pas) avaient les officiers suédois de leur côté." Il désigne comme remarquable la fraternisation entre les internés et les officiers suédois, surtout pendant l'été. "Ils faisaient des tours en voiture, ils se tenaient par l'épaule et riaient. Merde, on savait bien de quoi ils parlaient le soir." Il décrit en détail la manière dont un officier suédois de la direction du camp passait régulièrement les barrages, une corbeille remplie de sandwiches à la main, qu'il portait au baraquement des officiers allemands. Il remarque après un moment de silence que ceci n'était peut-être pas trop mauvais. ''Il valait mieux se montrer humain qu'être brutal.'' Il parle de l'enquête de police qui fut faite un an plus tard sur la situation au camp et où il avait été cité comme témoin. ''Et puis cette espèce de préfet est venu et a fait son enquête et merde alors, tous les officiers étaient bien d'accord entre eux pour dire que tout avait été vachement correct.''

Les Baltes, selon des bruits qu'il avait entendus, étaient ''renfrognés''. Il ne peut pas préciser. Il remarque pourtant plusieurs fois qu'ils ne travaillaient pas comme les autres. Il dit qu'en fait il s'en fout de ce qu'ils faisaient ou ne faisaient pas.

Il n'était pas présent lors de l'évacuation du camp.

Johan G possède maintenant une boutique de radio-télévision. Il habite un deux-pièces-cuisine, il est marié mais n'a pas d'enfants. Il vit dans un bourg d'un peu plus de trois mille habitants. Sa femme est infirmière. Il gagne ''au moins autant qu'un professeur''.

Il vient d'un milieu social-démocrate, il a voté pendant plusieurs années pour les sociaux-démocrates (''c'était à l'époque où ils faisaient quelque chose''). Ensuite il a lentement glissé vers le Folkpartiet *. Motif : ''Les sociaux-démocrates sont restés si longtemps qu'on dirait qu'ils sont collés par le cul.'' Dit avoir une aversion pour les politiciens suédois suivants : Palme *, Holmberg *, Erlander *, Geijer * et un du parti centriste * dont il ne se souvient plus du nom. Trouve que Wigforss * ''était pas mal''. Reste sceptique et hésitant au sujet de Ohlin *. Il en vient dans ce contexte à parler de la télévision commerciale, il attaque violemment la ligne du gouvernement et il réclame ''une possibilité autre que le monopole''. Là le Folkpartiet a ''un meilleur programme et qui nous reviendrait moins cher''. Il parle volontiers de la politique, ses opinions semblent sans cesse se transformer en citations à moitié anonymes mais qui ont l'air très connues.

Il ne se considère pas comme influencé politiquement par l'affaire des Baltes.

Lors de la première rencontre, très brève, il raconte l'horreur avec laquelle il suivit l'extradition. A la deuxième rencontre, le soir, il est plus détendu et son attitude se fait plus souple et il dit qu'au fond il est content "qu'ils aient disparu". Puis il se reprend. "Pas tous, quelques-uns auraient pu rester. Mais il y avait quand même un foutu tas de quislings * et de nazis dans ces camps-là." Ne formule pas d'opinion précise sur l'U.R.S.S. "A l'époque on savait si peu comment c'était là-bas. Après, ça c'est amélioré, non ? Aujourd'hui c'est assez bien là-bas, je suppose. C'est pire en Chine, non ? Mais les Américains ne sont pas formidables non plus."

Trouve que "la politique c'est pour les politiciens. Ils sont payés pour ça, alors c'est pas la peine..."

Le soir il raconte encore une suite d'épisodes, destinés à éclaircir l'ambiance qui régnait au camp. Il continue ensuite par une analyse plus générale du corps des officiers dans son ensemble. "Ils étaient à Norrbotten et attendaient les Russes alors que tout le monde savait que c'était de Hitler qu'il fallait avoir peur. Presque une trahison, je pense, mais nom de Dieu, il n'y en a pas un qui parle de ça maintenant." Il trouve que les projets de diminution du budget de la défense "c'est peut-être une chose à envisager".

Johan G a entendu dire qu'à Ränneslätt les Allemands avaient des filles suédoises à leur disposition, s'ils le voulaient. "Il y avait tout un bordel dans une maison à côté du camp et puis les gardes les aidaient à y aller." Il écoute impatient une version différente et plus modérée, dit qu'il y a sûrement encore des choses à raconter mais qu'il n'a pas envie.

Johan G a aujourd'hui 46 ans. Dans la pièce il y a deux tapis, une nature morte, quatre reproductions et des meubles standard ; tout essai de description de sa position par la description de son milieu est vouée à l'échec. Il dit qu'il se souvient assez bien des incidents de Rännеslätt. Malheureusement il ne pense pas avoir d'informations intéressantes. "On était seulement là, de l'autre côté du fil de fer barbelé, on servait pas à grand-chose. C'était plutôt ennuyant." Comment sait-il qu'il y avait des nazis ? "Ils le disaient, il y avait un médecin, dans le camp allemand, on disait qu'il avait fait des injections mortelles dans un camp de concentration." Réaction ? "Ben, je le voyais jamais." Il dit qu'en aucune manière il n'a ressenti cette période comme un dilemme moral et toute tentative faite pour placer son rôle de garde dans une catégorie morale ou pour lui indiquer un dilemme personnel tombe à plat comme une construction trop abstraite ou littéraire. "Non, je ne pense pas que cela ait été un dilemme, nous ne les voyions pas beaucoup." Il pense aussi être représentatif de la plupart des gardes qui faisaient leur service militaire. "C'était comme ça pour tout le monde, on s'ennuyait et on voulait rentrer chez nous."

Ils ne méditaient jamais tellement sur les problèmes des internés non plus, "ça, c'était le problème des politiciens."

Il décrit Eksjö comme un trou bien triste. Il n'a rien d'autre à ajouter. L'entretien avec le garde Johan G se présente maintenant plus nettement comme une déception certaine.

Ensuite il fait un petit bout de chemin pour raccompagner l'enquêteur, jusqu'à un kiosque où il achète un paquet de Commerce avec filtre, *Expressen* et *SE*. Deux fois par semaine il joue au bowling. Il dit qu'en général il ne pense pas du tout à cette période.

4

Lorsque les internés arrivèrent dans les camps une dizaine d'entre eux avaient de curieuses plaies sur les jambes, plaies dues aux froids endurés pendant l'hiver sur le front Est et qui maintenant ne voulaient plus guérir, les plaies s'étant produites par un froid humide. L'occasion était excellente d'essayer un remède suisse nommé "Priscol". Son effet se révéla extraordinaire. Pour le médecin suédois du camp ceci devint l'une des expériences les plus importantes faites pendant la durée du camp, avec l'expérience des effets d'un jeûne prolongé sur l'organisme, et on rédigea immédiatement un rapport sur ces expériences pour la Direction générale de la Santé publique.

5

Le caporal-chef letton F ne reçut l'adresse de sa mère qu'au milieu du mois de septembre, alors qu'il se trouvait au camp d'internement suédois de Ränneslätt. Il reçut son adresse, elle se trouvait en Allemagne, elle était vivante, il lui envoya immédiatement une courte lettre disant qu'il se trouvait en sécurité en Suède.

Elle reçut la lettre le 28 septembre 1945, elle habitait alors à Lübeck. Depuis longtemps elle avait pris l'habitude d'aller chaque jour au port au moment où le bateau arrivait avec le courrier de l'étranger. Elle regardait le déchargement des sacs de courrier, l'embarquement sur les camions et leur départ ; puis elle se rendait à la poste et commençait à attendre. Elle avait été là un jour par semaine tout au long de l'automne. Le courrier trié, elle s'avançait vers le guichet mais il n'y avait jamais rien de particulier pour elle.

Le 28 septembre elle reçut la lettre. Elle lui était adressée. Elle l'ouvrit immédiatement et la lut. Puis elle sortit dans la rue devant la poste, relut la lettre pour voir si elle ne s'était pas trompée et si son fils était bien toujours là, puis elle tomba à genoux dans la rue et pleura.

Elle décrit sa réaction dans sa réponse à la lettre. "Ce que j'ai ressenti est impossible à raconter. Je suis si reconnaissante à Dieu qu'il m'ait accordé ce bonheur." Un moment après elle se releva et rentra aux baraquements pour réfugiés dans lesquels elle logeait. Elle dit qu'elle marcha vite.

Dans sa lettre elle n'essaie pas de décrire l'atmosphère de Lübeck à l'automne 1945.

Dans sa réponse, datée de Lübeck 1er octobre 1945, elle décrit sa joie de savoir son fils vivant et qu'ils puissent bientôt se revoir. "Je crois que tu comprends très bien ma réaction et dois en sourire ; il te sera sans doute plus difficile de comprendre que les larmes coulaient sur les joues de ton père et qu'il ne voulut pas lire ta lettre mais désira s'isoler pour le faire."

Le caporal-chef letton reçut cette lettre le 5 novembre, il se trouvait toujours à Ränneslätt, il devait encore avoir le temps d'écrire de nombreuses lettres à ses parents en Allemagne avant l'extradition.

Mais il ne devait plus les revoir.

Lorsqu'il quitta la Suède il laissa ces lettres derrière lui. En septembre 1967 il lut par hasard une copie de la lettre de sa mère, copie qui appartenait alors à un chercheur suédois ; la lettre avait en effet été publiée.

F, qui habitait alors Riga, était marié et avait un enfant. Il occupait un excellent poste dans une administration d'Etat et son salaire mensuel était presque le double du revenu moyen soviétique. Auparavant il avait donné au chercheur une impression de gaieté et de calme. Ils avaient passé ensemble de nombreuses soirées à converser et à faire des analyses détaillées du mécanisme et des conséquences de l'extradition des Baltes et si F lut cette copie ce fut un pur hasard.

Il la lut minutieusement et fut soudain tout à fait calme et immobile. Puis il s'effondra, comme frappé violemment et il se mit à sangloter. Le chercheur, qui l'avait connu comme un homme gai et sans soucis, était assis en face de lui et ne trouvait rien à dire. F pleurait comme un enfant abandonné, il ne voulait pas s'arrêter, il ne faisait que désigner le texte d'un doigt robuste et large en disant : "Maman. Maman."

Ils ne s'étaient pas revus depuis l'automne 1944. Elle habitait à l'Ouest. Ils s'écrivaient mais elle n'avait pas encore osé faire une visite en Lettonie. Ils ne s'étaient plus rencontrés.

Cela dura à peu près trois minutes puis il fut à nouveau calme. Il esquissa un sourire gêné et secoua la tête. C'est venu si brusquement, dit-il. Je ne m'y attendais pas. Elle habitait à Lübeck, nous nous écrivions, nous pensions nous revoir. Il n'en a pas été ainsi.

Plus tard ils se promenèrent longuement dans un parc de Riga. C'était la nuit. Il n'y avait rien à ajouter et ils ne parlèrent plus jamais de ce qui s'était passé.

6

Dans l'après-midi du 3 juin 1945, le chef du département d'internement provisoire, le lieutenant-colonel Leuhusen, avait transmis à un fonctionnaire de UD une circulaire qui fut par la suite placée sous le sceau du secret ; c'était un des actes qui allait servir de base à la décision d'extradition. Dans sa circulaire il décrivait la situation générale de l'internement et soulignait très fermement un désir du côté militaire : qu'une éventuelle décision d'extradition soit tenue secrète. "Si l'on rend publique une éventuelle décision d'extradition il y a de fortes chances pour que la panique se répande dans les camps."

Il obtint satisfaction sur ce point : la décision fut mise sous le sceau du secret (et plus tard la presse devait parler du "scandaleux manque d'information du public"). La décision ne filtra pas et par la suite cela apparut comme un demi-miracle. Tant de gens la connaissaient pourtant : et pas uniquement des militaires et des politiciens.

Parmi ceux qui prirent connaissance de la décision se trouvait le social-démocrate letton Bruno Kalnins, lui qui un jour avait été emprisonné à Riga, puis avait été envoyé à Struthof et qui, aux deux endroits, avait approché le juriste letton Karlis Gailitis, juge, pro-allemand et maintenant un des leaders des Baltes internés. Début août Kalnins reçut une lettre de Eichfuss le suppliant de faire tout son possible pour les internés.

Kalnins décida d'oublier ce qu'il connaissait et entreprit une tournée des politiciens suédois. Mieux que quiconque il savait leur parler puisque lui-même avait été député en Lettonie et que son père avait été un grand nom de la social-démocratie lettonne.

Son premier entretien fut avec Rickard Lindström *, social-démocrate et ami de longue date de la Lettonie, et c'est lui qui pour la première fois lui donna une vue d'ensemble de la situation.

— Il existe une décision gouvernementale d'extradition, raconta Lindström, et personne ne semble d'humeur à la changer puisque c'est une décision du gouvernement de coalition et que la plupart semblent y tenir. Il n'y a pas grand-chose à faire. Plus importante est la question des 30 000 Baltes civils, même pour eux subsiste un petit risque. Et je ne peux pas faire grand-chose.

Kalnins passa d'un politicien à un autre, entendit de nombreux bruits, quelques-uns ayant trait à la convention commerciale passée avec les Russes et l'importance d'entretenir de bonnes relations avec l'U.R.S.S. mais peu de faits sûrs. Pendant quelques semaines il examina, pour le compte de Möller *, les papiers des Baltes civils, puis il fit un rapport : rien de très sensationnel, la plupart savaient déjà cela. Certains des réfugiés étaient de magnifiques fascistes avec un lourd bagage sur la conscience, certains étaient des conservateurs à la conscience un peu plus légère et la plupart étaient des innocents qui ne s'étaient enfuis que par peur des Russes.

Leur situation ne fut jamais vraiment dangereuse : on les laissa rester.

Ensuite il alla trouver Vougt * mais cette conversation ne donna pratiquement pas de résultat. Vougt reconnut qu'il existait une décision d'extradition des réfugiés militaires mais il ne voulait pas la commenter et il ne voulait rien faire. "Pour moi la chose est terminée. Pour l'instant on les garde, c'est tout." Il évita de préciser, il ne voulait pas s'engager mais laissa vaguement entendre qu'on étudiait la question. La décision serait peut-être annulée.

— Parlez à Undén, il sait ce qu'il en est.

Undén était assis à son bureau et il fut totalement insensible aux objections. C'est une décision gouvernementale, dit-il, les réfugiés militaires baltes doivent être extradés. Ils seront donc extradés.

Kalnins lui demanda alors s'il réalisait ce que cela représentait pour eux. Undén répondit qu'il avait discuté ce point avec le ministre russe et que celui-ci lui avait assuré que les Baltes seraient traités correctement. "Nous n'avons aucune raison de ne pas lui faire confiance."

Ils discutèrent ensuite pendant un long moment les aspects de l'extradition du point de vue du droit international, ainsi que la théorie et la pratique de la justice russe. La conversation n'aboutit nulle part.

On était maintenant à la mi-septembre.

Rickard Lindström qui était son ami depuis les années trente lui conseilla d'aller voir Zetterberg. Il alla voir Zetterberg. Zetterberg constata qu'il était certes membre du gouvernement mais qu'il n'était pas particulièrement influent. Puis il alla voir Quensel * qui se joignit à Kalnins pour critiquer la décision d'extradition mais confessa que son influence au gouvernement sur cette question n'était pas bien grande. Quensel lui suggéra de présenter ses opinions dans une circulaire, il rentra chez lui, rédigea une circulaire, la déposa au ministère de la Justice et attendit. On lui avait dit que les Russes ne semblaient pas particulièrement pressés de prendre les internés en charge. Tout cela allait peut-être bien se perdre dans les sables.

Le 14 novembre, après de multiples pressions sur les Russes pendant tout l'été et l'automne, l'état-major de la Défense fut finalement avisé qu'un navire transport de troupes avait quitté Mourmansk, destination Trelleborg. On poussa un soupir de soulagement. Les Russes leur avaient donné la priorité sur les internés qui se trouvaient en Norvège et qui devaient aussi être extradés. Les militaires pouvaient entreprendre la suppression des camps.

On pouvait maintenant préparer le départ des légionnaires.

Le jour même, le 14 novembre, l'affaire fut traitée à une séance préparatoire du conseil des ministres, maintenant pour la première fois devant un ministère purement social-démocrate. La question fut rapidement expédiée, le navire russe était déjà en route, les camps, qui posaient des problèmes et qui revenaient cher, allaient pouvoir être supprimés. On ne discuta jamais la décision d'extradition.

Le jour même un fonctionnaire de UD alla trouver l'ancien ambassadeur lituanien Ignas Scheynius et l'informa d'une part de l'existence d'une décision d'extradition, d'autre part qu'un navire était maintenant en route et que cette information devait être diffusée de manière discrète. Scheynius, qui, comme la plupart des politiciens baltes en exil, était un anticommuniste de l'espèce convaincue qu'on ne trouve que chez les réfugiés du monde communiste, et qui dans les dernières années avait publié plusieurs livres anticommunistes, agit avec rapidité. Le 14 novembre donc il prit contact avec le rédacteur en chef de *Svenska Dagbladet*, Ivar Andersson, et l'informa des faits qu'il avait appris. Il prit contact avec le journal d'extrême-droite *Dagsposten* * et lui annonça la même nouvelle. Le soir il téléphona au pasteur Allan Svantesson qui était alors secrétaire de Diakonistyrelsen * et qui, pendant la guerre, avait été un important homme de contact avec les prêtres baltes en exil.

Dans l'après-midi le premier ministre Per Albin Hansson avait tenu à la Chancellerie un conseil pour informer les chefs des partis bourgeois de l'extradition proche, en leur faisant remarquer qu'on devait garder le secret pour éviter toute panique.

La nouvelle se répandit vite avec Scheynius comme source d'information.

Le lendemain Svantesson téléphona à UD pour contrôler la nouvelle. Il reçut une réponse froide et négative mais certaines des formules employées le convainquirent que les bruits étaient fondés. Il ne s'agissait plus que de publier ceci au moment opportun.

Le 15 novembre, dans son édition du matin, *Svenska Dagbladet* présentait en première page un article sur "Le droit d'asile en Suède" ; il mentionnait en termes vagues les problèmes des réfugiés et du droit d'asile mais ne jouait pas cartes sur table et ne dénonçait pas l'affaire des Baltes militaires. Cependant ce fut suffisant pour effrayer UD, il y avait eu fuite quelque part. Il fallait gagner du temps, arrêter les bruits qui couraient. Le 15 novembre au soir, vers 20 heures, une conférence de presse secrète fut rapidement arrangée, à laquelle assistaient entre autres Per Albin Hansson ainsi que des représentants des grands journaux nationaux. Per Albin Hansson leur confia sous le secret professionnel le plus absolu que l'extradition était proche.

Les journaux étaient maintenant muselés. On pouvait reprendre haleine pour quelque temps.

A partir de ce moment il est pratiquement impossible de suivre exactement les voies par lesquelles la nouvelle se répandit. On peut noter certaines relations. On connaissait la décision à l'état-major de la Défense. Beaucoup d'hommes d'Eglise la connaissaient. Beaucoup de journaux conservateurs avaient d'excellents contacts avec UD, avec l'état-major de la Défense et avec l'Eglise.

Et puis : de nombreux prêtres qui en automne 1944 avaient fui les Etats baltes l'avaient fait sous l'égide de l'Eglise suédoise et avec son aide, après leur fuite ils avaient trouvé du travail à Diakonistyrelsen qui devint bientôt un centre des intérêts des réfugiés baltes. Il y avait aussi "L'Office allemand de l'église" et Allan Svantesson qui avait des contacts de tous les côtés.

La question n'était pas *si* la nouvelle allait se répandre, la question était *quand* et *comment*.

Le 17 novembre, le journal pro-allemand et gravement compromis depuis la guerre, *Dagsposten*, publia la nouvelle ; il la tenait "de source habituellement bien informée". On s'était adressé à UD mais la réponse avait été tout à fait réservée.

Apparemment *Dagsposten* n'était pas le bon journal pour commencer ; si l'action venait de ce côté elle devait dès le début revêtir un caractère douteux. Il fallait trouver d'autres canaux. Le 17 novembre, après avoir conféré avec quelques-uns de ses hommes de contact baltes, Allan Svantesson téléphona au rédacteur de *Västmanlands Läns Tidning* *, Anders Yngve Pers ; ce dernier n'avait pas été convié à la conférence de presse du 15 novembre, son journal et lui étaient libres, le journal avait bonne réputation, il pouvait devenir utile.

Svantesson lui raconta toute l'histoire.

Beaucoup de gens étaient sur la piste. Beaucoup de journaux avaient flairé la nouvelle. *Dagsposten* l'avait très nettement levée mais il avait abandonné la trace ou n'avait pas osé continuer.

Svenska Morgonbladet * était presque arrivé.

C'était un petit journal à l'époque, toujours en lutte avec un fantôme économique qui devint par la suite trop grand et trop puissant et écrasa le journal. Le 16 décembre au soir Erik Hjalmar Linder *, qui à cette époque était en vacances pour pouvoir écrire sa thèse sur l'histoire de la littérature, téléphona à l'un des reporters du journal, Sven Erixon, journaliste politique. Linder avait entendu dire que l'extradition d'un groupe de Baltes était proche et qu'on avait protesté contre ce fait ou qu'on entendait le faire. L'affaire était à examiner, c'était peut-être un scoop à venir.

Il tenait la nouvelle de Lennart Göthberg * qui non seulement était un très bon critique littéraire des années quarante mais encore avait d'excellents rapports avec le Mouvement d'Oxford ; le Réarmement Moral semblait souvent posséder un bureau d'information personnel possédant des contacts à UD, au gouvernement, dans l'armée et dans le monde administratif. On pouvait donc supposer d'emblée que ses renseignements étaient fondés.

Sven Erixon disposait de peu de temps mais il voyait poindre un énorme scoop à l'horizon. Il possédait à la rédaction l'adresse d'un contact balte et il s'en servit. L'homme s'appelait Ignas Scheynius, un ancien diplomate lituanien en exil, on pouvait compter sur son anticommunisme, il était l'auteur d'un livre intitulé *Le Fleuve rouge monte*. Il confirma immédiatement la nouvelle. On allait extrader aux Russes les internés militaires baltes. De plus il put confirmer que Undén avait reçu une note de protestation rédigée par quelques prêtres et mentionnant toute l'affaire.

Il avait justement par hasard en sa possession une copie de la note laissée à Undén. Si on pouvait lui envoyer un garçon de courses...

On envoya un garçon de courses. Sven Erixon téléphona aussi au Service de Presse de UD mais on nia avoir connaissance de cette affaire et on refusa tout commentaire. Puis il téléphona à l'état-major de la Défense mais il n'aboutit à rien. Il avait devant lui une note détaillée envoyée à Undén et quelques vagues démentis, c'était bien assez pour faire un article.

Deux heures plus tard il avait fini. Il tapa l'article, but un café, parla pendant une heure puis descendit au marbre. Cela avait l'air bien. L'article fut mis en première page, il était bien construit et avait une allure fantastique, titre sur toute la page, ça allait faire du bruit. Mon petit journal, pensa-t-il, te voilà avec un de ces scoops dont tu as tant besoin.

Puis il rentra chez lui. C'était le 16 novembre au soir.

Il se réveilla vers 9 heures le lendemain matin et descendit immédiatement à sa boîte aux lettres. Le journal était là. Il l'ouvrit à la première page et lut, il n'y avait rien sur l'extradition des Baltes. Alors il commença à feuilleter, page par page, mais il ne trouva rien. Pas un mot sur une extradition sensationnelle. Rien, pas un mot.

On avait retiré son magnifique scoop.

Il s'habilla, se rendit au journal et demanda à Stapelberg, qui à cette époque travaillait à *Svenska Morgonbladet*, ce qui se passait. La nuit avait été bien remplie et agitée. A 23 h 30 le commandement en chef des armées avait téléphoné et dit qu'ils avaient entendu dire que *Svenska Morgonbladet* savait. Et il demanda alors tout simplement que *Svenska Morgonbladet* prétende ne plus rien savoir. Le journal devait se taire, ne pas dire un mot. Du côté de la Défense les choses se passaient ainsi : il fallait garder les camps mais on n'avait pas assez de personnel. Les clôtures étaient trop mauvaises. Certains internés pouvaient tenter de s'évader s'ils apprenaient la vérité. Il y avait des risques de suicides. On voulait gagner du temps, et trouver des solutions.

Et, bref : *Svenska Morgonbladet* devait se taire.

D'autres gens au journal avaient aussi reçu des coups de téléphone cette nuit-là. UD, très agité, avait téléphoné à la rédaction et puis on avait téléphoné à David Ollén, le rédacteur en chef. Ils lui avaient parlé longuement et ils avaient été très convaincants. Alors il n'y avait pas grand-chose à faire.

On avait retiré l'article, refait la page au dernier moment et voilà comment on s'était débarrassé de cette nouvelle.

Le samedi passa, puis le dimanche. Et le lundi tout finit par crever. C'était bien entendu *Västmanlands Läns Tidning* qui avait contrôlé l'information, l'avait trouvée fondée et qui maintenant publiait l'histoire. Elle n'était pas bien mise en valeur ; en regardant le journal la nouvelle semblait toute petite, presque pas une nouvelle.

Il y avait écrit, avec un glissement très caractéristique de "Baltes militaires" à "Baltes civils" : "A la demande du Service de Presse de l'Eglise le ministère des Affaires étrangères confirme que le gouvernement a décidé d'accorder à l'U.R.S.S. l'extradition de 10 réfugiés lituaniens, 7 estoniens et 140 réfugiés lettons. Selon des informations émanant de UD le transport doit se faire dans les dix prochains jours. Certaines informations mentionnent qu'un bateau russe parti de Mourmansk est déjà en route pour venir prendre en charge les réfugiés.

"La décision s'applique principalement à des Baltes qui, portant l'uniforme balte ou allemand, sont venus en Suède et y ont été internés, mais on craint que des réfugiés civils, venus très récemment, soient aussi extradés."

Le lendemain, 20 novembre, les rouages des organisations d'opposition s'étaient déjà mis en branle. Le ministère des Affaires étrangères fut interpellé par deux députés bourgeois, Håstad * et Holmbäck *, qui tous deux demandèrent une information sur le sort des Baltes. Le jour même, vers 11 heures du matin, Undén reçut la visite d'une délégation de dignitaires ecclésiastiques. Elle était composée des évêques Björkquist, Ysander et Cullberg, du pasteur Olle Nystedt, du pasteur Lewi Pethrus, du chef de mission John Gustafsson, des pasteurs Sven Danell et Allan Svantesson. Au total vingt-cinq hommes, dont Lennart Göthberg, qui arrivèrent au Palais du prince héritier, où se trouvaient les locaux du ministère des Affaires étrangères, quelques minutes avant 11 heures. Les photographes étaient là.

Ils étaient sur l'escalier, reporters et photographes de tous les grands journaux en pleine bousculade. A 11 heures une porte de l'antichambre s'ouvrit. Undén sortit et ils le virent tous se raidir à la vue des photographes. Manifestement il n'appréciait pas leur présence.

On conversa rapidement et à voix basse au sein de la délégation, tandis qu'on se bousculait pour entrer. La délégation n'avait évidemment aucune objection à la publicité de la visite. Mais il s'agissait maintenant de ne pas énerver Undén.

Ils expliquèrent ceci aux journalistes. "Pour atteindre notre but, dirent-ils, dans cette situation délicate il est important de ne pas gêner Son Excellence." Les journalistes comprirent et se retirèrent. Les journaux n'avaient pas à s'inquiéter : la délégation leur fournirait plus tard le matériel.

Puis tout le monde fut enfin introduit, Undén s'assit sur un sofa et tous s'assirent autour de lui, disposés selon leur rang. Vu leur nombre, certains durent rester debout.

Vers la fin Ysander émit quelques répliques mais Björkquist garda presque tout le temps la parole. Il était compétent, pendant l'hiver 1944-45 il avait eu des contacts très intimes avec l'organisation qui s'était chargée de faire traverser la Baltique aux Baltes civils.

— Les Baltes internés actuellement, déclara Björkquist, doivent bénéficier du droit d'asile. Il faut les juger individuellement et non les extrader en bloc. Ceci est contraire aux règles du droit suédois.

Undén, qui était resté tout le temps silencieux et qui avait semblé beaucoup douter du pouvoir de cette assemblée théologique, interrompit soudain Björkquist dans son exposé et demanda si la visite concernait uniquement les Baltes ou "si ces messieurs venaient aussi au nom des Allemands" ; il s'agissait donc des 3 000 internés militaires allemands qui devaient être extradés aussi.

Björkquist répondit que "naturellement nous ne désirons pas que les Allemands soient extradés, mais notre visite concerne les Baltes".

— J'ai du mal, dit alors Undén, à comprendre cette sentimentalité particulière en ce qui concerne les Baltes. D'ailleurs l'extradition a déjà été décidée par le gouvernement de coalition, ce n'est plus maintenant qu'une affaire de routine et nous ne discutons que les modalités.

— Mais ne pourrait-on pas les extrader aux puissances occidentales à la place ?

Undén répondit sur un ton froid et plein de reproche. Il expliqua qu'on n'avait aucune raison de mettre en question la justice soviétique et qu'il était déplacé de considérer l'U.R.S.S. autrement que comme un Etat de droit. Il expliqua aussi que dans les propos qu'il venait d'entendre il lui semblait avoir discerné des spéculations sur d'éventuels désaccords entre les Alliés de l'Ouest et ceux de l'Est. Il trouvait ces spéculations inutiles. Il expliqua qu'il n'y avait pas de raisons de désavouer l'Union soviétique en particulier ou de supposer que c'était un Etat de barbares.

La discussion devint alors de plus en plus froide, on semblait être arrivé au point mort. Le visage de Undén, qui au début de la discussion avait été poli mais inexpressif, semblait maintenant, selon plusieurs des visiteurs, revêtir une expression de sécheresse absolue, une réserve glacée qui ne laissait pas place à la moindre concession. Par la suite ils expliquèrent tous avoir été choqués : ils s'étaient attendus à des regrets polis de la part de Undén, à des paroles diplomatiques déplorant le tragique de l'affaire, mais au lieu de cela ils avaient rencontré une incompréhension absolue, un mur de doute et de méfiance.

Ils n'emportaient pas un seul regret, rien. Undén expliqua de sa voix la plus sèche qu'il n'y avait rien à regretter. Puis ils durent partir.

Une fois sortie, la délégation se réunit ailleurs. On discuta l'entrevue. Tous tombèrent d'accord pour dire que la lutte ne faisait que commencer. Il s'agissait de tirer les plans des actions à venir et pour la première fois on discuta sérieusement sur la question de savoir si la cause des Baltes devait être isolée de celle des Allemands. Considérant la question de Undén qui les avait tant surpris cela pouvait paraître tactiquement sage.

Les contacts avec les journaux étaient déjà établis. On décida alors d'envoyer Allan Svantesson en Angleterre pour obtenir si possible l'appui de l'Eglise anglicane. Le problème financier "fut arrangé sans difficulté".

On discuta longuement. La croisade contre l'extradition allait bientôt battre son plein.

On n'était encore qu'au mardi 20 novembre.

7

"Pour sa part le Feldwebel Otto Lutz pensait que d'une manière ou d'une autre l'armée suédoise avait indirectement incité les internés à la grève de la faim, peut-être par les articles que ces derniers avaient lus dans les journaux. Pour les internés ces grèves de la faim étaient quelque chose d'extraordinaire puisqu'auparavant ils n'avaient jamais cru une telle chose possible au sein d'une armée."

Enquête policière le 22.10.1946

"La grève de la faim ne fut pas spontanée, elle ne fut pas l'expression des craintes individuelles des Baltes d'être envoyés en Russie. Le leader des Baltes avoua lui-même qu'il était possible d'organiser une grève de la faim rien qu'en exposant chaque interné à une pression longue et intensive, en le suppliant de participer à l'action commune pour la cause de la Lettonie. Il paraît évident que ceux qui mirent sur pied cette résistance passive avaient des intentions politiques."

Östen Undén au Riksdag
le 17.1.1946

Le 15 novembre le général letton en exil Tepfers rendit visite au camp de Ränneslätt, il venait sur initiative du

Comité d'Aide letton, une organisation d'exilés lettons, et il connaissait déjà très bien certains des internés. Il avait été en contact avec Gailitis, avec Kessels, ainsi qu'avec Ziemelis, pendant la période d'occupation allemande de la Lettonie et lors de sa visite il nota immédiatement "une certaine tension entre les officiers d'une part et de l'autre le docteur Eichfuss".

La première chose qu'ils demandèrent à Tepfers c'était ce qu'on allait faire d'eux. Tepfers était au courant. Dès la mi-juin il avait appris que des réfugiés lettons et d'autres nationalités baltes qui étaient arrivés du front soviéto-allemand au moment de la capitulation allaient, selon un accord passé entre les gouvernements suédois et russe, être extradés en U.R.S.S. Il savait cela. Mais il n'en était pas tout à fait sûr et il le leur dit. Un temps étrangement long s'était écoulé depuis juin et rien ne s'était passé. Il leur avait pourtant écrit pour décrire leur situation et maintenant ils étaient en novembre et rien ne s'était passé.

Il n'était pas très sûr du développement qu'allait prendre l'affaire et il le leur dit.

Il ne parla qu'avec Gailitis et avec Ziemelis. Il ne dit pas un mot à Eichfuss. Eichfuss lui fit l'impression d'un roi isolé, d'un homme sans pouvoir.

Le soir, Tepfers rassembla quelques officiers lettons autour de lui et leur fit une proposition. Les risques d'extradition étaient importants. Ils ne pouvaient guère avoir d'influence sur la décision même d'extradition mais ils pouvaient s'évader. Il était encore temps. Tous les Baltes ne pouvaient pas fuir mais quelques-uns le pouvaient. Pour de nombreuses raisons on devrait se limiter aux officiers. Ils pourraient eux-mêmes organiser leur fuite du camp, ce n'était pas impossible, à en juger par ce qu'il avait vu, la garde n'était pas encore très serrée. Et, une fois sortis, d'autres gens allaient les aider. Les vêtements étaient déjà prêts, des organisations baltes et des "amis suédois" s'en étaient occupés. On leur procurerait à tous des vêtements civils, de l'argent, la possibilité de continuer leur fuite. Ils essaieraient d'atteindre la Norvège et de là de passer en Angleterre.

La proposition ne fut jamais réalisée ; pourquoi, personne n'en sait rien. La pensée d'abandonner les soldats en freina peut-être quelques-uns. Peut-être était-il déjà impossible de s'évader.

En tout cas les événements semblaient se précipiter.

Le 16 novembre ils préparèrent la célébration de leur fête nationale du 18 novembre. Le chœur répéta. Le 17, nouvelles répétitions, organisation de la cérémonie. Le 18 novembre au matin le pasteur letton Terinz vint au camp. Il lui fut interdit de parler en letton aux internés, toutes les conversations devraient se dérouler en allemand et en présence d'un officier suédois.

A 11 heures célébration du culte. Le pasteur ne dit pas un mot de ce qu'il savait maintenant : les Baltes allaient être extradés. Le culte fut célébré en allemand. Dans la prière qui suivit le sermon, prière dite en letton, il glissa pourtant quelques mots qui les rendirent tous attentifs. Il pria pour ces hommes au-dessus desquels des nuages noirs se rassemblaient. Des nuages noirs venant de l'Est, ces hommes qui couraient maintenant un grave danger.

Après l'office on déjeuna, Terinz était assis entre deux officiers suédois. Les possibilités de conversation semblaient tout à fait écartées. Pourtant un des officiers lettons note dans son journal personnel : "Arrivée du pasteur Terinz. On peut parler un petit peu."

Le 18 novembre au soir, nouvelle réunion d'urgence dans le baraquement des officiers baltes.

Le lendemain l'ambiance est lourde. Un des soldats écrit dans son journal : "Les officiers sont nerveux. Personne ne sait quoi faire. Je reste toute la journée étendu sur mon lit à regarder le plafond."

Le 20 novembre, renforcement subit de la garde

suédoise, on double les barbelés, les gardes sont plus nombreux. "La garde semble se faire plus dure. Les Suédois disent que c'est à cause de la visite de Tepfers. Confusion, rumeurs. Tout peut arriver maintenant."

Les Baltes ne connaissaient toujours pas la réponse définitive, celle qui allait mettre fin à toutes les questions et à toutes les hésitations et qui allait leur permettre d'agir.

Le 21 novembre, vers 17 heures, une femme lettonne se présenta au poste de garde suédois. Elle dit avoir un message pour l'un des internés, Raiskums. Il s'agissait de sa femme, on l'avait retrouvée, à Paris. La femme demanda à lui parler immédiatement.

Après une courte discussion l'officier de garde suédois décida de laisser entrer la femme à la condition qu'elle ne parle qu'allemand et n'essaie pas de donner à l'interné un renseignement interdit.

Elle s'y engagea sans discussion.

Un quart d'heure plus tard Raiskums arriva. On lui avait dicté les conditions de l'entrevue, il entra dans la pièce, serra la main de la femme en lui disant bonjour, l'interrogea du regard mais ne dit rien. La femme lui dit en allemand qu'elle avait enfin réussi à trouver l'adresse de Mme Raiskums, à Paris. Elle voulait maintenant lui donner cette adresse.

Raiskums regarda attentivement son visiteur. Il savait que sa femme se trouvait en Lettonie, apparemment il fallait donc être attentif à cette messagère. La femme lui sourit, tendit un papier à l'officier suédois, expliquant que ceci était l'adresse. Le Suédois regarda le papier. Il y avait écrit : *Madame Raiskums. Rue Pieteicăt Badu XXII*.

Il passa le bout de papier à Raiskums sans dire un mot.

Raiskums regarda le papier et resta silencieux un moment. Manifestement ceci était une indication en code mais un code facile à comprendre. *Madame Raiskums* était normal ainsi que *Rue*. Le reste voulait dire "commander", "jeûner" et "22".

Manifestement autre chose qu'une adresse.

Il remercia la femme, toujours en allemand, et l'embrassa. Au moment où ils s'embrassaient elle sembla murmurer quelques mots en letton, quelque chose comme une recommandation de se tenir prêt. Ils se séparèrent, il fit un signe de tête à l'officier suédois et il rentra à son baraquement. Ils avaient enfin la vérité. Ils savaient en plus ce qu'il fallait faire.

Les indications sur la formule exacte du message varient selon les témoignages. Une variante est *Madame Raiskums, Sākiet Badū XXII. Jūs izdod.* Tous les témoins sont pourtant d'accord sur la signification.

La femme n'agissait pas sur sa propre initiative : elle était envoyée par "quelques compatriotes" qui lui avaient fourni du matériel à la gare centrale de Stockholm. Elle réussit aussi à passer une grande partie de ce matériel à l'intérieur du camp. Les internés, prévenus par Raiskums, patrouillaient en petits groupes le long des clôtures. Lors d'une relève de la garde elle tenta sa chance et courut vers la clôture puis jeta deux liasses de papiers lestées de pierres.

Elle vit les Baltes les ramasser et retourner immédiatement aux baraquements, elle pouvait partir. Mission accomplie — les légionnaires avaient tout appris.

Que contenaient les paquets jetés par-dessus la clôture ?

Vincas Lengvelis, cueilleur de champignons, chasseur de partisans et officier lituanien, mentionne l'épisode en quelques mots dans son récit :

"Une nuit, une voiture est arrivée et quelqu'un nous a jeté une lettre, écrite en suédois. Le guetteur que nous avions placé devant chez nous nous l'a apportée. Nous avons traduit la lettre. Ceux qui l'avaient écrite nous conseillaient d'entamer une grève de la faim. Dès le lendemain nous avons formé un comité qui annonça la grève.''

Nombre de points d'interrogation subsistent.

Pourquoi la lettre était-elle écrite en suédois ? Cette lettre faisait-elle partie des paquets de papiers que la femme avait jetés par-dessus la clôture ? Qui étaient ''ceux'' qui avaient écrit la lettre, et pourquoi justement conseillaient-ils aux internés d'entamer une grève de la faim ?

Qui étaient d'autre part les hommes qui avaient pris contact avec la femme à la gare centrale de Stockholm ?

Le 21 novembre au soir, tous les officiers baltes furent en tout cas convoqués à une réunion d'urgence. Les témoignages sur cette réunion sont vagues et contradictoires, tous paraissent avoir été trop agités pour noter le changement qui se produisait dans la structure du pouvoir.

On semble avoir été immédiatement d'accord pour suivre l'ordre de faire une grève de la faim ; personne n'hésita ou ne protesta. Une courte discussion pourrait s'être élevée concernant l'organisation générale de la lutte. Gailitis était d'avis qu'il fallait essayer de s'en sortir par la force d'une manière ou d'une autre et, si cela ne marchait pas, de renforcer la démonstration par des mutilations volontaires ou même, au pire, par des suicides. Il fut soutenu par un petit groupe d'officiers lettons.

Eichfuss, d'autre part, estimait que la résistance passive par une grève de la faim suffisait. Il eut pour lui un groupe un peu plus important mais maintenant il fallait rester unis, la catastrophe était si proche qu'ils n'avaient guère de temps pour des luttes intestines.

Le choix des membres du comité de grève est révélateur du compromis. Les représentants des officiers furent deux médecins : Eichfuss et Zenkevicius, ce dernier Lituanien. La lutte, de ce fait, allait prendre un tout autre aspect. Le choix fut approuvé par tout le monde, même par Gailitis. Deux médecins dirigeaient maintenant la grève de la faim, et en plus deux médecins qui ne pouvaient être compromis aux yeux de l'opinion suédoise (et c'était cela en fait qui avait fini par abattre Gailitis, Kessels et Ziemelis). On ne parlait plus de collaborateurs, de Struthof. Deux médecins et un groupe de Baltes unis.

Les représentants des soldats furent Cikste, Kaneps et Radzevics. Cikste était le beau-frère de Kessels, les autres étaient sous-officiers. Par la suite on n'eut pas besoin de leur demander conseil et ils disparurent très vite du jeu. Zenkevicius, le médecin lituanien, tomba malade le deuxième jour et dut être transporté à l'hôpital.

Seul restait tout-puissant le docteur letton toujours discuté, controversé et très particulier : Elmars Eichfuss-Atvars.

Le 21 au soir, il rédigea sans hésitation et sur sa propre initiative une lettre au commandant suédois du camp de Ränneslätt. Elle était écrite en allemand, datée en tête de l'heure exacte (23 h 45) et l'introduction était ainsi conçue :

"D'après ce que nous avons appris par l'intermédiaire des moyens d'information suédois, le gouvernement suédois a décidé que les réfugiés politiques, dans lesquels nous-mêmes internés baltes sommes comptés, allaient être extradés en Union soviétique. Pour nous, réfugiés politiques, l'extradition signifie une mort certaine. Avant d'utiliser d'autres moyens nous entamerons, pour les raisons mentionnées ci-dessus, dès le 22 novembre 1945 à 7 heures, une grève de la faim qui ne cessera qu'au moment où une solution sera trouvée, correspondant à nos exigences légitimes et à l'esprit humanitaire suédois."

La lettre continuait par des indications précises sur les rapports entre les grévistes et le personnel de garde suédois. Elle était rédigée sur un ton calme et modeste et dans son ensemble elle est sans aucun doute un document remarquablement intelligent. La lettre se termine comme suit :

"Le comité de grève ne voit pas d'objection à ce que

le docteur letton E. Eichfuss-Atvars, qui jusqu'à l'arrivée du médecin allemand au camp allemand d'internement de Rännеslätt est médecin remplaçant du camp, pratique son travail pour le moment. En tant que délégué de comité du camp il se présente sans le signe international de la Croix-Rouge et reste au même niveau que les autres soldats et officiers. En tant que médecin du camp il a le droit au port du bandeau C.R. lors de ses déplacements entre les deux camps."

Le service de Eichfuss comme assistant du médecin du camp fut entièrement fictif : les internés allemands refusèrent unanimement d'avoir affaire avec lui et les Baltes eux-mêmes tenaient à Slaidins. Mais une chose est évidente : Eichfuss jouit par la suite d'une complète liberté de mouvement, il put aller là où il voulait, parler avec qui il voulait et il fut le seul dans le camp balte à pouvoir le faire.

Ils se couchèrent tard ce soir-là.

Le lendemain matin, jeudi 22 novembre, les gardes suédois virent les soldats baltes sortir des baraquements qui longeaient à gauche la route qui traverse Rännеslätt, sortir l'un derrière l'autre en portant des caisses. Ils portaient des caisses, des petits paquets, des petits sacs en papier et ils posaient tout en tas par terre devant les baraquements puis rentraient pour en chercher encore. Ils sortaient du réfectoire, de la cuisine et de leurs baraquements, ils semblaient transporter du pain, du sucre, des rations individuelles, des boîtes de conserve et ils posaient tout en tas devant les baraquements, au milieu de la cour. Ils avaient tous l'uniforme suédois : les uniformes allemands qu'ils avaient portés un jour et que les Suédois avaient tant critiqués à cause des calots portant le large ruban noir des SS, même si les insignes SS avaient été enlevés, ces uniformes allemands, élimés, avaient dû être remplacés par des uniformes suédois moins seyants mais plus chauds.

Ils sortaient donc, vêtus de leurs uniformes suédois,

portant les provisions hors des baraquements, posant tout par terre puis rentrant pour en chercher à nouveau. De l'autre côté des clôtures les Suédois les regardaient, immobiles et ne comprenant rien. Finalement ils furent prêts, le tas dans la cour était assez grand, tous les Baltes rentrèrent et le calme revint. Ils purent se mettre aux fenêtres pour voir ce qu'allaient faire les Suédois.

Les Suédois se rassemblèrent alors de l'autre côté des clôtures et ils parurent discuter avec animation. Il était 8 heures. Les Suédois étaient de petites silhouettes grises dans le dos desquelles pointaient les fusils, on n'entendait pas ce qu'ils disaient. La ronde reprit. Des officiers arrivèrent, regardèrent puis repartirent.

Dans les baraquements, tous les Baltes étaient alors couchés.

A 8 h 45 le docteur Elmars Eichfuss-Atvars traversa la cour pleine de boue accompagné de quatre hommes, Cikste, Zenkevicius, Radzevics et Kaneps. Ils s'avancèrent, Eichfuss en tête, vers le portail et demandèrent aux gardes d'aller chercher le chef suédois du camp. Cinq minutes seulement s'écoulèrent puis le commandant Grahnberg arriva. Debout à côté de la clôture il écouta en ce jour brumeux de novembre le leader des Baltes Eichfuss lire à haute voix un papier disant qu'une grève de la faim avait été décidée et entamée.

Sa lecture achevée Eichfuss plia soigneusement le papier et avec un sourire poli le tendit au Suédois. Les formalités étaient terminées, la grève pouvait commencer. Tous se retirèrent immédiatement dans leurs baraquements.

Quelles furent les initiatives extérieures et quelles furent les initiatives internes ? Existait-il des modèles d'action ? Un grand nombre des légionnaires baltes en service allemand finirent en captivité à l'Ouest après la guerre. Les Américains et les Anglais interrompirent les extraditions en U.R.S.S. qu'ils avaient commencées et autorisèrent les légionnaires à rester. "On prétend que la raison fut le nombre élevé de mutilations et de suicides au sein du premier groupe d'extradés."

Quand eut lieu ce premier transport ? Y eut-il des relations ?

8

En ce premier jour de la grève de la faim Eichfuss eut une brève conversation avec le médecin suédois du camp, Erik Brattström. C'était vers midi. Eichfuss parla à Brattström des fleurs de l'Ukraine, au nord de la Crimée.

Il poussait là une espèce curieuse de fleur. Une sorte de tulipe, une plante à bulbe qui semblait croître à l'état sauvage partout sur le paysage. Dans cette partie de l'Ukraine, raconta Eichfuss, le paysage est légèrement accidenté et très beau. Au printemps toutes ces plantes fleurissent. Elles sont partout, elles recouvrent toutes les collines, elles revêtent le paysage de couleurs fantastiques et insoupçonnées. Il parla en détail, avec une clarté extraordinaire, du paysage de l'Ukraine au printemps lorsque ces plantes fleurissent partout, aussi loin que s'étend la vue, partout sur les collines de l'Ukraine au nord de la Crimée.

9

"LES BALTES : LA MORT PLUTOT QUE L'U.R.S.S.
NOUS ALLONS NOUS ATTACHER
AVEC DU FIL DE FER BARBELÉ.
57 ADOLESCENTS AU VAISSEAU NÉGRIER"

Stockholms-Tidningen * *du 24.11.1945*

Dès le deuxième jour de la grève les curieux se mirent à arriver.

Ils arrivèrent à Ränneslätt venant de tous côtés mais en particulier du sud, de Eksjö. Ils arrivèrent à bicyclette, à pied, les clôtures les arrêtèrent, ils se dispersèrent le long des fils de fer barbelés, formèrent de petits groupes qui regardaient vers les baraquements, essayant de voir quelque chose. Ils virent en effet des clôtures de fil barbelé, des soldats suédois, quelques camions militaires, des tentes militaires, des baraquements à distance. Ils ne virent personne qui aurait pu ressembler à un interné mais parfois ils crurent voir de petites silhouettes qui bougeaient, très loin.

Réactions : curiosité, petits rires, signes de tête entendus, silence, tentatives de questions aux gardes suédois, conversations à voix basse, regards de côté, petits signes de tête résignés, sourires pleins de sous-entendus, sérieux, chagrin, intérêt, sautillements sur place pour se réchauffer.

Pas de neige. La température resta, avec de petites variations, autour de zéro. Le matin il y avait souvent de la brume. Pas de glace sur le lac.

La nuit on entendait un léger ronflement dans tout le camp et se répandant sur toute la plaine : un ronflement léger et sourd mais distinct, provenant d'un groupe électrogène monté pour alimenter les nombreux projecteurs. Les clôtures étaient meilleures maintenant, une double clôture entourait tout le camp, illuminée par de puissants projecteurs ; de plus, le nombre des gardes avait été augmenté : dès le deuxième jour de grève la garde se montait à plus de mille hommes, tous cantonnés dans des tentes de l'autre côté des clôtures. La nuit toute la plaine baignait dans la lumière, les sentinelles se déplaçaient en ombres silencieuses, le sol était encore mou et boueux. La première nuit sept hommes du camp allemand essayèrent de s'évader, ils coupèrent les barbelés à l'aide de pinces et se glissèrent dehors en rampant. Deux d'entre eux furent arrêtés une demi-heure plus tard, les autres se dirigèrent vers Nässjö mais furent appréhendés le matin. C'était dans la nuit du 22 novembre, le lendemain on travailla activement à renforcer les clôtures et cette nuit fut la dernière des tentatives d'évasion.

Toute la nuit les projecteurs éclairaient, toute la nuit ce curieux ronflement planait sur Ränneslätt. Au matin toutes les lumières étaient éteintes et tout devenait calme.

Le 23 au soir eut lieu le premier examen médical, exécuté par un médecin militaire, après trente heures de jeûne. Il annonça à la presse que les Baltes ne mangeaient pas mais buvaient beaucoup d'eau, que leur pouls était élevé, que nombre d'entre eux commençaient à avoir mal à la tête et que la plupart étaient couchés dans leurs lits.

Le soir même Eichfuss, cette fois seul et non accompagné par les autres membres du comité de grève, transmit une nouvelle note à la direction suédoise du camp. Sa lettre contenait des indications détaillées sur le déroulement de "la résistance passive volontaire". Dans la pratique cela interdisait formellement aux Suédois de se trouver à l'intérieur du camp. Si plus de six personnes non internées dans le camp entraient, avec ou sans armes, dans les limites du camp, tous les internés grévistes de la faim se déshabilleraient et brûleraient leurs vêtements. Si des mesures étaient prises pour évacuer les internés ceux-ci allaient s'attacher avec du fil de fer barbelé et se suicider.

Eichfuss transmit la lettre personnellement au chef de camp Grahnberg à 17 heures, celui-ci l'accepta mais refusa de faire le moindre commentaire. Après cela Elmars Eichfuss-Atvars fut le seul maître au camp.

Ce qui étonna le plus ceux qui pour une raison ou pour une autre furent amenés à visiter le camp, c'est la manière dont les Baltes avaient entièrement pris le contrôle d'eux-mêmes, cette puissance qu'ils avaient. Ou bien : cette puissance qu'avait Eichfuss. Les médecins venus de Stockholm pour examiner les Baltes furent stupéfaits à la porte du camp lorsqu'il leur fallut attendre, en compagnie du chef suédois du camp, la permission d'y entrer. Un courrier fut envoyé à Eichfuss, porteur d'une demande d'entrée. Dix minutes passèrent, puis il revint, Eichfuss marchant devant lui. Il était tête nue comme d'habitude, il fut extrêmement poli et il permit aux médecins d'entrer. Alors ils entrèrent.

Il en allait ainsi chaque fois que quelqu'un voulait passer. A l'extérieur, le monde des Suédois, mille hommes et beaucoup de fusils. A l'intérieur, le monde des Baltes obéissant à ses propres lois.

Ou aux lois de qui ?

Un des baraquements fut destiné au culte. Tout au fond, une simple table et une croix fabriquée au camp. De plus, on avait pu emprunter des calices à l'église suédoise de Eksjö.

Ce local fut fréquemment utilisé, en partie parce que les prêtres baltes qui vinrent au camp furent nombreux. Ce furent les pasteurs Vilsnis, Lamberts, Terinz, Sakarnis et Täheväli et ils furent parfois assistés de prêtres allemands et suédois. Pour cette raison le culte fut en général célébré une fois par jour et les prêtres devinrent ainsi les moyens de contact les plus importants entre les Baltes et leurs amis extérieurs. Par les prêtres ils reçurent des informations sur leur cas, eurent un résumé des débats de la presse suédoise et pour cette raison aussi la possibilité de coordonner leurs efforts.

Les relations entre les Baltes, les prêtres baltes, Diakonistyrelsen, les évêques suédois qui avaient participé à l'entrevue chez Undén et l'opposition de l'Eglise sont évidentes et faciles à prouver. Le tout dernier maillon de la chaîne, le contact avec les internés eux-mêmes, fut pourtant le plus difficile à maintenir mais il fut toujours bien tenu par les prêtres baltes. Plus tard, les autorités suédoises devaient leur mettre des bâtons dans les roues et cela allait poser de gros problèmes, en décembre et en janvier, aux adversaires de l'extradition.

Les offices étaient souvent œcuméniques. Le culte célébré le 26 novembre en est un exemple ; les prêtres présents étaient les pasteurs baltes Lamberts, Terinz et Sakarnis et les Suédois Brodin et Stahle.

Ce dernier était le doyen des pasteurs d'Eksjö.

L'éclairage se composait de bougies rassemblées à Eksjö et données en cadeau aux internés. Stahle commença par un court sermon sur le psaume 23, "Le bon Pasteur", puis ce fut la messe catholique où le prêtre catholique officia, revêtu de tous ses ornements. On ne disposait pas d'orgues mais la musique fut celle d'un accordéon. Puis vint la communion et l'office fut terminé par le pasteur Terinz.

Tous les Baltes ne purent pas y participer puisque plusieurs d'entre eux étaient trop faibles pour pouvoir ou pour désirer se rendre au local du culte.

On parla de l'office comme nettement œcuménique et très touchant.

Un photographe du département de presse de l'armée reçut l'autorisation d'y assister, ainsi qu'un caméraman de *Svensk filmindustri*. Les photos sont toutes prises de derrière et montrent les dos de quelques-uns des participants et tout en avant un prêtre. Les films pris sont tout aussi éloquents et semblent révéler que le prêtre qui parle est Oscars Sakarnis.

On ne peut cependant rien conclure des images et des témoignages. Dans son témoignage un des prêtres suédois essaie de définir "une ambiance de sérieux telle qu'on n'en ressentira jamais plus au cours de sa vie, le calme, le recueillement, peut-être même un sentiment du grand inconnu qui devait suivre mais aussi un sentiment de foi en Dieu lorsqu'on remet sa vie entre les mains du Très-Haut pour les jours et les temps à venir."

A sa première visite au camp, Oscars Sakarnis ressentit très fort ce sentiment de distance. Il n'était pas facile de parler avec les internés, bien que ceux-ci soient ses compatriotes. La religion semblait peu les intéresser, oui, chez la plupart il lui sembla même remarquer une sorte de dédain pour le message qu'il apportait. Les participants aux offices furent nombreux, bien entendu, mais il n'eut malheureusement jamais de contact spirituel avec les légionnaires.

On peut donc considérer sa première visite du 8 septembre comme un échec. Il trouva une ambiance tout à fait autre à sa deuxième visite, du 25 au 29 novembre. Son rôle était alors différent, ainsi que les circonstances.

Il était descendu dans un hôtel à Eksjö. Il allait au camp tous les jours. On le retrouve sur de nombreuses photos, un homme au visage rond, des lunettes à monture légère, au milieu d'un groupe d'internés sérieux. Lui-même s'était enfui pour débarquer sur Gotland en octobre 1944, il avait ensuite trouvé un poste à Diakonistyrelsen. Signes politiques particuliers : "Les Allemands ont commis leur plus grande erreur en attaquant la Russie. Si seulement ils avaient garanti leur indépendance aux peuples balte, russe blanc et ukrainien, tous ces Etats-frontières se seraient levés comme un seul homme contre les oppresseurs de Moscou. Le général russe Vlassov qui déserta pour passer aux Allemands était un grand pionnier."

Sur toutes les photos son visage est sérieux et dur. L'atmosphère de novembre était certes bien différente de celle de septembre. Il ne s'entendit jamais vraiment bien avec Eichfuss.

Deux fois par jour les Baltes se rassemblaient dans la cour des baraquements pour chanter "Dieu est pour nous refuge et force."

Un des prêtres baltes avait une fille nommée Martha, elle était infirmière et elle rendit visite au camp chaque jour pendant la grève de la faim. Elle était brune et beaucoup de gens la trouvaient très belle. Une nuit elle eut une longue conversation avec Eichfuss.

Ils discutèrent en détail la grève de la faim et les possibilités d'influencer l'opinion et le gouvernement par la grève. Ils se trouvaient dans un des baraquements vides et petit à petit Eichfuss se mit à lui raconter des épisodes de sa vie. Après avoir parlé ensemble pendant plusieurs heures Eichfuss lui demanda si elle voulait l'épouser.

Les motifs de la demande ne sont pas clairs ; il est possible que Eichfuss ait pensé que, marié à une citoyenne suédoise, il allait automatiquement pouvoir rester dans le pays. A ce propos il ne mentionna pas qu'il était déjà marié et que sa femme et ses trois enfants vivaient en Allemagne.

On peut peut-être simplement désigner l'épisode comme une de ses nombreuses idées pour résoudre ses problèmes personnels. En tout cas elle n'aboutit nulle part.

Plusieurs se souviennent aussi de l'infirmière lettone suédoise. Sur les photos elle est très belle. Elle parla avec presque tous ceux du camp balte. L'intendant du camp, qui au cours de cette période fut de plus en plus obligé de servir d'assistant à Eichfuss, se souvient très bien d'elle. Elle restait debout au poste de garde en attendant de pouvoir pénétrer dans le camp ; il ne faisait pas trop froid à cette époque, seulement quelques degrés sous zéro, mais elle fut parfois obligée d'attendre là immobile pendant très longtemps et alors elle avait froid, n'étant pas vêtue assez chaudement pour rester longtemps dehors sans bouger. Une fois, l'intendant la fit monter dans sa voiture militaire et lui fit faire un tour d'une demi-heure tandis qu'elle enlevait ses chaussures pour mettre ses pieds devant le ventilateur d'air chaud. Elle était restée silencieuse et avait regardé droit devant elle sans vouloir dire un mot, il lui avait fait faire un tour puis l'avait ramenée au camp et elle était entrée ; elle y restait longtemps chaque fois.

Beaucoup essayèrent de la persuader d'inciter les Baltes à cesser leur grève de la faim mais elle refusa avec obstination, "puisqu'elle pensait qu'elle devait respecter la lutte de ses compatriotes pour provoquer un changement de la décision d'extradition." Et elle savait aussi ce que tous les initiés savaient déjà : l'alternative était Eichfuss et la grève de la faim ou, non pas la résignation, la faiblesse et l'ordre, mais le choix de Gailitis, résistance violente et mutilations volontaires.

Tout le monde considérait les Baltes comme une unité. Il y avait pourtant trois nationalités. Les Lettons et les Lituaniens ne comprenaient pas l'estonien. Les Lettons ne comprenaient pas le lituanien. Ils ne se comprenaient pas, ils parlaient allemand entre eux.

Les matins de novembre il y avait de la brume, elle stagnait épaisse sur la plaine, enveloppait les baraquements d'ouate humide et grise. Le matin du début de la grève de la faim était le premier jour sans brume depuis longtemps, le thermomètre marquait — 3° et l'herbe était couverte de givre. Le 25 la brume revint, restant jusqu'à 11 heures du matin. Il faisait alors plus chaud, le 26 le ciel était gris mais la température avait un peu remonté, pas de brume. Le 27 au matin il se mit à neiger, une neige lourde et mouillée, on en mesura 5 millimètres. La neige resta presque deux jours puis se transforma rapidement en boue sur le terrain du camp. Le même jour la température à 13 heures était de + 0,6°.

Ciel gris. Pas de soleil.

Le 24 les Allemands de Ränneslätt commencèrent une grève de la faim. Le jour même les officiers suédois du 2ème régiment du génie et du 12ème régiment d'infanterie se réunirent. Les chefs de régiment lurent à haute voix une proclamation et on procéda à un vote sur bulletin dont le résultat fut qu'à l'unanimité le corps des officiers suédois approuvait la proclamation. Les sous-officiers se réunirent à part et acceptèrent une proclamation identique.

C'était une note de protestation qui fut envoyée télégraphiquement au roi le jour même. La voici :

"Les officiers et les sous-officiers du 2ème régiment du génie et du 12ème régiment d'infanterie, en raison de l'extradition proche des réfugiés baltes et allemands

internés à Ränneslätt, désirent humblement porter à la connaissance de Votre Majesté le message suivant :

Notre loyauté envers le Roi et le gouvernement est incorruptible et nous obéirons strictement aux ordres donnés. Mais notre conscience et notre honneur d'hommes de guerre nous amènent à insister sur la honte que nous ressentons dans l'obligation de participer à l'extradition proche. Nos corps d'officiers et de sous-officiers ont été unis dans leur aversion du régime nazi allemand, ce message est donc libre de toute influence politique. L'adhésion unanime à cette déclaration a été libre, elle est le résultat de votes secrets dans les 2ème régiment du génie et 12ème régiment d'infanterie séparément et dans les corps d'officiers et de sous-officiers séparément.''

Au même moment les fleurs commencèrent à arriver : en quelques heures les fleuristes de Eksjö et de Nässjö furent dévalisés. Il y avait maintenant des fleurs partout dans les baraquements, dans tous les couloirs et dans toutes les pièces. Les Baltes étaient en général couchés dans leurs lits, passifs et apathiques. Le samedi on commença les préparatifs de l'évacuation : à la gare de Nässjö quinze wagons de troisième classe étaient prêts au départ ; toute la matinée on avait travaillé à enlever les verres, les tringles de rideaux, les objets pointus ou autres choses pouvant être employées à des tentatives de suicide.

A 21 heures tous les soirs, ceux des Baltes qui pouvaient ou voulaient encore rester debout sortaient dans la cour des baraquements et chantaient ''Dieu est pour nous refuge et force'' puis l'hymne letton.

Le lundi 26 on annonça un délai. Ce fut un soulagement rapide mais qui disparut en quelques heures. Le soir, lorsque les projecteurs furent allumés et que le ronflement du groupe électrogène commença, quelques-uns des Allemands sortirent de leurs baraquements portant deux poteaux et une banderole. Ils s'activèrent quelque temps avec un levier, dressèrent les poteaux et tendirent la banderole puis ils rentrèrent dans leurs baraquements.

A la lumière des projecteurs il était facile de lire le texte. Il y avait écrit en mauvais suédois : "Sois humain et meurs nous !" On laissa toute la nuit la banderole. Le lendemain quelques gardes pénétrèrent sur le terrain et la décrochèrent. Aucune tentative ne fut faite par les Allemands pour les en empêcher. Ils restèrent aux fenêtres et regardèrent, passifs et silencieux.

Jeudi, vendredi, samedi, dimanche. Lundi. Mardi Tous les jours se ressemblaient. La surveillance était extrêmement étroite. Autour des camps allemand et balte et de leurs 600 internés se trouvait maintenant une garde de plus de 1 000 hommes.

Toutes les décisions émanaient du baraquement des officiers baltes. Toutes les communications, tous les ordres, toutes les analyses, tous les jugements. Les officiers jouissaient aussi d'une position idéale : toutes les possibilités de conférer leur étaient permises, ils avaient à leur disposition toutes les informations de l'extérieur. Ils avaient une vue d'ensemble. Ils avaient Eichfuss. La direction suédoise du camp n'envisagea jamais d'isoler les leaders baltes ou Eichfuss. On ne voulait pas risquer de nouveaux troubles.

La première crise ne devait pas tarder.

Le 27 novembre, tard dans la soirée, l'intendant du camp, Sigurd Strand, traversait le baraquement des officiers baltes. Ce bâtiment blanc de deux étages était situé à cent cinquante mètres des baraquements des hommes de troupe, et le nombre des pièces permettait aux officiers baltes de coucher à trois ou quatre par chambre. Dans le couloir du rez-de-chaussée un homme se dirigea vers lui et lui demanda un entretien. Il s'appelait Oscars Lapa, il était letton et officier.

Il était environ 11 heures du soir, la plupart des hommes dormaient déjà. Strand était fatigué mais ne pouvait pas refuser l'entretien.

Lapa le conduisit à sa chambre, une ancienne cuisine au premier étage, que lui et un autre officier occupaient maintenant. La veille le deuxième officier avait été emmené à l'hôpital parce qu'on le pensait atteint de tuberculose. Lapa était donc seul dans la chambre.

Ils s'assirent tous deux sur le lit qui se trouvait presque au milieu de la chambre. Au plafond pendait une simple ampoule sans abat-jour, la lumière était crue et blessante. Lapa se mit à parler confusément d'une lettre qu'il avait reçue le jour même. Elle venait d'Allemagne de l'Ouest. Sa femme lui écrivait que leur petite fille et elle-même se trouvaient maintenant en sécurité.

Strand le félicita mais Lapa semblait étrangement indifférent à cet heureux message. La fenêtre n'avait pas de rideaux, elle donnait sur le derrière de la maison : la forêt se distinguait comme une ligne sombre. Lapa lut à haute voix des extraits de la lettre qu'il traduisit mais il ne semblait pourtant pas heureux.

Puis il se mit à parler de la Russie. Il raconta ce qu'ils avaient appris ces derniers jours par la presse suédoise ; qu'ils allaient être traités comme des criminels de guerre, que des émissions de la radio russe annonçaient leur châtiment, qu'on allait les embarquer sur le vaisseau négrier pour les envoyer en Sibérie, qu'il n'y avait plus d'espoir. Il essaya de dresser sa biographie fragmentaire mais sembla choisir minutieusement les morceaux qu'il voulait présenter. A plusieurs reprises il laissa entendre qu'il avait fait pendant la guerre des choses que les Russes n'apprécieraient pas, qu'il serait l'un des premiers sur lesquels les Russes allaient se jeter. "Il avait fait quelque chose, il était recherché par le NKVD mais il ne voulut pas dire ce qu'il avait fait. Mais c'était quelque chose, il dit qu'il avait refusé de travailler dans une conserverie à Mourmansk et que maintenant il avait très peur."

Il lui fallut un moment mais finalement il arriva au centre du problème. Il était forcé d'avoir un nouveau passeport et il avait besoin d'aide. Il était entré en contact avec un prêtre balte de Sommen qui pouvait éventuellement lui procurer un faux passeport. C'était sa dernière chance. Pouvait-il compter sur l'aide de Strand ? Il était obligé de changer d'identité.

La pièce était très petite, Lapa jeûnait depuis cinq jours, il avait un visage rond, assez massif. Strand ne pouvait rien faire du tout pour lui.

— Je ne peux pas, dit-il. Ce serait une faute administrative et de plus inutile. Il ne vous reste que peu de temps. La seule chose que vous puissiez faire c'est d'écrire une requête, ou de porter plainte auprès des autorités suédoises. Je ne peux pas vous aider à vous procurer un faux passeport.

Ils discutèrent encore un quart d'heure. Lapa donnait l'impression d'être désespéré, affolé. Il parlait de plus en plus vite, n'essayant plus de baisser le ton de sa voix, il se comportait d'une manière étrangement agitée, gesticulant, se levant et se rasseyant sans cesse. Vers la fin de l'entretien il pleura, sans pourtant expliquer la raison de ses pleurs, et cessa finalement de parler ; il s'assit, le visage dans ses mains, et Strand ne pouvait rien faire pour lui. Et puis Strand sortit, tandis que Lapa restait assis, penché en avant, le visage caché dans ses mains, assis sur le lit sous l'ampoule.

C'était dans la nuit du 27 au 28 novembre.

Au matin l'officier du jour Patrik Lindén se rendit au baraquement des officiers pour compter les internés. Il arriva à 8 h 20, dans chaque chambre on lui donna le nombre de présents, il alla de chambre en chambre, contrôlant sur ses listes. Arrivé au premier étage il entra d'abord dans une chambre où couchaient quatre internés, tous étaient allongés sur leurs lits. Juste à côté se trouvait la chambre de Lapa mais la porte était fermée à clef et Lapa ne répondit pas, ni aux cris ni aux coups frappés contre la porte.

Lindén demanda aux quatre officiers de la chambre à côté ce qui s'était passé mais ils ne firent que lui sourire. L'un d'entre eux se leva pourtant et partit chercher une pioche.

On enfonça la porte.

Lapa était dans sont lit, mort, et l'ampoule du plafond était toujours allumée. Par terre il y avait un couteau et beaucoup de sang. Lapa avait la main droite courbée sur la tête comme en un geste de protection ou de triomphe.

Ils étaient tous à la porte et regardaient. Peu à peu il y eut une bousculade et Lindén remarqua à son étonnement que parmi les spectateurs se trouvait aussi un civil. Il demanda qui c'était et apprit que c'était le prêtre Sakarnis.

On jeta immédiatement dehors toutes les personnes étrangères à l'incident.

Lapa était couché sur le dos dans son lit bien fait, il n'était vêtu que d'une chemise et d'un caleçon. Les draps et le lit entier étaient couverts de sang et sur le plancher, à la hauteur de la poitrine du mort, s'étendait une large flaque de sang. Son bras et son poignet gauche étaient rouges de sang et on trouva au bas de la main une plaie d'environ 1,5 cm de longueur à côté de l'artère, qui était pourtant intacte. Manifestement Lapa avait commencé par là mais n'avait pas trouvé l'artère, puis il avait essayé sur d'autres endroits de son corps. Sur le côté du pied gauche, sous la cheville, se trouvait une plaie d'environ 2 cm de longueur et sur la poitrine, du côté du cœur, 4 cm au-dessous du téton gauche, une plaie de 3,5 cm apparemment fatale. Le bras gauche était étendu le long du corps et sous le poignet se trouvait un couteau sanglant dont la lame mesurait 14 cm de long et environ 22 mm de large, visiblement l'arme qui avait servi au suicide.

L'arme, ainsi qu'un certain nombre de lames de rasoir trouvées dans la chambre furent gardées par la police et emmenées au poste.

On se prononça sans hésitation pour un suicide. Selon le procès-verbal de la police, l'ampoule était toujours allumée à 10 h 30 le 28 novembre 1945.

La veille, le 27 novembre, Eichfuss avait tenu sa

première conférence de presse. Il était sorti par le portail du camp, accompagné du plus jeune interné, Alexanders Austrums, qui n'avait que seize ans, et du plus vieux, Ernsts Kalsons, qui en avait soixante-deux. Le matin même un des Baltes, Gustavs Vilks, avait tenté de se suicider, il s'était enfoncé un couteau dans la région du cœur mais il avait échoué et avait été conduit à l'hôpital.

Les journalistes, qui depuis plusieurs jours étaient à Eksjö et n'avaient pas vu un seul des Baltes, ne perdirent pas un des mots de cette conférence. Il se présenta tout d'abord : Elmars Eichfuss-Atvars. Il déclara ensuite que sa grand-mère paternelle était suédoise et s'appelait Johansson. Puis il parla pendant un bon moment.

— Le moral est bon, même parmi ceux qui sont à l'hôpital. Nous menons notre lutte non seulement pour nous-mêmes mais aussi pour les autres Baltes de Suède et pour le peuple suédois. On connaît trop bien ce qui s'est passé dans notre propre pays : les tombes parlent d'elles-mêmes. Notre sort est évident. Si nous abandonnons, d'autres abandons suivront toujours ; on se souvient de la leçon de 1940.

"Je veux dire ici que la décision de notre extradition a été prise sans examen. Nous avons parmi nous des enfants qui n'ont jamais été des soldats. Nous avons décliné l'aide de la Croix-Rouge parce que nous sommes tous des réfugiés politiques. Parmi nous se trouvent cinquante personnes qui n'ont jamais été soldats tandis que d'autres ont déserté l'armée soviétique. Notre résistance passive n'est pas dirigée contre le peuple suédois, contre son Roi ou contre sa direction militaire. Notre lutte ne relève que du droit et de l'humanité. Nous ne comptons pas employer la violence contre les militaires ou la police.

"Tout est prêt pour nous suicider. La tentative de suicide de cette nuit n'était qu'une démonstration. Les piquets de grève sont maintenant renforcés pour parer à tout suicide trop hâtif et pour donner l'alerte lorsque l'heure sera venue. Nous possédons déjà les moyens : un produit médical dont le résultat est une apoplexie immédiate. Le produit a été essayé pendant la guerre. Nous n'avons pas l'intention par contre d'utiliser des produits suédois.

"Depuis le 21 novembre — j'ai reçu comme cadeau d'anniversaire le message annonçant l'extradition — je n'ai dormi que trois heures. La seule chose qui nous tienne encore sur pied est notre volonté.

"Vingt-quatre piquets de grève veillent nuit et jour dans notre camp. Nous n'avons pas l'intention de faire cause commune avec d'autres camps. Je suis moi-même prêt à lutter jusqu'au bout et à mourir le dernier."

Eichfuss déclara ensuite que sa foi chrétienne était vive, que beaucoup des légionnaires étaient civils, qu'ils n'avaient jamais lutté aux côtés de l'Allemagne mais contre le nazisme et contre le bolchevisme pour la cause de la Lettonie. "Personnellement j'ai avec moi de nombreux documents sur mon activité secrète antinazie. Nous n'avons jamais collaboré à une quelconque persécution des juifs."

Eichfuss est décrit comme un homme de trente-trois ans, de taille moyenne, au visage clair et ouvert, "un peu vieilli par un long manque de sommeil et par la moustache et la lourde barbe qui encadrent son visage, mais toujours rempli de vitalité intérieure".

Il termina la conférence de presse par ces mots :

— Mais nous vous demandons une chose : *Donnez-nous une mort glorieuse, digne de soldats !*

Les trois Baltes retournèrent ensuite immédiatement au camp.

Ils avaient souvent discuté les formes que devait revêtir leur résistance, si leur action devait être passive sous la forme d'une grève de la faim ou active et suivie de mutilations volontaires, de suicides et de tentatives d'émeute ; mais à la suite du débat du premier soir la question sembla réglée. Eichfuss avait gagné, Gailitis et sa phalange plus militante se turent, surtout parce que Eichfuss semblait gagner de l'importance et révélait une faculté fantastique de parler aux Suédois et à la presse en particulier.

Le suicide de Lapa réveilla soudain les oppositions.

Le 28 novembre vers midi, le jour même où l'on avait découvert le corps de Lapa dans la chambre avec l'ampoule allumée, le comité de grève et les officiers baltes se réunirent. Il existe plusieurs témoignages sur cette réunion, tous s'accordent sur les points importants, un des témoignages est suédois : celui d'un correspondant de presse suédois qui eut le droit d'y assister.

La pièce était assez grande, six mètres sur huit, et avait servi de réfectoire. Seize des officiers baltes s'y réunirent, ceux qui pouvaient ou voulaient encore marcher : on était au septième jour de la grève de la faim et certains des officiers restaient au lit. Ceux qui étaient venus s'assirent sur les chaises autour des tables, et tout au bout, contre le petit côté d'une table, se trouvait Eichfuss. Lorsque tous furent arrivés et que les portes furent fermées la discussion commença.

Gailitis prit immédiatement la parole. Il constata que la grève de la faim était un échec et qu'on ne pouvait en escompter aucun effet. Ils jeûnaient maintenant depuis sept jours et, à en juger par ce qu'ils savaient, ils allaient pouvoir continuer pendant encore au moins dix jours sans danger pour le corps ou sans être trop épuisés. Malheureusement ils ne disposaient pas de dix jours. Le "Cuban" était déjà dans le port de Trelleborg, il s'agissait peut-être d'heures, dans le meilleur des cas on pouvait peut-être espérer quelques jours. Lapa avait montré la voie. Il n'était pas nécessaire d'aller jusqu'au suicide. Mais une série de mutilations volontaires, exécutées dans cette situation extrêmement marquante pour l'opinion, devait avoir un effet beaucoup plus déterminant.

Le débat commença alors et il dura environ un quart d'heure, Eichfuss restait silencieux et regardait attentivement ceux qui parlaient. Un moment après il demanda la parole.

Il constata que la tâche du comité de grève était de

maintenir l'ordre et le calme, d'empêcher les suicides et de suivre loyalement les ordres donnés. La grève de la faim avait eu une bonne influence, ils avaient bonne presse, ils pouvaient espérer. Il n'y avait, avant tout, dans cette situation, aucune raison de disperser les forces des Baltes par des controverses inutiles dont l'origine était de vieilles querelles.

Il parla d'une voix calme, persuasive, les fixant l'un après l'autre et lorsqu'il eut fini suivit un moment de silence. Certains des membres du comité de grève, ceux qui étaient directement responsables, semblaient encore hésiter, ils murmuraient des objections, il était évident que le discours avait été excellent, mais pas assez.

Eichfuss se leva alors, il était debout au petit côté de la table et il demanda au membre du comité de grève qui était le plus proche de lui de venir. Lorsque celui-ci fut près de Eichfuss ce dernier leva la main et demanda :

— Es-tu avec nous ou contre nous ?

L'homme hésita une seconde puis répondit :

— Avec vous.

Un seul de ceux qui furent appelés ne sembla pas d'accord. Il garda longuement le silence et regarda Eichfuss, apparemment mal disposé, tendu, il regarda les autres puis il dit :

— Oui, je suppose que je suis avec toi.

Il s'assit tandis que Eichfuss restait debout, tout à fait impassible, regardant tous ceux qui étaient rassemblés là avec un léger sourire. Enfin il dit :

— Donc on est tous d'accord. Alors on continue.

La réunion pouvait se terminer.

Un des participants était un officier letton de trente-cinq ans environ. Il n'avait jamais aimé Eichfuss, notamment parce que Eichfuss semblait toujours jouer la carte des soldats contre les officiers et en général prendre le parti des soldats : il qualifiait ceci de démagogique. D'une manière curieuse aussi il se sentait inférieur à Eichfuss, en particulier lors des semaines de grève : Eichfuss parlait un si bon allemand et il lui était si facile d'avoir des contacts avec les Suédois et sous son petit sourire irritant il semblait tout le temps cacher des connaissances et des informations importantes. Ils avaient pourtant tous pensé qu'il était l'homme qu'il fallait comme leader pendant la grève de la faim puisqu'il était si différent d'eux.

Après la mort de Lapa, un groupe d'officiers, Gailitis en tête, s'étaient donc mis d'accord pour essayer d'écarter Eichfuss. On avait arrangé une réunion dans un ancien réfectoire. Cet officier était venu le premier de tous et à ce moment Eichfuss était déjà là, assis au petit côté d'une table. Il regardait par la fenêtre et on pouvait facilement se rendre compte qu'il pleurait. Et Eichfuss s'était retourné et l'avait regardé sans se soucier de cacher ses larmes et puis soudain il avait eu un petit rire et il lui avait lancé un clin d'œil plein de sous-entendus.

Celui qui parle n'essaie pas d'expliquer le comportement de Eichfuss mais lors de la réunion il avait lui-même changé d'avis et soutenu Eichfuss. Plus tard dans la soirée ce dernier paraissait calme et gai et il avait expliqué que tout allait bien et qu'ils allaient réussir.

C'est le souvenir le plus important que cet officier letton a de la grève et il ne lui accorde pas d'importance. Eichfuss, dit-il plus tard, n'était pas médecin, personne ne savait qui il était, il mentait sans arrêt, personne ne pouvait le contredire, il fut celui qui alluma la mèche qui fit sauter tous les camps partout en Suède. Ça a commencé chez lui, ça s'est étendu aux Allemands, à la fin ça brûlait partout, partout.

Le 28 novembre dans l'après-midi, après le suicide de Lapa et après la réunion du comité de grève et des officiers dans le réfectoire, Eichfuss sortit pour sa conférence de presse quotidienne. Il traversa seul la cour, arriva au portail du camp, fut reçu par deux gardes suédois qui l'escortèrent sur cent mètres jusqu'à l'endroit où attendait la presse.

Il leur annonça brièvement et précisément la nouvelle de la mort de Lapa.

— Le suicide de Oscars Lapa, continua-t-il après une pause, est venu comme un signe indiquant jusqu'où notre cause est arrivée. Il montre que le dernier point de notre programme de résistance vient d'être employé et que nous entrerons bientôt dans une phase décisive et dramatique.

Il continua à parler, ardemment mais distinctement, sourit souvent et d'une manière inattendue, il ne semblait pas conscient de la présence des gardes dans son dos. Lapa, raconta-t-il, a laissé derrière lui un papier. Il y avait écrit : "Ne rendez personne responsable de ce que j'ai fait, s'il vous plaît. Je l'ai fait de moi-même et je n'ai demandé conseil à personne. Personne non plus ne m'a rien donné pour accomplir mon acte." Lapa s'était, selon Eichfuss, percé le cœur, un pied et les deux mains. A quoi Eichfuss faisait-il allusion ?

Une demi-heure plus tard Eichfuss repartit. Il s'éloigna des journalistes d'un pas rapide et léger, encadré par les deux gardes, il marchait comme un homme heureux.

Dans l'après-midi du même jour, il discuta de ce qui s'était passé avec la direction suédoise du camp. Il regretta le suicide et le fit presque en s'excusant, comme s'il confessait un échec. A la suite de cette conversation un journaliste qui y assistait fut convaincu "qu'un éventuel isolement de Eichfuss pouvait mener à une épidémie de suicides".

Dans ce contexte le journaliste ne dit rien d'un éventuel isolement des autres officiers baltes ou d'une détente entre soldats et officiers.

Eichfuss déclara en outre lors de cette conversation que la situation était maintenant devenue si explosive qu'il ne se jugeait plus responsable de ce qui pouvait se passer.

Une simple cérémonie à la mémoire de Oscars Lapa eut lieu le jeudi 29 novembre, tôt dans la matinée. Son cercueil blanc fut déposé dans le baraquement des officiers baltes et le pasteur Stahle dit une prière pour le mort. Puis le lieutenant-colonel Gailitis prononça un petit discours. Le cercueil, qui était resté ouvert le temps de la cérémonie, fut ensuite refermé, enveloppé du drapeau rouge et blanc de la Lettonie et porté hors du camp.

L'incinération eut lieu deux jours plus tard dans le crématoire de Eksjö. Lapa est enterré au cimetière Adolf Fredrik à Stockholm.

Qu'est-ce qui l'a tué ?

10

"Dès le début de la grève de la faim du camp balte celui-ci fut isolé pour empêcher toute communication avec les Allemands internés. Ces derniers eurent pourtant rapidement connaissance de la grève par la radio et par les journaux et, quelques jours plus tard, ils suivirent l'exemple des Baltes."

Enquête policière

Les Baltes furent les premiers. Ils commencèrent le 22 novembre, ils furent à l'origine de tout. Les gardes et la direction du camp de Ränneslätt avaient dès le début veillé à ce qu'aucun journal mentionnant l'extradition ne fût introduit dans le camp. Ceci plus la suppression des postes de radio isola le camp allemand.

L'isolement fut pourtant presque immédiatement levé. Dans une note écrite le chef suédois du camp, Grahnberg, mentionne "une directive spéciale de l'état-major de la Défense autorisant à nouveau la distribution des journaux dès le 24 novembre".

La nouvelle de l'extradition était alors déjà connue dans le camp allemand. Maintenant on apprenait par les journaux (*Svenska Dagbladet* en général) que les Baltes avaient entamé une grève de la faim et qu'un fort courant d'opinion travaillait pour eux.

Ils reçurent les journaux le 24 novembre dans la matinée. Dans l'après-midi les 500 Allemands de Rännеslätt commençaient leur grève de la faim renforcée par l'interdiction de boire. Dès qu'ils apprirent que le camp allemand de Rännеslätt avait pris des mesures de résistance active pour empêcher si possible l'extradition, tous les autres camps allemands en Suède entamèrent une action semblable "par solidarité". On entama des grèves de la faim aux camps de Backamo, Grunnebo et Rinkaby. Environ 3 000 internés faisaient alors la grève de la faim en même temps et se préparaient à d'autres mesures de résistance.

Dans un témoignage, l'interné allemand Hans-Heinrich Peters constate que "sans aucun doute les journaux suédois ont été un soutien moral, et ceci d'autant plus que les Allemands avaient été habitués à ce que ces journaux soient officiellement contrôlés." Au camp allemand on avait suivi le débat dans les journaux et on pensait qu'il exprimait les sentiments de l'Etat : "Une position plus ou moins officielle que l'on ressentait comme un solide soutien."

La "directive spéciale de l'état-major de la Défense" qui fut envoyée et permit aux Allemands de recevoir librement une information sur les mouvements de protestation et les grèves de la faim est pourtant aujourd'hui placée sous secret. Il n'est donc pas possible d'en faire une étude. Il ne reste alors que quelques questions sans importance, presque anecdotiques, présentant un maigre intérêt. Qui a envoyé cette directive ? Quels motifs avait-on pour l'envoyer ?

Le dimanche 25 et le lundi 26 novembre, le chef du

département d'internement, le lieutenant-colonel Leuhusen, visita le camp de Rännеslätt. La situation semblait extrêmement délicate et les sentiments tendus. Le lundi soir il retourna à Stockholm. Il était très fatigué et persuadé que tout cela n'allait bientôt devenir qu'un bain de sang, un abattoir.

Il se rendit à UD et parla avec le secrétaire de cabinet Westman. Celui-ci resta au milieu de son salon à écouter le rapport puis il commença à s'agiter, de plus en plus inquiet, allant et venant, se tordant nerveusement les mains.

— Il n'y a rien à craindre, dit ensuite Westman. Ce n'est qu'une tempête dans un verre d'eau.

Il ne cessait d'aller et venir, on était mardi matin, il semblait extrêmement nerveux.

Une heure plus tard Leuhusen assistait à une conférence dans le bureau de Möller. Erlander était présent ainsi que Folke Bernadotte *. Ils discutèrent la situation. On parla des Allemands. Ils se querellèrent.

Tout semblait presque hystériquement sensible.

Mardi 27 novembre au soir. Vers 20 heures le chef de l'état-major de la Défense, le général Ehrensvärd, arriva à la Chancellerie accompagné de Eije Mossberg* dans le but de donner des instructions et des directives aux témoins civils de l'Etat qui devaient assister à l'évacuation des camps. Ehrensvärd en avait pris l'initiative : "S'il se passe quelque chose les gens vont dire que ce sont ces salauds d'officiers qui sont responsables." Une vingtaine de personnes se trouvaient dans la pièce. Au milieu de la conférence un planton entra, porteur d'une note pour Ehrensvärd, celui-ci fit une pause dans son exposé, regarda la note puis la lut à haute voix. Les camps allemands de Backamo et de Grunnebo s'étaient maintenant unis avec les autres pour faire la grève de la faim. "Une vive agitation, presque de l'hystérie, règne parmi les internés." L'évacuation allait être remarquable, c'était évident.

Le soir même les témoins partirent pour les camps en trains de nuit.

11

"Non, je ne pense pas qu'il soit exagéré de dire que l'Eglise et les hommes d'Eglise se tenaient dans les coulisses de l'opposition à l'extradition."

John Cullberg,
interview du 19.12.1967

"En raison de la décision d'extradition des Baltes nous désirons demander aux membres de nos congrégations de prier pour eux à l'office de dimanche. Nous prierons pour que la loi de l'amour et de la justice ne soit pas offensée et pour que cette question difficile reçoive une juste solution."

Appel publié par le comité
de coordination des Eglises libres

"L'officier avec qui AT est entré en contact expliquait que Eksjö était tout simplement en train de devenir une poudrière de la politique internationale. Il est aussi de fait qu'une manifestation d'unité se prépare. La direction de cette manifestation est semble-t-il tenue par des prêtres."

Afton Tidningen *du 24.11.1945*

En octobre 1944 le pasteur Allan Svantesson avait été invité par l'archevêque à se charger des âmes des réfugiés baltes. Au début du mois de janvier 1945 on choisit les prêtres baltes qui se chargeraient des âmes des réfugiés estoniens et lettons. Une section spéciale fut créée, l'Office balte de l'Eglise. Les prêtres baltes eux-mêmes obtinrent le droit de visite aux camps sur présentation d'un certificat de l'archevêque, établi par procuration par Svantesson, une autorisation de l'Eglise suédoise à accomplir cette tâche spirituelle.

Ils reçurent des instructions leur enjoignant de ne s'occuper que de tâches spirituelles mais Svantesson lui-même pensait possible qu'ils aient "suivi leurs propres lignes de conduite lorsque la décision d'extradition fut connue".

Il n'exclut pas que dans leurs sermons ils aient "parlé du sort difficile qui les attendait en Russie".

Le 14 novembre Ignas Scheynius lui apprit la décision d'extradition, celui-ci était président du comité d'aide aux Lituaniens. Il prit contact avec Anders Yngve Pers, l'évêque Manfred Björkquist et avec l'archevêque, il participait lui-même à l'entrevue du 20 novembre avec Undén. Lors de la réunion qui suivit l'entrevue on décida d'envoyer Allan Svantesson en Angleterre pour obtenir si possible le soutien de l'Eglise anglicane dans une action opposée à l'extradition. Le point était très important puisque ce soutien signifierait alors celui d'un des Alliés.

Le comité lituanien d'Amérique "mit immédiatement des moyens à disposition" pour le voyage de Svantesson. Il partit le 23 novembre 1945.

En Angleterre, Svantesson prit contact avec l'évêque de Chichester puis, par des intermédiaires, avec l'archevêque de Canterbury. L'entrevue avec le premier de ceux-ci eut lieu dans le bâtiment du Parlement, "l'évêque y avait exprimé son espoir de ne pas voir les Baltes extradés sans un minutieux examen préalable de chacun des cas".

Plus tard, dans la même semaine, une agence de presse apporta un démenti à la déclaration selon laquelle l'archevêque de Canterbury aurait d'une manière ou d'une autre apporté son soutien au mouvement suédois d'opposition.

Il faut, selon Svantesson, décrire le voyage en Angleterre comme une relative déception mais non pas comme un échec total. Le premier dimanche de décembre il célébrait l'office du matin dans l'église de Seglora ; à la fin du service un homme se leva et remercia S en public, il en parla comme d'un "homme remarquable". S se retira ensuite par une porte dérobée pour éviter de nouveaux hommages. L'incident ne fut pas commenté par les journaux.

Pourquoi a-t-il fait le voyage ? Quelles étaient ses opinions ? De quoi était fait son humanitarisme ? Quels étaient ses points de vue politiques ? Signes particuliers : publications. *L'ennemi n° 1 des jeunes gens*, les danses modernes publiques. Stockholm 1941. *Décadence ou nettoyage ?* L'industrie des plaisirs, l'idéalisme, conseils aux jeunes. Stockholm 1941. *Le prisonnier, la prison, la liberté.* Un appel. Stockholm 1942. *Education sexuelle modérée*. Stockholm 1942. *Morale du peuple et vie de plaisir*. Stockholm 1942. *Le communisme, une religion* ! Uppsala 1949.

Le dimanche 25 novembre 1945 en l'église de Eksjö le pasteur auxiliaire Gustav Brodin dit une prière pour les internés.

"Face à ce sort affreux qui attend les étrangers qui se trouvent depuis quelques mois proches de nous, il est de notre devoir d'exprimer au nom de la solidarité humaine le chagrin que nous ressentons. Nous abandonnons le jugement à celui que nous savons le juge équitable mais il semble que si les principes chrétiens dans ce cas devenaient réellement l'étoile qui nous guide et guide nos dirigeants, le problème actuel serait résolu d'une manière plus digne pour nous et pour notre pays.

Il semble que nous ne puissions rien faire pour ces malheureux, mais une voie reste ouverte : celle de l'intercession. Seul Dieu Tout-Puissant peut aider là où nous ne servons à rien et nous remettons en ses mains nos frères malheureux et nous voulons maintenant observer pour eux une minute de silence et de prière."

Extrait de la copie écrite d'un entretien, mené par John Sune Carlsson, entre le pasteur John Stahle et le pasteur auxiliaire Brodin, enregistré au magnétophone, destiné à la télévision pour "Ils fuirent en vain", diffusé le 23.12.1964. Première version, non découpée. Titre : Description d'un meeting nocturne sur la grand-place de Eksjö.

Stahle :

— Oui, nous avions... la soirée au presbytère avait été agréable, nous avions mangé de l'oie. Pendant le dîner on me téléphone de Stockholm. L'évêque Danell, il me parle de la décision et nous demande de faire ici tout ce qui nous est possible pour soulever une tempête de protestations. Je suis retourné vers mes invités et j'ai gardé le silence un bon moment, ils m'ont demandé de qui était ce coup de téléphone. Finalement j'ai été obligé de tout leur dire et cela a évidemment provoqué une certaine tristesse, et nous sommes tous tombés d'accord pour faire quelque chose. Pas plus tard que le lendemain, après avoir rencontré nos confrères, nous décidions de commencer cette action commune. Nous avons commencé par un télégramme que nous avons rédigé et envoyé ensemble.

Brodin :

— En ce qui me concerne j'ai reçu un coup de téléphone de Stockholm du pasteur président du consistoire, Olle Nystedt, il me demandait d'animer toutes sortes d'organisations, féminines, politiques et idéalistes, oui, en somme tous ceux qui dans notre société étaient susceptibles de mener véritablement cette action. Je me souviens du rédacteur qui m'a téléphoné et m'a demandé si on ne pouvait pas laisser des pétitions dans quelques boutiques. Je crois même que cela s'est fait.

Stahle :

— Oui, et ensuite l'action de protestation s'est mise en marche. Elle s'est répandue dans toute la Suède, l'adhésion a été fantastique. Ici même, à Eksjö, nous nous trouvions au centre et nous étions conscients de notre responsabilité. Il nous reste beaucoup de merveilleux souvenirs de nos Baltes, du séjour avec eux. Je pense en particulier à ces jours où unanimement tous les paroissiens de Eksjö leur envoyèrent des fleurs entourées de petits rubans aux couleurs suédoises. Tant de personnes participèrent à cette action d'amitié que les fleuristes furent entièrement dévalisés. Des témoins racontèrent plus tard que lorsqu'ils furent embarqués sur le bateau qui les conduisait en Russie les Baltes adressèrent un adieu à la Suède avec ces rubans bleus et jaunes qu'ils avaient gardés.

Brodin :

— Et ce qui fut peut-être le plus poignant c'est le dimanche soir, ce lien du téléphone, ce témoin de convocation qui passait de l'un à l'autre pour les rassembler sur la place. On a dû te le passer assez tôt puisque tu as eu le temps de préparer un discours ?

Stahle :

— Oui, je crois que je l'ai eu assez... mais c'était si improvisé qu'il fallait — dans cette atmosphère de sérieux il fallait mettre de l'ordre dans les idées et raconter ce qui se passait.

Brodin :

— Je crois que nous nous sentions très très touchés cette nuit-là et je dois dire que je t'admirais énormément de pouvoir dire quelque chose. J'ai repensé à cela par la suite, ton discours était excellent et tu l'avais composé en un temps si court.

Stahle :

— Oui, après notre premier télégramme, le télégramme de protestation au Roi et au gouvernement, tu te souviens qu'une nuit nous avons reçu un coup de téléphone. Ça a commencé par le coup de téléphone de Mme Helga Sjöstrand et après...

Brodin :

— Son coup de téléphone, elle t'a téléphoné alors ?

Stahle :

— Oui, elle m'a téléphoné...

Brodin :

— Et elle voulait que tu dises quelques mots ou quelque chose comme ça...

Stahle :

— Oui, c'est ça et ensuite le téléphone a sonné chez d'autres et chez toi aussi.

Brodin :

— Oui, je me souviens que c'était Mme Cederskjöld, elle est venue ou elle m'a téléphoné, je ne sais plus. Mais elle avait compris aussi qu'il fallait faire quelque chose et nous nous y sommes mis, nous nous sommes préparés et nous avons passé quelques coups de téléphone...

Stahle :

— Et tout le monde s'est hâté vers la place...

Brodin :

— ...et petit à petit c'est une foule qui est arrivée, pas insignifiante du tout, tant de gens, il est difficile de dire combien aujourd'hui, mais cent, cent cinquante personnes peut-être.

Stahle :

— Oui, je me souviens que la place était sombre. Les lampadaires étaient éteints et l'atmosphère très étrange devant le portail de l'église dans la pénombre.

Brodin :

— Oui, tu étais juste à côté de l'escalier et nous étions tout autour de toi. Je me souviens qu'on chantait. "Dieu est pour nous refuge et force" bien sûr. Je ne me souviens pas si nous avons chanté autre chose mais c'était touchant, tout simplement indescriptible.

Stahle :

— Je crois que beaucoup de gens ont pris des photos

cette nuit-là, des photos au flash. Il existe sûrement des photos...

Brodin :

— Et tu n'avais eu que quelques minutes pour te retrouver et prononcer un discours. Je me souviens que tu as fait la comparaison avec le bâton de convocation que l'on se passait autrefois.

Stable :

— Oui.

Brodin :

— Oui, nous chantions "Dieu est pour nous refuge et force". Nous étions tendus et nos voix étaient peut-être un peu enrouées.

Stable :

— Je me souviens que certains journaux ont ironisé sur cette réunion nocturne mais ils ne comprenaient pas cette atmosphère qui régnait à Eksjö. Nous étions si près du centre.

Brodin :

— Je crois que l'on peut dire que c'était tout simplement un sentiment humanitaire spontané qui dictait notre réunion de ce soir-là.

Stable :

— Parce qu'il n'y avait pas que nous deux, les prêtres, qui étions en contact avec les Baltes. Et malgré les clôtures on se sentait très près les uns des autres.

Brodin :

— Oui, et à mesure qu'elle apprenait la chose, la ville se sentait entraînée dans une profonde sympathie avec ceux de là-bas.

Stable :

— Cela s'est manifesté surtout par les envois de fleurs, de telles quantités que les fleuristes ont été dévalisés. Il y avait un ruban bleu et jaune avec chaque bouquet.

Brodin :

— Oui, et cette action était absolument spontanée, n'est-ce pas ?

Stahle :

– Elle était spontanée.

Brodin :

— Je n'ai pas le souvenir qu'elle ait été annoncée d'une manière ou d'une autre.

Stahle :

— Non, et il y a eu aussi cette collecte de bougies pour éclairer leurs logements et surtout leur local religieux, cela aussi était spontané. Oui.

Elle eut vingt-quatre ans le jour même où l'on apprit que les Baltes avaient commencé leur grève de la faim. Elle louait une chambre avec cuisine dans une des villas juste au sud du camp et ce jour-là elle avait acheté du vin et invité sa sœur et elles avaient parlé des Baltes. Maintenant elle avait vingt-quatre ans.

Elle connaissait un peu ce qui se passait dans le camp. Elle était une des rares à connaître l'histoire de la fille de la maison blanche. Les deux maisons n'étaient pas éloignées, une fille de Eksjö habitait dans la mansarde de cette maison blanche, elle avait vingt ans et un garde suédois corrompu lui avait parfois amené discrètement quelques Allemands. Cela avait duré tout le mois d'août et en septembre ; de sa fenêtre elle pouvait voir la maison blanche, la fenêtre de la mansarde qui s'allumait et s'éteignait et puis restait éteinte. En septembre on découvrit le manège du garde. Il avait fait du troc d'appareils photos et de jumelles et son commerce avec la fille. Un jour il avait vendu une mitraillette aux Allemands, elle avait été découverte lors d'une fouille et tout fut révélé ensuite.

Elle raconte l'épisode sans commentaires moraux mais avec une précision et une clarté étranges.

Elle avait ressenti Eksjö comme une ville sans âme mais pendant quelques semaines les événements de Ränneslätt semblèrent tout changer. "Auparavant les gens ici ne se parlaient pas, c'était tellement morne, il n'y avait que le froid et après le travail il n'y avait rien à faire."

Lorsqu'on annonça l'extradition tout fut changé. C'était comme si on avait jeté un aimant dans un tas de limaille, tous étaient touchés, on s'organisa, un centre d'émotion venait de se créer. On commençait à parler, on proposait des solutions, il y avait un sentiment, impossible à décrire mais clair et évident.

C'est sa sœur qui lui transmit l'annonce d'une réu nion nocturne de protestation sur la place de Eksjö. Elle était au lit et lisait. Elle s'habilla et sortit.

Elle resta tout au bout de la foule et essaya d'entendre ce qu'ils disaient. Quelqu'un parlait là-bas devant, c'était le pasteur Stahle, elle ne se souvient pas de ce qu'il disait. Elle se souvient seulement que, à quelques mètres d'elle, se tenait la fille de la maison blanche. Lorsqu'elle la vit elle ressentit un choc et elle resta longtemps à la regarder, c'était comme si quelque chose n'allait pas. Et puis ce sentiment disparut et, presque malgré elle, elle fut touchée, mais elle se maîtrisa et regarda ailleurs. ''C'était si curieux d'être là, qu'elle soit là. Jamais je ne me suis sentie si bizarre, ni avant ni après. Je n'avais qu'une envie : pleurer. C'était une sorte de... communion.''

Puis ils chantèrent ''Dieu est pour nous refuge et force''. Jusqu'alors elle n'avait pas entendu ce qu'ils disaient mais maintenant elle chantait et tout le monde chantait d'une voix forte et c'était en pleine nuit et tout cela semblait absolument incroyable : tout ceci se passait en Suède, à Eksjö, à l'automne 1945. Elle chantait et chantait et ils chantaient tous et puis la réunion se termina.

Tout le long du chemin du retour elle pleura. Elle pleura ouvertement et comme libérée. Elle marcha sans cacher son visage, elle ne fit que pleurer et pleurer encore. ''C'était tellement étrange, on se sentait heureux aussi, nous avions tous éprouvé quelque chose de remarquable et je suppose que je pleurais pour les Baltes mais en même temps j'étais heureuse.'' Et lorsque plus tard ils furent extradés elle ressentit cela avec un sentiment de vide total, d'une absence dure et sèche et elle pleura beaucoup encore mais pas tant pour les Baltes, bien qu'elle dise avoir pleuré pour eux, mais avec un sentiment de violente déception, un sentiment que quelque chose venait de passer, que pour une seconde elle avait participé à un sentiment qui ne reviendrait plus jamais en elle.

Elle avait vingt-quatre ans le premier jour de la grève, elle ne devait jamais oublier la semaine qui suivit. Elle parle longuement du sentiment de violente communion et de sympathie qui la fit pleurer cette nuit-là et beaucoup d'autres par la suite et le souvenir du sentiment perdu est plus fort que le souvenir des Baltes et lorsqu'elle en parle cette absence est toujours en elle.

Elle avait alors vingt-quatre ans et plus jamais, plus jamais ce sentiment de participation n'allait revenir en elle.

12

"La première exigence d'un gouvernement c'est d'être pratique. Je suis un chaud partisan du provisoire et de l'opportunisme."

Winston Churchill

Pour presque tous les politiciens suédois la violente tempête qui s'éleva autour de l'extradition des Baltes fut une surprise complète. L'extradition ne s'était pas présentée comme une question litigieuse avant le 22 novembre 1945. Ce jour-là, vers 7 heures du matin, les Baltes commencèrent leur grève de la faim. Le problème politique que l'on devait baptiser "l'extradition des Baltes" était alors soulevé. Auparavant la question n'avait été qu'administrative, un rien ou une évidence.

Le gouvernement de coalition avait démissionné le 31 juillet et un ministère purement social-démocrate l'avait remplacé. Östen Undén y était ministre des Affaires étrangères, Per Albin Hansson premier ministre et Ernst Wigforss ministre des Finances. Tous les trois allaient jouer un grand rôle dans le jugement politique porté par la suite sur cette question ; mais c'est Östen Undén qui dut aux yeux du public en porter la plus grande responsabilité.

Sa position à l'égard des pays baltes était curieusement ambiguë. Le 16 août 1940 il avait analysé dans un discours au Riksdag ce qui venait de se passer dans la Baltique — la prise de pouvoir des Russes dans les trois Etats baltes. "*Il est normal que les événements qui se sont produits dans la Baltique nous concernent d'une manière particulière ici en Suède*, avait-il dit. *Trois Etats qui étaient indépendants ont disparu en quelques jours. L'apparente spontanéité ne peut duper un observateur. Nous savons maintenant trop bien comment on soulève une telle spontanéité. Une politique tout à fait particulière se développe en ce moment, elle est aisément identifiable*", et il parlait tout le temps des Etats baltes mais il semblait pourtant parler d'autre chose. On était donc en août 1940, les Allemands s'étaient emparés de la Norvège et du Danemark. Undén avait violemment réagi contre cela et contre la déférence des Suédois devant toutes les exigences allemandes. Que voulait-il dire *derrière* ce qu'il disait ? "*Lorsqu'une grande puissance protectrice et menaçante arrive dans un petit pays avec ses exigences vraiment dangereuses, ce petit pays est souvent sensible au raisonnement selon lequel de très larges concessions valent mieux qu'une guerre. Mais si ces concessions signifient qu'à l'intérieur de ses frontières le petit pays offre volontiers et sans résistance un point d'appui au puissant protecteur, alors cela veut dire que le petit pays a accepté sous une forme grossière la politique du cheval de Troie. La prochaine phase du déroulement des événements se fera de manière à priver le petit pays de la possibilité même de lutter pour sa propre liberté*'', et c'était là un discours excellent excepté le fait qu'il parlait par allégories, qu'il parlait de la politique suédoise de concessions envers l'Allemagne et du danger qu'il y avait là, mais qu'en même temps il courait le risque d'être pris au mot.

La question des Baltes fut traitée pour la première fois au Riksdag le 23 novembre lorsque le gouvernement répondit aux interpellations des représentants du Folkpartiet Ake Holmbäck et du parti de droite Elis Håstad *. Per Albin Hansson donna lecture de la déclaration du gouvernement à la première chambre et Östen Undén à la deuxième chambre.

La déclaration du gouvernement reprenait toute l'affaire, le déroulement des événements depuis mai lorsque les Allemands s'étaient enfuis en bateaux vers la Suède, mentionnait la note russe du 2 juin, l'étude de la question le 11 juin au Comité des Affaires étrangères et jusqu'à la décision du gouvernement de coalition le 15 juin et sa réponse aux Russes. ''L'intention primitive était de renvoyer immédiatement ces réfugiés vers la zone russe mais certaines circonstances ont fait que le transport a été retardé. Il doit maintenant, selon un accord passé avec l'Union soviétique, avoir lieu dans un avenir très proche.''

On constatait aussi que dans l'état des choses au début du mois de juin il avait été impossible au gouvernement suédois de prendre en considération quelles nationalités se cachaient sous l'uniforme allemand. Et on continuait :

''La convention d'armistice stipulait une obligation à toutes les forces allemandes de rester sur leurs positions et de déposer les armes. Bien que la Suède n'ait pas été liée par cette convention le gouvernement suédois ne voulait pas aider les militaires ayant appartenu aux forces allemandes à échapper aux suites de la capitulation.''

La déclaration se terminait par une constatation selon

laquelle le gouvernement suédois supposait que les prisonniers de guerre baltes n'allaient pas être traités d'une manière différente de celle dont on traitait normalement les prisonniers de guerre.

Ivar Andersson répliqua immédiatement : "Que savons-nous de la manière dont on traite normalement les prisonniers de guerre et du sort qui les attend ? Ce qui rend pour nous cette affaire si angoissante, c'est que nous avons le sentiment d'être sur le point d'extrader des hommes qui n'ont rien voulu d'autre que lutter pour la liberté et l'indépendance de leur propre pays."

Comme Rickard Sandler, il avait siégé au Comité des Affaires étrangères en juin, et à la première chambre une petite discussion fut soulevée sur ce qu'on avait dit à cette réunion. Rickard Sandler ne voulut pas participer à ce débat mais il comprit l'inquiétude causée par la décision d'extradition.

"Le fait que cette affaire ait été exposée au Comité des Affaires étrangères et que l'on puisse dire que la responsabilité est collective ne rend pas cette affaire différente ou meilleure qu'elle ne l'est en fait. Et même si mes propos doivent être interprétés comme une autocritique de mon manque d'attention lors de la lecture du cas au Comité des Affaires étrangères, je ne peux m'empêcher de remarquer que nous aurons un jour des raisons de regretter ce qui se passe actuellement et que nous ressentirons peut-être moins de respect pour notre manière d'agir que celui que nous voulons bien avoir."

Le grand débat ne fut pourtant pas soulevé à la première chambre mais à la deuxième, devant laquelle Östen Undén exposa la déclaration du gouvernement et où se trouvait aussi l'opposant principal : Elis Håstad.

Dans sa longue intervention Håstad critiqua un certain nombre de points. Il attaqua le secret qui entourait l'extradition, ce voile de silence que le gouvernement avait déroulé devant toute l'affaire. Il constata que la Suède aurait très bien pu refuser l'extradition si elle l'avait désiré. Il constata que les Baltes, même s'ils s'étaient enrôlés de plein gré dans l'armée allemande, avaient le droit d'obtenir l'asile politique en Suède sur des bases politiques. ''Avons-nous jamais auparavant extradé des personnes qui s'étaient révoltées ou qui d'une autre manière faisaient partie de groupes luttant contre leur propre pays ?'' Il constata qu'il n'y avait ''vraisemblablement'' pas eu d'extraditions ''pendant les années où régnait le régime de terreur fasciste et nazie et où des flots de réfugiés passaient nos frontières''. Il nota pourtant certaines exceptions plus récentes, il s'agissait d'extraditions au Danemark et en Norvège, ''mais dans ces cas-là il ne s'agissait pas uniquement de l'extradition d'éminents traîtres à leur patrie, même selon nos critères, mais aussi et surtout d'actions qu'il faut considérer comme un maillon dans la chaîne de *collaboration naturelle des peuples frères nordiques*, collaboration dans la justice aussi.''

Il constata qu'aucun examen individuel n'avait été réalisé. De plus, lors de la prise de décision en juin, la question revêtait un aspect tout différent et elle avait été très mal exposée. Et il déclarait : ''Ma position est uniquement une position de principe : la Suède ne doit pas extrader des personnes qui courent le risque d'être traitées comme des insurgés ou comme des traîtres à leur patrie, *il peut s'agir de l'Union soviétique ou de n'importe quel autre pays*.''

Il finit en disant : ''Si en ce moment il existe un espoir, si mince soit-il, de protéger ces hommes, alors jusqu'à la fin je veux penser que ce mince espoir ne va pas se briser.''

Beaucoup prirent la parole et leurs arguments ne furent pas toujours très différents les uns des autres. Mais ce qui allait devenir le moment le plus sensationnel du débat fut pourtant la dernière intervention d'Östen Undén qui vint dans une phase tardive de la discussion. Il termina en effet en donnant sa vision personnelle de tout le problème balte et il le fit d'une manière extraordinairement claire, sans euphémismes, brutalement presque.

"La question balte est dans son ensemble un problème fort compliqué et difficile à résoudre, le centre du problème est bien entendu l'avenir de ces peuples. D'après ce que j'ai compris on est en train, parmi les Baltes intéressés par la politique, d'examiner une pensée que je crois pouvoir résumer ainsi. Le seul vrai patriotisme balte est de défendre la foi en l'avenir indépendant et souverain de ces Etats, à peu de choses près la situation qui existait entre les deux guerres. Il n'est pas permis d'être résigné. Ni les Etats-Unis ni la Grande-Bretagne, c'est ainsi qu'on raisonne, n'ont encore reconnu la nouvelle position de ces pays. Il existe en Amérique un courant d'opinion en leur faveur. Pour les Baltes il s'agit de garder vivantes ces espérances, de faire de la propagande, d'informer l'opinion mondiale, de soulever l'indignation contre la domination incessante de l'U.R.S.S. dans les Etats baltes.

"Ces espérances sont, j'en suis convaincu, une pure politique d'illusions. Pendant l'entre-deux-guerres on doutait déjà fort de l'avenir de ces petites républiques nouvellement établies. Leur position était telle qu'il ne faisait de doute pour personne qu'une Russie en plein redressement désirerait avoir une influence décisive sur leur politique. La maturité politique de ces peuples n'était pas très développée non plus. Ils commencèrent, comme on le sait, par être des démocraties exemplaires, mais finirent par un système de partis épouvantablement compliqué qui les mena ensuite à la dictature.

"Il est de fait que certains pays influents, l'Angleterre par exemple, conseillèrent en son temps à la Finlande de lier son sort à celui des républiques baltes, en considérant justement leur avenir incertain. Mais à quoi le monde ressemble-t-il aujourd'hui ? Les Etats-Unis d'Amérique paisibles et démocrates ont besoin de bases militaires en Islande pour assurer leur sécurité. Quelqu'un croit-il encore que les Etats-Unis vont se dresser contre l'Union soviétique parce que celle-ci se prépare des bases militaires en Estonie, en Lettonie et en Lituanie ? La

Grande-Bretagne va-t-elle rester indéfiniment en conflit avec l'Union soviétique à cause de la souveraineté des Etats baltes ? On peut répondre à cela ; oui, les espérances de ces patriotes sont peut-être des illusions ; mais alors ce n'est pas un avenir qui les attend, la vie ne vaut pas la peine d'être vécue et il vaut mieux qu'ils suivent jusqu'au bout cette ligne qu'ils se sont tracée.

"Mais on *peut* aussi s'imaginer une autre politique, on peut s'imaginer une autre forme de patriotisme balte. On peut se dire que ces vingt ans d'indépendance furent quand même un bref instant de la vie de ces pays. Ne serait-ce pas une raison pour essayer l'autre ligne politique, c'est-à-dire d'accepter la nouvelle Russie et la formation de ces républiques baltes liées aux républiques de l'Union soviétique ? Naturellement cette politique est peut-être impossible à certaines personnes qui dans une phase antérieure ont été politiquement très actives ; mais ne serait-elle pas possible à la grande masse du peuple balte ?

"Si, partant de cette idée, je reviens à la question particulière dont il s'agit ici, je voudrais dire à tous les politiciens baltes : n'aurait-il pas été sage de dire à ces Baltes internés venant de l'armée allemande qu'ils avaient maintenant une possibilité ? S'ils retournent aujourd'hui sans difficultés dans leurs pays ils pourront alors rappeler aux autorités russes qu'ils sont entrés dans l'armée allemande de bonne foi et avec la conviction que cela était leur devoir patriotique, ou que dans certains cas ils y ont été forcés et qu'ils pensaient qu'ils ne devaient pas s'opposer à outrance contre ce fait, toujours par devoir patriotique ou eu égard à des parents ou à eux-mêmes. Le gouvernement suédois, pour sa part, a essayé de tenir ce raisonnement au ministre russe qui a promis de le transmettre au gouvernement russe de Moscou.

"Maintenant, par contre, ces internés ont été excités jusqu'à l'exaltation, on peut bien le dire ; on ne parle chez eux que de l'horreur du sort qui les attend et de l'impossibilité de vivre en bonne entente avec la Russie, etc. On semble ici oublier que la grande Russie se compose d'un certain nombre de nationalités plus ou moins marquées qui *peuvent* cohabiter d'une manière supportable et qui ne trouvent pas que l'incorporation à une union soit une liaison impossible. Ce n'est pas l'affaire du gouvernement suédois de décider comment les Baltes eux-mêmes doivent diriger leur politique mais lorsqu' auparavant le gouvernement suédois a exprimé à plusieurs reprises l'espoir que de nombreux Baltes retournent volontiers dans leur ancien pays, l'idée de base était bien entendu celle que je viens justement de présenter, c'est-à-dire qu'il serait de l'intérêt même des Baltes de retourner pour participer à la construction d'un nouvel avenir de ces peuples."

Le débat à la deuxième chambre fut long.

Avec le recul, les opinions qui furent énoncées ce jour-là au Riksdag semblent reposer sur une base instable vu le nombre de faits encore confus ou inconnus. On disait que de nombreux internés étaient civils et que de nombreux étaient des criminels de guerre, on réclamait un examen individuel des cas et on indiquait que les Alliés occidentaux avaient extradé ou refusé d'extrader des groupes correspondants ; on mentionnait des émissions de la radio russe, impossibles à vérifier, selon lesquelles les internés avaient été menacés de mort et on parlait de la justice équitable de la Russie ; on disait qu'il était formellement impossible de désavouer la décision de juin et on disait que la décision de juin n'était qu'un cadre qui permettait de nombreux ajustements. On disait que ceci était un viol du droit d'asile et celui qui prenait la parole juste après expliquait que dans ce cas le droit d'asile n'était pas applicable.

Le compte rendu des débats occupait une place importante dans les journaux. Il laissait posées beaucoup de questions et une grande confusion.

Le débat au Riksdag eut lieu le vendredi. Tout le samedi et le dimanche il y eut de continuelles prises de contact officieuses entre les politiciens de tête ainsi qu'entre l'opposition et le gouvernement. Aucun des leaders de l'opposition n'avait pris la parole lors du débat, leur silence était révélateur, la question ne s'était pas encore transformée en une question de politique de partis. Et cela semblait impossible puisque tous les partis, à l'exception des communistes, avaient participé à la décision et il était peu probable que les communistes protestent contre l'extradition. Mais, à l'extérieur du Riksdag, les lignes politiques des partis sur la question des Baltes se faisaient plus nettes, et quand on lisait les journaux la chose semblait évidente : la lutte se jouait entre le gouvernement et les partis d'opposition.

La grève de la faim semblait dramatiser l'affaire et cristalliser l'événement politique. Undén était de plus en plus acculé et manifestement quelque chose n'allait pas tarder à se passer.

Certains de ceux qui parlèrent avec Östen Undén ces jours-là se souviennent de son attitude si partagée. Il s'embrouillait souvent en de longues conversations, chaque fois qu'une tentative était faite de juger les Russes comme des barbares méritant à peine le nom d'êtres humains, il s'emportait ; il se mettait automatiquement sur la défensive lorsque des adversaires de l'extradition essayaient de décrire le sort horrible qui attendait les Baltes. Il était alors très agité : "Pourquoi ne pourrions-nous pas faire confiance aux Russes ? Qu'ont-ils fait de mal en réalité ? D'où vient cette méfiance ?"

Et en même temps ils voyaient qu'il souffrait. Il mentionnait souvent en murmurant différentes manières de "faire traîner les choses en longueur", il pensait que le problème allait peut-être disparaître avec "la solution de l'hôpital" et il écouta toutes les propositions qui lui furent soumises.

Mais il y avait l'engagement, la décision du 15 juin. Et il semblait refuser d'aller contre elle le plus longtemps possible.

Une forme quelconque de délai était pourtant nécessaire et l'on créa une issue.

Le lundi 26 novembre, vers 6 heures du matin, les membres du gouvernement furent convoqués à une séance préparatoire d'un conseil des ministres extraordinaire : on téléphona à tous les membres et on les joignit tous sauf Gjöres * qui faisait une tournée quelque part dans le pays. La réunion était prévue pour 11 heures, immédiatement après le gouvernement se rendit au Château où l'on tint un conseil extraordinaire. Ce conseil semble n'avoir duré qu'environ dix minutes. On y discuta surtout la question de savoir s'il y avait des civils parmi les Baltes militaires et on en arriva à décider qu'un nouvel examen serait immédiatement entrepris.

Vers midi le conseil était terminé et on reprit sans tarder la séance préparatoire qui s'acheva vers 13 heures. Immédiatement après, le premier ministre appela le commandant en chef des armées, le général Jung. Celui-ci arriva à 14 heures et quitta le premier ministre à 14 h 15.

Apparemment une décision avait été prise et elle fut bientôt connue. Le 26 novembre vers 15 heures, le lundi même où la séance s'était tenue, l'état-major de la Défense annonçait dans un télégramme urgent aux différents camps : ''Le voyage des internés est retardé jusqu'à nouvel ordre en raison de problèmes de transport, ceci doit être au plus tôt annoncé aux internés''.

Undén lui-même ne veut pas aujourd'hui donner plus de détails sur ce délai : ''Nous estimions nécessaire de gagner du temps''. Plus tard il dit en passant et en répondant à une autre question que la décision fut une surprise, au moins pour certains.

— Quels étaient les rapports entre le gouvernement et l'armée ? Etaient-ils tendus ? Y avait-il eu controverse ?

— Parfois peut-être. Rupture peut-être parfois. Sur une question.

— Quelle question ?

— Lorsqu'au gouvernement nous avons décidé de retarder l'extradition, c'était un lundi en novembre. Les militaires sont alors devenus furieux.

— Pourquoi ? Ils faisaient pourtant partie des adversaires de l'extradition ?

— Apparemment ils voulaient quand même s'en débarrasser le plus vite possible. Le délai gênait beaucoup l'état-major de la Défense. Mais l'initiative est venue du côté civil, les premières consultations se firent dans la nuit. Je me rappelle avoir été réveillé presque au milieu de la nuit. L'initiative n'était pas de moi. C'est Mossberg * qui m'a téléphoné.

Les Baltes étaient tous couchés lorsqu'ils apprirent la nouvelle. Un officier suédois entra dans le camp et lut une note disant que l'extradition était retardée. Il y eut un moment d'agitation et de joie et puis tout fut à nouveau calme.

La grève de la faim ne fut pourtant pas interrompue puisqu'ils n'avaient pas de garanties sûres de rester.

Le sens exact de l'événement politique est bien difficile à saisir : la plupart du matériel est sous le sceau du secret. L'échange de notes avec l'Union soviétique est inaccessible.

Y eut-il des pressions ?

Il y eut en tout cas des insinuations relatives à des pressions. Deux rumeurs. La première disait que la Suède livrait les Baltes pour que le grand accord commercial soit passé avec les Russes. Sur ce point on peut dire que *personne* ayant eu une vue d'ensemble de l'événement ne lui accorda de crédit par la suite. L'accord commercial ne fut pas du tout mentionné dans les conversations avec les Russes. Les faits aussi semblent contredire cette insinuation. C'étaient *les Russes* qui étaient les plus pressés de mener à bien cet accord commercial. "Mais si nous nous étions dérobés à cet accord commercial ils n'auraient sûrement pas été contents du tout" (Wigforss). C'étaient les Russes qui allaient recevoir un crédit d'un milliard, pas les Suédois. L'accord commercial fut conclu beaucoup plus tard, au printemps 1946, non sans les réticences et les doutes des milieux suédois influents.

L'autre rumeur disait que la Suède livrait les Baltes pour avoir du charbon de Pologne. Ce bruit courait un peu partout et trouvait grand crédit.

Tout autant que la première rumeur celle-ci semble avoir été sans fondement. Elle prit naissance lorsque le ministre du Commerce, Gunnar Myrdal *, le 28 novembre, donc au milieu de la semaine de grève de Ränneslätt, dans un exposé au Riksdag sur la situation générale du commerce, mentionna que la Pologne avait certaines difficultés à remplir ses engagements à fournir 1 000 000 de tonnes de charbon et 200 000 tonnes de coke. Le gouvernement polonais le regrettait : on pouvait produire cette quantité mais on tardait en raison de l'anéantissement ou de la détérioration des chemins de fer, du manque de wagons, et les fournitures ne pourraient être aussi importantes que prévues.

Mais la rumeur prit naissance, on fit des calculs et on comprit. On allait vendre les Baltes pour du charbon polonais.

Le chercheur travailla longtemps sur cette piste, elle semblait extrêmement utilisable et intéressante. Malheureusement elle était entièrement fausse, un cul-de-sac. Il y avait d'autres considérations et d'autres motifs, pas uniquement ces deux-là : accord commercial et charbon polonais. C'était doublement dommage parce que les résonances de cet aspect de l'extradition des Baltes paraissaient très actuelles : c'étaient les années autour de 1965 lorsque les manifestations suédoises anti-américaines avaient dû se taire pour ne pas faire de tort au commerce avec les Etats-Unis. C'était Fullbright arrivant à Stockholm et disant que *les petits pays sous-estiment souvent leur capacité d'influencer les événements mondiaux. La crainte de représailles des grandes puissances en est souvent une des raisons. Mais les dernières années nous ont montré plusieurs exemples de pays qui ont suivi leurs propres voies ou même qui se sont opposés aux grandes puissances sans suites sérieuses* ; et ce problème de fixer exactement combien coûtait et pouvait coûter la liberté morale occupa beaucoup le chercheur mais la piste était et restait un cul-de-sac.

Et pourtant : en tous sens cette extradition semblait remplie d'un nombre infini de conflits moraux, de situations dans lesquelles des principes se heurtaient. Les conflits l'attiraient, par une sorte d'attraction perverse, mais il s'en dégagea puisqu'une fois pour toutes il avait décidé de ne s'occuper que des mécanismes.

Restaient à analyser les complications politiques. Du côté des travailleurs, nombreux étaient ceux qui voulaient protester mais ils avaient peur d'être exploités par la propagande réactionnaire. Plusieurs membres sociaux-démocrates du Riksdag se turent, malgré eux.

Et puis d'autre part, vers la fin novembre, pendant les derniers jours de la grève de la faim, une petite mais puissante minorité du parti de droite se regroupa et exigea lors des discussions internes du parti que l'extradition des Baltes soit exploitée à fond dans la politique partisane pour faire si possible tomber le gouvernement social-démocrate.

A la suite de longues discussions on décida de ne pas agir ainsi. Et on en resta là : l'extradition des Baltes ne se transforma jamais complètement en une lutte pour le pouvoir entre les partis.

13

''Les soldats allemands qui ont été faits prisonniers à l'Est sont actuellement aux travaux forcés dans les Etats baltes ou dans d'autres parties de l'Union soviétique, le sort des Allemands de Suède ne sera pas différent.

*Les Estoniens qui ont lutté dans l'armée allemande seront vraisemblablement traités de la même manière. C'est en tout cas une propagande hostile à l'*U.R.S.S. *qui affirme que nous les exécutons. Le problème des criminels de guerre est un peu différent mais leurs cas sont étudiés et ils sont jugés de la même manière que dans les régions d'Allemagne occupées par les puissances occidentales.*"

Morgon-Tidningen *du 2.12.1945, entretien avec Alexander Aven, représentant du comité soviétique pour le rapatriement des citoyens soviétiques de Suède.*

"*Des informations en provenance de Suède et de Norvège indiquent une forte opposition à l'extradition de cent cinquante fascistes originaires des Etats baltes. La décision du gouvernement suédois d'extrader les criminels de guerre est bonne et juste. Après la victoire sur l'ennemi commun les coupables doivent être punis et le fascisme anéanti partout où il se trouve.*"

Message de la radio de Tallin le 6.12.1945 capté à 20 heures, ni confirmé ni vérifié.

On pouvait se fier à deux déclarations : deux sources. D'une part la source officielle russe selon laquelle les légionnaires allaient être correctement traités. D'autre part l'officieuse, les messages radio captés de Russie. On les citait souvent dans la presse suédoise et selon eux les légionnaires allaient être considérés comme des criminels de guerre et un sort évident les attendait. Les messages radio étaient obscurs, difficiles à interpréter, dans certains cas il était impossible de savoir si par "criminels de guerre" on entendait les hommes de Ränneslätt ou bien les Baltes civils qui avaient fui sur la Baltique : parmi eux se trouvaient manifestement un grand nombre de criminels de guerre à qui les Russes s'en prenaient souvent.

Il fut toujours impossible d'élucider ce point. Les déclarations de la radio étaient peut-être fausses, un mythe. De toute façon les signes étaient menaçants.

Dans certains cas ce caractère menaçant fut aggravé d'une manière très nette et très consciente.

On peut envisager la période à Ränneslätt sous beaucoup d'angles différents. Après l'extradition en 1946, quelques Baltes rendirent compte de leurs expériences à la radio soviétique. La première émission diffusée de Moscou passa le 17.2.1946 à 17 h 30. Les légionnaires baltes étaient alors en Union soviétique depuis trois semaines.

On présenta toute une série de témoignages. Certains étaient nettement incorrects, d'autres déformés, apparemment donnés sous une pression quelconque. Il faut voir les témoignages sous cet angle.

Ils ne manquent pourtant pas tout à fait d'intérêt.

La réception de ces émissions était assez mauvaise, il y avait des parasites. Les récits comportent donc des blancs. Les citations suivantes sont les comptes rendus des Baltes sur l'information suédoise dans le camp, sur l'opinion publique suédoise et sur le séjour à Ränneslätt.

Docteur Elmars Eichfuss-Atvars :

"...montre la fausseté de toutes les déclarations faites par les Suédois ; ceux-ci poussèrent les Baltes à la résistance passive, à la grève de la faim dont le résultat fut des souffrances pour nous tous... des tentatives de suicide et aussi de la part des Allemands des tentatives de mutilations volontaires. En mai et en juin 1945 des journaux suédois publièrent des informations provenant de *Latvju Vards* et de *Latvju Zinas* ou d'autres sources inconnues de nous... Europe et l'Union soviétique que de violentes attaques s'y déroulaient. Nous recevions *Svenska Dagbladet*, *Stockholms Tidningen* et *Gotlands Allehanda**... mais aucun de ceux-ci ne donnait d'informations positives ou objectives sur la situation réelle en U.R.S.S. (---) La presse suédoise annonçait, se basant sur des sources inconnues de nous, le sort horrible qui nous attendait... et expliquait que la mort certaine à 100% nous attendait mais qu'on voulait quand même nous livrer à cette mort certaine. C'est pourquoi nous avons décidé de commencer une grève de la faim à 7 heures le 22 novembre 1945. Les Suédois ne s'y opposèrent absolument pas. Sur notre demande ils emmenèrent même les provisions qui avaient... et ne nous en procurèrent pas de nouvelles. De toutes les façons possibles ils encouragèrent la grève de la faim, ce qui fit que nous continuâmes. Nous eûmes deux fois l'occasion de parler avec des représentants de la presse suédoise et étrangère qui soutenaient notre lutte pour la justice... et puis les prêtres eurent le droit de venir et ils pleuraient comme si nous étions déjà morts... le 18 novembre 1945... et lieutenant-colonel... qui poussait à une résistance active... des gens et donc... du sang versé inutilement et des suicides. Ces... informations pour le monde extérieur dont ni moi ni le comité n'avions connaissance soulevèrent donc une inquiétude inutile. Ces informations menèrent aussi aux tentatives de suicide et aux suicides. Pour empêcher que nous... adversaires de... les 28 et 29 novembre 1945 ils envoyèrent à l'hôpital même des hommes bien portants. D'après moi 75 % au moins étaient en état de supporter le voyage. On peut même dire qu'ils étaient plus résistants que le 25 janvier 1946."

Valentin Silamikelis :

"---En Suède j'ai eu l'impression en suivant les

journaux et les bruits sur certaines émissions de la radio de Lettonie soviétique qu'on... nous autres Lettons comme des criminels en Union soviétique."

Lieutenant Paul Lielkajs :

"...allions partir pour retourner dans nos familles en Allemagne... en Suède. Mais jamais on ne nous avait dit que nous retournerions en Union soviétique ou que nous... selon un accord sur ce point... peu à peu par le prêtre letton... pris de vertige... comme... un office religieux et alors... information par un Allemand suédois... des internés allemands. Par les journaux suédois et lettons... et finalement nous avons entendu... des informations. (Suite de phrases impossibles à interpréter)...si nous étions renvoyés en Union soviétique nous serions exécutés. Dans des lettres qui... nous avaient rendu visite, nous recevions aussi... que les stations radio de Tallin puis de Madona avaient dit que nous étions déjà condamnés à mort pour haute trahison. Apparemment nous allions être extradés et nous allions tous être exécutés. Que nos vies seraient en danger si nous rentrions en Union soviétique, je l'ai lu aussi dans un journal suédois et... par un membre du Riksdag suédois en même temps que des interpellations. Dans les journaux suédois nous lisions souvent des comparaisons entre la démocratie à l'Ouest et à l'Est. Ces informations soulignaient que la vraie démocratie n'existait qu'à l'Ouest et qu'une telle liberté n'existait pas en Union soviétique. Nous lisions donc que dans la zone britannique d'occupation en Allemagne on procédait à des élections communales libres et à des élections pour les chefs syndicaux et que tous les partis pouvaient participer aux élections. Que la nourriture était meilleure dans cette zone, que l'industrie était en train de se rétablir et qu'il y avait à nouveau liberté de la presse, etc. Dans la zone soviétique, par contre, les représentants communaux et syndicaux étaient nommés, tous les partis n'étaient pas autorisés, les habitants étaient importunés, pillés, et souffraient de la faim.

Les correspondants de l'Ouest ne recevaient pas l'autorisation d'entrée et on avait ainsi en somme créé un rideau de fer infranchissable. Nous avions des informations sur la situation en Estonie, en Lettonie et en Lituanie par des lettres et aussi oralement par... la plupart qu'un transport en masse vers la Russie se poursuivait, que tous les légionnaires ou policiers avaient été exécutés ou jetés en prison ou envoyés aux travaux forcés. On nous disait aussi que les Anglais en Belgique formaient certains légionnaires baltes et comptaient avec eux lutter contre l'Union soviétique et recréer l'ancien Etat letton qui existait auparavant. Toutes ces informations et le fait que le camp ait été gardé par des chiens et sans cesse illuminé par des projecteurs, et aussi que les gardes s'adressèrent au gouvernement suédois pour le prier de ne pas nous extrader, faisaient que nous étions excités à l'extrême et que dès que nous avons entendu parler du voyage nous avons immédiatement créé un comité de grève, sous la direction du docteur Eichfuss, qui décida une grève de la faim.''

Lieutenant Bernhards... (nom indiscernable, Celms probablement) :

''... suis citoyen de la république soviétique de Lettonie et né à Riga en 1902. (---) Aux environs du 18 novembre les journaux lettons publiés en Suède contenaient certains articles sur le sort des criminels de guerre en Lettonie et sur les conditions de vie insupportables qui y auraient régné. A peu près sur le même ton les journaux suédois écrivaient que la radio de Reval avait annoncé que le gouvernement suédois avait décidé notre extradition en Union soviétique, ce qu'elle saluait avec joie en disant que les criminels de guerre allaient maintenant recevoir les peines les plus sévères. En somme la presse suédoise en général présentait cela comme une tragédie dont nous étions les acteurs et exprimait ses regrets et sa sympathie. Dans les églises on célébrait beaucoup d'offices pour nous... pour nous... même à 2 heures du matin... entretiens officiels les Suédois nous laissèrent entendre... devions commencer... grève de la faim. Et le 22 novembre nous l'avons commencée (---) Nous fûmes envoyés dans différents hôpitaux... uniquement des prêtres suédois qui célébraient le culte en allemand et nous rappelaient sans cesse qu'il n'y avait... qui pouvait nous sauver."

Capitaine Ernsts Kessels :

"Dès notre arrivée au camp suédois, la direction du camp entreprit de nous informer par insinuations des conditions de vie en Union soviétique, et en Lettonie en particulier. On nous dit que les légionnaires étaient exécutés et que la majeure partie de la population des Etats baltes était envoyée en Sibérie. Les journaux lettons annonçaient que tous les stocks et toutes les récoltes avaient été confisqués et l'on concluait qu'une catastrophe aurait lieu cet hiver du fait de la famine. Les journaux suédois annonçaient que l'Autriche avait été dépouillée de tous ses biens, que tout le bétail de l'Autriche et de la Hongrie avait été confisqué et confirmaient donc les informations selon lesquelles la situation allait devenir effrayante dans nos pays. Pour ce qui concerne les Baltes, Hellman nous précisa que le gouvernement suédois n'avait pas l'intention de faire de distinction entre les Baltes et les Allemands (---) Les prêtres suédois venaient au camp. Ils priaient et demandaient au Tout-Puissant de changer notre sort. Tout cela et l'agitation des journaux contribuait à créer une atmosphère qui faisait que les hommes croyaient à cette agitation. On nous conseilla alors d'entamer une grève de la faim en essayant par ce moyen d'amener le gouvernement suédois à revenir sur sa décision. Le nombre des gardes fut augmenté. Pour 500 internés il y avait 1 700 soldats suédois. Les projecteurs et les chiens. Tout ceci ainsi que la propagande créa une atmosphère qui amena de nombreux hommes pris de peur à se mutiler ou à se suicider."

Lieutenant-colonel Karlis Gailitis :

"Lorsque nous avons appris que nous allions retourner en Union soviétique la direction suédoise du camp nous conseilla d'envoyer une note au ministère des Affaires étrangères et à deux membres du Riksdag que nous savions suivre la question de notre extradition. Nous avons fait le choix de l'homme à qui transmettre notre note. Ce sont les cercles de l'armée suédoise qui nous donnèrent l'idée d'entamer une grève de la faim car les grèves de la faim ne sont pas rares dans l'armée suédoise. Tout cela mit les hommes dans un état tel que le premier suicide a été commis. Le lieutenant Lapa s'est suicidé le 27 novembre 1945. A l'hôpital une auxiliaire de l'armée nous raconta que la Suède n'avait pas voulu nous extrader mais que la Suède ne recevrait pas du charbon de Pologne si nous n'étions pas extradés en Union soviétique. Tout cela nous semblait très angoissant."

Ces déclarations avaient probablement été enregistrées en Lettonie mais étaient diffusées de Moscou. Les déclarations ne furent que brièvement mentionnées dans les journaux suédois. Les commentateurs notèrent seulement qu'il était évident que cette collection de mensonges avait été obtenue des Baltes sous la menace. Il ne fallait pourtant pas critiquer les extradés qui de cette manière essayaient sans doute de s'excuser aux yeux de leurs gardes russes. Certains exprimèrent la pensée que ces déclarations étaient une preuve du traitement inhumain que subissaient les extradés, bien que ces derniers aient affirmé le contraire.

Donc pas de raisons de s'attarder sur ces accusations sans fondement.

Une enquête de police fut pourtant décidée pour établir par exemple si les accusations des extradés sur une pression des officiers suédois étaient fondées. On eut un certain nombre d'entretiens avec les officiers concernés. On leur demanda s'ils avaient exhorté d'une manière ou d'une autre les internés à commencer une grève de la faim, à se mutiler ou à continuer cette grève de la faim, ou fait de la propagande politique dans le camp au mépris des prescriptions alors en vigueur.

La réponse de tous ces officiers fut un non catégorique. Les déclarations des internés baltes étaient donc tout à fait mensongères.

Cette enquête policière comporta pourtant un certain nombre de questions curieuses qui ne reçurent pas de réponses. Une des questions mentionnait les tracts au camp allemand de Backamo. Quelques internés, qui pour des raisons diverses, maladie entre autres, avaient été libérés, dirent que des avions avaient jeté des tracts dans le camp. Cela s'était passé le 27 ou le 28 novembre, les avions étaient gris, du type chasseur, et furent généralement décrits comme appartenant à l'armée de l'air suédoise. Les avions avaient fait quelques passages au-dessus du camp puis étaient revenus du nord vers le camp à environ 400 mètres d'altitude et juste au-dessus du camp ils avaient jeté un nuage de tracts. Le vent avait chassé ceux-ci en dehors du camp vers le coin sud-ouest. Quelques-uns cependant étaient tombés aux mains des internés. Ils étaient rédigés en suédois mais avaient vite été traduits.

Leur contenu, au souvenir des internés, était le suivant : "Ces jours-ci une épouvantable tragédie se joue dans les camps d'internement allemands. 2 700 Allemands arrivés en Suède avant la fin de la guerre, certains rescapés de naufrages, et à qui l'on a promis, selon la convention de La Haye, de rester internés en Suède, vont maintenant être extradés au plus grand ennemi de l'Allemagne. Il y a là un crime contre la justice, et le peuple suédois s'élève contre ce crime afin qu'il ne soit pas mis à exécution."

Un certain nombre d'anciens internés dirent qu'ils avaient vu les avions et lu les tracts. Les membres du personnel de garde à qui la question fut posée nièrent fermement l'existence d'un tel événement. Après confrontation des internés allemands avec l'avis négatif du personnel de garde suédois, les internés maintinrent pourtant fermement leurs déclarations. La lumière n'a jamais été faite sur ce point.

Avec quels Suédois les internés furent-ils en contact ? Y eut-il propagande ? Quels journaux lisaient-ils ?

Les Baltes lisaient surtout des journaux lettons publiés en Suède. Le journal favori était *Latvju Vards*, un journal d'exilés d'extrême-droite. Il était régulièrement envoyé à tous les camps, les légionnaires y passaient des avis de recherche pour leurs familles, ils l'employaient comme organe de contact avec l'extérieur. Dans les colonnes de *Latvju Vards* de l'été et de l'automne on retrouve les noms de beaucoup des légionnaires baltes, ils annoncent où ils se trouvent, recherchent des parents.

Elmars Eichfuss-Atvars figure parmi ceux qui passèrent des annonces dans *Latvju Vards*. Il écrit de la tourbière de Martebo, son annonce est la plus importante de toutes. Il demande des renseignements sur sa femme Léontine, sur son cousin, sur ses amis de Riga et de Liepaja. Il termine sur ces mots : "Je prie ceux qui ont réussi à sauver la première édition de mon livre *Vesela tauta — vesela cilvece* de prendre contact avec moi. Le titre allemand du livre est *Gesundes Volk — gesunde Menschheit*."

Que pouvaient-ils lire dans *Latvju Vards* ?

Pendant l'été le journal parut une fois par semaine et plus tard deux fois par semaine. Il avait quatre ou huit pages du format ordinaire d'un quotidien. Chaque numéro contenait une suite d'annonces, de résumés politiques, d'articles sur les conditions de vie en Suède et des nouvelles de la patrie, des conditions politiques et économiques régnant en Union soviétique.

Le journal parle souvent des conditions de vie derrière ce qu'on appelle le rideau de fer. Les 7, 10 et 13 octobre il publie les récits d'un ancien membre de la légion SS lettonne sur l'attitude des Russes à l'égard de leurs prisonniers de guerre allemands et lettons. Les prisonniers, selon lui, sont emmenés d'un camp à un autre. On leur promet souvent la liberté mais de nouveaux interrogatoires suivent sans cesse. Il est interdit d'employer les médicaments allemands, on les jette aux ordures, seuls les médicaments russes sont acceptés. Les légionnaires portant l'uniforme SS subissent de nombreuses brimades. "Dans l'idée des Russes tout officier SS est membre du parti nazi." On a exécuté des légionnaires SS. Dans un camp à Riga les légionnaires lettons ont été rassemblés derrière des barbelés, leurs parents étaient de l'autre côté et pleuraient. Un jour les internés ont disparu, nul ne sait où ils ont été conduits.

"Tous les camps de la zone russe sont dirigés par le NKVD et les commandants sont juifs."

Les conditions de vie dans notre patrie, dit le journal, sont maintenant effrayantes. Le 7 novembre, dans un éditorial, le journal constate que "les soldats et les officiers russes ont saccagé, volé, tué, bu et ils ont violé un grand nombre de femmes lettonnes. Tous les postes officiels sont maintenant occupés par des Russes, les juifs et les Russes se réservent les meilleures places." Le 17 octobre on parle de représailles russes sur la population civile lettonne, le 3 novembre le journal parle des milliers de "partisans" qui se cachent encore dans les forêts de Lituanie, traqués par les troupes russes.

Au milieu de ces récits sur les ravages des Russes dans les Etats baltes on trouve des analyses de la situation actuelle et à venir des troupes SS baltes. Le 17 octobre un éditorial rappelle que l'Angleterre et les U.S.A. n'ont pas reconnu l'annexion de la Lettonie et que les Lettons en exil doivent se tenir prêts à reprendre, en temps voulu, la lutte pour la liberté et pour l'indépendance du pays. Le 29 septembre le journal contient un violent plaidoyer pour les Lettons qui se sont enrôlés dans les légions SS. "Ces légionnaires, maintenant en captivité dans les pays alliés, sont notre espoir. Ils ont une mission dans l'avenir. Nous avons foi en eux."

Des déclarations de ce type reviennent souvent.

Comment les légionnaires ressentaient-ils cette agitation de droite ? Croyaient-ils vraiment à la possibilité d'un changement brusque où les Allemands, les Baltes, les Anglais et les Américains ensemble allaient, et très bientôt, se tourner contre le communisme ?

Certainement. Dans les camps allemands en particulier on semble avoir été très sûr que ce n'était plus qu'une question de jours avant que les Alliés se tournent l'un contre l'autre. Plusieurs indices montrent aussi que la même opinion circulait parmi les Baltes.

Dans une lettre datée du 8 septembre 1945 le lieutenant letton Peteris Vabulis, qui plus tard devait se suicider sur le quai de Trelleborg, exprime cette même opinion.

"Nous pourrons peut-être célébrer l'anniversaire de notre association étudiante dans une Lettonie libre ! C'est vrai, mon cher ami, de nombreux signes indiquent que notre désir n'est pas une utopie. Nous le sentons ici dans le camp, même si nous n'avons pas le droit de retirer nos uniformes. Nous regardons toujours à travers des barbelés mais nous en avons pris l'habitude au front. Nous sommes prêts à lutter sous l'uniforme suédois ou anglais s'ils le désirent pour établir l'ordre et une paix durable dans le monde."

Mais la nouvelle guerre tardait, la paix s'étendait toujours plus et les légionnaires baltes n'eurent pas, comme l'affirmait *Latvju Vards,* à entrer en lutte contre les Russes. L'extradition approchait. Ce n'était pas ainsi qu'ils avaient pensé retourner en Lettonie, pas sans armes, pas comme des prisonniers.

Comment l'espoir se transforme-t-il en déception puis en désespoir ?

Dans l'après-midi du 8 avril 1945, l'officier letton J P jouait de l'orgue à l'office dans la chapelle de Rönne sur l'île de Bornholm, le lendemain il fit des courses et acheta une chaîne de montre, deux carnets et un bracelet d'ambre pour sa femme L. Le soir, il se fait photographier en uniforme.

Puis il note, au cours des semaines suivantes, qu'il est "inquiet au sujet de L". Le 24 avril : "Un bruit court maintenant sur l'île à propos d'un conflit russo-américain." La semaine suivante la situation devient encore plus critique. "Mes pensées vont à ma chère L, comment vais-je retrouver ma chère épouse ?"

Le lendemain : "Ai encore mangé des gâteaux. Mussolini est tombé."

Le journal est écrit au crayon d'une écriture claire et droite, très nette et très ferme. A intervalles réguliers il revient sur son inquiétude pour "ses chers" ; sa femme était enceinte lorsqu'il l'a quittée et il n'a pas reçu de nouvelles d'elle.

Il arrive à Ystad, à Bökeberg, à Ränneslätt.

"Dans la matinée : partie de football. Après je participe au tournoi de ping-pong du camp et je prends la deuxième place, on me donne vingt cigarettes comme prix. Le soir je mange des gâteaux et apprends le suédois. Telle est la vie du camp." Le 5 juin : "Nous lisons les journaux lettons."

Le 9 juin au soir, il fait une patience "pour voir comment cela va se passer pour ma L. Au début ça allait mal mais après les cartes se sont présentées comme il le fallait."

Il doute pourtant. Le 14 juillet il écrit : "Journée maussade. La nuit je vois L en rêve et je lutte à son côté, puis je me calme. Et puis je me réveille, me rendors et rêve à nouveau, Kessels est revenu d'Allemagne et il me dit qu'il faut que j'y aille, que je rejoigne ma femme. Et puis il me félicite pour le nouveau-né. Je me réveille. Que veut dire tout cela ?"

Les nouvelles de l'extérieur se font de plus en plus alarmantes, l'extradition semble inéluctable, août passe, les notes se font de plus en plus brèves. "Journée normale au camp". "Pensées inquiètes". "Rien de nouveau". Le dernier jour du mois il achète une valise et essaie de trouver des effets civils. "Je suis vraiment fatigué de porter l'uniforme."

Sans cesse sa femme L revient dans ses notes. "Mes pensées retournent continuellement à L."

Le 12 septembre : "Grande journée pour moi, reçu la lettre de L. Dommage qu'elle écrive si peu. Si tout se passe bien pour elle maintenant nous pourrons nous réjouir de l'heureux événement. Tout va sûrement bien se passer et ce sera une grande joie de se revoir."

Le 14 il reçoit encore une lettre mais rien de nouveau. Ce n'est que le 7 octobre qu'il reçoit la lettre tant attendue. "Grand jour de joie. Reçu la lettre de L, le 6.8 une fille, Astrida, est née. Le soir je me couche calme et content."

Il s'emploie à obtenir un visa pour la Suède pour sa famille et reçoit l'aide d'un officier suédois. Il commence à apprendre l'allemand. Il organise un chœur qui répète souvent.

Le 21 novembre la situation devient brusquement critique. "De très mauvaises nouvelles. Les journaux annoncent notre extradition. L'atmosphère est lourde. Le Folkpartiet a fait une interpellation au parlement. Nous avons décidé de faire la grève de la faim."

Le 22 novembre. "Ce matin nous avons commencé la grève de la faim. Ils vont décider ce soir. On dit que nous avons beaucoup de protecteurs. En pensée je suis toujours avec mes chères L et A. Nous sommes tous très accablés."

Le 23 novembre. "Toute la matinée je suis resté en pensée avec L et A. A 14 heures réunion du Riksdag sur notre problème. Retardée jusqu'à lundi."

Le 24 novembre. "Je vis dans une continuelle agitation."

Le 25 novembre. "Il n'y a plus rien à espérer."

A partir du 25 novembre les notes changent de caractère. L'écriture qui était nette, droite et claire se fait maintenant plus large, couchée et négligente. Le 26 novembre une note qui s'étend sur les journées du 26, 27 et 28 novembre. La voici :

"Ma femme, pardonne-moi si j'ai accompli de mauvaises actions. Pense toujours à moi. Quelque chose pourrait peut-être encore me sauver. Raconte tout à cette chère petite A. Je ne vais jamais quitter la Suède vivant."

Sur la page suivante, qui est la dernière du journal personnel et où les notes s'arrêtent définitivement, l'écriture est encore plus illisible : les lignes traversent la page en biais; l'écriture est très négligée et extrêmement difficile à lire.

Il y a écrit :

"Mets de temps en temps des fleurs sur l'autel
pour moi. Salue Sasu et mes amis. Je te jure
ma femme que toujours
je t'ai aimée et qu'il n'y a
pas eu d'instants où je
n'ai été
avec toi par la pensée
Tout mon amour pour
Toi et pour la petite Astrida
A Toi pour toujours"

Les notes s'arrêtent là. Il a envoyé le journal dans une lettre à un ami. Il a été extradé, il est aujourd'hui professeur de musique en Lettonie. Il n'a jamais revu sa femme.

14

"Le point de vue des patriotes baltes selon lequel la seule chose valable est de préserver l'avenir indépendant de ces Etats est selon moi une pure politique d'illusions. Pendant l'entre-deux-guerres on doutait déjà beaucoup de l'avenir de ces petites républiques

nouvellement établies. La maturité politique de ces peuples n'était pas très développée non plus."

Östen Undén au Riksdag
le 23.11.1945

"Le droit des petits pays à l'indépendance et à l'égalité judiciaire avec les grandes puissances est un vieux principe du droit international généralement reconnu. Ce principe a par ailleurs été clairement exprimé aussi bien dans le traité de l'Atlantique que dans le règlement des Nations Unies. Ce droit est aussi intégralement valable pour les Etats baltes."

La lutte des Etats baltes
pour la liberté : Bruno Kalnins.

Le problème balte est lié au statut politique des Etats baltes. On le décrira peut-être mieux en proposant un bref aperçu de l'histoire de la Lettonie qui, il est vrai, n'est pas celle de l'Estonie ni celle de la Lituanie mais donne quand même une idée approximative de l'histoire des Etats baltes.

Et, d'autre part, la plupart des Baltes de Ränneslätt étaient lettons.

Jusqu'au XIIIe siècle les tribus baltes vivaient libres. Puis les ordres de chevalerie germaniques arrivèrent et la Lettonie et les pays baltes devinrent de ces territoires perpétuellement ballottés entre de grandes puissances voisines : objets d'échange et prix des traités de paix. En 1629 l'Estonie et la Lettonie du Nord devinrent suédoises ; ce fut le début de la bonne époque suédoise qui devait durer jusqu'en 1721. Les Russes s'avancèrent alors vers la Baltique. Par le traité de Nystad ils reçurent l'Estonie et la Lettonie du Nord, en 1772 on y ajouta la

Lettonie de l'Est, et en 1795 la Lettonie du Sud.

Par la suite la Lettonie devait appartenir à la Russie et ce jusqu'à la fin de la première guerre mondiale lorsque pour la première fois la Lettonie et les autres Etats baltes devinrent indépendants.

La guerre d'indépendance ou le processus de libération dura de 1918 à 1920 et on en donne beaucoup de versions, suivant les points de vue idéologiques.

Après la révolution russe de 1917, ce fut la paix de Brest-Litovsk en 1918. La Lituanie et Courlande étaient annexées par l'Allemagne, Riga devenait un Etat libre, la Lettonie du Nord et l'Estonie furent elles aussi incorporées à l'empire d'Allemagne.

Puis vient une suite embrouillée de complications et de conflits d'intérêts. Une petite minorité germanique, composée de la noblesse germanique et des collaborateurs baltes, projetait de transformer les Etats baltes en Etats fantoches formellement indépendants mais placés sous l'autorité de l'empereur d'Allemagne. Pendant ce temps les sociaux-démocrates lettons cherchaient à entrer en contact avec leurs camarades du parti allemand pour pouvoir déclarer indépendants les Etats baltes. Puis ce fut la chute de l'Allemagne et pendant quelques semaines le pouvoir réel fut aux mains d'un conseil militaire allemand siégeant à Riga.

Le 11 novembre la Grande-Bretagne reconnaissait de facto la Lettonie comme Etat indépendant. Le 18 novembre la Lettonie était proclamée Etat libre.

L'année suivante fut troublée. Des régiments de tirailleurs lettons avaient activement participé à la révolution russe, ils avaient été pratiquement la seule fraction régulière appuyant les bolcheviques et ces 20 000 tirailleurs lettons représentaient une force évidente. Après la chute de l'Allemagne, une force russe de 6 000 hommes, en majorité composée des tirailleurs lettons, pénétra en Lettonie pour la libérer des intérêts étrangers. Le 17 décembre une Lettonie soviétique rouge et indépendante était proclamée et en janvier 1919 les tirailleurs lettons entraient à Riga. En même temps, les Baltes germaniques se regroupaient en une armée territoriale, en même temps il existait des troupes allemandes, en même temps il existait une force navale britannique et en même temps d'importantes compagnies recrutées parmi la population des campagnes. A l'origine la résistance aux troupes d'invasion russo-lettonnes fut organisée presque uniquement par les troupes allemandes d'Allemagne, dirigées par les barons baltes germaniques et par des officiers allemands qui s'employèrent surtout à garder en Lettonie l'influence politique des Baltes germaniques. Les armes et les munitions leur furent fournies par la huitième armée allemande.

Pendant longtemps la lutte se déroula entre tirailleurs lettons au service des Russes et troupes allemandes. Les troupes "nationales" lettonnes étaient faibles et relativement peu importantes. Au début de 1919 le gouvernement national letton ne possédait sur le front qu'une compagnie de 132 hommes.

Au printemps 1919 le front recula vers l'Est : on avait reçu l'appui de nouvelles forces étrangères et les Russes étaient affaiblis. La guerre civile faisait rage partout en Union soviétique. A Riga les Allemands procédèrent à des exécutions massives de Lettons. Mais à la suite de quelques combats, une armée de Lettonie du Nord nouvellement constituée devait remporter la victoire ; en juin les Allemands furent écrasés à Cēsis. En automne ils furent chassés du pays avec l'aide anglaise. A l'Est restait l'Armée rouge russo-lettonne : ils furent aussi vaincus après l'intervention de troupes polonaises, aidées par les Français qui soutenaient le flanc de l'armée lettonne du Nord.

Le 11 août 1920 un traité était conclu avec l'Union soviétique.

Par la suite les communistes allaient décrire ainsi la formation des Etats baltes : les Etats capitalistes occidentaux avaient laissé se créer trois Etats frontières comme protection contre le communisme. Un "cordon sanitaire", pour employer l'expression de Clemenceau, destiné à empêcher le passage des Russes vers l'Ouest. Un rempart contre le communisme, créé par un territoire russe, avec une terre russe.

Le point de vue des nationalistes lettons est différent. Pour eux il s'agissait d'une guerre de libération, même si elle paraissait complexe.

De ces nombreux conflits d'intérêts il sortit en tout cas une Lettonie indépendante.

Suivit une courte période de bonheur démocrate : entre 1920 et 1934. Les schismes entre les partis s'accentuaient, certes, mais la démocratie marchait quand même. Et puis la Lettonie et les Etats baltes furent emportés par la vague de fascisme qui parcourait l'Europe dans les années trente. La Lituanie devint une dictature fasciste en 1926, l'Estonie devint une dictature semi-fasciste en 1934 et, en Lettonie, Ulmanis prit le pouvoir à la suite d'un coup d'Etat le 15 mai 1934. Un étrange régime patriarcal s'ensuivit : une dictature personnelle sans système de partis, une censure et une oppression des opinions mais l'idéologie fasciste consciente n'apparaissant que sporadiquement. Une dictature qui prit le pouvoir et le garda avec l'aide de l'armée territoriale.

La Lettonie devint donc une dictature et devait le rester jusqu'à la fin de sa période d'indépendance.

Lorsque la deuxième guerre mondiale éclata, le sort de la Lettonie était déjà fixé. Dans le pacte germano-russe de 1939 la Lettonie et les territoires baltes avaient été attribués à l'Union soviétique comme "zone d'intérêt" russe. Le 5 octobre 1939 la Lettonie et l'Union soviétique signaient un pacte d'assistance et, sous une forte pression diplomatique, la Lettonie se voyait obligée d'affermer pendant dix ans des bases navales et aériennes à l'Union soviétique. Le jeu touchait à sa fin. Le 16 juin on exigea la formation d'un gouvernement favorable aux Soviétiques et le droit pour l'armée soviétique d'entrer en territoire letton sans limitation du nombre d'hommes. Ils cédèrent. Le 17 juin on mit en scène un rattachement "volontaire" à l'Union soviétique. Les 14 et 15 juillet on organisa des élections avec un choix électoral très réduit. Le 21 juillet le parlement déclara officiellement le rattachement. Le 5 août la Lettonie cessait formellement d'être indépendante.

Pendant tout ce temps Ulmanis joua un rôle déconcertant. Dans un discours à la radio il exhortait le peuple à "accueillir avec joie les troupes soviétiques entrant avec l'assentiment du gouvernement letton". Il signa, sans quitter son poste, tous les changements de lois.

Conclusions ?

Il était aisé de voir que l'annexion des Etats baltes avait dû être un énorme soulagement pour l'Union soviétique : on avait maintenant retrouvé la position stratégique que l'on occupait avant la révolution. Tout le monde savait que la guerre avec les Allemands était proche et maintenant on ne courait pas le risque de voir Hitler se servir des Etats baltes comme d'un tremplin : la porte de Moscou et de Leningrad était fermée, pour quelque temps.

Mais il était aussi évident qu'il s'agissait d'un acte politique sans scrupules commis par une grande puissance. Un pays fort venait d'annexer un chapelet de petits pays qu'il avait certes possédés autrefois mais qui étaient pourtant des territoires indépendants. Une grande puissance avait frappé, sans verser de sang mais avec efficacité, et la Lettonie ne devait plus jamais être indépendante. Ce fut l'année russe : de l'été 1940 à l'été 1941. Il fut rapidement évident que de nombreux cercles s'opposaient violemment au communisme. Les groupes conservateurs et fascistes résistaient bien sûr, ainsi que des éléments nationalistes de tous les partis. Les conflits aboutirent finalement à un point culminant dramatique. Le 14 juin 1941, juste avant que la guerre germano-russe n'éclate, une série de déportations "d'éléments réactionnaires" fut entreprise en Lettonie. En une nuit

14 693 personnes furent déportées. Parmi les déportés se trouvaient de nombreux leaders nationaux et beaucoup de sociaux-démocrates. Ils furent envoyés en camp de travail dans l'Est. Beaucoup furent envoyés en Sibérie.

Dans les derniers jours de juin 1941, l'armée allemande traversait les pays baltes. Riga tomba le 1er juillet 1941.

L'extermination des juifs et des communistes commença immédiatement sur une grande échelle.

L'époque allemande avait commencé.

Le 29 novembre 1945, juste au milieu de la grève de la faim des Baltes de Ränneslätt et en pleine tempête d'opinion, la radio de Moscou accusa "les journaux suédois réactionnaires" de favoriser les projets d'un bloc occidental en protestant contre la décision du gouvernement suédois d'extrader les internés militaires baltes. Il y avait là une campagne "qui ne vise à rien d'autre qu'à isoler la Russie et à l'entourer d'un cordon sanitaire". "Certains cercles réactionnaires ont entamé une violente campagne de diffamation contre l'Union soviétique. Cette campagne malveillante, qui suit les mots d'ordre des ennemis d'un progrès pacifique pour l'Europe d'après-guerre, n'est qu'un nouvel indice montrant que le travail d'élimination du nazisme et du fascisme n'est pas terminé."

Quelles furent les réactions de Moscou aux tempêtes de l'opinion publique suédoise devant le problème balte ?

Personne ne le sait. On peut peut-être deviner comment les Russes ressentaient leur propre situation. Les nazis étaient passés en Russie et l'avaient transformée en un désert de cendres : aucun pays au monde n'a autant souffert des ravages des Allemands que la Russie. Après la guerre on fit une estimation du prix qu'avait coûté l'attaque allemande à l'Union soviétique. On arriva aux chiffres suivants (et ces chiffres ont été confirmés du côté occidental) : entre 15 et 20 millions de citoyens soviétiques avaient été tués par les Allemands au cours de la deuxième guerre mondiale. Les Allemands avaient complètement ou en partie détruit 15 grandes villes, 1 710 petites localités et 70 000 villages, brûlé ou démoli 6 millions de bâtiments et privé 25 millions de personnes de leur toit. Ils avaient détruit 31 850 entreprises industrielles, 65 000 kilomètres de voies ferrées, 4 100 gares, 36 000 bureaux de poste, 89 000 kilomètres de grandes routes, 90 000 ponts et 10 000 centrales électriques. Ils avaient mis hors d'usage 1 135 mines de houille et 3 000 puits de pétrole et ils avaient emporté avec eux 14 000 chaudières, 1 400 turbines et 11 300 générateurs électriques, pillé 98 000 fermes collectives et 2 890 stations de tracteurs, ils avaient abattu ou emporté 7 millions de chevaux, 17 millions de bovins, 20 millions de cochons, 27 millions de moutons et de chèvres, 110 millions de volailles. Ils avaient pillé et détruit 40 000 hôpitaux, 84 000 écoles, 43 000 bibliothèques, détruit 44 000 théâtres, 427 musées et 2 800 églises.

On ne peut jamais se fier aux chiffres, on pourra donc aussi contester ces derniers. Comment fait-on pour détruire totalement une route ? Mais il ne faut certainement pas remettre en question l'image d'ensemble.

Il faut peut-être se représenter ainsi la situation : les Russes avaient subi l'assaut allemand à l'est, ils l'avaient tourné et avaient repoussé la vague en subissant d'énormes pertes, et finalement ils avaient été vainqueurs dans un pays totalement détruit. Au milieu de ce désert de cendres qui un jour avait été la Russie d'Europe ils entendaient maintenant en novembre 1945 un furieux chœur de presse suédois accusant les Soviétiques d'être des barbares, inhumains, cruels, dirigés par un système inhumain et mauvais. Cela venait de la petite Suède neutre qui avait aidé les Allemands avec son minerai destiné aux industries de guerre et avait permis les transits. Ce violent concert de presse ne s'en prenait pas au fait que les Allemands avaient brûlé leur pays ou liquidé six millions de juifs, non, il se tournait vers le fait que le gouvernement suédois avait décidé que quelques milliers de soldats allemands qui avaient fui le front Est allaient être extradés.

Parmi eux se trouvaient 167 soldats baltes, c'étaient apparemment eux qui excitaient les passions. C'était sur eux que se concentrait la sympathie.

La question n'est pas de savoir ce qui était la vérité, ce qui était vrai ou faux, ce qui était humain ou barbare. La question est de savoir comment Moscou ressentit la situation, les accusations, les démentis, la tempête.

Une opinion violente, une attaque surprenante : ils ont dû ressentir l'affaire des Baltes presque comme une absurdité. Ils ne pouvaient expliquer cela de façon rationnelle, ils ne pouvaient croire qu'il n'y avait que cela.

Il devait y avoir autre chose derrière : une vaste conspiration capitaliste, le début d'autre chose, une des multiples expressions de la guerre froide qui se développait cet été et cet automne-là.

Il en fut peut-être ainsi : ils virent passer sur la petite Suède neutre une vague de haine des Russes, soulevée par leurs ennemis, ils virent apparaître une nouvelle zone de petits Etats ennemis mais en principe neutres, comme lorsque les Etats baltes avaient été formés. Virent-ils se développer des sentiments et des atmosphères qui allaient peut-être pour toujours couper la Suède de l'Est, isoler économiquement l'Union soviétique, unir la Suède à un bloc atlantique hostile ?

Jusqu'où pensèrent-ils ?

"Pour favoriser les projets d'un bloc occidental."

"A pour but d'isoler la Russie."

"L'entourer d'un cordon sanitaire."

En avril : conférence de San Francisco. Avril toujours : la nouvelle ligne dure que Truman avait inaugurée. En mai : longue interruption de l'aide *lend-lease*. Août : la bombe atomique. Les conflits prenant de l'importance, la Pologne, la Grèce. Le ton se durcissant rapidement entre les blocs.

En Suède : Ränneslätt.

167 Baltes dans un camp et une violente tempête de presse. Etait-il possible de considérer cela comme un petit pion dans un grand jeu ?

15

"Lorsque l'heure du transport approcha, en novembre, une tempête de protestations éclata, d'une violence sans égale. Encouragés par cette opposition et par les réfugiés baltes civils jouissant de toute leur liberté en Suède, les soldats baltes se défendirent : ils se mutilèrent, tentèrent de se suicider et eurent recours à la grève de la faim."

J. Wickman, dans Morgon-Tidningen *du 13.12.1945*

"Monsieur le Rédacteur en chef ! Le récent développement de nos relations avec les Etats-Unis, qui a mené au rappel de l'ambassadeur américain, m'oblige, et beaucoup d'autres avec moi, à exprimer mon indignation. En réalité je ne crois pas avoir été aussi indigné par la manière d'agir du gouvernement depuis la fin de la guerre, lors de l'extradition des Baltes."

Courrier des lecteurs,
Svenska Dagbladet *du 13.3.1968*

Le 26 novembre 1945, *Svenska Dagbladet* pouvait annoncer qu'un flot de protestations passait sur la Suède ces derniers jours. Sur quelques colonnes, le journal présentait une sélection des protestations. Sept cents médecins suédois du conseil de l'ordre protestaient auprès du Roi. Des représentants des universités d'Uppsala et de Lund protestaient. Trois organisations religieuses d'étudiants de Stockholm demandaient au ministre des Affaires étrangères un examen individuel des cas des internés. La congrégation de la cathédrale de Skara envoyait un télégramme de protestation, le corps des instituteurs de Göteborg, l'Association des inspecteurs de l'enseignement primaire, l'Association des instituteurs des écoles mixtes, l'Association suédoise des maîtresses d'écoles maternelles, l'Association suédoise des instituteurs et l'Association des professeurs de l'enseignement technique envoyaient aussi des télégrammes de protestation.

L'Association des étudiants de l'université de Stockholm, l'Association Jeune Droite des lycées, l'Association des jeunes de Kungsholm protestaient. Lors de la réunion de l'Association nautique, le président, l'amiral Lybeck, proposa que l'association se joigne aux manifestations publiques opposées à l'extradition des 167 Baltes par une lettre au gouvernement : sa proposition fut accueillie par des acclamations. Le Comité balte qui avec son président, le professeur Birger Nerman, "gardant une position neutre a essayé de suivre l'évolution des Etats baltes sous les occupations russe et allemande, lance un appel au Roi au nom de la miséricorde et de la justice et lui demande de changer le sort terrifiant que signifierait la réalisation de la décision d'extradition du gouvernement".

Les organisations furent nombreuses à protester. L'Association des laïcs de l'Eglise suédoise protesta. La section de Göteborg des Amis de l'école primaire protesta. L'Association suédoise du Ruban Bleu protesta. Le Comité des jeunes de la paroisse de Tveta et les cercles des jeunes fidèles de Jönköping protestèrent dans un télégramme au Roi. La section Est de l'Association des prédicateurs de l'Eglise méthodiste protesta ainsi que le Comité central des femmes du parti de droite, l'Association des citoyennes suédoises, le Comité des femmes chrétiennes, le corps des auxiliaires féminins de l'armée ainsi que les femmes du parti de droite de Uddevala.

Même l'Office national des Etrangers protesta contre l'extradition, à la surprise de certains. L'initiative fut pourtant privée : 240 des employés signèrent les pétitions.

Une autre opinion s'opposait à celle-ci mais on ne la voyait pas beaucoup et on pouvait dire qu'elle était sans importance. Elle émanait surtout des syndicats et représentait sans aucun doute un grand nombre de personnes apportant leur soutien au gouvernement, mais ne recevait pas un accueil particulièrement favorable dans les journaux ou à la radio. Dans une déclaration, L O * devait regretter "une propagande qui à des fins politiques obscures exploite une sympathie pour la situation tragique de beaucoup d'internés. Plusieurs déclarations sont injurieuses pour l'Union soviétique. Elles prétendent que l'U.R.S.S. ne respecte pas les obligations du droit international envers ses prisonniers de guerre. Ces suppositions sont, à notre connaissance, sans fondement." La plupart des déclarations apportant leur soutien au gouvernement s'élevaient en même temps contre ce qu'elles appelaient "une propagande fasciste". Les représentants de la section de Stockholm du syndicat des ouvriers métallurgistes, avec 31 000 membres derrière eux, s'opposaient "catégoriquement à cette campagne qui sous le masque de l'humanité a été montée par les réactionnaires bourgeois". Le club des chantiers navals Eriksberg de Göteborg télégraphia son soutien au gouvernement ainsi que les clubs des étudiants sociaux-démocrates de Stockholm et le groupe Clarté ; ces derniers protestèrent aussi contre une réunion d'étudiants au Palais d'Hiver qui "a permis aux nazis de profiter de la réunion pour arriver à leurs fins". Ils trouvaient que la réunion avait fait la lumière sur une chose qu'ils soupçonnaient depuis longtemps : ''une des causes les plus importantes de cette psychose qui s'est développée autour de l'extradition des soldats baltes est qu'un sentiment teinté de nazisme a toujours prise sur des groupes bruyants''.

Aucun journal n'arrivait à rendre compte de tous ceux qui protestaient ou qui protestaient contre les protestations. Le débat était alors, sans exagération, enflammé.

Elle avait alors neuf ans et dans les journaux elle lisait des articles sur les Baltes qu'on allait envoyer en Russie pour mourir. Elle était très agitée, elle se réveillait souvent la nuit et pensait à ceux qui étaient là-bas dans les baraquements et qui allaient mourir, elle pleura souvent. Le lundi elle se décida et écrivit une lettre au Roi. *Votre Majesté*, écrivit-elle, *je suis une petite fille, j'ai neuf ans, j'ai lu l'histoire des Baltes. Je vous demande, gentil Roi, de faire qu'ils restent et qu'ils ne meurent pas*. Sur l'enveloppe elle écrivit *Au Roi, le Château, Stockholm*. Elle vola un timbre à son père et envoya la lettre le soir même. Elle lut tout ce qu'elle trouva sur les Baltes et lorsqu'ils furent extradés, un jour d'hiver, elle pleura hystériquement ; plus tard, devenue adulte, et alors que depuis longtemps elle avait oublié son agitation ou en tout cas l'avait enfermée en elle-même, lorsque pour la première fois elle put voter, elle vota pour le parti de droite, comme protestation, la dernière. Elle est aujourd'hui social-démocrate.

C avait alors soixante-quatre ans et était la seule propriétaire de sa ferme. Elle lut dans les journaux que l'extradition avait été décidée et allait être effectuée, elle fut agitée mais ne dit rien. Sa ferme était située sur la rive d'une baie du lac Mälaren, à dix kilomètres d'Uppsala. C suivait attentivement le débat et le jour où les Allemands furent extradés elle lut attentivement les journaux. C'était dans la matinée, elle sortit dans la cour, appela son maître-valet qui arriva tout de suite. Du doigt elle lui indiqua le mât aux couleurs et dit d'un ton bref et ferme :

— Abats le mât aux couleurs !

Il la regarda, hésitant, pendant un moment, mais puisqu'elle savait toujours ce qu'elle voulait il n'y avait pas de raisons de discuter l'ordre. Il alla chercher une hache et une scie et se mit à l'œuvre sans tarder. Cinq minutes plus tard le mât s'affala avec un bruit sec.

Pendant tout ce temps C était restée sur l'embarcadère et avait regardé, ils demeurèrent tous les deux immobiles devant le mât tombé à terre. C'était dans la matinée. Le mât était abattu.

Puis C rentra dans la maison. Par la suite il fut interdit de discuter l'incident. On ne dressa jamais d'autre mât.

Plusieurs télégrammes de protestation furent envoyés ; certains parmi eux étaient formulés de la même manière. L'association Suède-Allemagne qui agissait dans les coulisses, mais avait renoncé à jouer un rôle plus important vu la sensibilité de l'opinion à son passé, envoya la circulaire suivante à tous ses membres :

"Aux membres de l'association Suède-Allemagne !

COMMUNICATION IMPORTANTE ET URGENTE !

Nous demandons à tous nos membres d'envoyer chacun séparément et sans tarder au Premier Ministre un télégramme protestant contre l'extradition des internés. Ex. :

Au Premier Ministre, Stockholm.

Je soussigné, citoyen suédois, désire par la présente m'élever fermement contre l'extradition en U.R.S.S. des soldats internés dans notre pays, celle-ci s'opposant au droit internationnal, et j'en appelle à Votre Excellence pour revenir de toute urgence sur cette décision.

Signature

Puis un appel au Roi, également par télégramme. Ex. :

A Sa Majesté le Roi, Stockholm.

Je soussigné ose humblement en appeler au pouvoir qu'a Votre Majesté de défendre une très ancienne règle de droit coutumier suédois, pour que soit empêchée l'extradition, si déshonorante pour notre pays, des soldats qui y sont internés.

Humblement
Nom

Les appels ci-dessus ne sont que des exemples et chacun est libre de les modifier. Demandez au plus grand nombre possible de vos amis d'envoyer des télégrammes identiques. Si cela est fait DÈS RÉCEPTION *de cette circulaire nous avons des raisons d'espérer l'annulation de la décision. Selon des informations reçues et dont nous sommes sûrs, l'extradition ne devrait pas avoir lieu avant* AU PLUS TÔT *jeudi de cette semaine.*

Avec nos sentiments les plus respectueux

L'ASSOCIATION SUÈDE-ALLEMAGNE
(Gunnar Berg)
Membre du comité de direction''

Rien dans les formules données ne mentionne *les Baltes* en particulier : ''les soldats internés dans notre pays'' s'appliquait donc aussi aux Allemands.

Le pasteur Viktor Södergran devait lire le sermon à l'église St-Pauli de Göteborg. Il lut tout d'abord le texte du jour puis déclara qu'il n'allait pas en parler. Il allait parler des Baltes et des Allemands. Il parla ''des Baltes innocents et des Allemands que les Suédois font souffrir''.

— Notre pays entier, poursuivit le pasteur, est couvert d'un sang innocent et notre drapeau est souillé pour toujours. Les membres de notre Riksdag et de notre gouvernement recevront le châtiment de Dieu pour leurs actes, sa lourde main frappera notre pays entier pour le punir.

Le discours fut très remarqué et de nombreux journaux le mentionnèrent.

Il devint évident que le débat sur l'extradition se faisait trop enflammé pour mener quelque part. Les faits réels devenaient de plus en plus obscurs et les invectives de plus en plus chimériques. Personne n'était au courant du passé réel des Baltes et au bout de quelques jours la plupart d'entre eux passaient pour de malheureux civils qui avaient par hasard été considérés comme des militaires parce que la coupe de leur imperméable était un peu trop stricte. La plupart d'entre eux apparaissaient aussi comme des résistants ou des prisonniers venus des camps de concentration, ou comme des écoliers malheureux qui avaient dérivé dans la Baltique sur de petites embarcations.

Par ailleurs ceux qui s'opposaient à l'extradition étaient trop souvent accusés d'être des nazis, des réactionnaires ou des sympathisants de l'Allemagne, des ignorants, qui se servaient cyniquement d'arguments humanitaires pour se redresser et retrouver une audience. Les protestataires eux-mêmes virent avec un certain malaise que le mouvement de protestation leur glissait lentement des mains. Ils commencèrent parfois leurs discours en regrettant ce fait. "Des voix aiguës se mêlent aux manifestations d'aujourd'hui, les sympathisants nazis essaient d'être aux premières loges." Dans les cortèges des manifestations on remarqua de nombreux visages de nazis connus qui voyaient là l'occasion de réapparaître. "*Backamo et Ränneslätt et tous les autres, ces Buchenwald et Belsen suédois, nous ne les oubliions pas. Nous avions réussi à faire sortir des centaines d'internés qui ont pu être sauvés. Nous devions être très prudents. Il nous fallait tout organiser de façon à ce que le mouvement Nouvelle Suède soit aussi peu directement impliqué que possible.*" Per Engdal * — 1968. Pour la première fois et par un hasard paradoxal lui et l'antinazi Ture Nerman * étaient du même bord.

Des pétitions furent affichées sur les murs de la faculté d'Uppsala ; personne ne sait qui les rédigea ou qui les afficha mais le 26 novembre un meeting de protestation se déroulait sur l'escalier de l'université. Une marche à travers la ville, réunissant quelques milliers de participants, l'avait précédé. L'orateur était Hans Forssman.

Il était *docent* et faisait partie de ceux qu'on ne pouvait taxer de nazisme, puisque pendant les années trente et pendant toute la guerre il avait énergiquement lutté contre le nazisme et puisque depuis janvier 1942 il faisait partie de la direction du *Göteborgs Handels-och Sjöfarts-Tidning* * avec Torgny Segerstedt *.

Son discours fut assez bref, une dizaine de minutes seulement. Il était étrangement ambigu. Il constata que le courant d'opinion opposé à l'extradition était fort au sein des étudiants et il parla de la ferme espérance qui était la sienne et celle du corps étudiant "que nous n'allons pas maintenant à nouveau en arriver à toucher aux traditions du droit suédois pour se concilier un Etat militairement puissant de la même manière qu'il y a quelque temps on se conciliait une puissance aujourd'hui vaincue".

Il continua en faisant allusion à une réunion qui s'était tenue au gymnase d'Uppsala et qui avait refusé le droit d'entrée en Suède à des médecins juifs :

— En 1939, lors d'une réunion de peu glorieuse mémoire, une majorité des étudiants d'Uppsala exprimèrent leur opinion sur un problème concernant des réfugiés et le droit d'asile — certains parmi vous étaient peut-être présents aussi ce jour-là. L'esprit humanitaire n'était pas aussi positif en 1939 qu'aujourd'hui. Lorsque l'été dernier des corps de métier, évoquant les réfugiés baltes, ont exprimé leurs craintes d'une concurrence sur le marché du travail, les premières déclarations et les plus remarquées émanaient des étudiants d'Uppsala — nous devons bien considérer ceci en ce moment. La politique suédoise à l'égard des réfugiés, même avant la guerre, n'a pas toujours été irréprochable mais l'opinion étudiante ainsi que l'opinion publique sont restées silencieuses et indifférentes la plupart du temps. Il nous faut reconnaître que la politique restrictive menée par la Suède à l'égard des réfugiés avant et pendant la guerre a indirectement causé la mort de milliers d'innocents qui auraient pu être sauvés si l'humanité avait été aussi prisée qu'elle l'est aujourd'hui ici."

Il termina en constatant que l'esprit semblait aujourd'hui différent à propos d'une autre question de réfugiés et il fit appel aux autorités pour les Baltes militaires.

Dans la plupart des journaux le discours fut remarqué comme "une flamboyante protestation" contre l'extradition ; généralement pourtant on évita de mentionner les allusions de Forssman aux opinions d'autrefois.

Selon les journaux "une mer de gens graves et sérieux" s'était tenue devant les escaliers de l'université.

Le lundi 26 novembre, les étudiants de Stockholm organisèrent au Palais d'Hiver un meeting de protestation contre l'extradition. C'était le soir. La piste de danse était à moitié remplie mais les tribunes étaient combles. Il devait y avoir plus d'un millier de personnes. On fit une quête, pour la location de la salle. Les orateurs furent nombreux. L'un d'entre eux était l'attaché Sven Ljungblom. Il leur parla des Russes.

Les Russes avaient l'habitude d'enterrer leurs prisonniers de guerre en ne leur laissant que la tête hors du sol. Puis ils leur brisaient lentement le crâne à coups de pied. Voilà ce que les Russes faisaient à leurs prisonniers de guerre. Après avoir parlé des Russes il quitta l'estrade et retourna s'asseoir. Il fut salué par des applaudissements.

Lorsqu'en 1938, Per Gedin arriva en Suède, il avait

dix ans, une partie de sa famille était en camp de concentration puisqu'elle était juive. Il arriva en Suède, entra à l'école ; à l'automne 1945 il avait dix-sept ans et il était au lycée mixte de Wittlock. Le 24 novembre les réunions furent nombreuses dans les écoles de Stockholm pour créer une opinion opposée à l'extradition. Lui-même était le président de l'association des élèves du lycée et il se décida à parler à la réunion. Les années de guerre l'avaient habitué à l'opinion suédoise, à son sentiment humanitaire difficile à réveiller, en particulier lorsqu'il s'agissait de juifs, et il avait entendu parler, par l'intermédiaire de la congrégation juive de Stockholm, de trop d'exemples de gens qui n'avaient pas reçu l'autorisation d'émigrer ou qui avaient été extradés, trop d'exemples pour avoir encore des illusions. Maintenant il voyait l'opinion humanitaire suédoise s'enflammer brusquement, avec une force insoupçonnée, cette fois-ci pour des hommes qui avaient servi dans l'armée allemande, et il lui sembla soudain distinguer certaines manières d'agir, il s'indigna de la colère de ce peuple qui jusqu'à maintenant s'était tenu à l'écart et qui aujourd'hui s'enflammait pour aider des soldats allemands et baltes. Il s'était aussi habitué à considérer les Russes comme ceux qui avaient sauvé du nazisme le monde et il fut troublé lorsqu'il vit que les journaux les décrivaient comme des barbares, il admirait Undén et il se décida à parler à la réunion des élèves du lycée mixte de Wittlock. Il fut le seul à parler. Il expliqua que tous les Baltes étaient nazis et qu'il n'y avait aucune raison de ne pas les extrader et comme il fut le seul à parler et qu'il était en classe terminale et que les plus jeunes écoutaient les aînés, le vote de l'assemblée alla dans son sens et cette école n'envoya pas de protestation.

Plus tard, il pensa souvent à ce qu'il avait dit et il en eut honte, il pensa avoir été trop simple ou démagogique. Mais d'autre part il avait parlé de son point de vue particulier et tant de gens avaient parlé du leur, tout à fait opposé. Beaucoup d'écoles de Stockholm signèrent des pétitions de protestation et l'information semblait y avoir été tout aussi partiale ou dirigée, tout s'équilibrait. On mena plus tard une enquête, naturellement elle ne donna aucun résultat. "Aucune pression des proviseurs ou des professeurs n'a pu être constatée." Dans certaines écoles le proviseur ou un professeur ouvrirent le vote en lisant des comptes rendus des journaux sur les camps et dans d'autres le proviseur ou des professeurs donnèrent une information générale avant le vote mais on ne pouvait bien entendu qualifier ceci de pression ou d'influence sur les élèves qui en général acceptèrent à l'unanimité les résolutions écrites. Dans un lycée on fit une erreur : les élèves n'ayant pas reçu de résumé d'information avant le vote rejetèrent la pétition. Lors d'un deuxième vote, après information, la pétition fut acceptée à l'unanimité.

La période de prière du matin fut généralement utilisée pour ces informations et ces votes. C'est de cette façon que de nombreuses écoles de Stockholm protestèrent contre l'extradition des Baltes.

Les manifestations étaient nombreuses et de caractères différents. Une des marches partit de Östermalmstorg vers 14 heures le dimanche 25 novembre. On se rassembla sur la place, on portait des banderoles qui protestaient contre l'extradition. Au début on était une centaine ou un peu moins et puis on marcha et les gens vinrent de plus en plus nombreux. On se dirigea vers le Château, il faisait beau, du soleil et une petite brise. On fut bloqué devant la cour du Château, on s'arrêta là. Quelqu'un entonna l'hymne suédois "Du gamla, du fria" et puis on chanta "La chanson au Roi". On retira alors casquettes et chapeaux, puis une voix dans la foule proposa un vivat pour la patrie. Suivit une pause et personne ne savait trop quoi faire (il y avait environ mille personnes), jusqu'à ce qu'un jeune homme grimpe sur le socle de l'obélisque de Gustav III et leur parle. Le discours fut qualifié de simple et modeste. Ensuite on accepta "avec un extraordinaire enthousiasme'' la résolution suivante : ''Citoyens et citoyennes suédois, rassemblés devant le Château de Votre Majesté, font appel à Vous et à Votre gouvernement pour que Vous fassiez tout votre possible pour empêcher cet acte indigne de la Suède.''

Le lendemain *Svenska Dagbladet* pouvait raconter un épisode intéressant et significatif de la manifestation. Une délégation avait été formée pour rendre visite au prince héritier, le Roi se trouvant alors à Drottningholm. Gösta Stenman, l'intendant de la Cour, fut choisi pour être un des délégués. Il n'avait pas mis de veston sous son pardessus et ne pouvait décemment pas se présenter ainsi devant le prince héritier. On finit quand même par trouver quelqu'un qui put lui prêter son veston. La visite et la marche dans son ensemble sont décrites comme une manifestation touchante et spontanée. Il faisait très beau.

Et les manifestants ?

Ils se rassemblèrent dans le parc de Humlegården le lundi 26 novembre dans la soirée. Ils étaient tout près de la statue de Linné, ils avaient avec eux des flambeaux et des torches et ce qu'ils appelaient ''les feux de la liberté''. Tout en avant, près de l'estrade, brûlait un grand feu et tout autour des feux plus petits, des torches qui flamboyaient en crépitant et lançaient des vagues d'ombres et de lumières sur les arbres et sur les gens. Des haut-parleurs étaient accrochés dans les arbres et lorsqu'on commença à parler il y avait déjà plus de mille personnes rassemblées. Par la suite, de plus en plus de gens arrivèrent et finalement ils furent près de trois mille à rester immobiles, ils avaient froid et ils écoutaient tandis qu'on parlait et que les torches brûlaient, crépitaient, diminuaient et finissaient par s'éteindre. Le secrétaire de l'Association chrétienne des Jeunes Hommes, Arvid Noreen, avait déjà parlé, il avait été très modéré et Mlle Thyra Stjärna avait parlé, elle avait exigé qu'on laisse rester non seulement les Baltes mais aussi les Allemands et apparemment la majorité était d'accord avec elle.

Elle parla longuement et elle croyait à ce qu'elle disait, puis elle descendit et vint se mettre près du groupe des porteurs de drapeaux et les journaux du lendemain écrivirent qu'elle avait pleuré.

A la tribune quelqu'un lut une résolution qui désapprouvait l'extradition et mille voix crièrent oui, oui, oui.

Quelques-uns crièrent non.

Un de ceux qui crièrent non était un ouvrier du bâtiment, âgé d'une quarantaine d'années. Appelons-le Eriksson. Il se trouvait à la limite extérieure de la foule. Il était vêtu d'un trench-coat brun avec une ceinture, il mesurait environ 1,75 m., il portait une casquette et pas de gants. Il fumait la pipe. A côté de lui se trouvait une dame d'un certain âge, qui avait crié oui avec les autres. Ils ne se connaissaient pas. Lorsque Eriksson cria non la femme se tourna vers lui avec une expression furieuse sur le visage, elle dit quelques mots qu'il ne saisit pas tout à fait et lui donna un léger coup dans les côtes, sans doute avec le bras ou avec le coude. Eriksson se tourna vers elle, la regarda un moment et dit, sans retirer sa pipe de sa bouche :

— Si vous ne vous plaisez pas ici, Madame, vous n'avez qu'à partir !

Il parlait avec sa pipe dans sa bouche et la femme répondit alors immédiatement quelques mots dans le genre : "Si vous ne vous y plaisez pas vous-même, allez en Russie", ou quelque chose de semblable et elle le frappa violemment sur la bouche.

Elle frappa de son poing droit violemment serré et le toucha de biais sur la bouche. Il perdit sa pipe, tomba en arrière lourdement et se retrouva assis sur la pelouse boueuse et piétinée. Un cercle de curieux se forma immédiatement autour d'eux. L'homme resta immobile, assis par terre, porta maladroitement et tout étonné sa main à sa bouche. Il y avait du sang, il cracha quelque chose et s'aperçut que c'était une dent. Il regarda la femme sans dire un mot, ramassa sa pipe qui était à côté de lui. Puis il se leva lentement.

Trois semaines plus tard la femme fut condamnée par un tribunal de police pour voie de fait et l'homme pour perturbation d'un meeting public. Les journaux annoncèrent les deux condamnations dans des entrefilets. On était alors en décembre : les Baltes étaient à l'hôpital, personne ne savait s'ils allaient être extradés. Les deux amendes furent faibles.

La femme ? Elle habite aujourd'hui dans une petite ville suédoise. Elle refuse catégoriquement tout commentaire sur ce qui s'est passé ou d'être mêlée à cette affaire d'une façon quelconque. Au téléphone sa voix est nette et distincte, elle parle d'une manière cultivée, rapide, sans hésitations. Non, elle a oublié cette histoire-là, il n'y a rien à dire là-dessus. Elle se souvient simplement d'un incident. C'était un communiste et elle, elle n'a rien à dire, elle pense qu'elle s'est laissée emporter ce jour-là mais c'était une époque si agitée. Tout le monde était si agité.

La conversation se termine sur des regrets réciproques.

Le soir, lorsque Eriksson rentra chez lui, il ne saignait plus mais sa dent était partie pour toujours. Il se souvient très bien de ce soir-là, même aujourd'hui. Il a maintenant soixante-deux ans, en retraite anticipée, il habite dans un appartement d'une pièce à Bromma. On traverse un champ, on monte un petit sentier en biais sur une colline abrupte où se trouvent des maisons de rapport jaunes. Il habite là. Il parle volontiers mais désire garder l'anonymat.

La dent fut remplacée par une dent sur pivot, le mal passa, la pipe n'avait pas été abîmée, il accepta son amende avec largeur d'esprit, bien que furieux tout d'abord, mais il lui fallut quand même longtemps pour oublier l'incident. A l'heure du déjeuner ses camarades de travail et lui parlèrent souvent de ce qui s'était passé, ils suivirent l'affaire des Baltes avec un intérêt profond, ils discutèrent de la réunion et de la femme. Malheureusement Eriksson ne pouvait se considérer comme un héros ou comme un martyr, c'était une femme qui l'avait frappé, cela rendait l'incident presque risible : il avait été abattu par une femme et dès lors, qu'elle soit folle, réactionnaire, hostile aux travailleurs ou sympathisante de l'Allemagne n'avait pas d'importance. En janvier, lorsque tout fut fini et que les Baltes eurent quitté le pays, Eriksson poussa un soupir de soulagement. Ce qui s'était passé disparut de sa mémoire, en resta exclu pendant beaucoup d'années. Puis cela revint.

Couleur politique ? Il est né dans une famille de petits propriétaires fonciers de l'Uppland, dès son arrivée à Stockholm il milita dans le syndicalisme. Il se désigne personnellement comme social-démocrate. "Mais c'était différent pendant la guerre, alors on considérait l'Union soviétique comme le dernier rempart contre les Allemands." Il se met soudain à parler des journaux suédois et de leur présentation de la guerre.

— Ici on essaie de nous faire croire que c'est les U.S.A. qui ont gagné la guerre. Tu parles ! Regarde les cartes d'une année à l'autre, tu vas voir qui a fait l'ouvrage... Lorsqu'il s'emporte, il fume violemment et écrase ses cigarettes, pour déplier le mégot une minute après et le rallumer. Il a collectionné des cartes et des coupures de journaux de la guerre, il lit visiblement pas mal de choses... Regarde, dit-il, en 1941 quand les Anglais étaient chassés et qu'il ne restait plus en Europe que les Allemands, il n'y avait plus qu'un front et c'était celui de l'Est. Pendant quatre ans les Russes ont résisté aux Allemands, les ont freinés, arrêtés, battus et repoussés. Où est-ce qu'ils étaient les Américains alors, hein ? En Italie peut-être, après 1943. Mais nom de Dieu, cette petite bande de terrain, elle avait pas une importance décisive. En Afrique du Nord alors ? Oui, il y a eu cette foutue bataille d'opérette d'El Alamein, quelques milliers de morts, petites forces, petites pertes, grands titres. Tu sais combien les Russes en ont bousillé à Stalingrad ? Plus d'un million d'Allemands ! C'est ça qui a décidé de la guerre ! Et ensuite à l'été 1944 les Américains sont arrivés et ont sauvé l'Europe du nazisme ! Mais elle était déjà sauvée, l'Europe ! Non, ici, dans la presse des bourgeois, les Américains sont les sauveurs du monde.

A-t-il déjà voté communiste ? Quelquefois, pendant la guerre et juste après. Et ensuite ? Il y a eu tant d'histoires, des histoires en Hongrie et puis ils ont écrasé les ouvriers à Berlin, c'était autre chose pendant les années quarante. Et maintenant ? Maintenant c'est mieux je crois. Mieux ? Oui, enfin, ça s'est calmé, c'est devenu démocratique comme ça. Comment vote-t-il maintenant ? Ben, enfin, on sait pas très bien. Homme politique favori ? Lumumba. Lumumba ? Oui, c'est ça. Pourquoi donc ? Ben... ben, enfin lui qu'est mort là.

Un an après, la dent sur pivot bleuit, en 1949 il se fit mettre une prothèse complète de la mâchoire supérieure, les autres dents aussi étaient devenues mauvaises. C'était mieux comme ça. De 1936 à 1944 il avait été marié. Sa femme était morte au printemps 1944. D'un cancer, elle l'avait su en janvier et elle était restée à l'hôpital jusqu'à sa mort, le 25 mai. Les trois dernières semaines il avait veillé à son côté. Il parle longuement de ces journées, il s'en souvient bien. Après l'opération elle était restée dans son lit avec tous les tuyaux et toutes les bouteilles de sang et les bouteilles de liquide nutritif, elle avait eu peur de mourir et elle avait souvent pleuré, elle lui avait demandé des choses sur Dieu, sur la damnation et sur l'éternité, des questions auxquelles il ne pouvait et ne voulait pas répondre puisqu'il n'avait jamais cru et trouvait les questions pénibles et humiliantes pour elle qui n'avait jamais cru non plus. Il était assis dans un fauteuil à côté de son lit et il se rappelle qu'il avait très sommeil et qu'elle parlait sans arrêt. Elle avait beaucoup changé depuis qu'elle avait su qu'elle allait mourir. Elle était devenue plus agressive et plus sentimentale à la fois et il avait pensé que lentement elle perdait un peu de cette dignité qu'il avait admirée chez elle du temps où elle n'était pas malade. Elle parlait de sa crainte de la mort et du vide noir dans lequel elle allait maintenant être jetée, elle revenait à cela avec un entêtement maniaque, elle allait maintenant être jetée d'une falaise dans le grand trou noir.

Sa dignité et son amour-propre semblaient doucement se retirer, elle se faisait larmoyante et commençait à devenir une autre qu'il ne reconnaissait pas ou ne voulait pas reconnaître. La dernière semaine elle endura des douleurs atroces, son estomac était gonflé par les tumeurs cancéreuses, son visage devenait jaune et les piqûres de morphine ne lui faisaient aucun effet. Elle cessa alors de parler et ce fut encore plus difficile. "C'est fou de voir mourir quelqu'un comme ça."

Comment ressentait-il cela ? Oh, je la plaignais, bien sûr. Mais il se souvient surtout de sa fatigue et de son envie de dormir, il décrit cela en détail, il était assis là et elle parlait ou criait et il désirait qu'elle en finisse enfin pour qu'il puisse dormir. Il ne se souvient pas beaucoup des derniers jours, ils durent les passer l'un à côté de l'autre, lui épuisé et à moitié endormi et elle à demi inconsciente, délirant et pleurant sans cesse. "C'est difficile à dire combien on est sans ressource, on veut aider mais on ne peut pas."

Ils n'avaient pas d'enfants.

"Il m'a fallu plusieurs années pour oublier cela, je me souviens comme je pensais à elle ce soir-là dans le parc de Humlegården." Il y pensait ? "Oui, enfin je pensais à combien elle avait changé." De quelle manière ? Cela avait-il pour lui un rapport avec l'extradition des Baltes ? "Non, mais je me rappelais combien elle avait été indépendante et puis comment elle avait perdu sa dignité parce qu'elle avait peur et si horriblement mal. C'est comme ça, c'est comme ça qu'on devient." Pensait-il à autre chose ? "Non, c'est venu seulement dans mon esprit quand j'étais là." Pourquoi cela lui est-il venu à l'esprit ?

En 1948 il hérita d'une petite somme d'argent et acheta une laiterie à Kungsholmen. C'était bien, pensait-il. Il la vendit en 1952 : c'était la seule chose qu'il pouvait faire, pensait-il. Il trouva du travail comme manœuvre.

En septembre 1960 il travaillait sur les chantiers d'un bâtiment de la banlieue sud, une bétonneuse bascula sur lui et lui brisa le bras droit ; on fut obligé de l'amputer sous le coude. Alors il dut s'arrêter de travailler et il reçut une pension d'invalidité.

Eriksson est sceptique et agressif à l'égard des autorités en général. "Dès qu'ils ont le droit de décider quelque chose c'est comme s'ils étaient pourris. Ils perdent leur indépendance et ils se mettent à lécher les bottes de leurs supérieurs ou alors ils font les bêcheurs. Ils perdent toute leur foutue dignité d'un seul coup. Regarde ces salauds de bureaucrates qui sont au gouvernement aujourd'hui." Sur ce point il dit que ce serait sûrement "encore plus con avec les partis bourgeois". Il parle longuement du pouvoir . Il n'a jamais eu de pouvoir lui-même mais il a milité activement dans un syndicat. Il pense qu'il était trop insolent pour avoir une chance d'accéder à un poste important. Il trouve qu'il gagnait bien comme manœuvre, très mal dans la laiterie. Il qualifie les Baltes de nazis évadés. Quelques-uns ne l'étaient peut-être pas mais la plupart. "S'ils avaient servi dans l'armée allemande, tant pis pour eux, et ils n'y changeront rien."

Vie sexuelle. Il n'a pas eu de liaison avec une femme pendant les quatres années qui suivirent la mort de son épouse. A l'automne 1948 une serveuse danoise a habité chez lui pendant six mois, elle avait quarante ans. Après cela "de temps en temps" il a pris contact avec des prostituées. Il en connaît quelques-unes à qui il téléphone parfois. Il pense qu'il s'agit de trouver celles qui sont gentilles. Par "gentilles" il veut dire "sympathiques" mais il n'a pas envie de préciser davantage.

Enfants ? Bien sûr, ç'aurait été bien d'avoir des enfants mais les choses sont ce qu'elles sont.

Depuis six ans, depuis son accident, il considère sa vie sexuelle comme terminée.

Economie. Il ne se plaint pas. Son appartement coûte 175 couronnes par mois, ce qu'il ne trouve pas cher.

Il se débrouille sans difficultés économiques.

Religion. Il n'a jamais cru, il ne croira jamais. "Mais on voit beaucoup de gens qui paniquent au moment de mourir." Il semble considérer cela comme une sorte de trahison.

Pourquoi a-t-il crié non ?

Quand il était là dans la pénombre du parc avec les torches flamboyant là-bas devant, il se sentit soudain entouré par une société hostile, dirigée par des hommes ayant le pouvoir et de l'argent, il se sentit entouré par des gens qui lisaient les journaux sans les critiquer et qui réagissaient mécaniquement, avec colère, fureur, joie, enchantement, chagrin, dédain, indifférence, tout cela dépendant de quel bouton les supérieurs avaient pressé. "Tu parles que tous ceux qui étaient là avaient étudié le problème ! Ils avalaient tout ce qu'écrivait la presse bourgeoise." Il avait très nettement ressenti l'attirance et la joie de crier oui avec eux, la séduction de l'émotion, mais il s'y était opposé, non pas parce qu'il était mieux informé ou parce qu'il avait une autre vision des choses, mais par principe. Il les avait regardés, leurs vêtements, leurs mains, et il avait senti une distance qui l'avait rendu furieux et insensible à l'émotion de l'apitoiement. "Tout ce foutu quartier bourgeois d'Östermalm était descendu et moi je me retrouvais là aussi."

A la seconde même où il avait crié non il avait été envahi d'une joie violente, comme si finalement il s'était détaché, il avait désormais été libéré et avait réussi à garder un dernier reste de sa dignité. Il avait été emporté dans ce chaudron de gens, de mots, de feux et d'appels, un moment il s'était senti prisonnier mais il s'était détaché.

Il reconnaît plusieurs fois qu'il n'avait jamais étudié le problème, qu'il n'y connaissait pas grand-chose et tout aussi souvent il répète sa joie d'avoir crié non ce soir-là.

Quelqu'un avait lu une résolution, avait demandé si l'assemblée l'approuvait. Les feux flamboyaient et tout le monde avait crié oui, oui, oui, et lui très fort avait crié non. Et alors une femme à côté de lui l'avait bousculé et l'avait traité de communiste ou quelque chose comme ça et il avait répondu puis il avait vu venir le coup et il avait senti une douleur aiguë et soudaine lorsque le poing avait frappé sa bouche, fait tomber sa pipe et cassé une dent de devant.

Les feux brûlaient là-bas devant, ce qu'ils appelaient "les feux de la liberté", il les avait vus comme des points lumineux diffus, il avait vu les gens se tourner lorsque la dispute avait commencé, il avait vu venir le coup mais n'avait pas pu et n'avait pas eu le temps de reculer. Il avait perdu sa pipe, était tombé en arrière, lourdement, sur la pelouse boueuse et piétinée. Il était resté assis par terre, avait porté sa main à sa bouche, avait craché sa dent et regardé la femme.

Elle portait un chapeau, un manteau noir et elle le regardait avec une expression d'étonnement, de dédain et de peur sur le visage. Il avait ramassé sa pipe et s'était relevé lentement.

Beaucoup plus tard on fit une enquête sur ce débat de presse : étendue, intensité, opinions, mètres de colonnes. Cela fit beaucoup d'informations objectives. *Aftontidningen* avait écrit 29 éditoriaux sur la question, *Svenska Dagbladet* 22, *Expressen* 15, *Morgon Tidningen* 41, *Svenska Morgonbladet* 16. Pendant l'hiver *Aftonbladet** avait eu 21 titres en première page sur les Baltes, *Svenska Dagbladet* 16, *Ny Dag** 3, *Stockholms-Tidningen* 12. On n'essaya pas de calculer l'espace total rempli par l'affaire dans les journaux. Cela aurait sûrement été très difficile puisque tous les journaux suédois de cette dernière semaine de novembre 1945 n'avaient été remplis que par des descriptions de la situation des Baltes et des Allemands. Cela ne s'arrêta d'ailleurs pas en novembre mais dura jusqu'en janvier, au moment où ils furent extradés. Et durant tout ce temps les mêmes titres géants, le même espace et le même intérêt.

Ils ne devaient d'ailleurs jamais cesser d'écrire sur cette extradition.

Mais le champ de presse était large et les nuances nombreuses. Du journal communiste *Ny Dag*, qui exigeait non seulement que les Baltes militaires soient extradés mais aussi que les 36 000 Baltes civils suivent le même chemin, il s'étendait jusqu'au *Dagsposten* d'extrême-droite qui entrait maintenant dans une période active et qui exigeait que tous restent en Suède, y compris les internés allemands.

Il était aisé de voir que c'étaient les points de vue politiques qui décidaient la relation des faits dans la presse. La presse de gauche en général soutenait le gouvernement, à quelques exceptions près, *Arbetaren** par exemple. La plupart des journaux bourgeois luttaient contre l'extradition.

Et bien vite les arguments furent connus de tous.

On parlait souvent de la faiblesse et de la complaisance du gouvernement suédois. On se courbait devant une grande puissance comme on s'était courbé devant les Allemands. On parlait du devoir moral des Baltes et des Allemands de retourner reconstruire ce que l'armée allemande avait brûlé en Union soviétique. On parlait de l'importance d'un examen individuel des internés baltes pour distinguer les éventuels criminels de guerre, et on parlait de l'importance de ne pas faire un tel examen. On disait l'opinion pure et spontanée, expression de la volonté massive du peuple. On la disait aussi organisée par certains groupes réactionnaires et pro-allemands et absolument pas représentative du peuple. Le droit d'asile était minutieusement discuté. On discutait le passé des Baltes, sans même disposer de faits sur lesquels se baser. La procédure de décision de juin était discutée, toujours dans le noir. La justice russe était discutée. Il ressortait d'une part que les Russes étaient des barbares et d'autre part qu'ils possédaient une législation et une justice hors pair. Beaucoup de gens étaient très prudents et évitaient de critiquer l'Union soviétique mais sous-entendaient nettement que le sort des Baltes qui retourneraient en Russie serait bien pire que celui des Norvégiens qui avaient servi dans l'armée allemande et qui avaient été renvoyés en Norvège. Le silence qui entourait l'extradition était loué et critiqué tout autant.

On entendait en outre un certain nombre de mensonges plus ou moins délibérés, issu d'un méli-mélo de demi-vérités, d'insinuations, d'espérances et de passions qui était le fond même de l'extradition des Baltes.

Et les arguments de base dans tout cela étaient au nombre de deux : d'une part la question de l'application du droit d'asile, dans ce cas où il ne s'agissait pas réellement de réfugiés politiques mais de soldats réfugiés. Et surtout, d'autre part, les différentes interprétations du sort qui attendait les Baltes s'ils étaient extradés. Les idées sur l'Union soviétique. Les idées sur les Russes. Les idées sur le Russe.

Les lecteurs avaient l'occasion d'observer dans leurs journaux des exemples parfaits de comment on peut diriger l'information, de comment on peut rapporter des faits dans une certaine direction. Là où *Svenska Dagbladet* choisissait de parler d'une femme à qui on avait interdit de voir son mari avant le départ, *Aftontidningen* préférait parler de "combien cela nous coûte-t-il ?". Pour l'un, les Baltes se présentaient comme les victimes civiles d'une cruelle administration suédoise, pour l'autre comme des nazis.

Travail : grouper les titres des journaux suivant leur couleur politique, analyser leurs effets suggestifs, découvrir leurs intentions exactes.

1. "Pas de droit d'asile pour des réfugiés militaires". 2. "Allemands blessés dans les mêmes salles que les victimes de Belsen". 3."Cauchemar à Ränneslätt". 4. "Jamais rien d'aussi répugnant ne s'est passé en Suède". 5."Il est devenu "militaire" parce qu'il s'est enfui en imperméable". 6. "Réaction contre l'hystérie". 7. "57 adolescents au vaisseau négrier". 8. "Droit d'asile plus strict". 9. "La Suède envoie en conseil de guerre russe

des réfugiés politiques". 10. "L'équipage du "Cuban" s'attire la sympathie dans le port de Trelleborg". 11. "L'hystérie commence à se calmer". 12. "Communion touchante à Eksjö. Toute la ville en deuil".

Le résultat de la tempête de presse put être observé en partie dans un sondage organisé du 6 au 8 décembre ; c'est la seule mesure de l'étendue de la colère du peuple qui ait été faite. L'enquête se composait de deux questions d'opinions et d'une question de connaissance.

Première question : "Que devons nous faire des réfugiés baltes qui vont être renvoyés : les renvoyer tous, en renvoyer certains, ne renvoyer personne ?"

La question était mal formulée : nulle part il n'est dit s'il s'agit des 167 Baltes militaires, l'expression "qui vont être renvoyés" est en partie contraignante. Le résultat est tout de même intéressant.

45 % pensaient que les Baltes devaient être renvoyés. 26 % pensaient qu'on ne devait en renvoyer que certains. 15 % pensaient qu'on devait les laisser rester. 14 % ne savaient pas.

71 % de la population suédoise pensaient donc que les Baltes internés devaient être extradés, tous ou en partie. Ceci ils le pensaient entre le 6 et le 8 décembre, après une campagne de presse exceptionnellement intense et après un grand nombre de manifestations en faveur des Baltes.

Motifs ? Comme on s'y attendait, la plupart des motifs étaient troubles, parfois absurdes. "On n'en a pas besoin chez nous, on n'a pas besoin d'eux." (27 %) "Il faut qu'ils soient là où ils doivent être." "Ils doivent rentrer et subir leur punition." "Les nazis, dehors !" "Il faut qu'ils participent au travail de reconstruction." "Il n'y a même pas assez de travail pour nous chez nous." "Même régime pour tout le monde."

Les interrogés ont aussi été classés par catégories. 64 % de ceux appartenant aux classes aisées voulaient renvoyer les Baltes complètement ou en partie. 65 % des classes moyennes et 75 % de la classe ouvrière voulaient de même. 17 % des lecteurs des journaux bourgeois voulaient qu'ils restent mais seulement 4 % des lecteurs des journaux ouvriers.

L'enquête a ses erreurs et ses marges d'erreur. Mais l'opinion suédoise devait quand même avoir cet aspect-là à cette époque.

Fais attention. N'accepte pas. On aurait pu formuler les faits ci-dessus d'une autre manière : "41 % de la population suédoise voulaient que les Baltes militaires restent, tous ou en partie. 14 % ne savaient pas et seulement 45 % voulaient qu'ils soient tous renvoyés." Pourquoi a-t-il plutôt choisi la première formule ?

N'accepte pas de présentation, pense par toi-même, sois soupçonneux. Il n'y a pas d'objectivité sacrée, pas de véritable vérité, libérée de ses origines politiques. Essaie, sois soupçonneux. Remets en question.

Les journaux, ainsi que les opinions, sont faits par des hommes.

Expressen entra dans le débat dans l'après-midi du 20 novembre par un éditorial bref et relativement prudent, tourné surtout contre "les cachotteries" qui entouraient l'affaire et il demandait au pouvoir une réponse précise. Le 22 novembre on continua par un compte rendu de presse plus nourri et dans lequel étaient insérés des commentaires personnels : "La rapidité et la force qui ont caractérisé les manifestations d'opinion à l'annonce de la décision d'extradition d'un groupe de Baltes sont réjouissantes." Il devint alors de plus en plus clair que *Expressen* se faisait un adversaire catégorique de l'extradition. Le 22, dans un bref éditorial, le journal demandait si "la direction des Affaires étrangères était liée", et il continuait à exiger des informations. La première page était toujours dominée par d'autres nouvelles mais dans la troisième édition du même jour l'affaire passa en première page avec une interview de l'ancien ministre des Affaires étrangères, Christian Günther : "Günther donne des précisions sur l'affaire des Baltes".

Par la suite, le journal devait être totalement dominé par l'extradition, même du point de vue des nouvelles : pendant une semaine la première page fut couverte de nouvelles sur les Baltes. Le 23 novembre : "Les Baltes vont être jetés dehors". Le 24 : "Police et gaz lacrymogènes sont prêts" ; on remplit la première et la dernière page ainsi qu'une page intérieure sans compter l'éditorial. La position était toujours évidente : "Les manifestations d'opinion n'ont vraiment pas été inutiles".

Le 25 on envoya un reporter à Ränneslätt, Bernt Bernholm. La première page est dramatique : "Les soldats suédois à Ränneslätt : Nous ne voulons pas tirer !". Le journal prend de plus en plus nettement parti contre l'extradition, aussi bien dans les nouvelles que dans les éditoriaux.

Arrive le lundi 26 novembre et quelque chose semble alors s'être passé.

Un titre domine la première page : "Les ouvriers soutiennent le gouvernement dans l'affaire des Baltes". Un sous-titre explique : "Présence de nazis parmi les manifestants". Dans une colonne encadrée en haut à gauche sur la première page on met l'accent final au changement de ligne : "Mauvaise propagande : Allemand et fille à Allemands, exemple mal choisi". On parle de la réunion nocturne sur la place de Eksjö et on constate que dans son discours le pasteur Stahle a mentionné un Allemand du camp et sa femme danoise, leurs relations, leur amour et que cela a provoqué "une pénible attention". Le journal commente tout de suite après, sur un astérisque, que d'une part il s'agissait d'un Allemand et que la Danoise était une fille à Allemands et que d'autre part la manifestation était destinée aux Baltes et non aux Allemands. "Le fait que de nombreuses femmes aient éclaté en "sanglots" démonstratifs en entendant cet étrange exemple n'a pas amélioré la chose."

On avait aussi un certain nombre d'interviews,

depuis des syndicalistes connus jusqu'à de nombreux "hommes de la rue". Les interviews remplissaient toute une page, on disait que c'étaient là des exemples représentatifs des opinions que le journal avait rencontrées, et ils montraient tous une évidente affinité avec la nouvelle ligne du journal. Sur quinze personnes interviewées *aucune* n'était prête à laisser les Baltes rester en Suède. La grande majorité par contre déclarait plus ou moins fermement qu'elle soutenait le gouvernement et que les Baltes "devaient partir".

Le lendemain, dans son éditorial, le journal analysait les choses plus en détail : "L'affaire balte : de quoi s'agit-il en fait ?" et attaquait avec une telle violence une opinion faussée et dirigée que beaucoup de journaux pouvaient faire remarquer dans leurs commentaires de presse que *Expressen* avait "tourné".

Et que s'était-il passé ?

Jusqu'au 25 novembre le responsable des éditoriaux était Per Wrigstad. Plus tard, chef de la section politique du journal, il devait en devenir le rédacteur en chef. Vers la fin de la guerre il avait reçu pour tâche de s'occuper spécialement des problèmes de réfugiés et presque automatiquement il avait reçu l'affaire des Baltes.

Les commentaires qu'il faisait étaient teintés de sa vue politique de la question. "Pour moi il était évident qu'il ne fallait pas les extrader. Je ne voyais pas cela en termes idéologiques, je ne considérais que les hommes."

La question lui semblait évidente et cette évidence transparaissait aussi dans le journal.

Le dimanche 25 novembre dans la matinée il apprit que son père était tombé gravement malade. Il partit immédiatement le voir et resta à ses côtés pendant la nuit. Le lundi après-midi il sortit pour acheter les journaux du soir. Il acheta aussi *Expressen* et il se rendit compte tout de suite que quelque chose s'était passé. L'éditorial ainsi que le compte rendu des nouvelles des Baltes suivaient des lignes tout à fait nouvelles. La première page était, pensa-t-il, nettement provocante. L'éditorialiste avait vu la question sous un angle tout différent : l'opinion que lui-même avait qualifiée de vigoureuse et de réjouissante devenait maintenant douteuse et influencée par les nazis. La première page commençait par ces mots : "Le lundi matin a amené une nette retombée des passions dans l'affaire des Baltes."

Il était évident que c'était son absence qui avait fait se dissiper l'ivresse. Il retourna sans tarder au journal.

Le rédacteur en chef d'*Expressen* était Ivar Harrie*. Le gérant en était Carl-Adam Nycop*. De plus se trouvait à la rédaction le deuxième secrétaire Sigge Ågren. Bo Enander* participait aussi aux éditoriaux ; il était chargé des affaires étrangères. Tous les quatre étaient pour quelque chose dans le changement de ligne.

Tous les quatre avaient un point de vue sur l'extradition des Baltes bien différent de celui de Wrigstad. Harrie avait son violent antinazisme et son aversion pour le sentimentalisme, Nycop était orienté vers la gauche en général, Bo Enander était à cette époque un chaud partisan de l'Union soviétique et Sigge Ågren était social-démocrate.

L'initiative du changement de ligne fut double. D'une part celle de Ivar Harrie qui regardait avec une aversion croissante le glissement de la campagne, trop mêlée de sentiments et d'arguments qu'il ne pouvait pas soutenir. Pour lui il était évident que Undén tiendrait l'engagement suédois, pris avant lui, et il considérait les Baltes militaires comme des collaborateurs plus ou moins manifestes. La campagne d'indignation était même allée jusqu'à insinuer ou à dire que Undén avait accepté d'extrader tous les Baltes résidant en Suède, civils y compris, "ce qui était entièrement faux. C'est cette campagne-là qui m'a décidé à reprendre en main les événements — d'accord sur ce point avec le jugement politique très objectif du rédacteur des affaires étrangères, Bo Enander."

Il qualifie de hasard le fait que Per Wrigstad ait été absent. Harrie avait de toute façon le pouvoir formel de décision au journal.

Il reçut la dernière impulsion un matin en allant au journal : ce devait être le lundi. Dans tout Stockholm on avait accroché des affiches, il y en avait sur les panneaux d'affichage et sur les piles de bois qu'on trouvait encore partout à cette époque. "Veux-tu en être responsable ?" demandaient les affiches, sur une image simple et dramatique. L'image représentait des gens en train de se noyer. Pour une raison quelconque c'étaient surtout des femmes et des enfants et ils essayaient désespérément de se cramponner au blason de la Suède. Tout en haut, écrit en grosses lettres, simplement : "Les Baltes".

Harrie monta au journal et se mit à écrire un éditorial.

Il avait pour titre "L'affaire balte : de quoi s'agit-il en fait ?" et il essayait de rechercher ce qu'était en réalité cette affaire des Baltes. Il s'agissait de 167 Baltes en uniforme allemand mais pas de femmes ni d'enfants. L'éditorial se tournait avec beaucoup de violence contre une opinion, un "appareil de propagande" qui travaillait avec des instruments de suggestion "qui rappellent trop désagréablement la manifestation paysanne * et les plus malheureux apports dans la formation de l'opinion durant la guerre russo-finlandaise". Il ne demande pas du tout l'extradition des Baltes : l'opposition à l'extradition était qualifiée de "chose bonne en soi". Mais : "la cause des 167 Baltes devient prétexte à exercices avec les forces qui aperçoivent leurs chances dans une troisième guerre mondiale dans laquelle elles voudraient faire entrer la Suède."

La deuxième initiative au changement de ligne vint par l'intermédiaire de Carl-Adam Nycop et de Sigge Ågren mais il est possible qu'à l'origine il y ait eu la femme député social-démocrate Disa Västberg*. Elle entretenait de bons contacts avec beaucoup de gens au journal et dans le jeu qui s'y déroulait en coulisses elle était en cette occasion une sorte de contrepoids à une autre "membre du Riksdag proche d'"*Expressen*" : Helga Sjöstrand, de Eksjö, qui travaillait intensivement *contre* l'extradition.

Les 24 et 25 novembre, Disa Västberg, Nycop et Sigge Ågren eurent de nombreux entretiens sur l'extradition des Baltes et sur le développement de l'opinion. Les raisons semblaient nombreuses, évidentes, de se tourner contre une opinion qui s'exprimait de plus en plus désagréablement. Ils soutinrent donc sans hésitations Ivar Harrie lorsque celui-ci arriva au journal le 26 novembre au matin en recommandant une attitude plus dure.

Etait-ce tout ? N'y avait-il pas de raisons purement tactiques à ce changement ?

Il y en avait peut-être, conscientes ou inconscientes, pour quelques-uns. Il y avait l'attrait d'aller à contre-courant : de graver une nouvelle fois dans les esprits l'image du journal comme celle d'un journal sans peur, perpétuellement en opposition. Dans ce cas cela pouvait se faire avec d'autant moins de risques qu'il semblait que l'opinion de la presse n'avait rien à voir avec ce que pensaient les gens de la rue. La presse de droite pouvait faire autant de bruit qu'elle le voulait, le Suédois en général semblait plutôt pressé de se débarrasser des Baltes. Aller à contre-courant maintenant signifiait donc peut-être qu'on allait avec un courant beaucoup plus large et plus silencieux. Et ceci ne manquait pas d'importance pour un journal qui venait juste de démarrer.

Et le lundi arriva et *Expressen* changea de camp. Les journaux, comme les opinions, sont faits par des hommes.

16

''40% des internés sont mourants''
Titre de Svenska Dagbladet
du 28.11.1945

''Les Baltes étaient fatigués, épuisés, mais leurs vies n'étaient pas en danger. On pouvait lire dans beaucoup de journaux qu'ils étaient mourants mais c'était exagéré. Une meute de journalistes était à nos trousses lorsque nous sommes sortis, nous avons essayé d'en dire le moins possible mais ils ont écrit quand même.''

Interview du professeur Gunnar Inghe, médecin contrôleur du gouvernement, le 26.8.1967

Plus tard il ne resta aux légionnaires qu'un souvenir : le souvenir d'un désespoir absolu. Ils étaient là, allongés sur leurs lits à regarder le plafond, ils voyaient les médecins et les prêtres arriver puis repartir, écoutaient les appels matin et soir, et ils ne ressentaient qu'une chose : un profond désespoir.

Aucun d'entre eux ne se souvient de la faim.

Les effets de la faim étaient pourtant soigneusement détaillés dans les journaux.

Les premiers jours passèrent sans nouvelles particulièrement alarmantes, mais le 25 novembre les journaux du matin purent annoncer que les internés ''commençaient à montrer des signes d'épuisement''. On s'attend à ce que les Baltes les plus jeunes abandonnent les premiers, étant moins résistants que les autres. Le lendemain, le 26, *Stockholms-Tidningen* adopte un ton plus dur. ''Cette nuit la situation à Ränneslätt est critique, les Baltes sont à demi inconscients sur leurs couchettes des baraquements et tout ce qu'ils font, c'est compter les minutes qui les séparent de l'instant inconnu du grand départ. Un prêtre qui est entré dans le camp dimanche a décrit sa tournée des baraquements comme une marche dans la vallée de l'ombre de la mort. Des hommes aux yeux creux fixent le plafond, les plus jeunes commencent à ressentir les affres de la faim mais gardent leur inébranlable résolution, le *crack-pain* glissé dans leurs chaussures sous leurs lits."

Aucune explication du *crack-pain* dans les chaussures n'est donnée.

Le lundi 26 novembre, après l'annonce du délai de transport, un soulagement sembla se répandre dans le camp et se refléta aussi dans l'état physique des internés. Mais petit à petit tout redevint comme auparavant. "25 % des Baltes sont maintenant dans un tel état d'épuisement qu'il faudrait les hospitaliser", déclarait le médecin du camp, le docteur Brattström, dans une interview publiée par *Svenska Dagbladet*. "De nombreux jeunes Baltes présentent des vertiges, ils s'évanouissent lors des rassemblements et se lèvent difficilement de leurs lits. Ils vacillent sur leurs jambes. Chez d'autres apparaissent des maladies telles que lésions cardiaques, jaunisse et rhumatismes. Certains Baltes ont dû être transportés à l'hôpital militaire à la suite d'évanouissements. Nombre d'entre eux ont les extrémités des doigts, le nez et les lobes des oreilles froids."

Le lendemain soir, mardi, cinq jours après le début de la grève de la faim, les rapports de *Svenska Dagbladet* étaient alarmants. C'était le médecin envoyé par le gouvernement, le docteur Birger Strandell, qui selon le journal avait ce soir-là tenu des propos inquiétants. "30 à 40% d'entre eux n'ont plus qu'un pouls très faible, leurs yeux ne réagissent plus à une lumière ordinaire, ils n'ont plus la force de chanter les cantiques et ne peuvent plus que prier. Les rassemblements ne peuvent plus avoir lieu..."

Cette constatation se trouvait dans un éditorial. Suivaient les propos du docteur Strandell sur l'état des Baltes.

"Presque tous sont maintenant couchés et 30 à 40% d'entre eux n'ont plus qu'un pouls très faible. S'ils se redressent dans leurs lits les effets sont évidents. Plusieurs se plaignent de maux de tête et de sensations de vertige, ils sont faibles et apathiques. D'autres ont des douleurs aux pieds et dans les jambes, sans doute en raison de troubles de la circulation et du système vasculaire. Chez certains la sensation de faim a même disparu après quelque temps. Chez d'autres on note le refroidissement de certaines parties du corps. Quelques cas d'œdèmes dus à la faim sont apparus, c'est-à-dire des renflements de certaines parties du corps. Des symptômes identiques avaient pu être observés dans les camps de concentration, ajoute le docteur Strandell.

"Un fait remarquable est la mauvaise et très lente réaction des pupilles, continue le docteur Strandell. Leurs yeux, aux pupilles étrangement larges, ne réagissent plus à la lumière ordinaire. Quelques nouveaux cas devront être hospitalisés ce soir."

Le mercredi on entreprit de transporter tout le camp balte à l'hôpital.

Désespoir et épuisement. Il est peut-être possible de rendre compte du mécanisme du sentiment de désespoir total. C'est peut-être possible. Il est éventuellement plus facile de décrire l'épuisement qui résulte de sept jours de grève de la faim.

Il fit une expérience.

Le jeudi 13 avril 1967, le chercheur entreprit lui-même une grève de la faim dans des conditions physiques identiques à celles dans lesquelles ils avaient été. Il s'autorisa seulement à boire de l'eau, rien d'autre. Il commença son jeûne le jeudi à 7 heures du matin, il suivit la semaine des légionnaires baltes de Ränneslätt jour après jour.

Poids ce matin-là : 79,2 kg. Taille 1,92 m.

On pouvait le décrire comme grand et assez maigre. Sa condition physique était peu satisfaisante, après plusieurs années de travail d'écrivain, de tabac et d'un manque total d'exercice.

Un chiffre précis résumait ceci : ce matin-là il obtint sur le home-trainer 40 millilitres d'oxygène par kilo et par minute.

Pour la plupart, les Baltes étaient en bonne condition physique, quelques-uns étaient militaires de carrière. "Quand ils sont arrivés ils avaient l'air de grands gars de la campagne." Ils avaient occupé leur été à des travaux de plein air, à jouer au football et à manger, leur condition physique était excellente. Il ne pensait pas partir d'un meilleur point qu'eux.

Le premier jour fut fatigant, il eut un mal sourd et continu à l'estomac, il se sentit maussade et irritable. La nuit il dormit mal, se réveilla tôt le matin et resta longtemps allongé dans le noir à regarder le jour se lever en pensant combien son expérience était inutile. Le vendredi les douleurs de la faim disparurent lentement, il but moins d'eau ce jour-là et put se concentrer plus facilement sur son travail. L'après-midi il prit un bain au sauna, nagea lentement mais longtemps dans la piscine, s'habilla et s'aperçut qu'il pouvait oublier sa faim pendant de longs moments.

Il perdit 1,7 kg. le premier jour, 1,1 le deuxième jour.

Les douleurs de la faim disparurent progressivement et au cours de ces journées, dans la mesure où elles existèrent, il devait complètement les négliger ou les oublier. Et, même aux heures les plus dures, le terme "douleur" ne fut pas vraiment approprié, ce fut plutôt un tiraillement sourd, un picotement calme. Chaque matin il se promena dans les bois, chaque après-midi il prit son bain au sauna et fit son tour à la nage : c'était bon, il pourrait peut-être continuer cela après l'expérience.

Le dimanche : un baptême. Il ne fut pas difficile de

renoncer au café et aux gâteaux mais ce fut plus dur pour le punch. La souffrance de renoncer à la nourriture n'est qu'en faible partie physique, il souffrait plus lorsque sa femme et son fils mangeaient des macaronis avec des boulettes de viande ou des crêpes avec de la crème glacée ou des sandwiches avec de la bière et que son rôle se réduisait à faire la cuisine ou à réchauffer les plats ou à débarrasser la table ; cette souffrance n'était pas physique mais psychique, comme essayer de s'arrêter de fumer, comme un violent manque de quelque chose qui est là juste à côté mais derrière un mur de verre. C'était pendant une semaine de printemps froide et pluvieuse, il était assis devant sa machine à écrire, et faisait ses promenades, et lisait ses livres. Chaque jour il compara son état avec celui des Baltes d'après les journaux suédois.

Il avait commencé son expérience avec le sentiment que celle-ci était complètement inutile, qu'elle ne devait être faite que par principe : pour voir plus clairement l'inutilité de sa tentative de transmettre le sentiment d'une situation unique à une autre situation unique. Enfant, lorsqu'il avait lu des histoires sur les tortures que les Allemands avaient fait subir à des résistants norvégiens, il avait parfois essayé de se piquer les doigts avec des épingles, non pas pour savoir exactement ce qu'était la douleur mais pour participer à la douleur avec eux. Quelque part derrière cette dernière expérience semblait se cacher une intention, aussi vaguement métaphysique et aussi immorale que l'autre, mais il se défendit énergiquement devant lui-même et réussit à réaliser l'expérience sans mésaventure.

Pourtant, dans son inutilité absurde l'expérience avait une sorte de sens. Toutes ces observations constantes, ces mesures, ces pesées continuelles, ces contrôles du pouls et ces promenades chronométrées créaient un état d'égocentricité exagérée, semblaient l'enfermer dans un cercle qui l'isolait du monde. Là dehors la vie continuait, on jetait des bombes sur Hanoï et on manifestait, Svetlana arrivait à New York et débitait ses charmantes niaiseries, un navire sombrait et des Suédois devenaient champions du monde de double en ping-pong, mais autour de lui le chercheur dressait des murs de plus en plus hauts, des murs d'observance, d'égocentricité et d'amour-propre. Et cela devint de jour en jour plus évident : un égocentrisme presque hystérique s'imposait finalement sur tout.

Etait-ce tout ? Et le résultat de l'expérience ?

Le mardi il descendit à Stockholm. Il faisait beau, il avait beaucoup de choses à faire, cela dura plusieurs heures et il fut heureux d'échapper au malaxage. Le soir il était fatigué mais il n'avait aucune difficulté à tenir debout et en aucune manière il n'était mourant. Le mercredi rien de changé, il lui était maintenant très facile de jeûner puisque toutes les sensations de faim avaient disparu et il commençait à oublier le plaisir de manger. Il n'avait pas de douleurs dans les jambes, les réactions des pupilles semblaient normales, pas d'œdèmes de faim. Le pouls au repos, qui au début de l'expérience était de 82 battements par minute, était lentement descendu, il était maintenant à 60 battements par minute, régulier et très net.

Le mercredi on avait entrepris de les transporter ailleurs. Le jeudi 29 novembre le camp des Baltes était entièrement vide.

Le jeudi à midi il cessa l'expérience.

Le jeudi matin il alla pour la dernière fois au gymnase d'Uppsala, se baigna et resta quelques minutes au sauna. Poids : 72,9 kg. Il avait perdu exactement 6,3 kg.

Le test sur home-trainer dans la matinée du jeudi donna les résultats suivants.

Le pouls au repos le matin était à 60 battements par minute. Charge : 300 kilogrammètres par minute — donc assez basse. Poids : 72,9 kg. Fréquence du pouls après une minute 124, après deux minutes 126, après trois minutes 126, après quatre 126, après cinq 126, après six 118, après sept 120 et après huit minutes de bicyclette 118 battements par minute. Il consomma 2,2 litres d'oxygène par minute. Le facteur âge était 0,94, la consommation d'oxygène maximale 2,1 litres par minute, soit 29, calculée en millilitres par kilo et minute. Plus simplement : on pouvait du point de vue physique le comparer avec un homme de 60 ans de condition moyenne.

Son âge réel était de 32 ans.

En huit jours il était passé de 40 à 29 millilitres d'oxygène par kilo et par minute.

Il avait là un chiffre : il avait diminué de 11 unités.

A ce rapport il faut en joindre un autre. Il s'agit d'un rêve qu'il fit. C'était dans la nuit du dimanche au lundi, au début du cinquième jour. Il se réveilla et s'assit dans le lit et il savait qu'il était réveillé bien que le rêve persistât. Il pleuvait dehors, la fenêtre formait un rectangle plus clair, il comprit lentement qu'il ne rêvait plus. Cet état d'angoisse glacée et concentrée qu'il ressentait n'était pas un rêve, même pas ce qu'il restait d'un cauchemar. Il croyait ressentir un sentiment de séparation, de détachement, et ce sentiment était définitif et total et il ne semblait pas y avoir de chemin de retour vers les autres. Il avait détourné le cours de la réalité et maintenant il se trouvait sur une autre orbite. Un moment il pensa réveiller sa famille mais la pensée lui sembla absurde : comment leur parlerait-il ? Ils appartenaient toujours au monde, lui le quittait.

Il pouvait voir sa situation comme une esquisse géographique : un paysage cerné de hauts murs, séparé de l'intérieur du pays, ouvert uniquement vers la mer, et là il n'y avait personne.

Ce rêve était net et précis, sans taches sentimentales ou pathétiques, un rêve rempli d'un désespoir réel et sec dont il ne savait pas se servir puisque cela lui était nouveau. Il se leva, pensa un moment prendre un sandwich mais se rappela son expérience et y renonça. Puis il sortit sur le perron et s'assit sur l'escalier, mais rien ne changea. Il était inexorablement réveillé et son désespoir ne le lâchait pas. Il essaya de le rationaliser en se disant que ce n'était qu'un moyen semi-métaphysique de participer à un problème qu'il était en train d'étudier mais comme ce n'était pas vrai l'enchantement ne le quitta pas et la peur resta. Puis il rentra, alla à la salle de bain, quitta son pyjama et monta dans la baignoire. Il ouvrit la douche et fit couler de l'eau glacée sur son corps mais il resta prisonnier de son rêve. Ensuite il demeura longtemps éveillé dans le lit en regardant vers la fenêtre et alors le rêve disparut lentement. Il se retira lentement à l'intérieur de lui-même, se fit de plus en plus petit, devint un point, puis un vide, et disparut.

Ensuite il s'endormit. Le lendemain matin il écrivit le rêve. Il ne semblait pas avoir de paroxysme et faisait bien littéraire. Il n'est relaté ici que par souci d'intégralité.

Pour celui qu'intéresse le mécanisme d'une grève de la faim, ce rêve ne doit avoir qu'un intérêt de curiosité.

Il rédigea le compte rendu de l'expérience la semaine suivante. Il y revint souvent, relut notes et chiffres. Il ne put jamais le faire sans un sentiment manifeste mais illogique de honte. Les conditions physiques avaient peut-être bien été les mêmes pour lui et pour eux mais que savait-il des conditions psychiques ? Que savait-il d'eux ? Que savait-il de leurs sentiments et de leurs points de départ lorsqu'ils se trouvaient là dans leurs baraquements, allongés sur leurs lits, regardant le plafond, en pensant qu'ils allaient être extradés un de ces jours et qu'ils allaient alors languir en esclavage ou mourir — que savait-il de leur situation ? On pouvait observer les effets du manque de nourriture sur l'organisme mais quels sont les effets du manque d'espoir ? Quels sont-ils exactement ?

Et quel était son point de départ ? Instinctivement il *voulait* prouver que les relations de la presse étaient fausses, que l'opinion avait été dirigée et dupée par ces rapports de plus en plus dramatiques. Quelle était l'influence de ceci sur lui-même et sur sa force de résistance ?

Peut-être ne voyait-il pas cela comme une bulle de savon qu'il fallait crever, mais il voulait pourtant tout réduire au point où cessait la sentimentalité et où commençait la réalité.

Pourquoi traduisait-il toujours humanité par sentimentalité ?

Lorsqu'il cessa l'expérience il connaissait encore mieux sa propre situation.

Il n'avait pourtant pas l'intention de révéler qu'il y avait là tricherie de la part de quiconque. Mais ceci semblait rester comme un résultat préliminaire, une sorte de noyau réel : derrière les rapports un peu imaginaires sur des Baltes mourants, sur des hommes qui se tordaient dans les affres de la faim, se trouvait cachée une réalité politique : les rapports des médecins suédois n'étaient pas basés sur des faits médicaux, mais politiques.

Le mercredi après-midi et le jeudi matin on transporta les Baltes, sur des brancards, en dehors du camp et on les emmena en ambulances à l'hôpital. Apparemment, médicalement parlant, ils auraient pu être extradés en même temps que les Allemands. Déclarer qu'ils étaient trop faibles était une décision politique et non pas médicale. C'était la dernière tentative désespérée du gouvernement suédois pour gagner du temps, là fut réalisée l'idée de Undén, "la solution de l'hôpital".

Maintenant le gouvernement et la presse jouaient toujours, et par hasard, le même jeu : le gouvernement pour gagner du temps, la presse pour créer une opinion. Et pendant ce temps le jeu jouait son propre jeu, la tempête de presse créait sa propre tempête, la vague soulevait une autre vague. Il semblait en être ainsi : une situation à demi fictive se transformait lentement en une réalité. Un jeu glissait des mains de quelqu'un, des mains de tout le monde. Un feu commençait à brûler puis se répandait. Et dans un camp quelques Baltes étaient lentement poussés en avant par une situation dont personne n'avait plus le contrôle.

Finalement il ne lui restait plus que les chiffres de l'expérience auxquels se fier. Il y tenait, puisqu'ils semblaient exacts et que l'exactitude le mettait en confiance et lui permettait de continuer. 2,2 litres d'oxygène par minute. Facteur âge 0,94. 29 millilitres par kilo et par minute. Une diminution de 11 unités en huit jours de jeûne.

Un des médecins envoyés à Ränneslätt par le gouvernement était Gunnar Inghe. Le lundi il fut convoqué au ministère des Affaires sociales : il y avait là Per Nyström*, Eije Mossberg et Möller. Par la suite un autre médecin, Birger Strandell, les rejoignit et on les informa tous deux de la situation.

Les Baltes allaient être extradés, la panique était proche à Ränneslätt, il y avait là-bas des médecins mais on en avait besoin de plus. Ils devaient immédiatement s'y rendre.

Eije Mossberg au moins fut manifestement peu à son aise au cours de la réunion.

D'autres directives ? Ordre de porter malades les Baltes ?

Non.

Un général suédois connu fit le voyage avec eux et leur donna plus d'informations. Il parla longuement et en détail des fautes que le gouvernement social-démocrate avait commises pendant l'automne, dit quel mauvais gouvernement ils avaient là et il fit un résumé des erreurs du gouvernement dans l'affaire des Baltes. Ils étaient dans son compartiment privé, il parlait et eux ils écoutaient.

Dans l'après-midi ils arrivèrent à Ränneslätt.

Ce n'était pas la première fois que Inghe voyait des grévistes de la faim. Il était fréquent que les aliénés se mettent à jeûner et il en avait vu beaucoup en tant que criminologue et médecin social. Il savait que les grévistes ne couraient qu'un faible danger physique pendant les deux ou trois premières semaines en tout cas, mais qu'il était important de les avoir sans cesse sous contrôle médical sérieux.

Maintenant ils étaient là dans leurs lits, tout à fait immobiles et presque apathiques, tandis que Eichfuss traversait à pas feutrés salles et baraquements, dompteur, génie de la maison et médecin tout à la fois. Il parlait, soutenait, persuadait et retournait les indécis.

Il fut le seul avec qui les médecins suédois entrèrent en contact puisqu'il semblait décider de tout. Ils devaient toujours s'en souvenir.

Ils examinèrent les Baltes et trouvèrent la situation relativement bonne, même si l'état psychique des Baltes était très mauvais. Certains d'entre eux parlaient un allemand excellent et ils essayèrent parfois de s'expliquer auprès des médecins suédois, comme pour s'excuser. Ils parlèrent alors presque toujours de leur peur de la mort et de leur certitude de mourir s'ils étaient extradés. Ils parlèrent de leur désespoir et de l'Union soviétique. "Si nous sommes envoyés en Russie cela signifie la mort pour nous tous. Nous le savons. Nous l'avons appris. Nous le savons."

On fit les examens courants. Poitrine, cœur, tension artérielle, pharynx.

Au bout de quelques jours la situation se compliqua. Les Baltes étaient couchés sur leurs lits dans les baraquements, il n'était pas très agréable de les avoir là, cela aurait été plus simple dans un hôpital, plus sûr aussi. Ils téléphonèrent de Ränneslätt au ministère des Affaires sociales et présentèrent leur requête.

Le ministère accepta immédiatement. Gunnar Inghe eut le sentiment que ceux du ministère accueillaient leur rapport et leur suggestion avec joie et un grand soulagement.

— Ce n'est que plus tard que nous avons compris que nous autres médecins possédions une énorme avance sur tous les autres. En tant que médecins nous avions le pouvoir de fausser le mécanisme politique, de désavouer les décisions politiques. Mais nous ne nous rendions guère compte de cela alors. Nous ne considérions cela que comme des cas médicaux.

Son souvenir le plus marquant est cependant celui d'un entretien avec Eichfuss. Il ne se rappelle pas ce qu'ils dirent mais il revoit très bien la situation. Ils étaient assis dans un des baraquements des Baltes, près d'une table à côté d'une fenêtre, c'était le soir et dehors les projecteurs étaient allumés. Eichfuss parla presque tout le temps d'une voix basse et réfléchie. Dans la même pièce étaient couchés huit soldats baltes. La pièce était plongée dans la pénombre, dans le noir les hommes étaient calmes, immobiles, quelques-uns dormaient, personne ne bougeait, la pièce semblait respirer, lentement et mystérieusement. Ils auraient pu être des poupées ou des cadavres, tant ils étaient immobiles. Eichfuss parlait. Par la fenêtre on voyait la clôture de barbelés, les projecteurs, la lumière, des ombres qui pouvaient être des sentinelles.

Il s'en souvient. Ce devait être juste avant l'évacuation du camp.

Et pourquoi furent-ils portés malades ? Les raisons étaient d'ordre médical. Est-ce vrai ? D'après mes souvenirs, oui. N'y avait-il pas eu de directives ? Je n'en ai pas reçu en tout cas. Non, je ne m'en souviens pas.

Et pourtant. Dans ses mémoires *Au service du pays* le chef de l'état-major de la Défense à cette époque, le général C.A. Ehrensvärd, a touché le problème en quelques phrases.

"Le 27 novembre, par l'intermédiaire de la direction générale de la Santé publique, le gouvernement envoya des médecins à Ränneslätt avec l'ordre de porter malades tous les Baltes. La mesure, décidée à cause de la tempête d'opinion, donna l'occasion au gouvernement d'annoncer à la légation russe que ces internés ne pourraient pas être extradés. Curieusement, cette mesure d'envoyer des médecins fut prise sans que les autorités civiles en aient été informées, ce qui causa des complications par la suite.''

Les Allemands avaient commencé leur grève de la faim plus tard que les Baltes mais ils l'avaient rendue plus efficace en ne buvant pas d'eau. Selon les déclarations des médecins, leur état était ''plus inquiétant que celui des Baltes''.

Il ne fut dans leur cas jamais question de les faire porter malades, puisque les indications politiques manquaient. Ils furent extradés sans détours.

17

''A Yalta, Churchill et Roosevelt avaient accepté de renvoyer des citoyens soviétiques hors de leurs zones d'occupation respectives et c'est ainsi que la plupart des Vlassovites qui s'étaient enfuis vers l'Ouest furent livrés aux Russes — souvent avec brutalité de la part des gardes anglo-américains. A Lienz, en Autriche, un groupe de Cosaques qui allaient être évacués refusa de monter dans les camions. Les hommes formèrent un cercle protecteur autour de leurs familles et luttèrent à mains nues contre les troupes britanniques. Soixante au moins furent tués par les Anglais tandis que d'autres préférèrent plonger dans le fleuve Drave et se noyer plutôt que d'être livrés à l'Union soviétique.''

Toland, Les derniers 100 jours

"J'étais en Crimée mais la journée la plus sanglante que j'aie jamais vue, c'était hier, à Ränneslätt..."

Interné allemand, interview le 30.11.1945

Les événements se précipitèrent et tout fut résolu rapidement.

Le mercredi 28 novembre, Undén, le ministre des Affaires étrangères, informa le ministre russe Tchernitchev qu'à la suite de leur grève de la faim les Baltes étaient en si mauvaise condition physique que les médecins suédois estimaient nécessaire de les hospitaliser. Leur extradition ne pourrait donc pas avoir lieu pour le moment.

Le jour même, l'évacuation complète de la partie balte du camp commença. Elle fut terminée le jeudi. Le jeudi 29 novembre à 13 h 30 tout était terminé et le camp balte de Ränneslätt avait cessé d'exister.

Le transport fut tout à fait calme. On porta les Baltes sur des brancards, l'un après l'autre, et on les monta dans des ambulances. Il ne se passa rien, personne ne se débattit. Pas de suicide, pas de protestations, pas de tentative de mutilation.

Le dernier à quitter le camp fut le docteur Elmars Eichfuss-Atvars. Il était le seul Balte à marcher tout seul. On avait permis à la presse d'assister au départ et ils le virent sortir de l'ombre du baraquement après tous les autres, tête nue, vigilant. Il s'arrêta un moment avant de franchir la porte, puis fit un pas en avant, mais vacillant et d'un pied incertain, il trébucha et sa tête vint heurter le chambranle de la porte. Sa tête cogna le bois mais il se redressa tout de suite, posa son bras sur celui d'un infirmier et descendit rapidement l'escalier en souriant. Il y avait du sang sur son front, une petite plaie, il n'y toucha pas. Un infirmier s'avança avec un pansement, Eichfuss resta immobile et se laissa soigner.

— Nous avons gagné, déclara-t-il ensuite aux journalistes suédois. Il est de plus en plus évident que notre lutte se termine par une victoire. Nous n'allons pas être extradés avec les Allemands. C'est tout ce que je peux dire pour le moment.

Puis il passa tout droit devant les journalistes, les gardes et les infirmiers et monta dans l'ambulance, sans se retourner.

Les Baltes allaient être dispersés dans les hôpitaux du sud de la Suède, leur période ensemble s'achevait mais Eichfuss veillait sur eux jusqu'au dernier moment et il déclarait que lui et eux avaient gagné.

Tout cela fut écrit dans les journaux du lendemain. On parla du phénomène de condition physique Eichfuss, le seul parmi les Baltes à pouvoir toujours se tenir debout. On écrivit qu'il était tombé. "Le leader de la grève, le docteur Eichfuss, quitta le camp le dernier. Il était alors si épuisé qu'il buta contre la porte du baraquement et cela lui valut quelques contusions à la tête."

Le lendemain, le 30 novembre 1945, un vendredi, la partie allemande du camp de Ränneslätt fut évacuée et alors brûla la flamme que la partie balte du camp avait allumée, elle brûla alors à son plein, elle brûla à Ränneslätt et à Backamo et à Grunnebo et à Rinkaby, partout, partout.

Le "Cuban", le navire russe, était à Trelleborg et tout était prêt. On pouvait transporter les 2 500 internés allemands.

La police militaire devait se charger de l'évacuation.

Le camp allemand se trouvait dans la partie sud de la plaine. Et pour la première fois de ces journées de novembre le soleil apparut, une matinée merveilleuse, quelques degrés sous zéro, l'air frais, pas un nuage dans le ciel et un peu de givre sur le sol. Le camp avait été encerclé au cours de la matinée : les policiers militaires étaient cachés parmi les arbres et les buissons, ils s'étaient assis dans l'herbe couverte de givre d'automne, leurs paquets de sandwiches par terre devant eux. Il était interdit de fumer, le soleil se levait. Ils étaient armés de revolvers et de bâtons, c'était juste avant 8 heures du matin.

A 8 heures précises, le capitaine Rosenberg entra dans le camp et transmit une note au chef allemand du camp, le capitaine Kohn. Elle était brève, disait que l'extradition en Russie devait maintenant avoir lieu et qu'il leur fallait suivre les ordres qui leur seraient donnés.

Kohn, debout, écouta, conféra rapidement avec son adjudant et annonça après quelques minutes seulement que les Allemands refusaient de partir de leur plein gré.

A 8 h 35 on lança une fusée de signalisation et on pénétra dans le camp. L'évacuation avait commencé.

Ils arrivèrent des quatre côtés et cela se fit rapidement, comme une attaque. Ils coupèrent les fils barbelés, coururent à travers le camp, entourèrent les baraquements, disposèrent des sentinelles partout, puis on commença l'évacuation systématique des baraquements les uns après les autres.

Ou plutôt on essaya de le faire.

Les policiers avaient de longs manteaux bleu nuit, des casques, et ils avaient tous un bâton à la main. Ils entrèrent dans les baraquements sous l'éclairage rasant du soleil matinal pour chercher les Allemands, ils disparurent à l'intérieur et ils y restèrent longtemps.

Le premier qui sortit était un sergent-major de Hameln, il n'était pas rasé, il était pâle mais pouvait marcher. Ils lui ordonnèrent de mettre les mains au-dessus de sa tête et il resta ainsi tandis qu'ils le fouillaient, puis il descendit l'escalier et au moment où ils l'emmenaient tout éclata. Cela commença dans le baraquement 30, deux officiers en sortirent les poignets tranchés, le sang giclant. Ils tenaient haut leurs mains dans la lumière matinale et ils regardaient les policiers qui n'avaient pas encore atteint ce baraquement. Il y eut un moment d'hésitation, de timidité presque, puis les deux Allemands roulèrent par terre, la police les entoura et les infirmiers arrivèrent, et soudain on entendit un chaos de commandements et de cris. Et c'était comme si d'un coup la panique déferlait sur le camp, comme si les deux officiers avaient donné un signal de panique en restant là avec leurs poignets tranchés et leurs bras à demi levés, éloignés du corps comme s'ils voulaient éviter de tacher de sang leurs uniformes.

Des cris s'élevaient maintenant des baraquements et les infirmiers ne cessaient de courir.

Au milieu du camp les baraquements étaient groupés en carré, autour d'une sorte de place, et tous les Allemands qui avaient réussi à sortir des baraquements sans se faire attraper par la police se rassemblèrent là. Au milieu d'eux se tenait leur chef, le capitaine Kohn, et ils se serraient toujours plus fort autour de lui, de plus en plus désespérément. Finalement ce fut un tas compact d'environ deux cents hommes, ils retirèrent leurs ceintures et s'attachèrent les uns aux autres, se lièrent les uns aux autres avec des ceintures et des ficelles, serrés, de plus en plus serrés. Ils restèrent immobiles et regardèrent les policiers, et rien ne se passa.

Une demi-heure s'écoula, une heure. De temps en temps quelqu'un s'écroulait, tombait par terre sans connaissance et alors les policiers s'avançaient prudemment pour l'emmener ailleurs. Mais le groupe ne semblait pas diminuer et au bout d'une heure et demie on comprit qu'il fallait faire quelque chose.

Alors la police suédoise chargea.

Ils se rassemblèrent en une ligne, encerclant les Allemands, et au moment où l'attaque allait avoir lieu le capitaine Kohn tira un poignard et se déchira la poitrine. Le groupe entier sembla suivre son initiative. Ils se coupèrent avec des lames de rasoir, ils en avalèrent, ils s'enfoncèrent des poignards dans la gorge et dans le ventre, avalèrent des cuillers brisées et des tuyaux de pipes, s'entaillèrent et hurlèrent. La police chargea mais tous étaient liés les uns aux autres et tant d'hommes étaient blessés ou désespérés ou totalement incapables de se sortir du groupe qu'il fut difficile de les dégager. Au milieu du groupe se trouvaient maintenant des hommes grièvement blessés et ils ne cessaient de crier, ils criaient et finirent pas réclamer de l'aide et ils étaient tous liés les uns aux autres et la police dut les séparer en frappant. Ils frappèrent et frappèrent et en dix minutes le groupe fut dissous, dispersé, ils étaient par terre ou à genoux ou couchés en petits tas l'un sur l'autre mais le groupe était dispersé et les infirmiers purent intervenir.

Sur les photos on voit bien comme la matinée était belle. Les ombres sont toujours dures et longues ; le groupe d'Allemands acculé au mur d'un baraquement n'est qu'à moitié au soleil. Tout autour d'eux, par groupes éparpillés, le personnel d'évacuation. Les militaires ont des vêtements gris ou gris-blanc, ils ont tous un casque, ils portent des fusils, ils sont un peu à l'écart. Ceux qui ont des vêtements plus sombres, la police de l'Etat et la police militaire, n'ont manifestement que des bâtons à la main.

Soleil cru, ombres nettes.

Certains de ceux qui s'étaient le plus employés à empêcher l'extradition furent témoins de l'évacuation. Parmi eux se trouvait un officier réserviste. Il avait servi à la direction suédoise du camp. Il resta longtemps devant cette foule vautrée et hurlante d'Allemands et vit qu'on les détachait, séparait et emmenait. Il n'eut pas à intervenir et d'ailleurs il ne le désirait pas. Il resta longtemps immobile à regarder. Après un moment il défit son casque et le jeta par terre. Puis il partit. Il se rappelle que les flaques d'eau avaient gelé pendant la nuit, il marcha et la glace craquait.

Ils hurlaient :

— On ne veut pas ! Ne nous touchez pas ! Tuez-nous !

Ils arrachèrent leurs vêtements pour pouvoir se couper plus facilement. Ils grelottaient en ce dernier jour de novembre et cherchaient fébrilement dans leurs chaussettes les derniers paquets de lames de rasoir et ils hurlaient sans cesse. Quelques-uns essayèrent d'arracher les pistolets des policiers mais aucun ne réussit.

A 10 h 30 tout était terminé. La résistance était brisée, les blessés étaient dans les postes de secours. La grève de la faim était stoppée puisque les médecins suédois avaient réclamé des bols de chocolat et des tas de sandwiches et le chocolat était chaud et les Allemands burent et mangèrent. Certains eurent alors des douleurs au ventre mais la plupart semblèrent vite se remettre et ils purent monter d'eux-mêmes dans le train.

On compta les blessés. 74 s'étaient mutilés, mais la plupart des blessures étaient légères et personne ne mourut. Deux seulement s'étaient percé les poumons, la plupart des autres s'étaient coupé les veines des poignets. Plus de la moitié avaient essayé d'avaler des objets pointus ou tranchants tels que lames de rasoir, épingles, boutons, crayons. Les objets purent en général être sortis sans opérations.

En même temps on évacuait les camps de Rinkaby, de Grunnebo et de Backamo.

A Backamo les internés furent informés le vendredi vers 6 heures du matin qu'ils allaient être transportés. Les mutilations volontaires commencèrent immédiatement mais se limitèrent au groupe des officiers. On fit preuve ici de plus d'imagination et les blessures furent beaucoup plus sérieuses. A l'aide des lits ils construisirent rapidement un appareil à casser les jambes, dans lequel l'un après l'autre les internés passèrent leur jambe pour se la faire briser.

Un policier suédois qui habitait Uppsala entra dans un des baraquements et y découvrit l'installation en fonctionnement depuis déjà un moment. Dix hommes étaient à la file et l'officier de plus haut grade longeait le rang et cassait les jambes l'une après l'autre . Lorsque le Suédois entra on avait eu le temps de faire passer huit internés et au milieu du chaos de hurlements qui régnait dans la pièce il ne put empêcher la mutilation des deux derniers.

Le groupe fut rapidement emmené à l'hôpital et on emporta le hachoir.

A 9 heures, trois heures plus tard donc, on avait le contrôle de la situation et l'évacuation put être terminée. 105 hommes exactement s'étaient alors mutilés.

Au camp de Grunnebo les policiers réussirent à surprendre les internés et les mutilations se limitèrent à trois.

A Rinkaby le nombre de mutilations fut de 11 et un suicide réussi : un capitaine autrichien qui se pendit.

Ce matin du 30 novembre, le nombre total des mutilations chez les Allemands allait donc s'élever à 193. A ceci vient aussi s'ajouter un grand nombre d'internés qui avaient été transportés à l'hôpital auparavant ; rien qu'au camp de Backamo le nombre d'internés hospitalisés s'élevait à 391 hommes début décembre.

Le nombre total des internés hospitalisés début décembre s'élevait à près de 1 000 hommes. La grande majorité s'y trouvait en raison des effets de la grève de la faim et des mutilations volontaires.

Une branche de voie ferrée menant à la gare de Lyckeberg passait tout près du camp allemand de Ränneslätt. Les Allemands furent embarqués à cet endroit. Au total 385 hommes, ils s'assirent, apathiques, dans les wagons, regardèrent les autres monter et les portières se fermer. Le train partit à 17 h 45. Il avait vingt-cinq wagons, presque 400 mètres de longueur et deux locomotives le tiraient, aucun des hommes ne fit de signe de la main, personne ne semblait avoir envie de regarder par les fenêtres, ils partirent, ils quittèrent Ränneslätt pour toujours.

Sigurd Strand avait été intendant du camp, il les avait vus pendant six mois, il connaissait personnellement plusieurs d'entre eux, il en avait apprécié beaucoup. Le souvenir qui allait lui rester de l'évacuation est celui d'un cauchemar absurde, de cris, de prières, de sang, d'embrassades. De nombreux Allemands lui avaient parlé, s'étaient jetés à son cou et avaient pleuré, il avait assisté à des accès d'hystérie et au désespoir le plus profond et tout cela était comme un rêve chaotique et sanglant et c'était fini maintenant.

Lorsque le train partit, il regardait par la fenêtre du bureau du camp. Il faisait alors presque nuit, il était très fatigué mais il ne voulait pas rentrer chez lui. La veille, les Baltes avaient été évacués mais cela s'était déroulé dans le calme, eux ils étaient partis pour l'hôpital et il n'avait pas été en contact avec eux aussi intimement qu'avec les Allemands. Ceci était pire.

Il regarda le grand train se mettre en branle et prendre de la vitesse et disparaître dans le noir. Puis il n'y eut plus rien à voir.

Il rentra chez lui vers 10 heures du soir. Il portait son uniforme et son casque. Il entendit sa femme l'appeler de la cuisine mais il était trop fatigué pour répondre. Il passa dans la chambre à coucher et s'allongea sur le lit, en uniforme et manteau d'uniforme et bottes. Ses bottes étaient boueuses et il y pensa après un moment et les retira. Un peu plus tard sa femme entra et se coucha. Il fit noir. Puis il resta là étendu dans le noir sans pouvoir s'endormir ni se lever et enlever son uniforme, il vit les lumières derrière la fenêtre et essaya de fermer les yeux et de dormir. A 3 heures du matin il alla dans la cuisine, but un verre de lait. A 5 heures il dormait.

Les journaux du 1er décembre étaient remplis de détails sur cette flamme qui avait brûlé si fort et qu'une étincelle au camp des Baltes avait allumée un jour. Le 1er décembre tous pouvaient parler de carnages aux camps de Ränneslätt, de Backamo, de Grunnebo et de Rinkaby.

Le 1er décembre 1945 le chercheur avait onze ans et trois mois. Dans l'après-midi le courrier arrivait de Skellefteå et il l'attendait d'habitude près du dépôt de lait de Sjön à Hjoggböle. Ils attendaient et attendaient, puis les lumières arrivaient, d'abord scintillant dans le ciel puis se faisant plus fortes et surgissant sur l'horizon de la plaine, et si dans la lumière il y avait une faible lumière bleue, alors c'était le car qui amenait le courrier et ils attendaient là au pied des hautes congères de neige de Sjön à Hjoggböle dans la province de Västerbotten et le car glissait vers eux et s'arrêtait et c'était là le sommet de la journée, le centre. Le chauffeur sortit avec un sac brun à une fermeture et poignée de métal. Il ne dit rien, il remonta dans le car. Et le car démarra et les lumières disparurent et ils restèrent tous là en petit groupe silencieux, regardant le car partir et les lumières disparaître.

Décembre 1945, sur la côte de la province de Västerbotten.

Finalement il fit noir à nouveau et ils montèrent vers la ferme qui servait de poste, là où on distribuait le courrier. Ils montèrent la colline et entrèrent dans la cuisine, on ouvrit le sac et le courrier fut étalé sur la banquette de bois, un petit tas pour chaque famille et il put prendre son tas et s'en aller. Il n'avait qu'une centaine de mètres à parcourir, à travers champs, passer la chapelle, la grille, entrer chez lui. Il lut tout d'abord Popeye, puis Dragos le fantôme, puis la page des sports, et ensuite le reste : allongé sur le plancher de la cuisine, le journal étendu par terre devant lui et le fourneau à bois noir dans son dos.

Le 1er décembre 1945 il y avait deux grands titres. En haut il y avait écrit : ''Hess avoue que son amnésie était simulée'' et sur la droite en dessous un autre titre, en grosses lettres italiques : ''Tuez-nous avec vos couteaux, hurlaient les Allemands !'' Il y avait des photos aussi. Elles n'étaient pas du jour mais avaient été prises à Ränneslätt. La légende de la première était brève et précise : ''Le docteur B. Strandell examinant un Balte gréviste de la faim''. La photo représentait deux hommes. L'un d'entre eux était couché sur un lit, les mains croisées sur sa poitrine, visiblement c'était le Balte. Il semblait bronzé et maigre, son visage sérieux était tourné sur le côté. Le médecin, l'homme en blouse blanche, était assis sur une chaise à côté de lui et il posait sa main droite sur la poitrine de l'homme allongé.

Il avait un léger sourire.

La deuxième photo représentait des baraquements du camp de Ränneslätt. Deux grands baraquements séparés par des fils barbelés. On distinguait cinq fils distants de quelques décimètres. Non loin de là se tenait une sentinelle, haute exactement de deux centimètres sur la photo.

Le journal s'appelait *Norra Västerbotten*.

Il lut soigneusement le compte rendu. Qu'une telle chose puisse se passer en Suède cela semblait curieux et irréel mais puisqu'il y avait des Allemands dans l'histoire il pouvait admettre que cela se soit passé. Toute la semaine il avait suivi la grève de la faim dans le journal, dès le début, et le point culminant qu'elle atteignait maintenant lui paraissait logique. Mais ce qui allait rester si longtemps dans sa conscience ce n'était pas tant la grève de la faim ni les mutilations volontaires que les raisons de tout cela. Au delà du désespoir apparaissait comme un nuage sombre et menaçant qui effrayait les internés, contre lequel ils luttaient pour y échapper, contre lequel ils avaient manifesté, fait la grève de la faim et s'étaient mutilés : la grande et cruelle Russie. Un pays et un peuple qui, rien que par leur existence, causaient tant de désespoir, un tel peuple devait être épouvantable. Lorsqu'un homme prenait un couteau et le plongeait dans son propre corps pour échapper à quelque chose, pensait-il, c'était que cette chose devait être bien effrayante. Pire que la mort, pire que l'enfer.

Et cela devait rester longtemps en lui, longtemps : le sentiment de peur, de terreur de la Russie et du communisme, la terreur de ce pays, de cet Etat de l'Est, la terreur de ce *quelque chose* vers lequel un jour s'étaient dirigés les vaisseaux négriers.

Cela devait rester longtemps en lui, d'abord consciemment et puis — devenu adulte et lorsqu'il apprit d'autres choses — la terreur devait diminuer et l'origine s'effacer mais les opinions devaient rester. Et lorsque plus tard, adulte, il essaya d'examiner et de se libérer de ces opinions qui le dirigeaient ou le liaient ou le guidaient ou le bloquaient, cela devint une des empreintes les plus diffuses mais aussi les plus attirantes et il commença par là, par ce bout-là : la lumière qu'ils apercevaient sur l'horizon et la petite lampe bleue, le titre dans le journal, le sentiment de terreur devant leur terreur, le sentiment de secrète identification et de solidarité. Il ne se croyait pas capable de se libérer du filet qui l'entraînait mais il lui fallait commencer quelque part et ce fut là.

Le 7 mars 1967 il vit Ränneslätt pour la première fois.

C'était par une merveilleuse journée de printemps. Il arriva en voiture, se gara, puis marcha entre les baraquements et finit par s'asseoir devant une grande maison blanche à deux étages. Il y avait toujours de la neige, sur les routes elle avait fondu et les creux des champs étaient occupés par de petits lacs profonds de neige fondue. La neige était incroyablement blanche, l'eau scintillait et le soleil était chaud. C'était vraiment le printemps, une claire journée de printemps, tiède et fraîche, l'air était calme, il n'y avait pas de voitures sur la route, de petits bruits montaient du sud, de la ville et des maisons, il n'y avait personne, seulement un soleil chaud et doux sur Ränneslätt. Il s'assit sur l'escalier de bois devant la maison, sortit une cigarette, l'alluma, pencha sa tête en arrière et regarda tout ce qu'il connaissait si bien et qu'il ne voyait qu'aujourd'hui.

Un jour il y avait eu ici un camp.

Il était assis sur le perron de la maison dans laquelle les officiers baltes avaient été cantonnés. Ils avaient habité ici. Lapa s'était suicidé ici, ils avaient discuté ici, ils avaient vécu ici, c'était ici. Sur la gauche, de l'autre côté de la route, il y avait le bois et l'endroit où avaient été les baraquements des soldats baltes : mais les baraquements n'existaient plus, il ne restait que le bois. Les fils de fer barbelés avaient disparu. De l'autre côté du champ, loin de l'autre côté, il vit ce qui restait des baraquements des Allemands : la plupart avaient été démolis.

C'était là qu'ils avaient vécu. Là que s'était déroulée l'évacuation : ce chaos de cris, de sang, de prières, de larmes, de malédictions et de coups de bâtons, le dernier petit incident sanglant de la guerre en territoire suédois. Et maintenant : soleil. Ce soleil chaud, généreux et doux du printemps qui semblait éloigner les événements, les transformer en histoire, en réalité rêvée.

Un jour il y avait eu ici un camp.

Dix mois s'étaient passés depuis un jour de juin dans la ville de Jackson décomposée, troublée et brûlante, dix mois depuis le moment où il s'était arrêté sur un trottoir et avait compris que ses sentiments n'étaient que des abstractions sentimentales, que la marche n'allait pas cesser de passer à côté de lui s'il ne changeait pas lui-même de direction. Il avait pris son élan et s'était envolé et il volait toujours comme un astronaute dans son vaisseau spatial naufragé, cherchant à tâtons quelque chose qu'il ne semblait pas encore pouvoir formuler clairement. Il ne savait même pas ce qu'il cherchait, ici dans la plaine, à Ränneslätt. Que voulait-il en fait ?

C'était en 1967, l'année des protestations, l'année des désertions, l'année des manifestations, l'année des œufs pourris, l'année des vitres cassées dans les ambassades, l'année de l'indocilité civile. Ici, à Ränneslätt, des militaires et des gardes avaient protesté publiquement contre une chose qu'ils avaient comprise comme inhumaine, contre le gouvernement qu'ils servaient : c'était en 1945, une année de protestations aussi. Ici un officier avait arraché son casque et était parti. Ici beaucoup de gens avaient réagi contre des ordres, de la manière dont ils avaient toujours dit que les gardes des camps de concentration auraient dû réagir : ne pas obéir aveuglément aux ordres mais agir selon des principes différents, selon des principes humains.

Pourtant il ne semblait pas satisfait, il cherchait perpétuellement autre chose, juste à côté, quelque chose qui éventuellement allait se révéler beaucoup plus important. Que cherchait-il ? Etait-ce qu'il croyait que l'humanité était toujours dirigée en priorité par des principes idéologiques ?

Peut-être était-ce sur ce point qu'il hésitait encore. Toutes ces dernières années il avait ressenti violemment que sa vie et ses sensations étaient dirigées, guidées. Il avait essayé de se libérer et il savait qu'il lui fallait continuer, bien que le travail fût sans espoir et le résultat incertain. Il pouvait commencer ici. Quel est l'ordre de priorité des objets de compassion ? Pour lui comme pour presque tout Suédois il semblait évident de concentrer son attention sur les quelques morts au pied du mur de Berlin plutôt que sur le demi-million de communistes fusillés un jour en Indonésie. L'esclavage politique avait été plus difficile que l'économique et remettre cela en question ne serait que l'expression d'un nouveau conformisme étrange et ridicule. Mais que l'humanité soit aussi dirigée par des principes idéologiques, cela lui apparaissait comme une trahison, jusqu'au moment où il commença à structurer le champ et à s'apercevoir que ce n'était pas tout à fait vrai pour tous.

Ici étaient morts des hommes. Ici on s'était servi de leur mort comme argument politique. Ici on s'était servi de leur future mort éventuelle comme argument politique. Un motif semblait exister aussi derrière *l'usage* de l'homme sacrifié, de l'argument de "l'homme sacrifié". Un motif logiquement possible à discerner. La mort de Lapa était utilisable comme argument politique. La mort en camp d'esclavage aussi était utilisable. La mort au pied du mur de Berlin aussi était utilisable. Tout cela symbolisait clairement l'avantage d'un système politique, toutes étaient des morts qui avaient d'évidents mérites pédagogiques puisqu'elles illustraient d'une manière brillante l'avantage d'un système politique et l'inconvénient d'un autre.

On pouvait donc rejeter comme sans intérêt d'autres morts plus basses sur l'échelle des priorités, moins nettes, et par là même moins utilisables politiquement. On refuse un visa d'entrée à des juifs anonymes : mort administrative sans intérêt. Dans le pays X en Amérique du Sud 5 000 personnes sont mortes d'inanition ou de maladies dues à la sous-alimentation, habitants d'un pays au système politique corrompu, protégé et soutenu par le pays Y. La mortalité infantile y est élevée pour les mêmes raisons. Ces morts sont diffuses et sans intérêt. Ils sont morts lentement, sans crier, sans subir de brutalités, sans avoir la possibilité de rendre leur mort dramatique. Et puisque nous avons décidé que la brutalité c'est les mitrailleuses et les camps de travail, eh bien leurs morts ne peuvent servir de symbole, d'illustration des systèmes politiques.

Il pensait qu'il est étrange combien nous avons appris à estimer la violence politique suivant des critères esthétiques, comme si nous étions des critiques de théâtre et non pas des hommes. Lui-même semblait sans cesse tomber dans les mêmes pièges, puisqu'il était toujours attiré par les instants les plus dramatiques lorsque justement un événement semblait être illustré par *une tragédie* et qu'il semblait en plus choisir les tragédies avec un cynisme qui ne rendait pas plus clair le mécanisme du jeu.

Il était assis là au soleil sur le perron. Ici s'étendait la plaine et un jour il y avait eu ici un camp. Il se trouvait à vingt-deux ans d'eux, il ne comprendrait jamais ce qui s'était passé, mais en essayant de ne pas partager leurs souffrances il allait peut-être pouvoir décrire le mécanisme de la tragédie : c'était possible. La plaine était blanche, le soleil chaud, un jour il y avait eu ici un camp, enveloppé de la brume du matin, de boue, de neige, de barbelés, de désespoir, de sang, du froid de novembre. "*Même si en un certain sens l'histoire est la source de toute politique, les enseignements de l'histoire sont en général si ambigus que le point de vue adopté au départ devient souvent décisif dans le choix entre les différentes interprétations historiques qui se présentent.*" Oui, c'était possible, était-ce ainsi qu'il travaillait ? Et comment allait-il ensuite employer tout cela, toute l'enquête, toutes les interprétations ? Qu'allait-il faire ? ''*Il faut soigneusement vérifier que de chaque expérience on ne tire que la connaissance qu'elle peut donner — et s'arrêter là ; il ne faut pas devenir comme le chat qui s'assied sur un fourneau brûlant. Ce chat n'ira plus jamais s'asseoir sur un fourneau brûlant — et cela est heureux. Mais il n'ira jamais non plus s'asseoir sur un fourneau froid.*''

Dix mois après un élan, chancelant dans l'espace comme un astronaute, en route peut-être. Le soleil brillait. Un jour il y avait eu ici un camp.

III. LE DÉPART DES LÉGIONNAIRES

1

Première impression. De la fenêtre de son bureau au premier étage de l'hôpital de Kristianstad, l'infirmière suédoise Signe B vit les ambulances militaires s'arrêter dans la cour et les Baltes en sortir. C'était le 29 novembre vers 22 heures. On l'avait informée que la condition physique des internés était mauvaise suite à la grève de la faim, elle était donc prête à faire des transfusions de sang, des perfusions et des lavements nutritifs. Elle se rendit pourtant compte que tout ceci serait inutile, puisque les Baltes se trouvaient en assez bonne condition et pouvaient marcher tout seuls. On les fit entrer et se coucher dans les lits. Ils ne voulaient que de l'eau. Ses préparatifs n'avaient donc servi à rien.

Dispersion des leaders. Les Baltes furent répartis dans des hôpitaux à Ulricehamn, Halmstad, Kristianstad, Växjö, Kalmar, Eksjö et Örebro. Les leaders furent soigneusement dispersés. Eichfuss fut emmené à Ulricehamn, Lielkajs à Eksjö, Slaidins et Raiskums à Örebro, Gailitis et Kaneps à Halmstad, Kessels et Cikste à Växjö.

Différentes tentatives pour venir à bout de cette situation. H, envoyé par la Direction générale de la Santé publique, trouva que le traitement de ces patients n'avait en général pas offert de difficultés. Certes, ils continuaient de refuser toute nourriture, mais cela n'amenait qu'une diminution générale des forces, jamais si élevée pourtant que les patients ne puissent plus se lever de leurs lits. Lors de l'arrivée dans les hôpitaux on avait cru remarquer certains cas isolés de légers œdèmes aux poumons qui cependant avaient disparu rapidement. La lenteur de réaction des pupilles qu'on avait pu remarquer lors des examens dans les camps ne put, malgré la poursuite du jeûne, être observée après l'arrivée dans les hôpitaux.

H put constater avec satisfaction que certains patients qui n'avaient été guéris que récemment d'hépatite et chez qui le jeûne avait provoqué un léger ictère étaient maintenant hors de peine après avoir reçu les liquides et la nourriture nécessaires. Les patients qui avaient cessé leur jeûne retrouvèrent leurs forces remarquablement vite. Ils n'eurent pas de difficultés à reprendre de la nourriture bien que dans certains cas celle-ci n'ait été que le menu ordinaire des hôpitaux.

Il était pourtant important de venir à bout des états purement psychiques d'inquiétude et de tension dans lesquels tous les patients sans exception se trouvaient. Ce facteur psychique était, en particulier chez les Baltes, très important. Dans le cas de certains Allemands le traumatisme psychique avait été si lourd qu'il avait provoqué des accès de maladies mentales. A Borås on avait enregistré un cas de neurasthénie et deux cas de réaction schizoïde et à Malmö un cas de catatonie. Quant aux Baltes, il était difficile d'avoir des contacts personnels avec eux car un petit nombre seulement maîtrisait l'allemand ou l'anglais. Il était donc impossible de faire un diagnostic détaillé de leur état psychique. H estimait que dans ces conditions il était important que les médecins qui soignaient les internés reçoivent des informations et des instructions telles qu'ils puissent favorablement les influencer, les aider à combattre leur dépression.

Les patients baltes se montrèrent d'ailleurs raisonnables et d'un commerce facile, mis à part le fait que la plupart d'entre eux tenaient à poursuivre leur jeûne.

Une remarque. H avait pu constater que la solidarité entre les Lettons, qui formaient la plus grande partie des patients baltes, semblait être très forte. Les autres Baltes se distinguaient nettement des Lettons et ne semblaient pas vouloir suivre les principes d'action sur lesquels les Lettons s'étaient mis d'accord.

La remarque de H semble exacte. Extrait d'un "Ordre d'action aux internés baltes de l'hôpital de Halmstad", donné le 30.11.1945 et signé Karlis Gailitis. Paragraphe 4. "Le briseur de grève Johannes Indres (Estonien) est mis au ban de notre organisation pour toujours. Les relations avec lui, quelles qu'elles soient, sont strictement interdites. Au cas où certains problèmes ne seraient pas réglés, ils devront l'être par le directeur puis par moi-même. Tout homme entretenant des relations interdites avec lui sera considéré comme briseur de grève."

Une remarque sur la garde. Les corps de garde de Växjö, de Kalmar et de Örebro fournirent à H des raisons de critique. En tous ces endroits manquait une garde extérieure. A Kalmar, même la garde intérieure était insuffisante. Les médecins en avaient fait remarquer les inconvénients aux autorités policières locales, mais sans résultat. H fit lui-même un rapport au préfet G. Österdahl, mais sans se faire entendre. A Växjö et à Örebro une garde extérieure fut pourtant rapidement organisée.

L'expérience montrait nettement que la garde, pour être suffisante, exigeait une surveillance perpétuelle de chaque salle par une personne au moins (un infirmier par exemple pouvait convenir), plus une surveillance policière dans chaque couloir devant les salles et une garde extérieure constante. L'évasion qui eut lieu plus tard à Växjö illustra bien le danger de ne pas avoir de garde extérieure.

Un facteur de retenue. Les forces de la plupart des internés étant diminuées des suites de la grève de la faim il était peu probable qu'ils aient eu la possibilité de s'évader. Cependant, au fur et à mesure qu'ils cessaient de jeûner, le risque augmentait.

Un problème de communication. Les quatre premiers jours à Ulricehamn, Eichfuss resta avec les onze autres Baltes amenés avec lui à l'hôpital. Dans certaines limites il eut la possibilité de communiquer avec son entourage, entre autres il fut en contact continu avec un journal suédois de Eksjö. Le 3 décembre il reçut une délégation lettonne. Le jour même, dans l'après-midi, le directeur général Axel Höjer chargea le docteur Bruce de demander au médecin-chef de Ulricehamn s'il était possible d'isoler Eichfuss. Il souligna l'importance d'avoir un complet contrôle sur lui. Le docteur Juhlin-Dannfeldt annonça que cela ne pourrait se faire que si on transportait Eichfuss dans une section spéciale. Le 3 décembre le docteur Adams-Ray apprit par le docteur Samuelsson que Eichfuss était prêt à engager ses camarades à cesser la grève de la faim. Le docteur Samuelsson reçut l'autorisation d'annoncer ceci par télégramme aux médecins-chefs des différentes sections hospitalières sans avoir à en référer au directeur général. Le 4 décembre le docteur Adams-Ray annonça au docteur Samuelsson qu'aucune communication de Eichfuss n'avait le droit d'être diffusée. Le 5 décembre le docteur Svenning reçut un appel téléphonique du docteur Samuelsson l'informant que Eichfuss avait une nouvelle communication à faire à ses camarades. Le docteur Samuelsson reçut l'ordre de ne permettre en aucun cas la diffusion de cette communication. Il fallait la transmettre par lettre express à la Direction générale de la Santé publique. Le 6 décembre on entreprit de transférer Eichfuss à l'hôpital provisoire de Kristianstad pour isolement complet.

Le vendredi 7 décembre, le dernier jour à Ulricehamn, le chef de la Direction générale de la Santé publique, Axel Höjer, eut un long entretien avec Elmars Eichfuss-Atvars un peu avant son départ pour Kristianstad. Un compte rendu secret de cette conversation fut rédigé par la suite.

Eichfuss, mentionné ci-dessous par un E, répondit à un certain nombre de questions sur lui-même. La biographie qui suit repose sur les renseignements qui furent fournis lors de cet entretien.

E, né à Riga en 1912, termine ses études au lycée en 1926. De 1928 à 1930 il reste en sanatorium pour soigner une tuberculose. Etudes à l'université de Riga de 1930 à 1933, service militaire à Riga en 1934. De 1935 jusqu'en janvier 1940 E étudie la médecine à l'université de Griefswald et il reçoit là "des papiers allemands comme diplômes de ses études" ; ses propos sont ici très confus. En 1940 E retourne à Riga pour essayer de retrouver un frère. Il revient ensuite en Allemagne et entre en service à l'hôpital de Lodz. En avril 1940 il est appelé dans l'armée allemande. Il retourne à Riga pour chercher sa famille. A l'automne il sert à nouveau comme médecin à Lodz. Après l'attaque allemande de l'Union soviétique, il reçoit un poste auprès du commandant d'un camp de prisonniers de guerre en Ukraine. E estime que la fosse commune de Venitza est une œuvre des Allemands. "J'ai des documents." Il arrive au camp de prisonniers de guerre de Zjitomir.

E profite de son éducation universelle. On ne connaît rien de précis sur son service dans le district de Zjitomir. Il déclare pourtant que dans ce district la situation était dure pour les prisonniers de guerre russes. "Les Allemands n'avaient pas assez de vivres pour les prisonniers et chaque jour 600 internés russes mouraient d'inanition." E put observer là les effets physiologiques de la faim sur l'organisme humain. Au cours de sa carrière E a fait l'expérience de choses diverses, entre autres de la technique de la grève de la faim, jusqu'où elle peut aller, le moment où la vie est en danger, etc. "Le fait qu'Eichfuss ait pris la direction de la grève de la faim des Baltes en Suède serait une application de ceci." E profite là d'une manière surprenante de ses expériences peu ordinaires.

Un intermède religieux. En janvier 1942 E fut légè rement blessé à la nuque et il entra à l'hôpital de Zjitomir. Il y fut atteint de typhus exanthématique, maladie qui régnait alors dans les camps, diminua de poids jusqu'à 49 kilos, fut déclaré guéri et retourna en septembre à Riga. Là il se consacra à rassembler des prêtres et des médecins en une secte religieuse. Celle-ci était fondée sur la déclaration d'amour de l'épître aux Corinthiens et visait à réunir les catholiques, les luthériens et les baptistes en *une* profession de foi, en *un* Dieu. Le mouvement doit disposer d'un emblème que E a peint dans un livre et qu'il esquisse maintenant : un écu à deux champs, le premier meublé de deux croix, l'une rouge et à l'intérieur de celle-ci une blanche. E fait remarquer que la croix ne doit pas être uniquement rouge puisque la Croix-Rouge a mal accompli sa mission. Dans le champ inférieur une ancre et une croix entrecroisées (cette dernière pourrait aussi être une épée).

Sur une question directe E admet, après un moment d'hésitation, que les juifs peuvent faire partie de sa secte. Il n'accepte cependant pas les Grecs orthodoxes.

Cet intermède religieux fut cependant bref. Dès octobre 1942 il servit dans la défense aérienne allemande en tant que médecin. En mars 1943 il est incorporé dans le 1. Lettische Baubataillon. On le retrouve dans la poche encerclée de Courlande. En mai 1945 il est à Liepaja, il rejoint de là l'île de Gotland sur un dinghy.

Un bon contact s'était établi entre Eichfuss et le Suédois pendant l'entretien ; Eichfuss semblait flatté de cette attention, il parlait avec ardeur et distinctement. Il fit incidemmment quelques brèves allusions à certains de ses codétenus ; il qualifia Gailitis de "nazi ignare, bête et dangereux". Il essaya vivement de décrire la constitution du groupe balte puisque "tout groupe essaie de se présenter sous son meilleur jour possible, on ne peut pas tout croire". Il parla surtout en faveur d'un groupe de jeunes soldats âgés de dix-sept à vingt ans, ils avaient été mobilisés de force et étaient arrivés ici en uniforme allemand mais il fallait les considérer comme des civils. Le groupe arrivé de Courlande, celui que personnellement il connaissait le mieux étant donné qu'ils avaient été ensemble sur Gotland, n'était pas composé de civils au sens habituel puisqu'ils avaient tous servi dans l'armée allemande mais "après la mort de Hitler il ne faut pas les considérer comme liés à lui par un serment, ils ne font donc pas partie de la Wehrmacht".

Sur la table d'Eichfuss se trouvait un cadre contenant des photos de sa femme, de ses trois enfants et d'une tante. La photo d'une infirmière était glissée dans le même cadre que le portrait de sa femme. "Elle m'a aidé." Lorsqu'au cours de l'entretien on l'informa qu'il allait être isolé et qu'aucun regroupement des Baltes ne serait toléré il accepta le fait mais sembla en même temps tenir beaucoup à garder son rôle de "Menschenführer" — il fit valoir que les Baltes, privés de sa direction, allaient reprendre leur grève de la faim. Son projet était de retarder le voyage ad infinitum par des périodes de jeûne renouvelées. Il déclara être persuadé de la mort de sa famille et être lié maintenant avec une infirmière lettonne ; elle allait l'aider à écrire ce livre sur la nouvelle religion qui devait unir l'Europe en "eine gesunde Menschheit". Il demande, attendri, qu'on le transporte là où elle travaille. Lorsqu'il apprend qu'il va être transféré à Kristianstad il se met à jurer, il s'agite, parle de Gestapo, etc.

L'entretien avait alors duré deux heures. Il demanda que le policier qui se trouvait dans la pièce en sorte mais la demande ne fut pas satisfaite. Il entraîna alors Höjer dans un coin et lui confia à voix basse qu'il soupçonnait un policier suédois d'avoir fourni certaines informations aux journaux. Puis il se dirigea vers son lit et retira d'un tiroir une liasse de papiers qu'il donna à Höjer avec des larmes dans les yeux : il y avait entre autres une lettre aux autres internés baltes, dans laquelle il déclarait renoncer à sa mission, et trois lettres à la Direction générale de la Santé publique.

Impressions personnelles sur E. Il semblait être le

véritable instigateur de la grève de la faim, aussi bien celle des Baltes que celle des Allemands. Il s'attendait à être tué par les Russes et luttait frénétiquement pour sa vie. Il se croyait, selon l'interprétation de Höjer, détenteur d'une mission, se croyait le prophète d'une religion mais semblait en même temps ne pas se faire d'illusions sur son succès. D'une manière assez diffuse mais frappante tout à la fois il faisait penser à Sven Lidman*.

Essai de diagnostic psychiatrique. "Volonté inouïe. Assez borné mais domine son entourage par son rayonnement. Je m'imagine que le diagnostic psychiatrique serait : hystérique aux réactions paranoïaques."

Le 7 décembre, tard dans la soirée, le docteur Elmars Eichfuss-Atvars fut conduit en voiture de Ulricehamn à Kristianstad. Deux policiers en civil vinrent le trouver et lui dire qu'il était temps de partir. Il ne résista pas. Ils arrivèrent à Kristianstad tard le soir. On l'amena à une chambre d'isolement et un policier armé fut mis en faction devant sa porte. Il se coucha immédiatement. Il devait demeurer à Kristianstad tout le reste du séjour en Suède, il n'eut plus jamais aucun contact avec les autres, on le garda soigneusement.

Pour que personne ne sache où il se trouvait on lui attribua par la suite un pseudonyme.

2

Un hôpital provisoire fut établi à Kristianstad au printemps 1945 et placé sous la direction du docteur Hans Silwer. On y amena au printemps et en été un certain nombre d'anciens prisonniers rescapés des camps de concentration allemands. C'étaient surtout des juifs, des communistes et des Norvégiens. Hâves et cadavériques, il fallut longtemps pour les ramener à la vie. Le personnel de l'hôpital fut très marqué et plusieurs s'en souviennent encore aujourd'hui : des débris d'hommes qui revenaient lentement à la vie.

Le 30 novembre un groupe de Baltes militaires internés et en grève de la faim entra aussi dans cet hôpital. Quatre Estoniens et sept Lettons. Sur ordre de Stockholm ils furent placés dans une section différente de celle des victimes des camps qui se trouvaient toujours là. On ne désirait pas que le public apprenne que d'anciens soldats de l'armée allemande, même si ceux-ci étaient d'origine balte, se trouvaient dans le même hôpital que les victimes des Allemands. Au lieu d'être installés dans les bâtiments de l'Ecole Technique où se trouvaient les patients venus des camps de concentration, les Baltes furent placés dans le pavillon médical section n° 2 de l'hôpital central de Kristianstad.

Un incident tragique avait eu lieu à l'hôpital au début du mois de novembre et on en discutait alors encore beaucoup. Un Norvégien qui venait des camps de concentration allemands mais qui y avait collaboré avec les Allemands se suicida. Les autres Norvégiens de l'hôpital le détestaient sans doute, mais le personnel suédois s'était pris d'affection pour lui et tous furent profondément mal à l'aise après son suicide.

Le gouvernement suédois avait en effet décidé de l'extrader en Norvège contre sa volonté.

On discuta parfois des parallèles possibles. A Ränneslätt un Letton nommé Oscars Lapa s'était suicidé après avoir appris qu'il allait être extradé en Union soviétique. Il avait collaboré avec les Allemands, et les Suédois avaient décidé de l'extrader contre sa volonté. A Kristianstad un Norvégien qui avait collaboré avec les Allemands s'était suicidé lorsqu'il avait appris que les Suédois allaient l'extrader.

Il y a bien entendu des différences. On ne *peut pas* comparer la situation politique en Norvège avec celle de la Lettonie. Le Norvégien n'avait pas d'*opinion* suédoise pour le soutenir. Pour un jugement suédois il existe aussi d'importantes différences *idéologiques*. Lapa allait être extradé aux *communistes*. Le Norvégien allait être extradé en Norvège, à un *peuple frère*, à un peuple qui nous ressemble par maints côtés.

3

Le 2 décembre Per Albin Hansson prononça un discours à Borlänge : il répéta en gros les points de vue du débat au Riksdag du 23 novembre. Le 4 décembre le gouvernement se réunit à nouveau. Cela se fit à une séance préparatoire du conseil des ministres. Il s'y révéla pour la première fois ce que plus tard Ernst Wigforss dans une interview devait appeler "une faille sentimentale dans le gouvernement".

Östen Undén exposa le problème. Il expliqua ce qui s'était passé, décrivit la violente tempête d'opinion, analysa les différentes lignes d'action. Il finit par recommander un changement de la position jusqu'ici adoptée par le gouvernement. Il était possible de dire aux Russes qu'une situation nouvelle s'était présentée à cause du mouvement de l'opinion locale. "Il serait peu souhaitable de soulever à nouveau cette opinion, qui se tournerait contre l'Union soviétique. C'est pourquoi il serait bon de retarder la question jusqu'à nouvel ordre."

Ernst Wigforss demanda immédiatement la parole.

Il n'en dit pas long mais puisque, avec Per Albin Hansson, il était peut-être celui qui au gouvernement avait la plus grande autorité, ses mots pesèrent lourd.

— Je ne pense pas que nous puissions discriminer l'Union soviétique de cette manière. Nous ne pouvons pas considérer l'Union soviétique comme un Etat de barbares, nous avons extradé des internés allemands aux puissances occidentales, refuser l'extradition aux Russes serait les mettre dans une catégorie à part. Et nous ne pouvons nous le permettre.

Sköld * prit la parole après lui. Il fut aussi très bref et il soutint entièrement Wigforss.

— Nous ne pouvons faire une telle distinction. Nous devons tenir les promesses faites.

Per Albin Hansson garda le silence tout au long de la discussion. Très vite le gouvernement se cristallisa en deux blocs. D'un côté les partisans de l'extradition : Wigforss, Sköld et Möller. De l'autre Danielsson, Quensel et Zetterberg, adversaires manifestes de l'extradition. Ces derniers étaient tous trois des politiciens experts, il fallait les considérer plutôt comme des spécialistes sans couleur politique que comme des hommes de parti.

Entre les deux camps, avec une attitude étrangement double, se trouvaient d'une part Undén et de l'autre Per Albin Hansson. Le premier avait ouvert le débat en demandant d'annuler la décision d'extradition, non point parce qu'elle était mauvaise mais par égard pour l'opinion. Mais, ceci fait, il restait silencieux et ne participait pas au débat d'une manière active. Per Albin Hansson gardait le silence : ceux qui étaient présents avaient l'impression qu'il restait ouvert aux deux bords, qu'il soutiendrait vaguement Undén si Undén était soutenu par une bonne partie du gouvernement.

Mais les choses ne se passèrent pas ainsi. Wigforss, Sköld et Möller faisaient tous trois partie du noyau du gouvernement. Danielsson, Quensel et Zetterberg "n'appartenaient pas à la tête du gouvernement. S'ils avaient voulu mettre les choses très au point je suppose qu'ils auraient été obligés de quitter leurs postes. Mais ils ne le firent pas." (Wigforss). Et Undén ? N'appartenait-il pas à la tête du gouvernement ? "Si, mais son opposition n'était pas très ferme, il n'était pas très décidé à pousser jusqu'au bout sa nouvelle ligne de conduite."

Per Albin Hansson prit pour la première fois la parole

à la fin de la discussion. Il résuma le débat ainsi : une majorité du gouvernement avait estimé qu'il était impossible de changer la position adoptée auparavant. La décision était donc toujours valable.

Trois membres du gouvernement s'abstinrent d'approuver le procès-verbal : Zetterberg, Quensel et Danielsson.

Un gouvernement est constitué de plusieurs membres. Mais toute décision n'est en réalité prise que par quelques-uns : par ceux qui possèdent le plus d'autorité ou le plus de connaissances.

Trois hommes avaient joué les rôles clés lors des dernières séances relatives à la question balte. Östen Undén, Ernst Wigforss et Per Albin Hansson. Ce furent leurs opinions, leurs analyses, leurs positions qui ce jour-là, le 4 décembre 1945, décidèrent de l'issue de la discussion, discussion qui allait définitivement régler la question de l'extradition.

Östen Undén tout d'abord.

Il était juriste, spécialiste des questions de droit international, sa renommée en Suède et à l'étranger était énorme. Il avait siégé au Comité des Affaires étrangères le 11 juin, au Riksdag il avait défendu l'extradition avec une sorte de vigueur sèche. Maintenant il changeait subitement d'avis. Ou peut-être pas ?

— Dans vos mémoires vous dites quelque part que "les raisons humanitaires pesaient lourd contre une extradition". Mais vous pensiez alors et le pensez toujours que les Baltes n'allaient pas être considérés comme des traîtres à leur patrie et que les craintes étaient très exagérées. Quelles étaient alors ces raisons humanitaires ?

— La position des pays baltes était un cas particulier, les Baltes n'étaient citoyens russes que depuis si peu de temps. On pouvait très bien spéculer sur un traitement plus dur.

— De plein droit ?

— Pas vraiment. C'était alors l'opinion courante des Suédois, elle était exagérée selon moi. Mais les événements qui se déroulaient dans les camps échauffaient les esprits.

— Dans vos mémoires vous dites encore que "d'importantes raisons politiques réclamaient d'autre part que le gouvernement tienne ses promesses à l'Union soviétique". Mais quelles étaient ces raisons politiques ? L'accord commercial passé avec les Russes a-t-il joué un rôle ?

Il sourit presque amicalement.

— Il est très facile de répondre à cette question, il n'a joué absolument aucun rôle. Il n'y eut aucune pression. Voilà la réponse. Les Russes étaient désolés mais ils ne poussaient pas de cette manière.

— Mais alors pourquoi le gouvernement a-t-il agi comme si la situation avait été forcée ?

— Nous pensions qu'il était évident qu'on ne pouvait discriminer les Russes en supposant que le traitement des prisonniers allait être chez eux pire qu'ailleurs. Nous ne voulions pas donner l'impression que l'Union soviétique était un Etat d'un niveau inférieur à celui de certains pays occidentaux. L'humiliation des Russes aurait été effrayante. Pendant la guerre nous avions traité l'Allemagne et les Allemands comme un Etat civilisé malgré tout ce qui s'y passait. Mais les Russes, dont le pays avait été à moitié ruiné, qui avaient été les victimes les plus exposées du nazisme, nous allions les traiter comme des barbares. Je crois que c'est cela justement qui indignait si fort les Russes : que tant de Suédois puissent penser qu'ils allaient traiter leurs prisonniers plus durement que ne l'auraient fait d'autres. Qu'un membre du Riksdag ait pu se lever pour dire que l'extradition aux Russes signifiait la mort des Baltes.

— Les relations entre la Suède et l'Union soviétique furent-elles tendues après l'extradition ?

— Non. Mais c'est uniquement à cause de notre manière d'agir. Parce que nous n'avions pas cédé à l'opinion publique. Les Russes étaient très sensibles au fait de ne pas être traités comme les autres.

— Pensiez-vous à l'origine que cette affaire allait être la source de tant d'agitation ?

— Non, pas du tout. Il est assez fantastique qu'une telle agitation ait pu se développer.

— Lorsque vous avez changé votre position, c'est-à-dire votre position lors du débat au Riksdag le 23 novembre pour celle de la séance préparatoire du 4 décembre, était-ce parce que vous aviez été amené à penser que les "raisons humanitaires" étaient devenues plus importantes ou était-ce seulement une concession à l'opinion publique ?

— C'était *uniquement* une concession à l'opinion publique.

Le deuxième était Ernst Wigforss.

En décembre de la même année certains de ses points de vue allaient être très justement décrits par Johannes Wickman dans un article de *Morgon-Tidningen*. "En une génération trois énormes vagues d'opinion ont balayé la Suède, les trois fois elles ont jeté de l'écume sur la côte russe. *1913-1914* — campagne pour un réarmement intensif, la panique, comme si la Suède avait été menacée d'une attaque russe, campagne menée par Sven Hedin*, l'onctueux adorateur de Guillaume II et de Adolf Hitler, elle balaie le gouvernement libéral de Staaf et triomphe lors des premières victoires allemandes de la première guerre mondiale, avant tout parce que ce sont des victoires sur la Russie. *1939-1940* — participation passive à la guerre de la Finlande contre la Russie, ce que même le ministre des Affaires étrangères suédois de l'époque, Günther, affirma être un moyen de sauvegarder la Finlande des projets d'annexion russes. Le ministre suédois des Affaires étrangères de l'époque affirme cela en public. En public aussi — au Riksdag — il triomphe en octobre 1941 lorsque la défaite de la Russie est acquise et il exprime sa satisfaction au nom de la Suède neutre.

1945 — il est vrai que cette vague d'opinion à certains égards se distingue des précédentes. Mais la Russie est toujours visée. L'opinion n'aurait jamais été autant soulevée, au point que même les écoliers furent mobilisés par leurs professeurs, si le vieux sentiment antirusse d'une grande partie du peuple n'avait pas servi de catalyseur."

Pour Ernst Wigforss et pour les sociaux-démocrates radicaux de sa génération cette analyse était valable. Le débat sur la défense avait été sa première grande question politique et on avait toujours associé la question de la défense avec la "menace orientale", argument le plus ancien et le plus fort pour une défense renforcée. Les Russes étaient "l'ennemi héréditaire" qui avec acharnement revenait sans cesse dans le débat, c'était à cause d'eux qu'il fallait dépenser tout l'argent pour la défense.

Wigforss et sa génération de radicaux réalisèrent bientôt que derrière la "défense solide" il y avait la "peur des Russes", les deux étaient liées, étaient l'ennemi collectif qu'il fallait combattre. "Pour nous les Russes n'étaient pas *l'ennemi héréditaire.* Nous considérions les Russes et la peur des Russes comme un argument politique usé, employé par la droite pour justifier un réarmement et les crédits destinés à la défense." Wigforss faisait partie de la génération social-démocrate qui ne trouvait pas naturel de détester le communisme : d'autres générations devaient venir après la sienne, avec des attitudes toutes différentes, nées des expériences des années trente et de la guerre froide. "Mais tous ceux de ma génération, nous n'étions pas bloqués par ces expériences."

Sa position vis-à-vis des Etats baltes est liée à cela.

— Pour nous les Etats baltes étaient toujours un territoire russe — il en avait été ainsi pendant plusieurs centaines d'années et jusqu'en 1920. Nous ne pouvions guère penser que les Etats frontières formés par les puissances occidentales enfermant la Russie dans le golfe de Finlande allaient subsister — et ils ne subsistèrent pas d'ailleurs. La Suède fut un des premiers pays à reconnaître en 1941 que les anciens Etats baltes étaient territoire russe. Nous pensions peut-être que l'emprisonnement de l'Union soviétique à la suite de la formation des Etats baltes était une disposition trop artificielle et trop risquée à la longue. Mais ceux qui avaient eu l'impression que les Etats baltes étaient des Etats naturels voyaient bien entendu cela d'une manière un peu différente.

— Qui au gouvernement avait une attitude positive vis-à-vis de l'Union soviétique ?

— Qui ? Nous étions quelques-uns. Per Albin Hansson, Sköld, Möller, Undén et moi-même.

— L'accord commercial ?

— Il ne joua aucun rôle dans l'extradition. D'ailleurs c'étaient les Russes qui étaient les plus pressés. En 1941 nous avions passé un accord préliminaire qui n'avait pas abouti en raison de la guerre. Mais dès la fin de la guerre ce fut possible — il faut tenir ses promesses.

— Tenir aussi la promesse de juin 1945 ?

— Celle-là aussi. Pour moi l'extradition paraissait évidente. Nous avions extradé des militaires allemands à d'autres puissances, à d'autres puissances victorieuses, et sans réserves. Maintenant une tempête d'opinion soufflait, soulevée par la droite et qui voulait nous obliger à traiter l'Union soviétique comme un Etat barbare, un Etat différent des autres. Nous voyions bien d'où venait la tempête. Les militaires qui étaient chargés d'effectuer l'extradition n'étaient pas les derniers à protester. Mais nous avions eu assez d'ennuis avec leur activisme en vue d'aider la Finlande, leur haine des Russes, leur position pro-allemande. Nous n'avions pas grande confiance en eux ni eux en nous.

— N'était-ce pourtant pas une décision difficile à prendre ?

— Pas à l'origine. C'est la tempête de protestations qui a amené les complications. Personnellement j'ai agi en suivant un modèle qu'on devine aisément : j'ai réagi en opposition à une opinion qu'il me semblait déjà avoir rencontrée, dans d'autres questions, réagi contre une peur hystérique des Russes dirigée par des lois curieuses.

— Réaction sentimentale ?

— Pour moi toutes les questions politiques ont été teintées de sentiments. Il y a eu des sentiments derrière chaque décision, là également. Pour moi il était naturel de lutter contre ceux qui voulaient faire passer les Russes pour des barbares, pour des brutes ignorantes et dangereuses. J'avais pris l'habitude de m'élever contre ceux qui haïssaient les Russes, ils étaient mes ennemis naturels. Ils étaient la Réaction.

Et voilà pourquoi Ernst Wigforss et toute son autorité se tenaient derrière la décision d'extrader les Baltes. Ses dernières paroles à la séance préparatoire du 4 décembre furent brèves, une seule question.

Il dit :

— Est-ce qu'une petite opinion, une petite opinion viscéralement antirusse depuis toujours va dicter sa manière d'agir au gouvernement dans cette question, va-t-on s'incliner devant elle, encore une fois ?

Le troisième était Per Albin Hansson.

Il avait été premier ministre dans le gouvernement de coalition aussi bien que dans le gouvernement social-démocrate, il fut responsable de la décision aussi bien que de sa réalisation. Il est mort six mois après l'extradition et son rôle est bien difficile à établir puisque personne ne sait exactement ce qu'il pensait ou ressentait de sa dernière grande crise politique.

Un de ceux qui observèrent de près la manière d'agir de Per Albin Hansson dans l'affaire balte est Tage Erlander, qui devait lui succéder au poste de premier ministre.

— Lorsque, en novembre, la question balte devint subitement d'actualité, Per Albin était toujours prisonnier de sa manière de penser des années de guerre et cela le liait et le soutenait tout à la fois. Il s'était habitué à agir dans chaque question comme s'il s'agissait de sortir le pays d'un piège politique et, pour lui, le plus important était de garder à notre pays son crédit extérieur. Il était important de montrer qu'on ne cédait pas aux pressions.

Qu'on avait un gouvernement ferme, conséquent et fort. Il était fixé dans la manière de penser des années de guerre. Peut-être présageait-il de nouvelles crises dans l'après-guerre au cours desquelles la confiance en la Suède devrait rester intacte : la confiance en sa force, en sa fermeté.

— Céder au courant d'opinion aurait donc été une faiblesse ?

— Il dut le comprendre ainsi. Si la situation n'avait pas été aussi tendue, s'il n'y avait pas eu de tempête d'opinion et de presse contre l'extradition, il aurait peut-être été plus conciliant, plus disposé à faire des compromis. Il est possible qu'alors les Baltes auraient pu rester. Mais la tempête d'opinion dressait devant lui un mur psychologique : il se sentait obligé de montrer que la Suède avait quand même un gouvernement. Que la Suède n'était pas dirigée par des courants d'opinion issus de la droite. Céder, c'était montrer que la Suède n'avait pas de gouvernement et alors plus personne n'aurait eu confiance en elle. Il n'osa pas céder au courant d'opinion parce que celui-ci était trop fort. Voilà la situation psychologique paradoxale dans laquelle il se trouvait.

— Il n'a jamais hésité ?

— Je sais qu'il a beaucoup hésité. Rien pendant les années de guerre n'a plus pesé sur les épaules de Per Albin que l'affaire balte. Aucun poids ne fut plus lourd que celui-là. Il hésitait sur sa propre position mais était obligé de cacher son hésitation. Il était sorti des crises des années de guerre avec une énorme popularité et il la perdit en grande partie à cause de l'affaire balte. Il est plus facile de perdre sa popularité sur quelque chose en quoi l'on croit que sur quelque chose dont on doute ; et ici il n'avait même pas de conviction à laquelle retourner. Quoi qu'il fît il était perdant. Et il perdit. Je crois que c'est sans aucun doute l'affaire balte qui l'a brisé. Il en est sorti différent et six mois après l'extradition il était mort.

Tage Erlander n'est pas le seul à dire cela : Per Albin

Hansson fut brisé par l'affaire balte. Ceux qui se trouvaient dans l'entourage du premier ministre suédois au printemps 1946 purent voir combien l'extradition l'avait rongé, plus encore que ce à quoi ils s'étaient attendus : il revenait continuellement sur les Baltes, comme s'il n'avait jamais pu abandonner le problème.

Parfois aussi d'autres gens le lui rappelaient.

Il prenait souvent le tramway pour rentrer chez lui, le soir, à la nuit tombante. Tout le monde savait qui il était et deux fois au moins des gens qu'il ne connaissait pas lui crièrent : "Assassin des Baltes !". Il les avait ignorés, n'avait pas dit un mot, ne s'était pas retourné. Il le raconta à ses amis mais ils ne voulurent pas lui demander ce qu'il avait ressenti. Ils s'en rendirent compte de toute façon.

Il est mort le 6 octobre 1946, à un arrêt de tramway à Ålsten.

Le 8 décembre 1945 le Comité des Affaires étrangères se réunit et, pour la deuxième fois cette année-là, étudia le problème de l'extradition des Baltes. Le Roi présidait. Le prince héritier, le prince Gustav Adolf*, était aussi présent, ainsi que le premier ministre et, rapporteur des débats, Undén, ministre des Affaires étrangères.

Il existe d'une part les souvenirs vagues de certains des participants et d'autre part un compte rendu personnel très détaillé, dressé pendant la réunion par l'homme de droite Ivar Andersson, et recopié immédiatement après. La relation suivante est basée sur ce compte rendu.

Le ministre des Affaires étrangères donna tout d'abord un bref résumé de la situation politique. Le 5 décembre, le ministre russe avait transmis une note dans laquelle il démentait catégoriquement l'information selon laquelle le retard dans le transport provenait d'un délai russe. De plus il s'était tourné contre la "campagne dirigée" des journaux suédois, campagne dirigée contre l'Union soviétique. Undén avait alors répondu aux accusations et annoncé les résultats de la dernière conférence avec le gouvernement, celle du 4 décembre. Il signifia que le gouvernement suédois s'offrait à s'occuper du transport "dès que possible et dans la mesure où l'on trouverait un navire approprié". Tchernitchev avait alors informé Undén qu'un navire-hôpital russe, en ce moment à Helsinki, pouvait venir prendre 300 internés.

Les choses en étaient à ce point. Le gouvernement voulait maintenant donner au Comité des Affaires étrangères l'occasion d'exposer son avis.

Personnellement Östen Undén souhaitait, avant que le débat ne commence, faire trois remarques. La première était que le reste des internés *allemands* devaient être transportés au plus tôt. La deuxième concernait les Baltes. Le gouvernement avait discuté à leur propos un grand nombre de possibilités différentes. On n'estimait pas judicieux de demander des explications directes aux Russes quant au traitement des Baltes puisque, à l'occasion de précédents sondages chez les Russes, on avait "supposé" que les Baltes allaient recevoir un traitement humain. Et, pour cette raison, il n'était pas question maintenant de poser des conditions ou de demander des explications — on serait alors, en cas de refus, obligé de suspendre l'extradition. La troisième remarque qu'il voulait faire concernait la proposition de retarder le transport jusqu'à nouvel ordre sans l'assentiment des Russes. Pour lui ce n'était pas une solution. Cela ne pouvait que créer des frictions. Il fallait voir l'affaire dans un contexte politique plus vaste — il fallait ajouter à l'image, au prestige et à la position de puissance de l'Union soviétique, son ambition très poussée, sa susceptibilité et surtout la méfiance russe à l'égard de tout ce qui pouvait apparaître comme une manifestation de mauvaise foi.

Puis le ministre Mossberg fit un bref compte rendu du traitement des internés à la suite de la grève de la faim. 162 Baltes étaient maintenant à l'hôpital, 100 continuaient la grève, 12 seulement étaient en état d'être transportés. 578 Allemands se trouvaient encore là et parmi eux 79 faisaient la grève de la faim. On estimait alors, le 8 décembre, que 491 étaient en état d'être transportés. Tous les internés étaient maintenant répartis dans de grands établissements par groupes d'environ 200.

Rickard Sandler, ancien ministre social-démocrate des Affaires étrangères, demanda ensuite la parole.

— Le mal est déjà fait, constata-t-il. Dès le début nous aurions dû excepter les Baltes de l'extradition. Il est évident que nous n'avons pas traité la question avec l'attention qu'elle réclamait. Quelle que soit notre manière d'agir elle sera mauvaise. J'ai entendu pour la première fois parler de la réponse du 16 juin du gouvernement à la suite d'une interpellation faite le 23 novembre. On ne peut maintenant aboutir à rien en négociant ou en demandant aux Russes des explications. La question est : peut-on retarder l'affaire ? Nous pouvons par exemple faire valoir que des raisons de santé empêchent le transport des Baltes. Mais dans ce cas la même chose ne devrait-elle pas s'appliquer aux Allemands ? On peut aussi se demander si quelque chose de nouveau s'est produit. Selon moi une seule chose est nouvelle : l'opinion publique suédoise a montré qu'elle faisait une différence entre les Baltes et les Allemands. Nous devrions expliquer que l'opinion publique suédoise est maintenant telle que renvoyer les Baltes nuirait plus à nos relations avec la Russie que les garder.

Ivar Andersson, qui lui aussi avait été présent lorsque la question balte avait été débattue pour la première fois au Comité des Affaires étrangères, rappela ce qui s'était passé précédemment puis continua :

— Il s'agit maintenant pour nous de voir cette affaire non pas uniquement comme une question d'opportunité politique mais avant tout comme une question de droit et d'humanité. Nous jouons beaucoup plus que nos bonnes relations avec la Russie. Nous sommes aussi responsables aux yeux du monde entier. Il n'y a pas de problème du point de vue du droit international et les conditions politiques sont modifiées. Il paraît maintenant plus évident qu'en juin que nous devons traiter les Baltes comme des réfugiés politiques. J'ai la ferme conviction que nous ne devons *pas* extrader les Baltes et je demande instamment que le transport n'ait pas lieu.

Puis Gränebo* parla en faveur d'un délai et il fut soutenu par Gösta Bagge* qui estimait pourtant que les conditions politiques n'avaient pas changé. "La seule solution serait de retarder la décision sans en informer les Russes à l'avance. Beaucoup de choses peuvent se passer. Il faut gagner du temps."

Elon Andersson recommanda aussi "de prolonger le séjour des Baltes le plus longtemps possible et qu'on les traite comme des réfugiés politiques." Il fallait aussi faire une nouvelle enquête sur leur passé.

Puis Per Albin Hansson demanda la parole.

— Il est faux de dire que le mal est déjà fait. Si par contre nous ne tenons pas nos engagements, c'est cela qui fera beaucoup de mal. Le gouvernement donnera l'impression d'être incapable de maîtriser l'opinion publique et que se passera-t-il si les relations entre les Alliés occidentaux et l'Union soviétique deviennent de plus en plus tendues ? On dira en Union soviétique qu'on ne peut pas se fier à la Suède ou au gouvernement suédois qui n'est pas capable de maîtriser son opinion publique. Nos relations avec la Russie souffriraient beaucoup si nous revenions sur notre décision. Souvenez-vous qu'il existe aussi une opinion qui ne s'oppose pas à l'extradition des Baltes. Le mouvement syndicaliste est résolument contre toute tentative de faire revenir le gouvernement sur sa décision. Parmi les Baltes, certains ont appartenu à la SS ou à la SA. Un recul du gouvernement pourrait provoquer de violentes réactions de la part de certains groupes et nuirait grandement à sa position. Il faudra alors chercher un autre gouvernement qui prendra la responsabilité de la détérioration de nos relations avec la Russie.

Il ajouta que les ministres Zetterberg, Danielsson et Quensel s'étaient abstenus d'approuver le procès-verbal et il répéta que la situation était très grave. Il termina en constatant :

— Dans cette affaire il ne s'agit pas uniquement du droit d'asile mais aussi de l'autorité du gouvernement.

Suivirent un certain nombre de remarques brèves dans lesquelles les membres du Comité exposaient leurs points de vue sur la question. Ward constata qu'on ne pouvait pas revenir en arrière. Il désirait pourtant en appeler au gouvernement et lui demander de considérer ce qui avait été dit ici et d'examiner toutes les possibilités de retarder le transport. Skoglund dit qu'il était évident que l'on s'accordait sur un renvoi des Allemands. Il estimait que le gouvernement s'était lié encore plus par la note du 27 octobre et que "le mal ne fera maintenant qu'augmenter si on renvoie les Baltes". Ivar Andersson reprit la parole pour dire que "il ne faut pas prendre trop au sérieux les menaces russes. Malgré les risques que court notre politique extérieure je ne peux pas approuver l'extradition des Baltes. Quant aux spéculations du premier ministre sur d'éventuelles conséquences en politique intérieure, elles sont tout à fait théoriques." Lindqvist* avoua que la situation en juin était radicalement différente de celle d'aujourd'hui. "Je ne peux pourtant pas conseiller au gouvernement de ne pas tenir ses engagements. L'opinion publique n'est pas du tout homogène et je pense que les accords doivent être respectés. Mais j'aimerais que le gouvernement trouve une solution." Bergvall* conseilla aussi un délai. Östen Undén constata brièvement que la note dont on parlait n'avait pas engagé les Suédois outre mesure. "Nous pouvons faire des examens individuels pour écarter ceux qui selon la note ne seraient pas extradés." Il répéta qu'il ne fallait pas estimer que les Russes allaient traiter les Baltes plus mal que ne le feraient d'autres.

Bärg n'était pas disposé à accepter un délai.

— On ne résoud pas le problème en faisant des vœux

et l'on n'a pas à exhorter le gouvernement à trouver des solutions. Il est également exclu que la question meure de mort naturelle. Ou l'extradition a lieu, ou nous trouvons de nouvelles raisons de l'empêcher. En poussant la question à l'extrême nous courons aussi le risque de voir apparaître un problème de politique intérieure. Cela inquiéterait le pays et nous devons nous efforcer d'éviter cela. Il n'est pas réjouissant d'éviter le problème pour finalement en faire les frais.

Wistrand* était du même avis que Ward mais pensait que "la décision était extrêmement difficile à prendre". Et le premier ministre Per Albin Hansson put résumer et clore le débat.

— Ivar Andersson est le seul, dit-il, à avoir clairement exprimé son opinion de ne pas extrader les Baltes. Tous les autres ont parlé de délai et je suppose que cela veut dire que la chose doit quand même suivre son cours. On rejette toute la responsabilité sur le gouvernement. Le gouvernement a examiné toutes les possibilités et n'a pas trouvé de solution. Il est cependant possible qu'en faisant des enquêtes individuelles nous parvenions à faire des exceptions, pour quelques jeunes en particulier, mais de telles enquêtes ne seraient pas justes. Ceux qui par la suite seront extradés rencontreront peut-être du fait même de ces enquêtes un sort plus dur. Si un autre gouvernement peut trouver une solution alors celui-ci ne désire pas occuper le terrain. Il est d'ailleurs navrant de venir au Comité des Affaires étrangères et de ne pas y trouver de réponse plus nette que celle qui vient d'être donnée. Tôt ou tard, Messieurs, vous serez obligés de donner une réponse nette et définitive.

Les notes sur le débat au Comité des Affaires étrangères à propos de l'extradition des Baltes militaires se terminent sur une remarque plus générale.

Il y a écrit :

"Le Roi, qui pendant près de deux heures avait attentivement suivi la discussion, sembla un instant vouloir dire quelque chose mais y renonça et déclara la réunion terminée."

Dans l'après-midi du 8 décembre, après la réunion du Comité des Affaires étrangères, Per Albin Hansson se rendit à son bureau à la Chancellerie. Il était sombre, donnait l'impression d'être nerveux et impatient, bien que d'une certaine manière soulagé.

Il dit à ceux qui se trouvaient là :

— Il y a eu réunion du Comité des Affaires étrangères aujourd'hui, pour la dernière fois nous y avons discuté du problème de l'extradition des Baltes. L'affaire est réglée maintenant, il n'y a plus rien à discuter. Le débat a été vague, sans prise de position ferme, un seul a demandé l'annulation immédiate de la décision. Maintenant l'affaire est réglée.

Il rentra chez lui tout de suite après.

La réunion du Comité des Affaires étrangères du 8 décembre mit un point final à la question des Baltes. Tout était maintenant définitivement réglé politiquement, ne restait plus que l'exécution. L'extradition des Baltes avait été une question politique ouverte du 20 novembre au 8 décembre, 19 jours exactement. Pendant ce temps la tempête avait créé l'affaire que l'on devait appeler l'extradition des Baltes, mais la tempête avait aussi bloqué la question politiquement. C'était fini maintenant. Au total il avait fallu 19 jours.

4

Lentement, très lentement, le groupe des Baltes diminua.

Il y en eut un qui fut libéré en octobre. Son père était un homme influent, possédant de bonnes relations et qui se trouvait alors en Suède. Ce ne fut donc pas trop difficile, bien qu'il eût lui aussi servi dans l'armée allemande. Un peu après l'arrivée à Rinkaby du groupe de Gotland, le chef de camp l'avait convoqué au bureau et lui avait tendu des papiers en le félicitant. Son père qui avait été juge en Lettonie avait arrangé tout cela. C'était en octobre, il n'éprouva pas le besoin d'être heureux, il ne connaissait rien de la décision d'extradition. L'été avait été calme et doux, il avait pu se reposer, maintenant il était libre.

Quelques-uns furent atteints de tuberculose. Ils restèrent. Un autre ne fut libéré que cinq heures avant l'extradition, on le fit sortir du car et on lui donna des papiers. Son père avait été garçon ou maître d'hôtel dans l'hôtel de Riga où le roi Gustav avait logé lors d'une visite officielle, le père avait reçu une médaille et quelque temps après il s'était enfui et il avait écrit à Gustav V et avait parlé de son fils et alors celui-ci fut libéré : l'histoire n'est pas très claire et ne peut être entièrement confirmée mais elle a pourtant été racontée par deux anciens internés n'ayant aucun contact entre eux.

Certains furent libérés d'autres manières.

C'est le cas de Eriks Zilinskis et de Edvard Alksnis. Le chercheur écrivit une lettre à ce sujet. La voici, en résumé.

— Excellences, écrivait-il, je suis maintenant en mesure de Vous faire un rapport définitif sur les anciens internés Eriks Zilinskis et Edvard Alksnis. Ils vivent tous deux en Angleterre. Tous deux se portent bien. J'écris ceci fin mars 1967, sur le chemin du retour, de l'autre côté du hublot la mer est agitée, il fait nuit et la lune est pleine, je me trouve juste au nord du cap le plus septentrional du Danemark et je rentre chez moi. C'est presque une tempête, la lune est pleine, je vois une bande d'argent clair, peut-être est-ce du plomb blanc et de la poix noire, le spectacle est étrange, je ne peux pas dormir, je Vous écris. C'est sur cette mer curieuse que les deux internés se sont enfuis de Suède en automne 1946. Ils vivent maintenant en Angleterre, ils vivent bien, ils Vous saluent. Plusieurs années ont passé depuis que Vos chemins se sont croisés, ils ont oublié, la mémoire est floue et indistincte. Il fait nuit, j'écris parce que je ne peux pas dormir. J'ai l'impression de passer sans cesse à côté de sentiments et d'événements, comme si l'histoire était un navire abandonné que je doublais rapidement, une épave sans vie, basculant dans la tempête, qu'on ne peut comprendre que comme un éclat, sans perspectives ni en avant ni en arrière. Voici mon rapport.

Zilinskis s'enfuit en Angleterre en septembre 1946. Il occupe aujourd'hui un poste à la légation lettonne de Londres. Elle est située à Eaton Place, plusieurs blocs où règne le calme le plus complet, seulement rompu, malheureusement, par des êtres vivants ; des maisons blanches, une légère puanteur de marbre blanc, des voitures, des colonnes encadrant toutes les entrées. Une suite de légations et d'ambassades. Le terrain, occupé par plusieurs blocs, fait dans son ensemble penser à certains cimetières français ou italiens. Les pierres tombales y sont remplacées par de petits mausolées, de petits temples, de petites maisons blanches en torchis vouées à la sainte sérénité, souvent meublées de petits bancs et de petites tables destinées à recevoir l'encens, les cadeaux, bordées de frises et de décorations. La légation lettonne se trouve ici, elle est le centre de la diplomatie lettonne en exil. Un jour à Riga, j'ai vu le même bâtiment photographié secrètement de la maison d'en face, la photo faisait partie d'un film documentaire sur "Les criminels de guerre lettons en exil". Le bâtiment d'Eaton Place avait alors un air mystérieux et attirant, des gens passaient d'une manière dramatique, je ne l'ai presque pas reconnu. C'est là que travaille Eriks Zilinskis.

Il est né en 1919. Il n'est pas marié. Il n'est pas citoyen britannique, il possède toujours ses droits civiques lettons et son passeport letton. Il a une formation d'avocat.

"Les détails disparaissent, dit-il, je ne me rappelle plus très bien, je ne sais même pas si je désire me rappeler." La pièce dans laquelle il est assis est pesante et morne, des chaises en cuir brun et des bureaux massifs, l'ameublement était sans doute le même à la fin des années trente, lorsque la légation était en contact avec la mère patrie, avant l'étranglement, avant l'isolement. Il parle de sa peinture. Il sort de sa poche des diapositives en couleurs, il a photographié ses propres tableaux, des natures mortes mélancoliques en tons sombres, pas mauvaises du tout. ''La peinture est ma vie, dit-il. Mais je ne me souviens pas très bien. Depuis plusieurs années j'ai le sommeil très difficile, je ne peux pas m'endormir et je suis obligé de prendre des cachets. Je ne me souviens pas très bien.'' Depuis combien de temps souffre-t-il d'insomnies ? ''Depuis le début des années cinquante.'' Il a un visage étroit, presque rectangulaire, il arriva sur l'île de Gotland, venant de la poche de Courlande, il fut enregistré comme militaire puisqu'il arrivait avec des militaires, mais il possédait heureusement un ordre de libération datant du printemps 1945 et celui-ci l'aida finalement à recouvrer sa liberté. C'était un ordre de libération qu'il pouvait montrer aux autorités suédoises et qui fut enregistré, il avait été délivré le 24.2.1945 par le ''SS Ersatz Kommando, Lettland'' ; ce qu'il fit de février à mai est une ténébreuse affaire, il arriva en uniforme mais il fut libéré. Pourquoi l'ordre de libération avait-il été délivré par un ''SS Ersatz Kommando'' ? Il déplie des cartes, cherche des lieux, raconte jusqu'où le front s'étendait et indique où il se trouvait lui-même.

''Parfois, dit-il, quand j'ai réussi à m'endormir, je rêve de cela.'' De quoi ? ''De ce temps-là.'' Que rêve-t-il ? ''Je ne me souviens pas.'' Des cauchemars ? ''Non, pas exactement, je crois que je me trouve au bord de la Baltique, je monte sur un bateau, je m'enfuis.'' Que se passe-t-il pendant la fuite ? ''Rien, je suis seulement assis dans le bateau.'' N'est-ce pas affreux ? ''Non, je rêve seulement que je suis assis là.'' Est-il heureux maintenant ? Il est correctement habillé et très poli, inutile de lui demander des choses aussi abstraites. Il a maintenant une manière très rationnelle d'envisager l'extradition, il pense que les Suédois ont dû considérer les Baltes comme une trop petite minorité pour risquer des frictions avec une grande puissance à une époque politiquement sensible. Lorsqu'il s'est enfui il n'avait servi dans l'armée allemande que quelques mois, dit-il, il possédait un ordre de libération indiquant qu'il était inapte au service militaire, cela est extrêmement peu clair comme tout dans cette affaire et semble pourtant correspondre avec les indications du registre conservé dans les archives suédoises — il semble avoir servi dans l'armée jusqu'en février mais pas après. Il est impossible d'obtenir plus de clarté. A Gotland il fut interrogé par la police suédoise, ses papiers furent oubliés dans un tiroir à Gotland et retrouvés au dernier moment. Le 14 janvier 1946 il fut libéré par les autorités suédoises. En septembre 1946 il s'enfuit à bord d'un bateau de pêche vers l'Angleterre. Son histoire s'y termine.

Reste donc Edvard Alksnis.

Alksnis avait été transporté à l'hôpital de Halmstad. Il faisait partie de ceux qui dans une phase antérieure avaient été pratiquement invisibles : il surgit pour un instant dans certains des journaux personnels pendant les semaines qui précèdent la fuite de Danzig, à Bornholm il partage sa chambre avec Presnikovs, il arrive à Ystad puis à Rännislätt.

Le 10 décembre, un infirmier suédois montra un vieux journal à Alksnis. Il datait de la dernière semaine de novembre ; il disait que l'appel du roi de Suède à Staline avait été rejeté. Il n'y avait plus d'espoir pour les Baltes, il fallait les extrader. Ils jeûnaient toujours et, bien que deux Estoniens aient décidé de cesser leur jeûne, les autres tenaient. Ils étaient allongés sur leurs lits et se parlaient rarement, dormaient souvent et mal, levaient des visages de plus en plus maigres et apathiques vers les infirmières qui allaient et venaient, vers la sentinelle de la porte qu'on relevait toutes les quatre heures, ils regardaient la sentinelle passer dans le couloir. Ils parlaient rarement avec les Suédois et lorsqu'ils parlaient c'était de petits riens : ils voulaient de l'eau, aller aux toilettes. Depuis longtemps ils avaient cessé de penser à s'évader et maintenant ils étaient là, de plus en plus faibles et désespérés. Les communications avec l'extérieur étaient coupées. Leur meilleure source d'information, les prêtres lettons, était coupée.

L'hôpital se trouvait à Halmstad.

Alksnis était un des rares à essayer de se déplacer de temps en temps : il faisait de petites promenades entre son lit et la fenêtre, allait et venait dans la salle pendant de brefs instants, tandis que les autres restaient immobiles dans leurs lits et le regardaient. Parfois il leur parlait, de petits monologues qui recevaient rarement une réponse. "J'étais pratiquement le seul à parler, les autres étaient trop apathiques, chacun pour soi allongé dans son lit." Quand il eut lu le journal prêté par l'infirmier suédois, sa vision des choses fut changée. Il parla alors souvent aux autres de leur situation impossible, il raconta qu'ils allaient tous être exécutés, parla de son indifférence devant la mort. Il n'eut jamais de réponse. Au plafond pendaient deux lampes, des ampoules nues et un abat-jour blanc. Les fourchettes et les couteaux leur étaient interdits, au moment des repas ils recevaient un verre qu'on venait tout de suite reprendre, ceux qui avaient cessé la grève de la faim mangeaient dans des assiettes en fer-blanc avec une fourchette aux dents émoussées, tout était repris et compté.

Ils voyaient rarement les médecins. Lorsque ceux-ci arrivaient ils venaient à plusieurs, ils les examinaient en silence, répondaient toujours évasivement aux questions, étudiaient les feuilles de température, regardaient leurs yeux, appuyaient sur les ventres, repartaient sans dire un mot et alors c'était à nouveau le silence.

Le 13 décembre 1945, vers 20 heures, une infirmière prénommée Elsa entra dans leur salle. Elle était d'origine finlandaise, d'après les photos elle n'était pas toute jeune, elle n'était pas mariée. Elle entra portant un plateau avec du café et des *gimblettes* de la Sainte-Luce. Les *gimblettes* avaient l'aspect suédois conventionnel, "en 8" et étaient parfumées au safran. L'infirmière passa la porte (quelques-uns dormaient déjà, ils semblaient toujours dormir, il faisait nuit dehors). Elle entra avec son plateau et demanda si quelqu'un voulait du café et des *gimblettes* de la Sainte-Luce. Ceux qui étaient réveillés secouèrent légèrement la tête. Elle fit le tour de la salle.

Elle s'arrêta au dernier lit, celui d'Alksnis. Ses bras étaient étendus sur la couverture, il avait deux oreillers sous la tête, à côté du lit il y avait une chaise avec du papier à lettres et un crayon. Sa lampe de chevet était allumée. Elle lui tendit le plateau avec du café et les *gimblettes* et demanda s'il en voulait, il la regarda un moment sans expression puis il dit "Oui", se redressa dans le lit et dit "Oui" une nouvelle fois.

Aujourd'hui il est incapable d'expliquer pourquoi il a finalement cessé la grève. "Tout était si dépourvu de sens." Plusieurs fois il fait remarquer combien il est impossible de décrire ce qu'il ressentait ce soir-là. "Nous étions très tristes" — c'est tout ce qu'il peut dire. Deux des Estoniens avaient décidé de cesser la grève de la faim et ils avaient été exclus, on ne les compta plus jamais. Et lui ? Il accueille chaque fois avec un hochement de tête résigné les tentatives de lui faire préciser un peu plus le terme "triste". "Ça ne servait à rien. Tout était fini. Je pensais qu'ils allaient nous extrader quoi qu'on fasse." Qui "ils" ? "Ils, les Suédois ou les autorités." Est-ce que cela aurait été catastrophique ? "On aurait tous été fusillés en Russie." Qui l'avait dit ? "On le savait, c'était écrit dans tous les journaux." Lisaient-ils beaucoup les journaux ? "Tout ce qu'on trouvait et qu'on pouvait lire, mais pendant la grève ce n'était pas grand-chose." Ont-il été influencés par les analyses que les journaux faisaient de leur situation ? "Un peu, peut-être, mais nous étions en tout cas sûrs d'être fusillés si nous étions extradés." De quelle manière l'avez-vous appris ? Par des entretiens ? par expérience ? par des informations ? de quelle manière ? "C'est difficile à dire, nous étions si déprimés." Comment en étiez-vous arrivés à être si déprimés ? Où commençait la grève ? Etait-ce mieux de mourir en Suède qu'en Russie ? Pensiez-vous que l'opinion publique allait influencer les autorités ? Que veut dire "déprimé" ?

Le 13 décembre à 20 heures Edvard Alksnis cessa la grève de la faim qu'il menait depuis vingt-deux jours. Il dit : Oui, merci, et elle posa le plateau sur sa chaise, prit une tasse, y versa du café, y mit deux morceaux de sucre, lui tendit la tasse, prit une *gimblette* et la lui donna. Il la brisa en deux et mangea lentement le premier morceau, tandis qu'elle ne cessait de le regarder en silence. Ensuite elle s'assit sur le bord du lit, les pieds ballants, elle regarda vers la salle qui était plongée dans la pénombre, la plupart dormaient, un seul avait vu ce qui se passait. Il s'assit et les regarda et l'infirmière lui demanda alors s'il en voulait aussi. Mais il secoua la tête, se rallongea dans le lit et tourna la tête.

Alksnis avait maintenant mangé la première *gimblette,* elle lui demanda s'il en voulait une autre, il fit oui de la tête, la prit et la mangea tout aussi lentement. Puis il but son café, lui tendit la tasse. Elle la rangea parmi les autres sur le plateau, essaya de lui sourire mais ne reçut pas de réponse et puis elle sortit. Elle ferma la porte derrière elle.

Alksnis était assis dans son lit.

"De toute façon ça ne sert à rien", dit-il droit dans la salle. Personne ne lui répondit, c'était comme si tout le monde dormait mais il savait qu'ils ne dormaient pas. La sentinelle à la porte le regarda d'un air curieux puis se remit à lire son journal.

Il resta longuement assis dans son lit à essayer de penser clairement. Il pleuvait dehors, dans la nuit du 13 décembre on enregistra 8 millimètres à Halmstad, la pluie frappait contre la vitre, les *gimblettes* avaient été bonnes. Il fallait qu'il dorme mais il savait qu'il ne le pourrait pas. C'était la Sainte-Luce, il pensa à la reine de lumière aveugle. Vraiment, les *gimblettes* avaient été bonnes. Un moment il pensa dire quelque chose au garde, seulement pour rompre le silence mais ça n'aurait servi à rien.

Il s'allongea.

Une heure passa. Puis il se releva, s'assit à moitié et regarda autour de lui. Il se pencha vers la droite où se trouvait la chaise et prit le crayon, il était bien taillé, il l'avait taillé le matin même. Il resta immobile un instant, posa ensuite la base du crayon contre la paume de sa main droite, descendit son bras et sa main, leva la tête et avec une force effrayante enfonça le crayon acéré en plein dans son œil droit.

Il avait très bien visé et tandis qu'il relevait son bras il avait poussé brusquement sa tête en avant. Le crayon s'enfonça droit comme un épieu dans le globe oculaire.

Le garde entendit le cri bref, bondit sur ses pieds et courut vers le lit. Edvard Alksnis y était étendu sans connaissance, du sang coulait de son œil mais personne ne put préciser ce qui s'était passé. Le médecin arriva en quelques minutes. Ils avaient posé la tête de Alksnis sur l'oreiller et lorsque le médecin souleva la paupière ils virent tous le bout hexagonal d'un crayon qui avait été enfoncé dans l'œil sur toute sa longueur.

Le crayon fut mesuré par la suite, il avait exactement 15 centimètres de long. Alksnis l'enfonça dans son œil droit, poussa un cri bref et retomba en arrière sur le lit. Quelques-uns s'assirent dans leurs lits, le garde arriva en courant mais Edvard Alksnis n'entendait plus rien et ne voyait plus rien et qu'il eût cessé la grève n'avait plus d'importance.

Il dit avoir eu un rêve. Une infirmière lettonne était debout au pied de son lit, c'était à Riga, elle était vêtue d'un uniforme communiste et elle lui parlait en letton. Elle lui demandait de venir chez eux. Il raconte le rêve sans exprimer de sentiments ou sans essayer de l'interpréter, il dit seulement qu'il a rêvé exactement cela. Elle n'était pas belle mais elle lui demandait de venir.

Il resta sans connaissance un jour et une nuit, ils l'opérèrent, sortirent le crayon et firent des radios. Ils comprirent qu'il était pratiquement mort. Il allait mourir. Ils le firent transporter dans une chambre séparée mais il ne mourut pas, il reprit connaissance et lorsqu'il reprit connaissance il n'avait plus son œil droit et avait tout un côté paralysé. Souvenirs de son réveil : "Voyais une chambre." "Voyais de la lumière." Une infirmière balte vint le voir ; c'était elle qui leur avait rendu visite à Ränneslätt et avec qui Eichfuss avait voulu se marier. Elle s'appelait Martha. Elle resta avec Alksnis une semaine, ensuite elle dut partir. Comment était-elle ? "Elle était d'une rare distinction." De quoi parlaient-ils ? "Je ne pouvais pas beaucoup parler, simplement elle restait là. " Il montre une photo d'elle, elle est coiffée haut, à la mode des années quarante, un chignon sur la nuque. Lorsqu'il fut mieux ils le mirent dans une chambre où se trouvaient deux officiers allemands de Backamo qui s'étaient volontairement mutilés et qui attendaient maintenant la prochaine phase de l'extradition.

De quoi parlèrent-ils ? Il ne s'en souvient pas mais il peut décrire en détail le procédé technique qu'ils avaient employé pour casser leurs jambes. Ils avaient tiré deux lits métalliques l'un à côté de l'autre, le patient s'était allongé, le bas de la jambe dépassant du bout du lit et la cuisse reposant directement sur le bord métallique, ensuite ils avaient posé le bord de l'autre lit sur la jambe, pratiquement suspendu sur la jambe. Puis ils avaient pris une pierre grosse comme la tête d'un homme, et l'avaient laissée tomber avec force sur le lit de dessus, le fémur se cassait net. On avait ensuite retiré le patient de l'appareil casse-jambe, on l'avait allongé par terre et le suivant avait pris sa place. Huit Allemands de leur baraquement avaient ainsi cassé leurs jambes. Maintenant deux d'entre eux se trouvaient donc dans la même chambre que Alksnis, ils n'avaient pas beaucoup de choses à se dire, à part les procédés techniques employés pour se casser la jambe ou pour se crever l'œil. Leur état s'améliora petit à petit, les Allemands purent marcher, mais Alksnis, qui à la suite d'un ennui stomacal avait dû subir une petite opération, resta couché, toujours à moitié paralysé.

En janvier les Allemands projetèrent de s'évader mais au dernier moment ils changèrent leurs projets lorsqu'ils apprirent qu'ils allaient être libérés quand même. On transporta ensuite Alksnis à l'hôpital de Hässleholm, il y assista de loin à l'extradition finale. Le lieutenant Plume qui s'était planté un poignard dans le ventre mais qui avait survécu vint le rejoindre à l'hôpital. En regardant par les fenêtres de l'hôpital il vit l'hiver s'en aller lentement, puis ce fut le mois de mars. L'un après l'autre ses camarades disparurent, il ne resta plus que Plume et Krumins.

On les envoya dans un camp de rassemblement, on fournit à Alksnis un passeport et des vêtements civils. Il pouvait marcher maintenant, appuyé sur une canne. On le voit sur des photos, souvent devant un fond de pelouses, parfois de maisons, il porte un costume noir correct, une chemise blanche et une cravate, il s'appuie sur une canne, il sourit toujours au photographe. Un œil en émail remplace maintenant son œil droit et cela ne se voit pas trop. Vers la fin de l'été le bruit courut à nouveau qu'on pourrait extrader ceux qui étaient restés. Les bruits ne purent être ni confirmés ni démentis.

Fin octobre il s'enfuit pour l'Angleterre à bord d'un bateau de pêche. Il ne se souvient pas bien de cette fuite, il croit se rappeler qu'il faisait assez beau. Ils partirent de Lysekil. Le bateau avait coûté 6 000 couronnes suédoises, il s'appelait le "Mathilda" . Ils avaient rassemblé eux-mêmes 3 000 couronnes, les 3 000 autres étaient le don d'un Suédois.

Ils quittèrent la Suède le 23 octobre 1946. Le port de Lysekil était vide. On a dit que le Grand Hôtel brûlait ce jour-là. Le bref séjour de Edvard Alksnis en Suède se terminait.

Excellences, écrivait le chercheur dans sa lettre, Edvard Alksnis ne peut pas aujourd'hui expliquer d'une manière exacte et précise pourquoi il a enfoncé le crayon dans son œil. Il essaie désespérément d'esquisser une situation si pleine de tristesse et de désespoir qu'il ne restait plus que cela à faire, mais les points obscurs sont nombreux. Il lui est extrêmement difficile de décrire le mécanisme de cet état de désespoir et le chercheur ne peut obtenir davantage de précisions. Je suis en partie du même avis que Vous ; la terreur qu'il ressentait était partiellement absurde, ses craintes exagérées. Mais même si elle était fondée sur des suppositions à moitié fausses elle était pourtant réelle *pour lui.* La crainte était là ainsi que la détresse totale. Nous devions le savoir puisque nous avions créé la situation qui la suscitait. Nous devions savoir, nous qui l'avions interné et qui lui fournissions journaux et arguments, nous qui avions créé cette situation héroïque ou tragique, dans laquelle seule la mort semblait une fin digne de cette tragédie. Nous avions écrit la tragédie pour lui, lui avions présenté son rôle et l'avions regardé d'une manière insistante. Et lorsqu'il prit le crayon et se l'enfonça dans l'œil ce n'était pas lui-même qui agissait, il accomplissait seulement la situation que nous lui avions tous préparée, il jouait le rôle que nous attendions qu'il joue. Nous avions créé cette situation, nous tous, ceux qui étaient contre l'extradition et ceux qui étaient pour, nous qui lui avions décrit son sort tragique et nous qui le surveillions, nous qui pleurions sa mort en Sibérie et nous qui l'appelions criminel de guerre. Il ne nous a pas déçus, il a joué son rôle, la seule manière dont il nous a trompés, c'est en survivant. Il n'aurait pas dû survivre, sur ce point tous étaient d'accord. Un nouveau suicide tragique aurait élevé la tragédie au niveau des grandes tragédies nationales. Il n'aurait pas dû nous décevoir.

Excellences, écrivait-il, les événements politiques ne sont pas uniquement des faits, des idéologies, de l'économie, ce sont aussi des situations faites de sentiments, de sentiments faits de situations, de situations faites d'un tissu de relations, une toile d'araignée dans laquelle l'homme est finalement pris, non pas sans ressource mais pris. Un jour j'ai assisté à un spectacle de strip-tease à Soho, c'était le soir, la veille de ma rencontre avec Edvard Alksnis. Ce n'est peut-être pas la peine que je Vous décrive la situation : le local étroit plongé dans la pénombre, les chaises de bois alignées devant une petite scène, un rideau accroché sur un fil, un électrophone dans un coin de la scène, elles arrivent, avec la grâce lourde que leur donnent l'indifférence, la fatigue et le mépris. Les gestes mécaniques, les bourrelets gras gavés de solitude entourant leurs corps usés et surtout l'atmosphère curieuse : cet *échange de honte* qui parcourt la salle comme une respiration. Et nous, là, en bas : attendant patiemment le prochain numéro, regardant obstinément droit devant nous sans vouloir tourner les yeux, proches les uns des autres, seulement à moitié cachés par l'obscurité protectrice qui avait suscité notre excitation. Et puis, plus tard, la naissance des sentiments et l'échange des sentiments : leur dédain pour nous, le dédain total qui semblait sauter vers la scène et revenir. Excellences, je souligne le motif central de cette expérience : l'échange de dédain entre nous, de plus en plus vif, et qui me fit finalement sortir du local.

Excellences : je me considère comme un homme émancipé. Mais des arguments rationnels ne servent guère à anéantir un sentiment : il est là, net et accablant, né d'une situation et la dirigeant, comme une main géante. Un mouvement, un flot de faits, d'événements, de motifs, d'objets.

Excellences, écrivait-il, le rapport que je vous fais est la somme de ce nuage d'événements, de faits, de sentiments. Le lendemain je suis parti pour Sidcup, dans le Kent, une de ces banlieues avec lesquelles le monde peuple son dégoût. Il y avait du soleil mais un vent froid, un tanker anglais s'était échoué devant Land's End et crachait maintenant son pétrole sur la côte sud de l'Angleterre, je suis descendu du train, j'étais seul et c'était tôt le matin d'un vendredi saint à Sidcup dans le Kent, là où habitait Edvard Alksnis. J'étais en avance et je me suis dirigé vers l'église qui se trouvait à côté de la gare. Ce n'était pas comme les vendredis saints de mon enfance : jours sentimentaux, nostalgiques, remplis de chagrins métaphysiques et de tristesse, jours où les petits enfants apprenaient à porter la tristesse du substitut à la manière d'un substitut. Le sermon aurait pu servir de discours électoral pour les travaillistes, mais pas aussi net et sans coloration politique aussi évidente. Ensuite je suis sorti au soleil et j'ai marché, marché, et puis j'ai trouvé Edvard Alksnis. Il est sorti en boitant légèrement et j'ai retrouvé tout de suite l'homme des photos que j'avais vues.

Lorsqu'il arriva en Angleterre en automne 1946 il était encore convalescent, la paralysie n'avait pas disparu complètement, il resta pendant des mois dans les hôpitaux anglais. Il y rencontra une infirmière, se maria avec elle, eut deux filles. Il habite dans quelque chose qui ressemble à ces maisons doubles. Il marche toujours mal, ses yeux sont bruns et l'on voit immédiatement lequel est le vrai. Il sourit souvent mais parfois tout son visage semble agité d'un tremblement, comme d'abandon ou comme chez un enfant placé devant un effort trop important. Ses filles vont dans des écoles anglaises, il est maintenant citoyen britannique, lui-même parle un anglais haché et parfois peu clair. Il est très aimable et ouvert, il possède une espèce de vitalité intacte qui ressemble à celle d'un enfant, il rit souvent.

Sur une étagère, un portrait de lui en jeune lieutenant. Il y a peu de ressemblances.

Les premiers temps en Angleterre, incapable de travailler, il reçut une sorte de pension de maladie puisqu'on trouvait son cas unique. Il servit souvent d'objet de conférence dans les hôpitaux. Sa femme est lettonne, à la maison ils parlent letton. Au bout d'une année à peu près il obtint un poste à l'ambassade de Lettonie, il était assis dans le vestibule, comme gardien, puis il vendit des livres dans une petite librairie, puis cela prit fin et il commença à faire des traductions en letton de romans allemands et anglais, ça marchait bien au début, ensuite les Baltes d'Angleterre commencèrent à déménager, ils partirent pour les U.S.A., pour l'Australie ou pour le Canada. La clientèle diminua et cela prit fin.

Pour le moment il ne travaille pas. Il passe par des hauts et des bas, pendant sept ans il a été employé dans une maison qui vendait des machines à laver mais maintenant il ne travaille pas. La paralysie ne veut pas le quitter complètement mais il dit que tout va bien. Il a une maison. Dans la vitrine d'une agence immobilière de Sidcup sont épinglées un tas d'annonces, à en juger par les prix sa maison doit valoir entre 4 200 et 5 800 livres. Lorsqu'il a quitté la Lettonie il avait là-bas deux enfants, un fils et une fille. Il montre des photos d'eux, son fils a vingt-neuf ans. Il ne leur écrit plus régulièrement.

Il ne veut pas retourner en Lettonie, comme Vous devez bien le comprendre.

Il n'a que des impressions vagues de la situation politique en Lettonie soviétique. "Je suppose que c'est un peu mieux maintenant mais pas bien." Non, il ne pense pas pouvoir y retourner un jour. "Mais je suppose qu'ils aimeraient bien m'avoir, vu que maintenant je suis une mauvaise publicité pour eux." Au bout d'un moment sa fille l'interrompt assez vivement et dit qu'il ne sait rien de la situation actuelle en Lettonie, il n'y est pas allé depuis vingt-deux ans. Il répond évasivement et la regarde, inquiet. Elle semble sans cesse le contempler avec un mélange curieux de proximité et de distance, d'affection et de doute.

Aux dernières élections il a voté pour les travaillistes.

Son passé militaire est varié. Avant 1940 il était

officier dans l'armée lettonne. En 1940 il était officier dans l'armée russe. De 1943 à 1945 il était officier dans l'armée allemande.

Il pense que dans les camps les gardes suédois favorisaient nettement les internés allemands aux dépens des Baltes. Il dit que c'était à cause de l'esprit pro-allemand des officiers et du fait que beaucoup de Suédois ont du sang allemand, du fait que l'Allemagne, même décadente, restait une grande puissance, du fait aussi que, en principe, les Suédois ne s'intéressaient pas aux questions baltes et que les Allemands représentaient une culture, une manière de penser plus familière aux Suédois que celle des Baltes. Il n'a pas de haine pour les gouvernements suédois responsables de l'extradition, il pense qu'ils ont manœuvré habilement.

Il dit se sentir en sécurité maintenant, il ne craint plus rien, il vit en liberté.

Quelle liberté ? Qu'est-il libre de faire et de ne pas faire ? Il ne définit pas sa liberté mais continue à dé crire sa situation. Il parle rarement avec ses voisins, il a peu d'amis, ceux qu'il a sont quelques Lettons qu'il voit de temps en temps. Dans le village où il habite il est un oiseau étrange et anonyme. Aucun de ses voisins ne connaît son passé, les raisons de ses difficultés à marcher ou de son œil artificiel. Il n'a pas d'amis parmi eux. Il vit dans un petit cocon à Sidcup dans le Kent, il vit avec sa femme et ses enfants, pense de plus en plus rarement à ce qui s'est passé en Suède. Il vit. Il survit. Liberté ? Il n'a jamais estimé nécessaire de réviser son image de sa propre histoire, de sa vie, de ce qui s'est passé. Il sait comment cela s'est fait. Sa haine des communistes est bien entendu très profonde. Il a un peu plus de cinquante ans. L'année en Suède a décidé de toute sa vie. Entre sa maison et la rue il y a un petit jardin, six mètres sur quatre. Le jardin est entouré d'une haie, il y a de petits arbres, une petite plate-bande.

La maison a un étage, les pièces sont très petites mais l'intérieur est agréable. C'est là qu'il vit.

Pendant quelques minutes il s'embrouille avec sa fille aînée dans une discussion politique. Il a fait incidemment une remarque sur tous ces jeunes ignorants qui manifestent contre la politique des U.S.A. au Viêt-nam et immédiatement elle s'emporte mais avec précaution. "Quoi ? dit-elle, je ne manifeste sûrement pas sans arrêt mais il n'empêche que je pense que les U.S.A. n'ont rien à faire là-bas." "Oui, oui, dit-il et il sourit un peu désemparé, oui oui, oui oui." Ils parlent parfois politique mais ils parlent le plus souvent dans le vide, puisque chacun ne comprend pas les points de départ de l'autre. "Nos expériences sont tellement différentes, dit-il à voix basse, ça oui, c'est certain." Sa fille connaît bien entendu son histoire, mais elle la trouve visiblement absurde, ou horrible, ou incompréhensible ; elle dit qu'en fait elle ne la trouve pas intéressante.

Elle finit ses études l'année prochaine.

Comment vit-il ? Qu'a-t-il choisi ce jour-là ? A-t-il choisi ? L'entretien dure quatre heures mais n'apporte pas de réponse. Est-il heureux ? Il a un chien, il rit souvent, la journée est belle mais il y a beaucoup de vent et il fait assez frais, c'est le vendredi saint 1967, qu'est-ce qu'il vit comme vie ? Peut-il répondre lui-même ? Qu'entend-il par liberté ? Qu'est-ce qui l'a poussé en avant, droit sur la pointe du crayon ?

Excellences, écrivait-il, il est presque impossible aujourd'hui de croire réelle son histoire. Il est possible que lui-même ne la ressente pas comme réelle. La seule chose réelle, ce sont les résultats qui restent aujourd'hui du crayon qui a percé son œil : l'œil aveugle, ses facultés motrices diminuées, l'isolement relatif, sa vie changée pour toujours.

Cela en valait-il la peine ? Ne regrette-t-il pas ?

"Non, dit-il avec un sourire convaincu, pourquoi le regretterais-je ? Ici je vis en liberté !"

5

Eichfuss fut continuellement tenu isolé, on le surveilla sans cesse, et un policier ne quittait pas sa chambre, assis sur une chaise à côté de la porte. Mais les jours et les nuits se faisaient longs. Eichfuss était aimable et le garde apparut parfois peu nécessaire.

— Ils sont toujours assis là, signala Eichfuss un jour de janvier, ils sont toujours assis là avec le pistolet et tout, et ils me regardent bêtement. Parfois, la nuit, lorsque je me réveille, je les vois dormir sur leur chaise. Si je voulais je pourrais les tuer, aussi bien que je pourrais me tuer moi-même. Ça ne serait pas difficile si je voulais.

Il lui restait pourtant certaines possibilités de communiquer avec l'extérieur.

Le 11 janvier il réussit à faire sortir de l'hôpital de Kristianstad une lettre destinée au *Stockholms-Tidningen*. La lettre fut publiée le 17 janvier. Elle faisait un résumé du passé des Baltes et lançait un appel à tous les Suédois opposés à l'extradition et qui maintenant gardaient le silence depuis bien longtemps.

— Où est la saine opinion du peuple ? écrivait-il. Où est le sentiment humanitaire des médecins suédois ? Où sont les hommes d'Eglise suédois qui soutenaient avec tant de courage notre fervent combat ? Où est la jeunesse suédoise qui nous envoyait tant de télégrammes d'encouragement ? Où sont les femmes suédoises ?

Dans la même lettre il déclarait :

— Pour ouvrir une nouvelle fois les yeux et les cœurs du peuple suédois je vais faire un sacrifice, il sera le signe de la force de notre foi et de la ferme volonté des Baltes, je brûlerai mes mains et j'augmenterai la douleur en les passant sous l'eau brûlante et je déclare par ces lignes que j'avais déjà décidé de faire ceci dans la nuit du 1er janvier 1946, je le ferai si le gouvernement suédois ne tient pas sa promesse de procéder à des examens individuels de nos cas. Je dois ce sacrifice du feu à mon peuple et à mes camarades baltes, puisque j'ai cru les paroles d'un représentant du gouvernement suédois et abusé ainsi de la confiance des Baltes. Par ce sacrifice du feu je veux en plus que mes mains échappent à un emprisonnement déshonorant car je ne pense pas qu'on profanera mes plaies.

Le lendemain de l'expédition de la lettre, le 12 janvier, il brûla ses mains. Il les tint sous l'eau chaude du robinet et appela ensuite le docteur Silwer. Celui-ci examina ses mains. Il nota une légère rougeur des deux mains, comme si Eichfuss les avait lavées dans de l'eau trop chaude ; il n'y avait pourtant pas trace de brûlures ou d'ampoules.

Le lendemain la rougeur avait disparu.

Le 20 décembre tous les Baltes sauf Eichfuss furent transférés de l'hôpital de Kristianstad au camp de Gälltofta, proche de Rinkaby. L'annonce du transfert souleva leur inquiétude, bien que tout le monde leur ait assuré qu'il ne s'agissait pas de l'extradition. A 14 h 15 quarante policiers armés pénétrèrent dans le bâtiment, ils sortirent les internés l'un après l'autre, étroitement surveillés, on les habilla et on leur donna un sac à dos. Les médecins et les infirmières étaient rangés près de la sortie et leur firent des adieux. On leur amena les internés l'un après l'autre, encadrés par deux policiers, les Baltes eurent le droit de serrer la main de ceux qui les avaient soignés. L'infirmière Signe, qui avait été la première à les accueillir et sur qui les Baltes avaient toujours fait une bonne impression, trouvait que ces adieux avaient été émouvants et durant l'après-midi elle était restée dans la lingerie à pleurer. A 16 h 45 l'évacuation était terminée, vers 19 heures tous les internés étaient installés à Gälltofta.

L'état physique de ceux qui étaient à l'hôpital de Kalmar s'était nettement amélioré après la fin de leur jeûne. Leurs jambes étaient pourtant encore un peu faibles. Aucun symptôme de maladie n'était apparu, seulement une diminution générale des forces. Un patient pourtant avait eu une périostite aiguë et un autre de vives douleurs stomacales, mais tous deux avaient été guéris. Tous étaient accablés, remplis d'inquiétude pour le futur et torturés par l'incertitude dans laquelle ils vivaient maintenant.

Le moral du caporal letton E S, né en 1922, passe par des hauts et des bas : résumé psychologique. A l'arrivée en Suède sa taille était de 1,82 m et il pesait 80,6 kg. Le 26 août il pesait 84,5 kg. Le 1er décembre il pesait 77,6 kg et mesurait 1,83 m. Le 10 décembre il pesait 78,2 kg, il avait alors cessé de jeûner depuis deux jours. Le 1er janvier il pesait 79,3 kg et sa taille était de 1,82 m. Le 20 janvier il pesait 79,1 kg et sa taille était de 1,83 m. Perte de poids depuis l'arrivée en Suède : 1,5 kg.

Pendant ce temps, depuis la dernière semaine de novembre à Ränneslätt jusqu'à l'extradition en janvier 1946, une série d'examens supplémentaires fut entreprise, qu'on appela examens individuels. Le résultat fut qu'une poignée de Baltes furent déclarés civils, dans plusieurs cas sur des bases relativement fragiles : apparemment on préféra acquitter que condamner. L'efficacité de l'examen fut limitée parce qu'on manquait de faits et on dut souvent se fier aux assurances des internés eux-mêmes — celles-ci entrant le plus souvent en contradiction avec les informations qu'ils avaient données lors de leur premier enregistrement en Suède.

Le premier de ces examens individuels fut entrepris le 25 novembre 1945 à Ränneslätt, l'enseigne Larsson du 2ème régiment du génie servit d'interprète. 66 internés furent alors interrogés.

Les informations qu'ils donnèrent peuvent être contrôlées dans au moins une dizaine des cas. Le jugement d'ensemble qu'on peut porter sur ces informations fournies en automne 1945 est que, dans tous les cas vérifiables, la véracité semble avoir été très faible. Les informations contiennent parfois des bribes de vérité mais le plus souvent les Baltes semblent, dans un désespoir compréhensible, s'être forgé des biographies fictives pour échapper à l'extradition.

Le capitaine Ernsts Kessels, chef de la "division SS lettonne", qui s'enfuit de Danzig pour arriver à Bornholm, déclare ainsi qu'il "n'a pas fait de service militaire, ni russe ni allemand, pendant la dernière guerre mondiale", qu'il est "arrivé en Suède comme civil". Janis Presnikovs déclare qu'il a été "réformé pour une faiblesse cardiaque selon un certificat présenté le 19.3.1945", information que son journal personnel ne confirme en aucune façon, pas plus que l'information selon laquelle il serait venu en Suède en effets civils. Vincas Lengvelis, chasseur de partisans et lieutenant dans l'armée allemande, déclare que son apport militaire s'est limité à avoir été "forcé de travailler dans les camps allemands" et qu'ensuite il s'est enfui vers Gotland en vêtements civils. Edvard Alksnis "n'a pas fait de service militaire allemand." On pourrait allonger la liste des exemples.

On réclama souvent, et de nombreux côtés, un examen individuel des cas lors du débat suédois. Il était pourtant évident qu'un tel examen était pratiquement impossible à réaliser. Il n'existait ni faits, ni informations, ni documents. Tout cela se trouvait là-bas, en Lettonie soviétique. Et on pouvait difficilement demander l'envoi de ce matériel en Suède. Alors l'examen individuel prit l'aspect d'interrogatoires superficiels dans lesquels les légionnaires donnaient des assurances et les Suédois se débattaient dans les ténèbres.

Les légionnaires changèrent-ils ?

Certains changèrent d'une manière suprenante. Parmi ceux-ci se trouvait Elmars Eichfuss-Atvars.

Il écrivit trois lettres au social-démocrate letton Bruno Kalnins. La première arriva en août. Elle contenait une simple demande à Kalnins de faire tout son possible pour les internés.

La deuxième arriva le 28 novembre. Eichfuss demandait la possibilité de devenir membre du parti social-démocrate. On lut sa lettre lors d'une réunion à Stockholm de la section lettonne du parti social-démocrate, mais on trouva la demande étrange et on n'y donna pas suite.

La troisième et dernière lettre arriva en décembre. Elle était adressée à Kalnins mais son ton était maintenant tout à fait différent, elle était nettement procommuniste et se servait d'une rhétorique politique peu habituelle dans une correspondance privée. La lettre était, si c'est possible, encore plus étonnante que les autres, mais comme maintenant Eichfuss était devenu une sorte de héros, même pour les Baltes civils de Suède, Kalnins ne désira pas approfondir l'affaire et il brûla le document.

On ne touche pas à un mythe, et les choses en restèrent là.

6

Portraits de trois légionnaires : comme ils habitent aujourd'hui tous les trois en Lettonie leurs noms seront remplacés par des initiales fictives. Certains détails ont été également modifiés. Titre : après le paroxysme, avant le départ.

Ce légionnaire s'appelait J E, il est né en 1922 à Liepaja, après Ränneslätt il fut transféré à l'hôpital de Halmstad puis au camp de Gälltofta. Pendant son séjour à Halmstad il eut quelques longues discussions avec une infirmière de l'hôpital, elle avait alors trente-six ans, elle désire garder l'anonymat. Le récit du légionnaire est corroboré par quelques notes que cette infirmière prit à l'époque, immédiatement après les discussions.

Ils avaient parlé d'un suicide qui n'avait pas eu lieu. Objet de la discussion : éclaircir les principes sous-jacents à une décision de prolonger une vie.

Le légionnaire J E parlait allemand, même si ce

n'était pas couramment. Il était le seul d'entre eux à qui il était permis, ou qui s'était permis de parler avec le personnel médical suédois. Le 3 décembre il avait cessé son jeûne et il pouvait marcher sans difficultés.

Les deux discussions eurent lieu les 8 et 10 décembre, la première vers midi, l'autre le soir.

Il commença par raconter un épisode du séjour à Ränneslätt. Cela s'était passé dans la nuit du 25 novembre, un dimanche soir. Vers 19 heures le comité de grève s'était réuni dans la chambre d'un des officiers, Eichfuss avait parlé et il était évident que personne n'avait voulu ou pu s'opposer à sa volonté. Une heure plus tard ils avaient quitté la chambre et Eichfuss s'était dirigé, sans dire un mot, vers les baraquements des soldats, personne ne fut informé de ce qui s'était dit à cette réunion. Vers 22 heures J E et l'un des officiers s'étaient rencontrés par hasard et s'étaient assis sur le perron pour parler. Ils avaient évoqué le suicide comme solution possible pour influencer la marche de l'extradition, le suicide comme solution et le suicide comme argument. J E avait alors sorti une lame de rasoir et dit à son camarade qu'il était lui-même prêt vu qu'il n'avait pas tellement envie de vivre. "Son camarade l'avait alors regardé avec une expression curieuse sur le visage, lui avait brusquement pris la main, s'était levé, et était rentré dans le baraquement."

J E était resté avec sa cigarette et sa lame de rasoir.

Un quart d'heure plus tard il s'était levé et était monté à l'étage supérieur de la maison où il y avait une chambre vide. Il voulait être en paix, l'étage au-dessous était complètement silencieux ; il se demanda si son camarade avait dit quelque chose aux autres. Il s'était assis sur une chaise, ne sachant plus quoi faire. Il avait posé la lame de rasoir sur une autre chaise.

Puis il avait pris un papier et un crayon et s'était mis à écrire. Comme il ne savait pas très bien ce qu'il allait faire il tira un trait droit sur le papier et traça un plus sur une des colonnes et un moins sur l'autre. Puis il entreprit un inventaire systématique de tout ce qui était positif ou négatif dans sa situation.

Côté négatif : il n'avait à sa connaissance pas de parents vivants. Il pouvait s'attendre à une longue captivité, éventuellement à être exécuté. Son avenir se déroulait sur un fond infini de jours dans un camp de travail en Union soviétique. Ses camarades ne pouvaient pas l'aider, sa mort par contre pouvait les aider.

Côté positif : il pouvait théoriquement être libéré. Il pourrait alors gagner l'Allemagne. Il avait quelques chances de pouvoir rester en Suède. Il connaissait un métier. Il serait intéressant de voir comment toute cette affaire allait se développer. Il n'avait en ce moment certainement pas grande envie de vivre mais il était possible que la joie de vivre lui revienne. S'il retardait son suicide il lui restait toujours la possibilité de mettre fin à ses jours plus tard.

Le positif semblait nettement l'emporter : il y avait surtout de bonnes raisons d'attendre. Il resta longtemps immobile et essaya d'entendre les bruits du dessous. Il se demanda à quoi ils pensaient. Il attendit une heure puis il prit la lame de rasoir et la glissa dans un carnet. Elle servirait peut-être plus tard. Il descendit l'escalier. "Lorsqu'il rejoignit les autres, plusieurs d'entre eux étaient réveillés et il supposa alors qu'ils savaient ce qu'il avait été sur le point de faire."

Pour l'infirmière il récapitula d'une part cet épisode et d'autre part ce qui suivit : le point culminant de la grève de la faim, le suicide de Lapa, le transfert à l'hôpital, le début du séjour à l'hôpital. Certains détails de son récit paraissent douteux : il est peu probable qu'un homme dans une situation désespérée se mette à dresser des listes avec positif et négatif. Ce détail a peut-être été inventé plus tard. La suite de la discussion semble pourtant en partie confirmer ce récit. Il dit qu'il avait pensé que la mort, le suicide, le moment où l'homme cesse de vouloir vivre, était une expérience dramatique, désespérée et troublante. Il s'aperçut, non sans malaise et sans terreur, que l'acte même de se retirer la vie semblait plus trivial que dramatique et que la situation de choix qui précédait le suicide semblait plus rationnelle que sentimentale. La situation devant laquelle il devait prendre position semblait toute logique et il était prêt à suivre jusqu'au bout le jeu dont il esquissait les contours sur son papier. Le suicide n'était pas impulsif, il était la réponse à la somme de nombreux facteurs.

Il dit qu'il avait renoncé au suicide parce que les facteurs négatifs ne pesaient pas assez lourd.

Quel est le but de l'histoire ?

Le récit de l'infirmière ne laisse apparaître aucun but. Elle dit penser qu'il racontait uniquement pour raconter comment les choses s'étaient passées. Il avait renoncé à se tuer parce qu'il n'avait pas de raison assez forte pour le faire. Il expliquait ainsi pourquoi il était encore en vie. C'est tout. Elle écrivit tout cela dans son journal personnel. Elle a ajouté quelques réflexions. "Il n'avait pas foi en le Christ." "Ses poignets portaient les marques d'incisions plus anciennes."

Quelle sorte d'homme était-ce ?

Il parlait à l'infirmière en un allemand pauvre et trébuchant et elle écoutait ces monologues murmurants qui s'élevaient parfois en crescendos persuasifs qu'elle était obligée de calmer par des mouvements de mains discrets et apaisants. Il semblait avoir fait des distinctions entre les suicides. Un "suicide personnel" signifiait que certains facteurs spécifiques et personnels en étaient arrivés à dominer un individu : ce suicide n'était que l'expression d'un échec personnel. Mais il existait aussi un autre suicide, qui servait une cause plus grande que la cause personnelle : il citait là comme exemple le suicide de Lapa, il pensait que celui-là donnait un sens plus dramatique à la cause des Baltes, qu'il illustrait une injustice, la mort n'était donc plus uniquement personnelle.

Mais alors pourquoi lui-même n'avait-il pas choisi la mort ?

Les souvenirs de l'infirmière et ses notes n'apportent

que peu d'explications. Il semble pourtant être revenu plusieurs fois sur cet incident de la nuit du 25 novembre, pour lui celui-ci semble avoir été le paroxysme dramatique de toute l'extradition. Il était "seul avec la mort". Apparemment il essaya de décrire ces heures nocturnes d'une manière dramatique : l'obscurité, la solitude, la lame de rasoir, la pluie qui battait contre les carreaux (il ne plut ni le 25 ni le 26 novembre à Eksjö, par contre il plut le 27). Il avait côtoyé la mort et il était ensuite revenu à la vie et maintenant, à Halmstad, entre le 8 et le 10 décembre, la mort et la crainte de la mort n'avaient plus le même sens. "Il disait ne plus avoir peur de la mort, que tout avait été bien pire à Ränneslätt, pourtant il pensait alors qu'il allait être extradé."

D'où venaient les marques d'incisions sur ses poignets ?

Il refusa obstinément de parler de l'avant Bornholm, mais les cicatrices devaient dater de cette époque. Avait-il déjà essayé de se suicider ? La réponse était non. Croyait-il en Dieu ? A son arrivée en Suède il était apparemment athée mais dans une lettre qu'il envoya plus tard à l'infirmière (datée de Gälltofta le 14.1.1946) il consacre une page à ses rapports avec Dieu. "Je me suis rendu compte que Dieu m'a aidé à me diriger avec confiance vers un avenir incertain. La foi est devenue pour moi une source de force et j'espère devenir un modèle et un messager de Dieu, pour pouvoir ainsi aider mes camarades."

Il n'afficha jamais aucune opinion politique. Une semaine après ces entretiens l'infirmière fut déplacée. Plus tard elle reçut deux lettres, l'une d'elles a déjà été citée en partie.

On ne peut suivre la vie de J E par la suite qu'à travers certains détails. Il fut envoyé à Gälltofta. Il semble être resté tout à fait calme lors de l'évacuation de ce camp. Il monta à bord du bateau. Lorsque le "Beloostrov" quitta le port de Trelleborg il était sous le pont, bien enfermé. Le matin du premier jour en mer un des Allemands avait essayé de se suicider. Il monta sur le pont, se dirigea droit vers le bastingage et essaya de l'enjamber mais au dernier moment il fut retenu par un des matelots russes ; l'Allemand fut immédiatement emmené dans la cale. Sa tentative de suicide fut vivement commentée par tout le monde et qualifiée d'acte absurde et incompréhensible.

J E vit aujourd'hui à Riga. Il n'a maintenant plus aucune préoccupation religieuse. Il parle de son séjour en Suède comme d'un épisode de sa vie, épisode dont il se souvient bien mais épisode d'importance limitée. Il n'a pas le souvenir d'un papier avec signes plus et moins.

Le 25 novembre 1945 Janis M déclara aux Suédois qu'il était de nationalité lettonne, qu'il était arrivé en Suède le 8 mai 1945 et qu'il ne désirait pas quitter ce pays. Depuis le 24 novembre 1944 il avait "travaillé dans un camp pénitentiaire SS à Danzig". Il n'indiqua pas le nom de ce camp ; celui-ci était vraisemblablement le camp de concentration de Struthof qui se trouvait non loin de Danzig. Il raconta qu'il avait fui "vêtu de l'uniforme des camps de travail allemands". Il s'enfuit avec un groupe de Lettons, il peut s'agir du groupe important qui quitta Danzig à bord des deux navires fluviaux. Il n'avait qu'une carte d'identité scolaire lettonne pour confirmer ses dires, les Allemands lui avaient retiré tous ses autres documents. Ceci est l'histoire de Janis M, telle qu'elle se présente d'après les renseignements accessibles. Il fut extradé. Questions : quel "travail" faisait-il dans ce camp ? Qu'entend-il par "uniforme des camps de travail allemands" ? A-t-il monté cette histoire ou est-elle véridique ? De quoi avait-il l'air ? Etait-il marié ? A-t-il fait partie des troupes SS, a-t-il appartenu aux formations Tête de Mort ou appartenait-il aux gardes commandés de force ? Il a survécu, il habite aujourd'hui dans un petit village letton. Quelle sorte d'homme était-ce ? Comment a-t-il ressenti l'internement, l'extradition ? Comment nous a-t-il ressentis ?

Le soldat S B est né en 1924, il avait donc vingt et un ans cet automne-là. Il mesurait environ 1,75 m, il avait un visage étroit, portait des lunettes à fine monture et il arriva en Suède venant de Courlande via Gotland. En Suède il avait des amis lettons, il leur écrivit, ils répondirent, toute leur correspondance est conservée.

Il était issu d'une famille aisée et, comme la plupart des enfants de telles familles, avait fait ses études au lycée de Riga, une des meilleures écoles de la ville. Les élèves issus du milieu ouvrier y étaient très peu nombreux ; la légation anglaise était de ceux qui fournissaient régulièrement l'école en bourses et en donations. S B apparaît pour la première fois en janvier 1941 après l'entrée des Russes en Lettonie. Il se lève au milieu d'un cours et devant sa classe il lit à haute voix l'hymne soviétique "avec des paroles très peu flatteuses pour les communistes" ; on l'applaudit très fort. Quelqu'un rapporta ce qui s'était passé et il fut immédiatement renvoyé.

Les Allemands arrivèrent cet été-là et en automne 1941 il put retourner au lycée de Riga.

Au cours de ce même automne un des professeurs de l'école, maître Julijs Bracs, "un professeur d'esprit très nationaliste", forma un groupe de jeunes qui sous sa direction devait faire l'inventaire, classer et analyser les papiers laissés par le NKVD, papiers qu'on avait retrouvés au quartier général du NKVD à Riga. Le groupe de jeunes de Bracs travaillait deux à trois jours par semaine dans la maison du NKVD, classait les papiers et essayait de trouver un matériel utile et intéressant. Chaque soir on terminait le travail en chantant la chanson lettonne "Ce pays est un héritage sacré pour notre peuple, béni soit celui qui meurt pour notre pays".

On chantait debout, en cercle, à la fin du travail dans la maison du NKVD.

Qui était Julijs Bracs ?

Dans un livre letton sur les criminels de guerre lettons en exil, édité en Lettonie, on retrouve un homme du nom de Julijs Bracs, universitaire à Riga, "lic. hist." et à l'heure actuelle réfugié politique en Allemagne de l'Ouest. Il y est désigné comme agent de la Gestapo, il aurait en novembre 1943 organisé un groupe spécial de surveillance chargé de dénoncer les Lettons qui le 18 novembre avaient déposé des fleurs au pied du monument de la liberté à Riga. Il dirigeait la section d'information au ministère des Beaux-Arts et des Affaires sociales dans le gouvernement collaborateur. Tout ceci selon des informations en provenance de Lettonie soviétique.

Comment le légionnaire letton S B considérait-il son professeur Julijs Bracs ?

Dans une lettre datée de l'hôpital de Örebro le 5 janvier 1946 et adressée à un ami, il donne en quelques mots son opinion sur Bracs — probablement parce que son ami a dû dans une lettre faire une remarque peu favorable sur le compte de celui-ci. "J'ai aussi, écrit S B, une opinion personnelle sur J. Bracs. Il n'a pas à se sentir responsable des vies humaines détruites peut-être par sa faute dans notre patrie. Il est en tout cas mon professeur et il m'a donné l'intelligence et un but dans la vie. Toi, tu penses qu'il a plutôt détruit, mais il existe de nombreuses vérités et seul le temps fera ressortir celle qui est juste pour notre pays, pour notre patrie."

S B correspondait aussi avec Bracs ; le 15 décembre 1945 il avait été informé que celui-ci avait réussi à fuir en Allemagne de l'Ouest.

Les informations ne sont pas tout à fait nettes et beaucoup de questions restent posées. Le Julijs Bracs professeur de S B et celui qu'on retrouve dans ce livre documentaire ne font-ils qu'une seule et même personne ? Ce livre est-il fidèle à la vérité ? Quels furent les résultats du travail dans la maison du NKVD ? A-t-on trouvé des listes de noms des communistes ? Ont-elles contribué aux vastes exterminations des communistes, des juifs et des nationalistes entreprises de 1941 à 1944 ? Un camarade d'école de S B, qui appartenait au même groupe de travail que lui, indique qu'"on a trouvé des documents importants ayant appartenu aux résistants qui avaient lutté contre les communistes'' — datant donc de 1941. Que contenaient ces documents ? Des listes de déportés ? D'autres choses ? Quelle formation politique S B avait-il reçue dans sa famille ? Comment ressentit-il l'occupation allemande ?

S B s'engagea dans l'armée allemande. Il apparaît un court moment : pendant l'été 1944. Il sert en arrière du front dans les transmissions. Au cours d'une marche à travers la Lettonie il rencontre un camarade du groupe de travail de Bracs. ''Nous n'avons pas discuté tant que ça. S B était dans les transmissions et il voyait peut-être plus nettement ce qui se passait que nous qui servions sur le front.'' Ce qui se passait ?

Il arriva en Suède.

Comment a-t-il ressenti les différentes phases de l'internement ?

Sa première lettre est datée de l'hôpital de Örebro le 15 décembre 1945. Il vient d'apprendre que son père, sa sœur et tous ses parents sont sains et saufs en Allemagne de l'Ouest. Il écrit une lettre courte et vive. ''Mince ! Maintenant je ne veux pas mourir !'' Et il ajoute en P.S. : ''Nous avons tenu 19 jours. Ça aussi c'était une lutte. Et nous ne tremblons pas devant la prochaine.''

La lettre suivante est envoyée le 5 janvier 1946. Il écrit à son ami : ''N'as-tu pas visé trop bas ? Il existe peu de vrais hommes lettons — alors, est-il nécessaire que ceux qui existent s'attachent à un pays étranger ?'' La lettre est pleine de spéculations, il rêve d'un avenir à l'Ouest où sont tous ses parents et en même temps le pays natal l'attire, ''mais on ne revient pas si vite que ça — dans trois ans peut-être. Mais je suppose qu'alors tout ce que nous avons laissé n'existera plus, tout aura changé.'' Dans sa lettre suivante, datée du 16 janvier, les digressions philosophiques se font plus longues et ses allusions plus obscures. Parfois pourtant son raisonnement est concrétisé. ''Il est pourtant évident que nous devons rebâtir et nettoyer chez nous et il ne s'agira certainement pas de ''travail soigneux'' ou de ''vie culturelle'' ! Il faut labourer si on veut manger. Mais tout le monde le fera et je crois que cela sera avec beaucoup de plaisir."

Vers la fin de sa lettre, il raconte qu'un jour une infirmière suédoise l'a aidé à retirer ses chaussures : "Malgré tout — j'ai surtout ressenti ici de l'humanité et de la sollicitude, de la sympathie." Les deux lignes suivantes sont rayées mais elles sont quand même lisibles. Il a écrit : "Ce que la Suède nous a fait est à moitié réparé — la Suède qui se targue d'humanité et qui ne nous permet même pas de mourir." Et puis, après ces lignes rayées : "En réalité nous n'avons pas de sentiment de haine — seulement du désappointement et de la méfiance. Mais le monde est ainsi partout."

Il termine en disant : "Il reste la confiance en soi-même — et la foi en la Lettonie — et l'activité dans le futur. Nous chantons — tout n'est pas fini."

Les lettres sont longues, spéculatives, écrites sur un ton relativement gai. Il a parfois ajouté de petites notes dans la marge : "Pure philosophie." Au bas d'une lettre il a écrit son nom et sous celui-ci, comme un titre : "Letton et esthète".

Plus tard, après Ränneslätt et après le séjour à l'hôpital, il essaya de se suicider mais il échoua et il fut extradé. Il purgea une peine de six ans de prison et à sa libération reprit ses études à l'université de Riga. Il vit aujourd'hui dans une petite ville de Lettonie, il a un diplôme universitaire, il occupe un poste dans l'administration. Son histoire s'arrête là.

Quelle sorte d'homme était-ce ?

7

Conversation en Suède. Date : juin 1967. Extrait.

— Mais il y avait quand même une question qui aurait dû être décisive pour la responsabilité morale du gouvernement : que savaient-ils de l'Union soviétique, des principes juridiques, des peines ?

— Pourquoi donc ?

— Un principe est fondamental ; tout homme doit se rendre compte des conséquences qu'aura sa manière d'agir — et ensuite il doit agir en fonction de cela. Que savait-on de l'Union soviétique en automne 1945 ?

— On savait pas mal de choses, — en tout cas sur les mauvais côtés du système soviétique.

— Dans ce cas l'extradition est un crime.

— Mais est-ce que ça ne dépend pas des sources d'information que l'on a ? Des sources d'information en lesquelles on a choisi d'avoir confiance ?

— On envoie quand même 146 hommes à une mort certaine, non ?

— Pourquoi en es-tu si certain ? Pourquoi ne t'indignes-tu pas autant lorsque le gouvernement suédois envoie des déserteurs français en France, des collaborateurs norvégiens en Norvège, etc. ?

— Mais il est quand même évident que le gouvernement suédois aurait dû nommer une commission d'enquête pour évaluer les conséquences de l'extradition. Ils auraient pu s'informer des conditions qui régnaient dans les camps de détention russes, des principes juridiques, etc. La France est une démocratie, on voit tout ce qui s'y passe, même dans l'appareil de la justice. L'Union soviétique était et reste toujours une dictature communiste. On a le devoir de s'informer sur ce qu'on est en train de faire à des hommes. C'est un simple principe d'humanité.

— Pourquoi seulement avec l'Union soviétique ? Pourquoi pas une commission pour étudier les conditions qui règnent en France ou en Norvège ? Ou en Angleterre ?

— Envoie des commissions partout si tu veux, si seulement elles peuvent nous apprendre ce qui va se passer pour les internés dont on s'est chargé.

— Tu veux donc dire que nous Suédois qui avions soutenu les Allemands avec notre minerai et notre obséquiosité générale, qui jusqu'en 1943 leur avions fait d'énormes concessions, alors que les puissances victorieuses avaient sacrifié des millions de gens pour nous sauver des camps de concentration, nous devions envoyer des petites commissions d'enquête en Europe pour vérifier si *eux* étaient des barbares ? Tu n'oublies pas un peu la perspective historique ?

— Pourquoi, nom de Dieu, ne peux-tu pas penser selon de simples principes humanitaires ? Pourquoi te sens-tu obligé — uniquement parce qu'il se trouve que tu as des sympathies à gauche — de défendre une cause absolument impossible ?

— Je ne défends rien. J'essaie seulement d'être exact.

— Et d'ailleurs — qu'en était-il du droit d'asile ?

— Il ne jouait pas.

— Il ne jouait pas ?

— La situation de l'après-guerre était une situation exceptionnelle. Le droit d'asile ne pouvait pas s'appliquer dans une situation où des millions de prisonniers de guerre et des millions de soldats...

— C'est de plus en plus incroyable, enfin...

— Mais laisse-moi finir...

8

Le séjour à l'hôpital se termina, la grève de la faim cessa, ils reprirent des forces, on les ramena dans des camps.

On les envoya à Rinkaby et à Gälltofta. La plupart des Baltes arrivèrent à Gälltofta.

Le camp était situé au milieu de la plaine. On partait de Kristianstad, on faisait vingt kilomètres vers le sud et on arrivait à Rinkaby, puis on tournait à gauche, on passait l'aérodrome, les baraquements et le terrain entouré de fils de fer barbelés qui était le camp de Rinkaby, on continuait à travers la plaine pendant encore un kilomètre et alors on était arrivé. Les camps de Gälltofta et de Rinkaby étaient comme des camps jumeaux, mais Gälltofta plus petit, plus facile à surveiller, plus morne.

Le village de Gälltofta était tout petit, un groupe de maisons à l'extrémité de l'aérodrome. Les baraquements étaient situés tout au bout du village avec vue sur la plaine. Lorsqu'il neigeait la plaine devenait un océan blanc, pas de forêts, pas de villages aussi loin que la vue s'étendait : au nord, à l'infini, la plaine nord-est de la Scanie, au sud, les maisons du village et les haies de pins cachaient l'horizon, mais au sud-ouest la plaine continuait, infinie, avec une très mince ligne de forêt juste sur l'horizon. Lorsqu'il neigeait tout devenait blanc mais cet hiver-là la neige ne resta jamais bien longtemps, il plut, la neige fondit. Il plut encore, la plaine devint un bourbier avec quelques taches blanches qui disparurent, une terre détrempée et grise sous le ciel suédois perpétuellement gris qui couvrait les maisons, les baraquements et le fil de fer barbelé. Les baraquements étaient disposés en rectangle, l'un contre l'autre, la longueur totale du terrain était de 120 pas et la largeur de 40, au fur et à mesure que la pluie tombait la cour intérieure devint molle et boueuse et déteignit sur tout. Devant le baraquement des officiers, qu'occupait aussi le personnel de garde, s'étendait un petit carré couvert de pavés ronds, ils y allaient souvent pour se débarrasser de la boue de leurs chaussures et bientôt celui-ci devint comme le reste. Tout le camp semblait violemment comprimé, il n'existait aucun endroit où l'on pouvait se remuer, ils se plaignirent souvent d'être tant d'hommes à partager si peu de lavabos et si peu de toilettes. Petit à petit ceux qui avaient la force ou la volonté de se promener créèrent un sentier le long de la clôture de fil de fer barbelé, un mince sentier qui peu à peu devint crotté comme une fosse de boue. Ils restaient souvent contre la clôture à regarder la plaine : très très loin ils distinguaient de petites maisons et des lumières et, au même endroit, lorsque la nuit tombait, des fenêtres claires, des foyers suédois. Puis les projecteurs s'allumaient autour du camp et éclairaient le fil de fer barbelé et tout autour d'eux, de l'autre côté de la rampe des projecteurs, on ne voyait plus que l'obscurité.

Ils arrivèrent l'un après l'autre, on rassembla les légionnaires baltes qui avaient été dispersés dans les hôpitaux un peu partout en Suède et qu'on pouvait à nouveau regrouper. Ils arrivèrent en décembre, fêtèrent Noël au camp, ils arrivèrent en janvier, ils arrivèrent même dans les derniers jours précédant l'extradition. Le vent souffla presque toujours, c'était après la grève de la faim et avant l'extradition, ils arrivèrent dans cette plaine grise juste après avoir été si longtemps en lumière. Maintenant plus personne ne semblait se souvenir d'eux. Les manifestations étaient terminées, les contacts avec l'extérieur totalement interrompus, aucun journaliste n'eut l'autorisation de les voir. Leurs leaders furent isolés, ce fut une longue période grise au milieu de la plaine de Scanie, pendant laquelle ils ne purent rien faire, et tout le monde les oublia.

C'était sept mois après Bökeberg.

Il n'y avait rien, absolument rien à faire. Ils ne pouvaient qu'attendre. *Tout est horrible et fastidieux ici,* écrivait-il, *mais j'ai appris à faire des patiences. Je fais des patiences à longueur de journée. Il n'y a rien à faire. Gailitis est arrivé ici maintenant. Mais il n'est pas comme avant, il paraît épuisé, brisé presque. Le docteur n'est pas encore arrivé, il doit toujours être à l'hôpital. Il paraît qu'il a fait la grève de la faim pendant un mois.* Il s'appelait Olgerts Abrams et n'avait que dix-sept ans, et d'après lui le séjour en Suède ne lui avait apporté qu'une chose, il avait appris à faire des patiences. *Nous ne recevons pas de visite,* écrivait un autre, *parfois un prêtre seulement, mais ils ne viennent pas ici aussi souvent qu'en novembre lorsqu'ils entonnaient leurs éternelles complaintes autour de nous, comme des pleureuses. Nous les écoutons maintenant mais nous ne tenons pas à ces éternelles complaintes sur notre sort.* Une autre opinion règne dans d'autres lettres. *Tout se passe comme dans une pièce de Maxime Gorki. Il est faux de dire que nos prêtres nous ont rendus hystériques. Nous le sommes devenus pour d'autres raisons. L'état d'esprit s'est amélioré à l'hôpital — non pas parce qu'il n'y avait pas de prêtres mais parce qu'on y rencontrait des êtres humains et des conditions humaines. Maintenant nous sommes malheureusement dans la même situation qu'avant et l'hystérie est encore plus forte qu'elle ne l'était fin novembre.* Mais aucun de ceux qui surveillèrent les Baltes ne les trouva hystériques : la seule impression qu'ils leur laissèrent est celle d'une sourde tristesse, d'un désespoir régulier et anéantissant, sans paroxysmes dramatiques ni profonds abîmes noirs, un désespoir comme une plaine infinie, à moitié liquéfiée par la pluie et la neige fondue, une plaine boueuse sans arbres ni montagnes : Gälltofta, hiver 1945-1946, le camp d'internement balte dans la plaine grise.

Je suis allongé sur la couchette qu'un Allemand qui s'est pendu a laissée libre, écrivait-il. *C'est encourageant. Autrement nous avons abandonné tout espoir maintenant. Tout le monde semble nous avoir oubliés. Il doit être inutile de jeûner à nouveau, ils vont nous livrer de toute façon. Tu ne dois guère comprendre ce que nous ressentons et je m'arrête ici. Sois heureux.*

Le 18 janvier UD apprit que le navire russe, "Beloostrov" faisait route vers Trelleborg ; la date de l'extradition fut fixée au 23 janvier. Dans l'après-midi du 19 janvier "les cercles bien informés de l'Eglise apprirent que l'extradition allait avoir lieu le 23 janvier."

Comme l'isolement des Baltes était maintenant complet et qu'aucun prêtre n'eut le droit de se rendre au camp après le 19 janvier, un problème se posa immédiatement : comment annoncer aux Baltes la date de l'extradition.

On téléphona de Stockholm à une Lettonne qui habitait Halmstad. Elle se rendit au camp de Gälltofta le 20 janvier et réussit à transmettre son message. Son récit, qui a été publié, commence par une esquisse du décor : fils de fer barbelés, brutale lumière des projecteurs ; le long de la clôture, "des silhouettes grises montent la garde, armées de mitraillettes".

Son récit est bref mais plein de sentiment. Elle réussit à passer le premier barrage avec sa voiture de location mais fut ensuite arrêtée par le commandant du camp, très en colère. "Les gardes autour de moi ricanent bêtement." La situation est décrite d'une manière vivante et dramatique. "Je tombe à genoux dans la neige aux pieds du commandant, je pleure et supplie et reçois l'autorisation de parler en allemand un court instant avec mon "oncle" le lieutenant-colonel Gailitis et mon "cousin" le lieutenant Knoks."

Elle eut l'autorisation de parler avec eux. Gailitis qui était maintenant très faible et marchait mal dut s'approcher de la clôture, soutenu par deux légionnaires plus jeunes. Un homme maigre aux cheveux gris, au teint pâle et aux yeux fiévreux.

Ils restèrent chacun de son côté de la clôture et elle put parler avec lui. Elle parla en letton et lui dit que l'extradition était proche, qu'ils allaient partir le 23 janvier. Les officiers suédois étaient juste à côté mais ils n'intervinrent apparemment pas.

Gailitis dit :

— Petite fille, personne ne peut donc nous aider ?

Elle se pencha en avant et l'embrassa sur la joue mais ne répondit pas.

Il demanda encore :

— Personne ne peut, personne ne veut nous aider ?

Le commandant, qui se tenait à côté d'eux, fit remarquer alors que la conversation devait cesser. Gailitis retourna vers les baraquements. Après cela la femme donna quelques cadeaux destinés aux internés et le commandant promit de les distribuer. C'était un grand bouquet de tulipes et cent soixante paquets de cigarettes.

L'histoire semble se répéter : la situation était maintenant la même qu'à Ränneslätt lorsque la grève de la faim avait été décidée, sur initiative de l'extérieur, et avait empêché l'extradition une première fois. Mais la situation n'était pas la même et l'histoire ne se répétait pas. Leurs leaders n'étaient plus avec eux, Gailitis avait joué son rôle, les officiers ne dominaient plus de la même manière, Eichfuss n'était plus là. Les prêtres n'étaient plus là comme catalyseurs. Et tout devait se dérouler calmement : pas de grève, peu de mutilations volontaires.

Nombre d'entre eux allaient se souvenir de Gälltofta comme du fond du puits de la souffrance. *Je pense souvent à nos premiers temps en Suède,* écrivait l'un d'entre eux dans une lettre, *notre séjour à Bökeberg. Tout était si beau et si vert et la guerre était finie. Je ne sais pas comment les choses en sont venues où elles en sont maintenant. Tout s'est développé petit à petit et nous avons été menés comme des moutons. Il n'y a dans ce camp aucun espoir. Je termine ici ma lettre.*

Tous les baraquements sont encore là, en été il y a de l'herbe dans la cour. En été la plaine est une mer d'herbe, l'espace est infini, l'air est doux et frais. Le carré de pavés ronds est toujours là, les couchettes, les inscriptions, l'herbe qui pousse entre les planches du seuil. Le sentier qui longeait la clôture a disparu mais la clôture est toujours là. En été, un après-midi de juin, Gälltofta est un bel endroit ; au bout du village, à côté de cette plaine qui est une mer d'herbe. Dans les maisons proches on ne se souvient pas beaucoup d'eux. "Ils étaient là-bas et nous ne pouvions jamais y aller." "On ne les voyait qu'à distance." L'endroit est toujours visible, les baraquements et la clôture, même si depuis longtemps les sentiments ont perdu en intensité puis disparu et si le désespoir et le découragement sont devenus histoire et peut être même rien du tout.

9

Le 7 décembre on annonça que le gouvernement avait remis la responsabilité des soldats allemands et baltes internés à la Direction de la Protection civile. Les militaires n'en avaient donc plus la responsabilité et beaucoup, au gouvernement comme dans l'armée, enregistrèrent cela avec un certain soulagement.

Pour le reste la question était réglée politiquement et le fait que le Riksdag discuta une nouvelle fois l'extradition des Baltes ne devait rien y changer. Cela se passa lors du débat du 17 janvier et beaucoup prirent la parole. Mais ils manœuvrèrent en dehors du cadre des partis et lorsque Per Albin Hansson constata qu'il avait eu "des entretiens suivis avec les chefs de partis à ce sujet", il indiqua nettement le point mort politique où se trouvait maintenant la question. "La question a aussi été discutée au Comité des Affaires étrangères. Aucune solution raisonnable n'a pu être donnée pour sortir de cette situation dont Domö, avec quelques réserves, prend maintenant la responsabilité."

A quoi servaient alors les appels à l'humanité et les nouvelles solutions des corsaires politiques isolés ?

Le chef du Folkpartiet, Bertil Ohlin, et ce fut son seul apport dans ce débat sur l'extradition, donna une représentation juste de cette situaion politique bloquée. Il devait constater :

"En tant que membre du gouvernement qui a pris la décision dont il est question, je possède bien sûr une part de la responsabilité. Je désire cependant exprimer mon regret de voir que cette décision a été si peu nuancée. Exista-t-il pendant l'été des possibilités de modifier cette décision, cela échappe à mon jugement, mais je considère actuellement les perspectives comme très réduites. Je regrette donc ce qui s'est passé. Rien de ce que je viens de dire n'est destiné, aussi peu que ce soit, à réduire ma part des responsabilités."

"Je considère actuellement les perspectives comme très réduites." La question en était exactement à ce point en janvier 1946. Un état sans espoir, un malaise repentant, des remords. Il restait une semaine avant l'extradition.

10

Ils évacuèrent les camps en deux vagues. La première vague le 23 janvier, la deuxième le 25, puis ce fut terminé.

Les policiers arrivèrent à Kristianstad dans l'après-midi du 22, ils vinrent de tout le sud de la Suède. Ils étaient en civil, ils allaient renforcer le personnel de garde, il ne fallait pas attirer l'attention mais ils arrivèrent tous à Rinkaby et la presse comprit alors de quoi il s'agissait et le lendemain beaucoup de petits articles laissaient entendre que l'extradition était proche.

Le 23, vers 4 heures du matin, la police se rassembla aux alentours du camp mais se concentra sur celui de Rinkaby. L'attaque de camp était maintenant devenue une routine, celui-ci n'était pas le premier qu'on évacuait et cette fois tout marcha vite et efficacement. A 6 h 30 un pistolet d'alarme donna le signal, on coupa les clôtures et on ouvrit les portes et comme il y avait plus de policiers que d'internés, ces derniers purent être surpris au lit. Tout se passa très calmement. Ils eurent le droit d'écrire une lettre chacun, ils purent prendre un petit déjeuner — sous contrôle très strict bien entendu — puis ils durent embarquer dans les autocars.

A 10 heures tout était terminé. L'évacuation avait été une réussite technique et la résistance avait été insignifiante. On avait évacué 128 Allemands et 23 Baltes du camp de Rinkaby, il était vide maintenant.

Les cars quittèrent Rinkaby à 10 h 15 et se dirigèrent vers Kristianstad. On passa prendre Kessels et Cikste qu'on embarqua dans les cars, puis Eichfuss qui monta dans une voiture avec deux policiers suédois.

Selon les projets le navire russe "Beloostrov" aurait dû se trouver ce matin-là dans le port de Malmö. Mais un fort vent d'Est avait soufflé au cours des derniers jours, le vent soufflait droit dans le port et les courants dangereux s'étaient multipliés. Le 20 janvier le vent soufflait force 7 selon l'échelle Beaufort, le 21 force 5, le 23 force 5 encore ; il était impossible d'entrer. Le vent oscillait entre Est et Sud-est. On put noter certains coups de vent allant jusqu'à 16 mètres par seconde : le navire n'allait pas pouvoir aborder et on fut obligé de changer les projets au dernier moment. Le navire fut dirigé vers Trelleborg.

Les cars furent d'abord envoyés à Malmö puis à Falsterbohus. On y passa la nuit. Le vent souffla toute la nuit, on dîna tard, tout fut très calme. La matinée fut ensoleillée, à 7 heures on notait - 1,2 degré Celsius, vent force 3. A 9 h 15 le "Beloostrov" glissait dans le port de Trelleborg et l'embarquement put commencer.

Eichfuss, qui avait passé la nuit dans un commissariat de police à Malmö, arriva en voiture vers midi et on l'autorisa à faire une conférence de presse avant d'embarquer. Il était assis sur le siège arrière de la voiture et il parla vite et à voix basse aux journalistes. Il fit d'abord un petit résumé autobiographique, se déclara plein d'espoir, il emmenait Dieu avec lui en Union soviétique et il ne blâmait pas le peuple suédois. "Car je suis bien conscient que ce sont des circonstances politiques qui ont obligé le gouvernement à agir de la sorte. Maintenant il n'y a rien à faire. Nous sommes tous des hommes et je ne peux qu'espérer. Mais mon pire moment en Suède a été ces 46 jours d'isolement à Kristianstad."

Puis il dit ce qui allait tant choquer les Suédois que par la suite ils semblèrent vouloir oublier ses paroles.

— Personnellement j'ai tout le temps désiré retourner en Union soviétique et je le fais de plein gré. Je ne comprends seulement pas pourquoi les autorités suédoises m'ont empêché de quitter la Suède avec les précédents transports.

Il dit ensuite quelques mots sur "les nombreux petits Führers" qu'il avait rencontrés parmi les Suédois mais il parlait maintenant très bas et très vite et comme il était sur le siège arrière de la voiture et que les journalistes se bousculaient et qu'il était difficile d'obtenir le silence, personne ne sut exactement ce que dit Eichfuss pendant la dernière minute de sa conférence de presse. Le policier assis à son côté interrompit ensuite la conférence et Eichfuss descendit de voiture, il avait un bouquet de fleurs dans les bras et portait un joli bonnet de fourrure, il souriait sans cesse aux journalistes, aux photographes, aux policiers, il prit congé des policiers qui l'avaient accompagné, il souriait sans cesse, il passa la barrière et fut enregistré et tous le regardaient.

Puis il traversa lentement le quai, toujours avec les fleurs dans ses bras, monta la passerelle, resta un moment immobile sur le pont, se tourna et dit à haute voix "Merci la Suède !" à ceux qui se tenaient là-bas sur le quai. Puis il disparut et ils ne le virent plus. La première phase de l'évacuation était terminée.

Il était 14 h 15. Soleil clair, vent frais mais pas fort, oscillant entre force 2 et force 3. Des petites taches de neige sur le quai. Température à 13 heures : + 1,4 degré Celsius.

Quelle fut l'atmosphère ? Certains des journalistes furent frappés par "un immense espoir." Certains parlèrent de "leurs visages calmes et sérieux." Condition physique ? Ils marchaient tout seuls, sans aide. Tous ? Etaient-ils maigres ? Les indications fournies par les hôpitaux sur le poids des Baltes indiquaient que les internés avaient repris en grande partie le poids qu'ils avaient perdu pendant la grève de la faim.

Comment se sentaient-ils ? Que ressentaient-ils ?

"De l'extradition elle-même je ne me souviens que des marches, celles de la passerelle qui menait au navire. Ils m'ont dit de monter et il y avait là des gardes russes et je me rappelle mon cœur qui battait tandis que je montais les marches, je croyais que j'allais m'évanouir, depuis si longtemps nous avions pensé à cet instant et maintenant il était venu. Mon Dieu, je me rappelle mon cœur qui battait et battait et battait. La passerelle et le navire qui paraissait si grand... et je me rappelle seulement que mon cœur battait."

Portrait du garde n° 1 : policier E H. Le policier E H avait participé à l'évacuation des camps de Backamo, Grunnebo, Rinkaby, Hässleholm et Gälltofta. Parmi celles-ci les évacuations des camps allemands de Backamo et de Grunnebo avaient nettement été les moins satisfaisantes du point de vue technique, dans la mesure où le facteur surprise avait très mal été employé. Le résultat en avait été un nombre très élevé de mutilations volontaires. Les évacuations des camps de Rinkaby et de Gälltofta, elles, avaient été très bien préparées, efficaces et calmes.

Eut-il quelque relation personnelle avec ceux qu'il extradait ? Après avoir servi de garde au cours du transport suivant l'évacuation du camp allemand de Grunnebo il retourna le soir même à Backamo. On avait retrouvé là 28 Allemands terrés au fond de petits trous, enfouis dans le sol. Il fallait maintenant les envoyer très rapidement à Trelleborg pour rejoindre si possible le premier transport. Cela devait se passer autour du 1er décembre 1945, on avait engagé par haut-parleurs les Allemands à sortir, on avait employé des chiens, maintenant on les conduisait rapidement vers le sud pour qu'ils ne manquent pas le transport. E H avait-il peur d'eux ? Le nombre de policiers dans le car était trop faible, une tentative d'évasion bien organisée aurait eu de fortes chances de réussir, oui, il avait peur d'eux. Il dit à un camarade plus âgé que lui : "Nom de Dieu, s'ils commencent à faire des histoires, je tire." Son camarade l'en dissuada fortement. "Laisse tomber, dit-il, demande-moi au moins d'abord." Quelle était l'expérience de E H ? Il était policier depuis quatre ans. Dans le car l'atmosphère était très tendue.

A côté de E H se trouvait un jeune soldat allemand qui devait avoir entre dix-huit et vingt ans.

Il faisait nuit dehors, on ne voyait pas grand-chose, le garçon restait très calme et regardait toujours par la fenêtre. Vers minuit, un des internés avala une cuiller à café, il eut très mal au ventre et commença à rendre, quelqu'un se mit à crier, très fort, hystériquement, et le car s'arrêta. Dans le car il y avait six policiers suédois et 18 internés allemands. On fit demi-tour pour se rendre à Kungsbacka, on laissa à l'hôpital l'homme avec la cuiller à café dans le ventre et on continua. Cela se passait juste après le vendredi sanglant des premières évacuations, tout pouvait arriver, on se dirigea vers Trelleborg. Dans la matinée ce fut plus calme, plusieurs dormaient. Le garçon qui se trouvait à côté de E H avait maintenant sorti un dictionnaire allemand-suédois et essayait d'entamer une conversation. Il dit qu'il venait de Hambourg, que son père était boucher, sa mère se trouvait en Suède, à Kalmar, il voulait la voir. E H, dont le père était ouvrier agricole, essaya de répondre. L'Allemand expliqua qu'il n'était pas heureux. Il ne désirait pas aller en Union soviétique. E H s'engagea de plus en plus dans la conversation au fur et à mesure que le temps passait. Il expliqua à l'Allemand qu'il comprenait ses sentiments. A 9 heures du matin ils arrivèrent à Trelleborg. Sur le quai de Trelleborg E H vit la mère du soldat avec qui il avait parlé retrouver son fils et lui donner des fleurs. E H dit se rappeler certains moments avec une netteté inouïe : le jeune Allemand qui lui donna les fleurs, qui monta les marches et lui-même qui était là sur le quai avec les fleurs, les jambes du garçon sur la passerelle et puis le garçon qui disparut.

Par ailleurs il pense que le personnel de garde ne pouvait avoir de contacts personnels avec les internés. Il considère l'épisode du garçon allemand de Hambourg plutôt comme une exception.

Au cours d'une pause dans son service de garde des camps, E H retourna en service ordinaire de policier à Uppsala. Il dut alors faire le service d'ordre d'une manifestation devant l'université. La manifestation concernait les Baltes. Quelle fut sa réaction ? "Je crois que je ne pensais rien de particulier. Je n'étais probablement pas assez informé de l'affaire et du jeu politique pour pouvoir réagir." Comment a-t-il considéré la mission d'évacuation des camps d'internement ? "C'était une mission dont personne ne voulait être chargé mais on était obligé." Ses souvenirs de la manifestation ? "Il faisait froid. J'avais froid."

Le 23 janvier E H participa à l'évacuation du camp de Rinkaby. Elle se déroula sans difficulté. Le 25 janvier on évacua le camp de Gälltofta. La majorité des Baltes s'y trouvaient. Tout se passa avec souplesse. Un lieutenant letton nommé Plume se plongea un poignard dans le ventre et saigna abondamment mais il fut immédiatement transporté à l'hôpital de Kristianstad où on l'opéra et sa vie put être sauvée. Le lieutenant-colonel Gailitis fut pris de violents maux de ventre et on crut qu'il avait avalé du poison mais après un lavage d'estomac il put être extradé avec les autres. Il n'y eut pas d'autres incidents lors de l'évacuation du camp de Gälltofta.

Une autre vision des choses.

Il n'avait que seize ans lorsqu'il était entré en service

dans la défense aérienne allemande en Lettonie, il était le plus jeune du camp et le matin même de l'extradition, le 25 janvier, il écrivit une lettre. *Je n'ai plus que quelques minutes dans ce camp de concentration suédois,* écrivait-il. *Il doit t'être difficile de t'imaginer comment c'est ici maintenant. Tout est si ridicule en quelque sorte. Tous ces policiers suédois qui sont vraiment à plaindre viennent ici en courant, nous mettent un bout de papier sous le nez nous enjoignant de nous habiller : visiblement ils essaient de nous faire peur. C'est tellement ridicule. Je n'ai plus le temps. On part maintenant. Amitiés.*

La lettre est signée Alexander Austrums, "Krigsverbritare" (1).

Portrait du garde n° 2 : policier suédois J. Entretien en juillet 1967. Analyse.

L'évacuation de Gälltofta. J n'a que peu de souvenirs de l'évacuation de Gälltofta. Les internés firent tous preuve d'une excellente maîtrise d'eux-mêmes. Tout était bien préparé, aucun d'entre eux ne se plaignit. On leur donna des sacs en papier pour leurs affaires personnelles. Ils reçurent en outre beaucoup de rations individuelles. J qualifie l'évacuation de succès d'organisation.

Un problème de détail fut réglé : l'aménagement d'arrêts techniques. On fit des arrêts techniques à deux reprises. Une fois lors du voyage de Gälltofta à Falsterbohus où l'on fut obligé de passer la nuit et une deuxième fois lors du voyage de Falsterbohus à Trelleborg. Un arrêt technique signifiait que les internés pouvaient sortir du car pour uriner. La manière de procéder fut alors la suivante. Le car s'arrêtait, deux policiers descendaient. Les internés avaient alors le droit de descendre deux par deux et de façon à ce que jamais plus de deux internés ne se trouvent dehors en même temps. On les surveillait étroitement et on ne leur permettait pas de

(1) A A essayait là d'écrire "criminel de guerre" en suédois. (N.d.T.)

quitter le bord de la route. La plupart restaient donc sur la route et pissaient dans le fossé. Aucune tentative d'évasion ne se produisit lors des arrêts techniques.

Un défaut d'organisation. Une tache désastreuse dans le déroulement de l'évacuation ! On fut obligé d'attendre un certain temps à Trelleborg car plusieurs cars arrivèrent en même temps. On doit qualifier cela de fausse manœuvre malencontreuse, néanmoins pas trop grave. Le car de J était l'un des derniers de cette queue. Les internés, si J s'en souvient bien, étaient assis sur des bancs dans la longueur du car. Lorsque le débarquement commença, les internés se mirent à prier. Puis ils se levèrent et c'est alors que l'accident se produisit : un lieutenant letton tenta de se suicider et réussit. Cet incident aurait sans doute pu être évité avec une attente moins longue mais J ne veut en aucune manière blâmer les responsables de l'organisation pour ce retard. L'interné s'enfonça un couteau dans le cou. Ils le sortirent du car. J était assis au fond du véhicule et ne vit donc pas de près comment cela se passa. Lorsque J arriva il était trop tard. L'interné saignait abondamment. Si l'on mettait la main sur sa plaie le sang coulait par la bouche.

Opinions. Les avis sur l'extradition étaient bien entendu partagés. Les opinions différaient. Nous autres policiers qui étions venus parce que les militaires n'avaient pas pu se charger jusqu'au bout de leur mission, je crois que nous n'avions pas d'opinion particulière. Lorsque nous sommes arrivés à Rinkaby et à Gälltofta nous avons parlé avec beaucoup d'anciens gardes mais ils semblaient tous exagérer. Tout était assez calme mais nous avons renforcé la clôture autour du camp. Plusieurs de ceux qui avaient été de garde auparavant avaient sûrement leurs opinions particulières sur l'extradition. Et les internés eux-mêmes, oui, parmi eux il y en avait vraiment beaucoup qui avaient leur opinion personnelle.

A propos du suicide de Vabulis. J fut consterné, bien entendu.

A 12 h 15 le soldat letton Valentin Silamikelis passa ses mains à travers les vitres du car et se coupa profondément les poignets : tout cela se passait sur le quai de Trelleborg. Des policiers suédois le portèrent, hurlant, vers un poste de secours où l'on constata que ses blessures n'étaient pas graves et qu'il pouvait être extradé avec les autres. Une demi-heure plus tard il put être transporté à bord du bateau, couché sur un brancard. Arrivé sur le pont il se remit à crier comme un forcené, se dégagea de ses gardes et faillit réussir à se précipiter sur le quai en passant par-dessus bord. On parvint cependant à le maîtriser. Il fut emmené dans la cale avec les autres, hurlant toujours. L'incident fit sur les Suédois présents une impression extrêmement pénible.

Un inspecteur suédois rapporta pourtant qu'une demi-heure plus tard Silamikelis semblait parfaitement calme. Il était alors assis sur sa couchette et donnait l'impression d'avoir tout son sang-froid.

Ceci fut l'un des deux incidents pénibles. L'autre eut lieu à 13 h 34. Le lieutenant letton Peteris Vabulis s'enfonça alors un couteau dans le cou et mourut presque dans l'instant. A part cela, la deuxième phase de l'embarquement se passa calmement.

Vabulis était arrivé par le car n° 5. Le voyage avait commencé à Gälltofta à 9 heures et on était arrivé à Trelleborg à 12 h 20. A 13 h 30 le car n° 5 s'avança vers la grille où se déroulait l'enregistrement. Dans le car se trouvaient douze internés, neuf policiers, le chauffeur et un deuxième chauffeur en réserve. Le commandant du car, le brigadier Hultsten, n'avait pas remarqué d'inquiétude particulière chez les internés, bien qu'ils aient eu l'air assez déprimés. Lorsque le car n° 5 s'avança pour le débarquement, Hultsten était debout à côté de la porte avant gauche. Au moment où le car s'arrêtait Hultsten entendit des cris venant de son car, appelant des infirmiers et une ambulance, il se précipita et, arrivé au milieu du car, il vit qu'un interné s'était plongé un couteau dans le cou. L'homme était alors encore conscient.

Le matin, à l'embarquement à Gälltofta, aucune fouille n'avait eu lieu ni n'avait été réclamée. Lors de l'enquête Hultsten trouva inexplicable que Vabulis ait pu emporter un couteau avec lui et il pensa qu'on ne pouvait en blâmer aucun des policiers du car.

Tout est décrit dans le procès-verbal de l'enquête, tout.

Le policier Sven Gustav Ivan Alneborg était assis presque en face de Vabulis, et lorsque le car s'arrêta et que tous se levèrent pour descendre, Alneborg vit que le cou de Vabulis saignait abondamment, il s'était un peu levé et s'appuyait à la paroi du car. Il avait eu l'impression que Vabulis essayait de serrer quelque chose contre sa poitrine mais il était impossible de voir quel objet il avait en main. Alneborg s'était pourtant précipité sur Vabulis et l'avait repoussé sur le banc puis il avait réussi à lui arracher des mains un couteau.

Au cours de cet incident Alneborg avait eu son manteau et son pantalon d'uniforme tout tachés de sang.

Le geste de Vabulis les surprit tous, il n'avait auparavant montré aucun signe de désespoir. Un peu avant de passer Malmö sur la route de Trelleborg un interné assis à côté de Vabulis avait sorti un objet de son porte-monnaie. Comme il donnait l'impression de vouloir dissimuler quelque chose un des policiers avait pris sa main et s'était rendu compte qu'il essayait de cacher une lame de rasoir entourée de papier. Le policier s'était emparé de la lame de rasoir. Après cela l'interné avait paru un peu inquiet. Vabulis par contre avait tout le temps semblé absolument apathique, il était resté silencieux et pensif.

Tous les faits d'importance sont consignés dans le procès-verbal. Ou bien manque-t-il quelque chose ?

Lors de l'examen du mort on constata que celui-ci avait une coupure très profonde, d'une longueur d'environ 5 cm, sur le côté gauche du cou. Vabulis avait mis une ceinture à laquelle était accrochée une gaine de poignard serrée tout contre son corps. La gaine de poignard était entourée d'un mouchoir, vraisemblablement pour éviter le frottement contre la peau. Une chose semblait certaine, signala le médecin qui accompagnait le convoi : Vabulis, qui apparemment avait gardé le poignard dans cette gaine, avait prémédité son suicide.

Parmi les affaires du mort on trouva un formulaire rempli adressé à la Commission commerciale nationale, duquel il ressortait que sa femme habitait maintenant à Lübeck. Lui-même avait été interné le 8 mai 1945, lieu d'internement : Bulltofta, aéroport de Malmö.

Il n'existe qu'une photo de cet incident du 25 janvier, prise à 13 h 35 sur le quai de Trelleborg.

La photo est de très mauvaise qualité. Vabulis est étendu sur le quai, juste devant la porte du car. Un policier est penché sur lui. On voit le blessé, sans doute même déjà mort, de côté, affalé et penché en avant, tandis qu'un infirmier, le dos tourné à l'appareil photo, accroupi, semble essayer d'arrêter le flot de sang avec une serviette ou un chiffon ou tout simplement en pressant sa main sur la plaie. Sur le sol couvert d'un peu de neige qui n'éclaircit le fond sombre que par plaques, une tache de sang s'est formée, d'un diamètre d'environ 40 cm. A l'arrière-plan on voit les jambes de quelques spectateurs, l'un d'eux porte de longues bottes d'équitation. A droite le champ est limité par le côté du car peint en camouflé.

Seul un des trois hommes au centre de la photo regarde vers l'objectif. C'est un policier. Il s'accroupit, dans une sorte de mouvement gauche et déséquilibré, il porte son bras droit vers la tête ou vers le cou du mort ou du mourant affalé. La tête du policier est à moitié penchée et sur ce seul témoignage photographique de l'incident son visage n'est qu'un point blanc diffus. Cette tache blanche est le seul trait de visage humain qu'on trouve sur la photo.

11

Qui était Peteris Vabulis ? Quelle sorte d'homme était-ce ? Pourquoi s'est-il tué ?

La police de Trelleborg mit ses affaires personnelles au dépôt et les enregistra. C'étaient : une valise contenant divers effets personnels dont 3,31 couronnes suédoises en argent liquide, une boîte en carton contenant quelques provisions, un passeport letton TT n° 011518.

Ce qui restait des affaires de Peteris Vabulis fut gardé dans un casier pendant plusieurs années jusqu'à ce que son fils s'en occupe. Parmi les affaires, un uniforme couvert de sang, très vieux, durci et complètement noir : l'uniforme fut brûlé. Une boussole avec un lacet blanc, long de 11 cm. Une lampe de poche de l'armée allemande avec filtres rouge et vert interchangeables. Une carte de Lettonie, pliée et non annotée. Un agenda de poche ayant servi de journal personnel, les quatre premières pages sont remplies d'adresses d'organismes suédois et d'organisations d'entraide. Ce carnet ne contient par ailleurs aucune note, juste une petite marque au crayon pour le 21 novembre 1945.

Tout existe toujours. Les objets ne disent rien et ne répondent pas aux questions qu'on se pose sur Peteris Vabulis. Une montre au boîtier noir : elle ne marche pas. Quelques enveloppes vides, de la poussière. Un œuf de Pâques en carton vide qui se trouve probablement par erreur parmi ses affaires.

Il existe cependant, ailleurs, un album de photographies.

La première est une photo de Riga. Peteris Vabulis est au centre et tient la main d'un petit garçon. Tous les deux sourient. Le garçonnet doit avoir trois ou quatre ans, c'est l'hiver, on voit de la neige. Vabulis est en uniforme. Sur la photo suivante il est en civil, c'est l'été, il pousse une voiture d'enfant. Sur la photo suivante le petit garçon est tout seul : il est debout au milieu d'une route vide, il fronce les sourcils : le soleil est fort et dans le coin gauche on aperçoit l'ombre de quelqu'un. Légende sous la photo : Imants, Riga 1942. Puis un portrait de Peteris Vabulis. Une photo de Riga en été — des personnages assez loin, des visages qu'on ne peut distinguer.

Puis brusquement : Ränneslätt. On a aligné le groupe des officiers lettons pour les photographier, dans le fond on voit un mur, tous sourient au photographe, la photo a visiblement été prise en été. Ils portent toujours leurs uniformes allemands. Apparemment la photo a été rangée au mauvais endroit si l'on suit un ordre chronologique puisque la page suivante est remplie de photos datées de 1943. Une photo avec toute la famille, le garçon porte des vêtements d'hiver, il y a de la neige, la photo est surexposée. La qualité des photos est maintenant très mauvaise, plusieurs photos de Vabulis et de sa femme mais floues. Ils sourient tous les deux.

Puis Ränneslätt encore. Une photo tout à fait dépourvue de sens, quelques hommes en uniforme qui marchent un peu partout. Une croix sur un visage diffus au milieu d'un groupe qui discute, une flèche et deux lettres : "P.V." Le ciel est gris, on voit des baraquements et une partie de la clôture. La page suivante est occupée par deux portraits de Vabulis et une grande photo du petit garçon. Puis, brusquement, sur la page suivante, la photo de la morgue. Peteris Vabulis est allongé dans un cercueil, le couvercle est soulevé, des fleurs sur sa poitrine. La photo donne une impression paisible. Sur la joue droite pourtant une cicatrice, et l'oreille droite semble avoir été déformée par une sorte de blessure — mais la blessure est cicatrisée, on ne la distingue qu'à grand-peine.

Sous cette photo quelques images d'un caractère tout à fait différent. Deux petits enfants, un garçon de sept ans environ et une fille plus petite, ils s'embrassent et rient. Légende : "Lübeck, été 1945". Sur les pages suivantes toute une série de photos qui ont apparemment été prises en Allemagne après la guerre. On voit des enfants qui se baignent dans la mer ; à l'arrière-plan de ces images de promenades ensoleillées : des épaves à moitié coulées. Légende : "Travemünde 1947".

Les deux enfants sont souvent sur les photos. Le fond est en général le mur d'un baraquement, des rues, une pièce qui fait penser à une cuisine, des murs nus, une cour de caserne, des baraquements. Le garçon doit maintenant avoir dix ans. Il sourit toujours consciencieusement. Sa lèvre inférieure s'avance d'une manière caractéristique ; si on revient à la photo de la morgue on s'aperçoit que le mort, qu'on voit à demi tourné, a le même profil.

Encore des photos d'enfants. 1949, toujours des murs de baraquements à l'arrière-plan, c'est à Lübeck. Puis plusieurs photos de la petite fille, puis les deux enfants dans la campagne en été. Légende : "Suède-Värmland". Puis "Suède-Västerås". L'album se termine sur une dizaine de pages vides.

A ceci viennent s'ajouter un certain nombre de lettres écrites par Peteris Vabulis en automne et en hiver 1945-1946. Elles sont adressées à ses amis qui se trouvaient en Suède. L'écriture est nette et droite, les lettres sont rédigées en letton.

La première d'entre elles est datée du 9 janvier 1945, écrite donc avant le séjour en Suède, en réalité elle n'est pas à classer avec les autres. Elle a pourtant son intérêt : elle est adressée à la femme de Vabulis. Il se trouve près du front russe, un peu en arrière de la véritable ligne de combat, il s'exprime très vaguement à cause de la censure. Il est impossible de repérer exactement sa position mais il se trouve certainement dans l'est de la Lettonie. Une grande partie de la lettre est occupée par les détails d'une opération réussie qui a permis de ramener de l'alcool et des cigarettes, le ton est optimiste.

Vers la fin de la lettre il parle pourtant de sa dernière rencontre avec les siens. Il les avait vus en Allemagne où sa famille avait été évacuée pour ne pas tomber aux mains des Russes (c'était à Grevesmühlen dans le Mecklenburg). Il les avait rencontrés en décembre 1944, juste avant Noël et lorsqu'ils s'étaient quittés, le garçon qui avait alors sept ans avait beaucoup pleuré, mais en même temps il avait eu honte de pleurer, il s'était tourné et n'avait pas voulu montrer ses larmes et son père raconte qu'il s'en souvient très bien.

La deuxième lettre est de Ränneslätt, adressée à un ami de Suède, elle est datée du 12.8.1945. Vabulis raconte les circonstances de son arrivée en Suède.

"Je vis dans de curieuses conditions et c'est pour cela que ma lettre sera brève. J'ai quitté la Lettonie le 8.5 dans des circonstances très particulières mais tu l'as peut-être déjà appris par les journaux. Comme je suis officier letton et que je le serai toujours je suis venu ici en Suède à bord d'un Pegas — un avion. Le 26 mars j'avais en effet été assez grièvement blessé à la tête et au bras : c'était à Jaunpils. Je me comptais déjà au nombre des morts mais j'ai réussi à trouver un avion, qui ressemblait plutôt à un tas de ferraille. En tout cas il avait des ailes et une croix rouge peinte sur le côté. L'essence coulait d'un peu partout mais le zinc a tenu le coup, à grand-peine. Il m'a fallu deux heures et demie puis j'ai atteint ce pays hospitalier. Je suis presque guéri maintenant mais ma blessure a un peu changé mon visage. Tout de même pas au point que mes amis ne puissent plus me reconnaître.

La vie ici à Ränneslätt est fort agréable même si nous ne sommes pas libres. Mais nous n'avons pas à lutter contre l'ennui, nous sommes plusieurs Lettons ici. Il est seulement dommage que nous ne puissions nous débarrasser des Allemands qui sont là en quantité. Ils ne démordent pas de l'idée que tout d'abord c'est le monde qui a été créé, puis eux, puis rien, puis nous autres. Le pire c'est que même dans le camp ils veulent nous dominer, ce que nous ne leur permettons pas. Il est en plus très déplaisant de voir que les autorités suédoises nous considèrent de la même manière qu'eux. Il est ainsi possible que nous soyons renvoyés vers Das Vaterland en même temps qu'eux, bien que nous n'ayons rien à voir avec l'Allemagne et ses visées belliqueuses. Nous espérons quand même que les choses s'arrangeront avec le temps d'une manière qui nous sera favorable. Même si nous tombons aux mains des Anglais tout se passera bien puisqu'il n'y a parmi nous aucun criminel de guerre."

La lettre suivante est écrite un mois plus tard, datée de Ränneslätt le 8.9.1945. Elle est adressée à un camarade d'études et Vabulis aborde pour la première fois des problèmes politiques.

"Nous pourrons peut-être célébrer l'anniversaire de notre association étudiante dans une Lettonie libre ! C'est vrai, mon cher ami, de nombreux signes indiquent que notre désir n'est pas une utopie. Nous le sentons ici dans le camp, même si nous n'avons pas le droit de retirer nos uniformes. Nous regardons toujours à travers des barbelés mais nous en avons pris l'habitude au front. Nous sommes prêts à lutter sous l'uniforme suédois ou anglais s'ils le désirent pour établir l'ordre et une paix durable dans le monde. Mais pour le moment je crois que nous sommes un peu las des uniformes et des guerres et nous passerions volontiers à la vie civile — un travail, n'importe lequel, qui assure notre existence, un travail qui nous évite de manger gratuitement le pain des Suédois si hospitaliers. Après tout ce que nous avons traversé dans les derniers jours de notre patrie j'aimerais bien pouvoir me débarrasser de ces souvenirs dans une forêt suédoise ou dans une ferme suédoise où je pourrais gagner mon pain moi-même. Ici, au camp, il est difficile de se débarrasser de ces souvenirs douloureux. C'est en quelque sorte un caprice du destin que le jour où je fus blessé j'aie rencontré mon ami Freibergs. L'ennemi était alors bien supérieur, attaquait sans relâche, des semaines entières. Nous étions très faibles physiquement, fatigués, nous avions subi de lourdes pertes, nous étions obligés de combattre plusieurs jours d'affilée sans repos ni nourriture.

Je ne sais rien de ma femme et de mes enfants. J'ai peur qu'ils n'aient pas été prévenus à temps de l'intention des Anglais de laisser aux Russes les territoires qu'ils avaient occupés. Ils n'avaient certainement que peu de marche à faire pour se trouver en sécurité — mais ceci est sans doute bien difficile quand on a deux petits enfants avec soi.''

Suivent un grand nombre de lettres très brèves, toutes écrites avant le début de la grève de la faim, elles sont adressées à des amis de Suède, elles traitent uniquement de questions de linge, d'argent, de coupons de nourriture, de coupons de café, vers la fin aussi, de la possibilité d'envoyer des colis de nourriture en Allemagne. La dernière de ces courtes lettres est datée du 12.11.1945, dix jours avant le début de la grève de la faim.

Au milieu des lettres, une coupure de journal : une annonce, on ne connaît ni le nom du journal ni la date à laquelle elle a été publiée. La voici en entier :

''Pour Enija à Lübeck. Bonne Année 1946 !

''J'ai reçu tes premières lettres le 14.12. Je vous ai écrit. Il serait mieux pour vous de vous rapprocher de Moritz. Suis content de vous savoir en vie. Ne vous inquiétez pas pour moi. Dès que possible je vous rejoins. Tenez bon ! Peteris.''

Espérait-il encore ? Pensait-il retrouver sa liberté ?

En janvier il réussit à faire parvenir un bout de papier à des amis : ''Si vous le pouvez procurez-moi un costume, un manteau et une casquette (taille 59). Dites que je vais à Grintals. Attendez de mes nouvelles. Merci pour tout ! Peteris.''

Nourrissait-il des projets d'évasion ?

Sa dernière lettre est datée du camp de Gälltofta le 17.1.1946, elle est ici reproduite en entier. Elle a été écrite une semaine avant son suicide.

''Merci de votre lettre reçue hier. J'espère que notre correspondance ne vous a pas causé trop d'ennuis. Le proverbe dit en effet : Dis-moi qui tu hantes, je te dirai qui tu es. Mais nous ne nous sommes jamais rencontrés et il est en ce moment évident que nous ne le ferons jamais ;

mon chemin est déjà tracé, il mène en cet endroit d'où très peu de gens reviennent. Ni moi ni aucun autre parmi nous ne pouvons accepter cela et ceux qui s'en sont chargés ont veillé à ce qu'il soit impossible de s'éloigner de ce chemin. Personnellement je suis calme mais en colère contre moi-même de ne pas avoir essayé de m'évader dans les forêts cet été pour gagner ensuite la mer. J'ai fréquenté les forêts pendant mes études et je sais naviguer. Malgré mon jeune âge j'ai vécu beaucoup de choses, en Lettonie aussi bien que lors de voyages dans de nombreux pays d'Europe. J'ai vu des pays où règne l'esclavage et d'autres qui fournissent les esclaves aux premiers et qui le font ouvertement. Tout ceci se passe dans notre siècle, il n'est alors pas difficile de mourir car si de telles choses peuvent continuer à se produire cela veut dire que la chute du monde est proche. Je plains ma femme et mes enfants qui vont perdre leur soutien d'une façon si brutale, juste au moment où les chances d'une réunion étaient les plus fortes. Mais chacun doit suivre son destin et personne ne peut le changer lui-même.

"Comme je l'ai dit dans une lettre précédente, je suis content de savoir que ma famille se trouve bien chez les Anglais, au moins pour ce qui est du ravitaillement. Je ne crois plus à une prochaine correspondance et je termine ici. Je vous souhaite ainsi qu'à votre famille une bonne santé et un heureux retour dans notre chère patrie. Dieu sauve la Lettonie. Votre P.V."

Le ton est calme mais amer, rien dans cette lettre écrite une semaine avant le suicide n'indique de l'hystérie. Pourtant, dans un extrait d'une lettre qui lui est attribuée, non datée et publiée bien plus tard, dans un article, lors du cinquième anniversaire de l'extradition, Vabulis exprime des états d'âme tout à fait différents. Il dit que "nous, condamnés à mort, ne souhaitons rien de mal au peuple suédois" mais qu'il aurait été préférable de donner aux légionnaires du cyanure de potassium plutôt que des fleurs et des cigarettes. "J'ai tiré un trait sur mon passé, mon futur est évident et il sera bref.

Il est seulement dommage que je ne puisse être présent lorsque les meurtriers vont se défendre une fois le rideau de fer tombé. Que Dieu donne l'occasion à beaucoup, beaucoup de compatriotes de voir cela. Je tiens jusqu'au bout ! Dieu sauve la Lettonie."

Il n'existe aucun témoignage plus clair sur les raisons de son suicide. Aucune déclaration donc sur le comportement de Vabulis dans les derniers jours au camp de Gälltofta si ce n'est celle du médecin Åke Johansson, qui accompagnait le convoi, et qui, avant le départ du camp d'internement, avait "observé" Vabulis. "Il semblait un peu inquiet mais pas déprimé au point de me faire penser à un acte désespéré probable de sa part."

Le suicide de Vabulis surprit donc tout le monde et les possibilités de se faire une image de l'homme qu'il était sont très faibles.

Qu'est-ce qui l'a tué ?

Emilija-Elena Vabulis et ses deux enfants virent leur mari et père pour la dernière fois en décembre 1944 : il resta avec eux une semaine, il leur parut content et optimiste, il retourna vers la poche de Courlande et vers le front et ce fut la dernière fois qu'ils le virent.

Au printemps 1945 elle s'enfuit avec ses enfants, par étapes, de plus en plus loin vers l'ouest. En mai 1945 ils arrivèrent à Lübeck et furent placés dans un de ces vastes camps de réfugiés. Ils s'y installèrent et vécurent relativement bien, ils eurent de quoi manger et un baraquement dans lequel habiter, ils ne savaient rien de celui qu'ils avaient quitté dans un petit village de l'Allemagne de l'Est mais ils espéraient. Dans les baraquements les familles étaient séparées les unes des autres par des couvertures grises suspendues, servant de cloisons. Ils préparaient leur nourriture sur de petits réchauds à alcool, on les aida, ils étaient bien. Ils survécurent.

En septembre ils apprirent que Peteris Vabulis se trouvait en sécurité dans un camp suédois.

En novembre ils apprirent qu'il était menacé d'extradition : ils lurent la nouvelle dans un journal letton et on commença sans tarder à faire une pétition. On adressa un appel au gouvernement suédois et Emilija-Elena Vabulis ainsi que son fils aîné le signèrent mais en fait ils n'avaient pas peur, ils ne pouvaient pas croire que l'extradition allait véritablement avoir lieu. Ils reçurent des lettres de lui, ils lui envoyèrent un colis de nourriture mais il leur répondit en disant que ce n'était pas vraiment de nourriture qu'il avait besoin. Ceci se passait pendant l'hiver 1945-1946 en Allemagne, le premier et le plus terrible des hivers de paix. L'Allemagne n'était qu'un chaos affamé mais ceux qui étaient dans les camps se trouvaient quand même assez bien, pensaient-ils.

Ils n'avaient que peu de nouvelles de lui, les communications étaient très mauvaises. Fin janvier ils apprirent qu'il était mort.

Ils se souviennent très bien de ce jour-là, tous les trois, la femme et les deux enfants. C'était un des derniers jours de janvier, comme d'habitude ils étaient dans le baraquement, il faisait gris dehors et puis un journal d'exilés lettons arriva de Suède. La première à le lire fut une femme qui vivait derrière leur cloison de couverture. Elle le lut entièrement puis elle alla vers les autres femmes et petit à petit tout le baraquement fut silencieux.

A ce moment seulement Emilija-Elena Vabulis comprit que quelque chose s'était passé.

Elle prit le journal et lut elle-même.

C'est ainsi qu'elle l'apprit : ni par un coup de téléphone ni par une ambassade ou une voie officielle mais par le journal où tout était écrit. Il y avait écrit que les Suédois avaient finalement extradé les Baltes, tous les légionnaires avaient été transportés vers la ville suédoise de Trelleborg et un bateau russe était venu. On avait amené les légionnaires en car jusqu'à la ville suédoise de Trelleborg et on les avait fait monter à bord du bateau russe, et sur le quai le lieutenant letton Peteris Vabulis avait dégainé un couteau et se l'était enfoncé dans le cou. Il était mort très vite des suites de l'hémorragie et rien n'avait pu le sauver.

C'est ainsi : elle se rappelle que c'est ainsi qu'elle l'apprit. Elle était debout au milieu du grand baraquement aux cellules de couvertures grises un jour de janvier 1946 et elle lut que son mari s'était suicidé. Les autres étaient autour d'elle et la regardaient. Il y avait aussi sa fille qui avait trois ans et son fils qui avait sept ans et demi. Elle lut et lorsqu'elle comprit ce qu'elle venait de lire, elle se mit à hurler.

Les enfants étaient petits, sa fille trop petite pour comprendre. Le garçon pouvait comprendre mais sans comprendre pourtant. Il avait le souvenir de son père à Noël l'année précédente. A cette époque papa était grand et fort et maintenant il s'était tué en se tranchant la gorge : c'était absurde et impossible à comprendre. Mais il se souvient toujours de sa mère ce jour-là : elle était là, le journal dans les mains, au milieu du baraquement à Lübeck, Allemagne, janvier 1946 et elle hurlait, hurlait et ne voulait pas s'arrêter de hurler.

Quelques semaines plus tôt, tous les trois avaient reçu un visa d'entrée en Suède, Peteris Vabulis s'était personnellement occupé des formalités tandis qu'il se trouvait au camp de Ränneslätt et à l'hôpital et maintenant elle pouvait donc se rendre en Suède, si elle le voulait. Mais elle ne le voulait pas. Après ce jour de janvier où elle lut dans un journal le récit de la mort de son mari il lui parut curieux de penser qu'elle allait se rendre en Suède. Ne couraient-ils pas le risque d'être livrés aux Russes eux aussi, elle et ses enfants ? N'était-il pas plus sûr de rester ici au camp ? Et puis c'était peut-être aussi à cause d'une sorte de fierté. "Je pensais que jamais, jamais je n'irais dans ce pays de meurtriers — je ne pouvais pas me l'imaginer."

Et ils restèrent à Lübeck.

Mais il y avait beaucoup de camps de réfugiés à

Lübeck et en Allemagne, et beaucoup de réfugiés, presque tous, demandaient des visas pour des pays occidentaux et quelques-uns les reçurent. Les Anglais vinrent tout d'abord et prirent les plus aptes au travail — les hommes de vingt à trente ans. Puis ce furent les Canadiens qui ramassèrent une partie des réfugiés productifs. Puis les Australiens qui laissèrent entrer chez eux les familles dont deux membres au moins étaient aptes au travail. Les meilleurs, les plus sains, les plus forts disparurent tout d'abord. Les vieux restèrent, bien entendu, personne n'en voulait. Les malades restèrent, les veuves et leurs petits enfants restèrent, tous ceux qui n'étaient pas immédiatement utiles.

Emilija-Elena Vabulis et ses deux enfants restèrent.

1947, puis 1948, les années passèrent, les camps devinrent plus petits et eux s'y trouvèrent de mieux en mieux, pourtant ce n'était pas là un milieu pour des petits enfants — mais où iraient-ils maintenant ? Ils ne manquaient pas du nécessaire, 1949 arriva, était-ce ainsi qu'ils avaient pensé vivre ?

En janvier 1950 ils se trouvaient là depuis presque exactement cinq ans, elle refit alors une demande de visa pour la Suède. Personne ne savait qui elle était, les choses traînèrent un peu mais finirent par s'arranger. Elle reçut son visa et partit. Ils arrivèrent à Hälsinborg, ils se rendirent dans le Värmland. Le pays leur plut. Dans la même année elle se maria avec un homme venant du même camp de réfugiés qu'eux, tout était fini maintenant, mais elle n'oublia jamais ce qui s'était passé et ce serait peut-être trop lui demander. "Nous sommes bien ici. Je ne ressens plus de haine." Mais son récit est plein de réserves et lorsqu'elle parle de ce qui s'est passé, son visage se brise à nouveau et elle pleure, à demi honteuse mais pourtant irrémédiablement prise d'un désespoir qui n'a jamais pu se transformer tout à fait en souvenir et en histoire.

Ils arrivèrent à Västerås. Ils y habitent maintenant. Ces deux dernières années personne ne leur a crié "Sale étranger !''. Beaucoup de gens croient qu'ils sont grecs — Vabulis fait penser à un nom grec. Ils vivent bien. Aujourd'hui ils n'ont pas grand-chose à ajouter : si, peut-être, le fait qu'elle n'ait jamais reçu de pension de veuve de l'Etat suédois. Elle en parle avec une sorte de fierté.

Son fils est allé à l'école en Suède et il est devenu ingénieur. Avant de venir ici il avait ressenti une haine aveugle pour les Suédois qui avaient tué son père mais elle disparut lorsqu'il vit les Suédois : ils étaient trop nombreux, trop différents, l'idée de ''Suédois'' devint trop abstraite, trop diffuse. Alors il reporta sa haine sur le gouvernement qui avait extradé son père mais celle-ci aussi disparut lentement. Aujourd'hui il n'a aucune envie de repenser à tout cela. Je suis suédois, dit-il. Il est marié à une Suédoise. Ils ont deux enfants. Ils habitent à Skultuna, leur fils aîné a maintenant cinq ans, il ne connaît rien de ce qui s'est passé, il est au bout d'une longue et étrange histoire.

Il s'appelle Peter Vabulis.

Qu'est-ce qui a tué Peteris Vabulis ?

Au cours de cet été 1967 le chercheur parla pendant la même semaine avec Ernst Wigforss et avec le fils de l'homme qui s'était suicidé sur le quai de Trelleborg. Il devait pendant longtemps se souvenir de l'entretien avec le premier : le long après-midi à Vejbystrand, la promenade dans le bois qui borde la plage, cet aimable retraité politique aux idées très claires, qu'il admirait peut-être plus que n'importe quel autre politicien suédois : les bonnes raisons, évidentes, avaient pesé lourd en faveur d'une extradition, cela ne faisait aucun doute. De nombreuses manières Ernst Wigforss avait été très actif dans cette affaire d'extradition — non pas par méchanceté, par indulgence ou par opportunisme, ou par dogmatisme politique, mais tout simplement parce que ses opinions, ses points de vue et sa conscience lui disaient que ceci était juste. Et quatre jours plus tard le chercheur avait rencontré les autres, ceux qui avaient été les victimes indirectes de l'extradition ; et au point d'intersection entre deux manières évidentes d'envisager les choses, au point d'intersection entre la politique et l'homme, se trouvait la sensation douloureuse que la solution et la réponse ne pourraient jamais être vraiment justes, entièrement honnêtes.

Qu'est-ce qui a tué Peteris Vabulis ? Etendu là sur le quai de Trelleborg taché de neige sous le soleil, il semblait illustrer visuellement la manière dont une situation avait poussé un homme devant elle, jusqu'à sa perte inexorable : la manière dont ils s'étaient tous rassemblés derrière cet homme, lui avaient crié qu'il était perdu, lui avaient montré qu'il n'avait qu'une solution, l'avaient poussé devant eux vers l'abîme, avaient écrit les règles du jeu et avaient attendu qu'il joue son rôle et s'étaient assis pour attendre le point crucial du jeu. Quels étaient les facteurs de la situation ? De quelle manière Peteris Vabulis lui-même était-il coupable ? Etait-il possible vingt ans après de fixer exactement ce qui avait créé la situation, qui dans la foule avait crié le plus fort ?

Tout cela était possible certainement, mais pas maintenant. Et il ne restait plus qu'un fait indiscutable : sur le quai l'homme était mort. Il avait été poussé vers l'abîme et il avait sauté.

Ce qui restait : une valise contenant divers effets personnels dont 3,31 couronnes en argent liquide, une boîte en carton contenant quelques provisions, un passeport letton TT n° 011518. Vabulis est enterré au cimetière Adolf Fredrik à Stockholm.

12

Suède, octobre 1967. De Kristianstad il se dirigea vers le sud, il se rendit à Rinkaby, il prit à gauche le petit embranchement pour Gälltofta et, une heure plus tard, reprit sa route vers le sud. Tout était comme avant, un peu plus joli seulement. Les arbres étaient roux, les champs infinis. Il passa Yngsjö et les marécages à droite de la route et dans l'après-midi il arriva à Trelleborg. Il se dirigea tout de suite vers le quai, gara sa voiture et regarda l'entrée du port. Le bateau avait été amarré là, il se tint à l'endroit précis où s'était trouvée la passerelle. Ces tentatives pathétiques de reconstruire en lui-même des sentiments et des événements servaient-elles à quelque chose ? Il avait bien mangé à Kristianstad, il se sentait bien, l'eau était calme et le crépuscule tomba lentement : dans un des premiers récits qu'il avait lus sur l'extradition, les Baltes étaient présentés comme des squelettes émaciés vacillant sur la passerelle et cela l'avait longtemps agacé, il devait être possible de décrire *exactement* le processus : non pas par des métaphores colorées mais par des listes de poids, des statistiques sur les variations du poids du corps, par des faits. Il n'avait jamais pu obtenir tous ces faits, pas en assez grand nombre et même s'il les avait réunis n'aurait-il pas quand même manqué quelque chose ? L'eau du bassin du port était calme et huileuse, les lumières commençaient à s'allumer, il resta là pour essayer de sentir les battements d'ailes de l'histoire ou quelque chose comme ça, mais naturellement il ne sentit rien et puisqu'il avait visité un camp après l'autre, un endroit après l'autre, un hôpital après l'autre et qu'il n'avait jamais rien ressenti, sauf justement *la distance*, cela ne l'étonna pas. Il esquissa un dessin du port, marqua la place du navire, regarda l'esquisse un moment et la jeta immédiatement. Cette exactitude dénuée de sens. Il chercha la jetée et s'y rendit, il avança tout au bout et regarda la mer en direction de Bornholm. Il resta longtemps et regarda tomber le crépuscule, puis la nuit vint et il partit, il jeta une dernière fois un coup d'œil sur le bassin du port mais cela ne lui dit rien du tout. Ce soir-là il se rendit directement à Eksjö, la grand-place était vide et, au moment où il passait la statue équestre sur le chemin du Grand Hôtel, il se mit à pleuvoir : de brefs et vifs éclats de lumière dans le noir. Au matin il repartit pour rentrer chez lui. Ceci était et devait être le dernier voyage vers les camps, chaque fois il les avait passés plus rapidement, brèves haltes sur le chemin de rencontres plus importantes, comme un devoir qui n'était en fait que de l'impatience. Il arriva chez lui tard dans la soirée, il alla tout de suite voir dans le réfrigérateur mais celui-ci était vide, alors il ne lui resta plus qu'à dormir. Jusqu'où était-il arrivé ? Que restait-il à faire ?

Cette semaine-là il écrivit une lettre.

— Cher président Mao, écrivait-il, vous dites dans votre livre que "l'enquête est comparable à une longue gestation et la solution d'un problème au jour de la délivrance. Enquêter sur un problème c'est le résoudre." Vous écrivez aussi que "une telle attitude consiste à rechercher la vérité dans les faits ; les faits ce sont les choses et les phénomènes tels qu'ils existent objectivement ; la vérité, c'est le lien interne de ces choses et phénomènes, c'est-à-dire les lois qui les régissent ; rechercher c'est étudier. Pour cela, nous devons, en comptant non sur nos idées subjectives, sur l'élan d'un instant, sur la connaissance livresque, mais sur les faits tels qu'ils existent objectivement, recueillir minutieusement les matériaux." Vous écrivez que "les conclusions se dégagent au terme de l'enquête et non à son début". J'ai lu vos propos et ils me rendent soucieux.

"Comme vous devez le savoir, écrivait-il, je travaille actuellement à un roman sur l'extradition des Baltes, 1945-1946. Mon problème n'est pas qu'il me soit difficile de trouver des faits ou qu'il me soit difficile de décrire les liens internes qui existent entre les faits que je découvre. *Il m'est par contre très difficile de ne pas m'appuyer sur des idées subjectives* — il m'est difficile de choisir entre les faits que je trouve, difficile de donner des priorités, difficile de porter un jugement sur des faits qui entrent en collision. Et voici, président Mao, ma première question. Il me semble avoir découvert que pendant plusieurs années cette étrange affaire politique a été employée et utilisée et — je n'hésite pas à me servir de ce mot — exploitée d'une manière trop subjective, sans que personne ne se soit soucié de trouver ce qui s'était passé réellement et sans rendre compte de ses propres points de départ, politiques et idéologiques. On s'est, direz-vous, appuyé sur des notions subjectives sans en rendre compte. Mais pour moi alors ?

"Président Mao, écrivait-il, *mon problème est que je décris une situation politique au milieu d'une autre situation politique* — et les deux situations se cachent l'une l'autre et déteignent l'une sur l'autre. Aujourd'hui le flot du fleuve de la réaction est de plus en plus violent, on étend des tapis de bombes, on extermine des mouvements libérateurs, on extermine des peuples, le socialisme dont nous rêvons tous deux est attaqué de plus en plus insensément, tandis que des peuples asservis sont enfoncés de plus en plus profondément dans la boue. Chaque essai de disperser ou d'ameublir ou de remettre en question le front socialiste semble devenir une trahison, et il semble y avoir mille problèmes plus importants que cette étrange extradition. Telle est notre réalité *maintenant*. Mais *alors* ? Quelle était-elle en 1945 ? Après la guerre, sous Staline, après la guerre brûlante et avant la guerre froide ? Les situations ne se mélangent-elles pas, comme des mirages, contre ma volonté ?

J'écris parce que j'ai besoin d'un conseil. Président Mao, que répondez-vous ? Je vous respecte, vous donnez l'impression d'être un homme triste mais sage, un homme mélancolique mais précis, avec une pointe d'humour qu'on trouve rarement chez des politiciens. S'il est vrai que pour l'homme d'aujourd'hui la politique signifie une recherche de personnages paternels, alors je dois dire que si j'avais un choix à faire entre vous et Tage Erlander * je vous choisirais vous. Vous dites : c'est un choix trop facile. Je dis : c'est quand même un choix.

"Est-il nécessaire de décrire cette étrange affaire ? J'ai souvent l'impression que ce que je fais n'a aucune importance. Et pourtant je continue.

"Mais je ne peux jamais échapper à mes points de départ : la situation politique d'aujourd'hui, mes opinions d'aujourd'hui. Dois-je regretter ceci — ou est-il suffisant d'en rendre compte ? Suffit-il de dire : n'ayez pas confiance en moi, réduisez mon importance, continuez le travail ? Je porte depuis des années ce fœtus de l'enquête dont vous parlez mais la naissance est perpétuellement retardée, je gonfle, je me fais lourd, je me trouve lié par des faits, des hypothèses, des idées, des contradictions, mais mon enfant refuse de naître à moins que je n'avoue qu'il n'est pas uniquement le fruit des faits objectifs mais aussi le mien, le fruit de ma situation.

"Cher Mao, écrivait-il, j'écris aussi cette lettre pour d'autres raisons (et à l'instant je suis très fatigué et tout me semble ne servir à rien). Les événements politiques de ces dernières années m'ont influencé d'une manière très désagréable. Dès que je parle de politique je me trouve tôt ou tard dans un état de cynisme désespéré, comme si la stupidité et l'hypocrisie de ces dernières années avaient atteint de tels niveaux qu'il ne restait plus que la retraite de la politique. J'ai peur de mon cynisme, de mon aversion, ils me semblent dangereux et frivoles. La semaine dernière j'ai vu un film que vous avez sûrement dû voir, il s'appelle *Elvira Madigan**. C'était un beau film qui m'a beaucoup touché. L'erreur de ce film n'est pas qu'il mentionne la possibilité de la fuite mais qu'elle soit possible moralement. Je ressens une profonde sympathie pour les deux amoureux, pour leur vie, pour leur fuite. Il ne fait pour moi aucun doute que la fuite soit attirante à une époque comme la nôtre, pleine d'hypocrisie et de contraintes qui vont augmentant sans cesse. Mais la fuite ne peut jamais devenir possible moralement, jamais. Et pourtant — et ceci est mon problème —, pourtant je rêve souvent d'une existence où l'on a compris que la fuite est un crime, une chose impossible et méprisable et qu'on la choisit pourtant. Et qu'on le fait sans sentiment de culpabilité, dans une euphorie tout à fait claire, pénétrante et glacée.

"Président Mao — me comprenez-vous ? Comprenez-vous la situation dans laquelle tout ceci se développe ? J'en doute. C'est un sentiment qui n'est possible que dans une société comme la mienne et la nôtre, une société qui pendant si longtemps a parlé de liberté, de droit et de morale, et qui en même temps a agi de manière si différente qu'un crime commis ouvertement paraît plus supportable que cette couverture unie de mensonges.

"Vous-même avez parlé très sagement du rapport entre art et politique. "Quant à nous, nous exigeons l'unité de la politique et de l'art, l'unité du contenu et de la forme, l'unité d'un contenu politique révolutionnaire et d'une forme artistique aussi parfaite que possible." Il me semble que vous repoussez la littérature non politique — est-ce vrai ? Mais alors vous devez me comprendre. Je vis dans un autre pays. La politique n'est vivante que lorsqu'elle devient *nette,* elle s'intensifie aux points d'intersection, lors de collisions, de confrontations. Vous vivez vous-même à un point d'intersection, dans une situation politique dramatisée. Mais ici je vis une vie apparemment en dehors des points d'intersection, avec des loyalismes qui risquent perpétuellement d'être transformés en abstractions. Quels sont les loyalismes importants et quels sont ceux qui ne le sont pas ? Il est bien entendu que l'Union soviétique est notre patrie socialiste, d'une manière lointaine et stylisée. Mais l'Etat que je contemple aujourd'hui, l'Union soviétique d'aujourd'hui, me semble plutôt être un pays de la bourgeoisie pétrifiée, plein d'une bureaucratie inanimée qui a transformé la révolution en un establishment. La révolution pétrifiée — comment pourrais-je ressentir du loyalisme ? Vous avez raison lorsque vous dites que l'Union soviétique semble systématiquement trahir les mouvements libérateurs des pays pauvres du monde — mais entre quels loyalismes ai-je le choix ? La réalité de la Lettonie soviétique d'aujourd'hui ou la réalité que dépeignent certains petits groupes réactionnaires d'exilés ? Si je choisis d'abandonner tous les loyalismes pour m'en tenir à l'exactitude, alors mon choix n'est pas libre mais il est un acte de désespoir puisque l'exactitude est la seule chose qu'il me reste.

"Président Mao, écrivait-il, vous devez comprendre ma situation. Il est certain que le grand capitalisme nous serre dans ses griffes et le fait de plus en plus implacablement mais nous nous sommes habitués à la douleur ou bien nous nous sommes habitués à la taire. Dans ce pays calme et dédramatisé qui est le nôtre je rêve pourtant les rêves secrets et interdits d'un art dépolitisé.

"Je ne pense pas qu'il soit possible, écrivait-il, mais je rêve, je veux croire, je crois, je crois.

"Président Mao, écrivait-il, je pense souvent à vous, avec amitié, avec doute et avec inquiétude. Je cherche dans vos œuvres une aide pour accomplir ma mission. "Nous devons tous apprendre ce parfait esprit d'abnégation", écrivez-vous. Vous pensez certainement que les légionnaires baltes auraient dû retourner de plein gré dans leur pays, pour recevoir leur châtiment ou pour reconstruire ce qui avait été brûlé. Mais s'ils avaient risqué la mort ? "Certes les hommes sont mortels ; mais la mort des uns a plus de poids que le mont Taichan, celle des autres en a moins qu'une plume." En va-t-il ainsi ? "Mourir pour les intérêts du peuple a plus de poids que le mont Taichan, mais se dépenser au service des fascistes et mourir pour les exploiteurs et les oppresseurs a moins de poids qu'une plume."

"Existe-t-il des morts différentes ? Existe-t-il des assassinats politiques que l'on peut accepter plus facilement que d'autres ? Vous vous dites maintenant que je me suis trop éloigné de mon point de départ mais vous devez comprendre que c'est par des questions comme celle-ci que toute cette enquête commence — et finit. Est-il possible d'accepter une mise à mort faite pour des raisons idéologiques sensées ? Pour moi, Suédois, avec mon humanisme breveté et mes opinions toutes faites, cela me semble impossible et repoussant, tandis que vous ne faites que sourire de ma naïveté. Peut-on graduer les exécutions afin que le meurtre dépourvu de sens d'un juif, meurtre issu d'un racisme trouble, soit pire que l'assassinat idéologique d'un koulak ?

J'ai finalement appris à dire : oui, il y a une différence de degré. C'est peut-être une évidence mais j'ai vaguement le sentiment d'avoir passé une bifurcation, de m'être isolé d'une partie d'une tradition. D'une partie de ma vie.

"Je dois pourtant avouer que les conseils que vous donnez dans vos œuvres s'accordent mal avec la situation que je suis en train d'examiner. Je veux aussi comprendre ces légionnaires, comprendre leur situation, le mécanisme de cette situation — mais leur désespoir ne semble pas transmissible, il semble impossible à décrire. Ils refusent quand même de se laisser éconduire. Cette année, en été et en automne 1967, un jeune homme (que je connais à peine) m'a écrit. A certaines périodes il écrit presque tous les jours — de longues et horribles lettres car il croit qu'il est en train de devenir fou. Il écrit parce qu'il a besoin de quelqu'un à qui écrire. Ses lettres sont épouvantables. Il parle d'une angoisse qui s'accroche à lui comme un vautour. Il parle d'un monde brisé. Je ne lui réponds pas car je ne le supporte pas. Il s'emporte en accusations épouvantables contre lui-même et contre d'autres. Parfois arrivent de petits billets, réponses à mon silence. "On ne peut pas vivre dans des mondes séparés", écrit-il. "Il faut prendre ses responsabilités." Je me dis que je suis lâche ou cruel de ne pas répondre mais je ne supporte pas ses problèmes. J'écris et lui dis que maintenant il faut qu'il s'arrête ou bien qu'il aille voir un médecin. Le lendemain matin il y a encore une lettre.

"Président Mao, il refuse de se laisser éconduire. Son problème est-il politique ? Je pense à une chose : je pourrais toujours me servir de mon indifférence comme thème d'une nouvelle mais je m'aperçois à l'instant que le thème a déjà été employé et que d'autre part mon indifférence ne me tourmente pas, puisque je peux l'expliquer rationnellement. Il serait inutile alors d'en être fier : dans notre pays, président Mao, nous sommes confrontés à de tels problèmes parce qu'il est difficile de trouver des remords marquants. Que dois-je donc faire de lui ? Est-il la victime d'une aliénation ? Il refuse de se laisser éconduire — qu'allons-nous faire de lui ? Que dois-je faire de tous les autres avec qui je travaille — ceux qui ne se laissent pas éconduire bien que je ne les aime pas ? En mai 1945, 2 000 Allemands arrivèrent à Kalmar et le commandant responsable de cet endroit, le colonel Björkman, leur promit qu'ils allaient pouvoir rester en Suède, il leur promit qu'ils ne seraient pas extradés. Il n'entrait pas dans sa compétence de leur dire cela mais il agit de bonne foi, il fut plus tard puni pour faute administrative et les 2 000 Allemands furent extradés en Union soviétique. Comment doit-on juger cela ? Président Mao, je partage votre aversion pour les colonels des armées capitalistes. Je partage votre aversion pour les fascistes allemands. Mais la promesse avait pourtant été donnée, même si elle allait à l'encontre des directives d'alors. Que dois-je faire du colonel Björkman et de son problème ?

Et les autres, ceux que je n'aime pas et qui ne se laissent pas éconduire. Que dois-je faire d'eux ? Je discute avec un prêtre suédois qui a lutté activement contre l'extradition, il parle longuement et avec émotion de cette extradition indigne. Ces hommes, dit-il, se trouvaient dans une telle situation de désespoir qu'ils avaient décidé de s'étendre pour mourir, de ne pas participer — ensuite, les autorités suédoises les forcent à survivre, parfois en les obligeant à manger, n'est-ce pas là un acte de violence plus profond que presque toute autre chose ? Il se trompe sur presque tous les points, ils ne faisaient pas la grève de la faim pour mourir mais pour influencer les autorités et jamais on ne les a forcés à manger mais ceci en un certain sens est extérieur au problème. Je ne comprends pas non plus la logique qui lui permet d'abord de présenter aux légionnaires le sort horrible qui les attend, puis de pleurer sur leur désespoir. Mais il est franc pourtant, il ne ment absolument pas. En décembre 1945 il s'activa énormément pour trouver des foyers pour les légionnaires adolescents, ils étaient une cinquantaine et il réussit à trouver des foyers pour tous. Mais on ne devait jamais les utiliser. Et lorsqu'il parle des foyers il se met à pleurer mais il continue de parler et de fumer sa pipe et ensuite il semble gêné de ses larmes et je ne sais pas quoi faire de lui. L'entretien dure une heure et quarante minutes puis je sors en pensant : "Foutu réactionnaire", mais en même temps je suis pris d'une étrange agitation qui ne veut pas me quitter, pendant plusieurs heures, et je ne sais pas d'où elle vient. Que dois-je faire de lui et de ses foutus foyers et de ses foutues larmes ?

"Je parle toujours avec des gens comme ça : d'une manière ou d'une autre ils ont touché à l'extradition, ils l'ont effleurée, en ont pris des fragments. La plupart d'entre eux ont des points de départ qui ne sont pas les miens, nous nous regardons avec méfiance, comme à travers un grillage, comme si nous étions dans un zoo des animaux qu'il faut isoler l'un de l'autre, incapables de comprendre les points de départ et les opinions l'un de l'autre. Président Mao, je connais certainement plus de réactionnaires que vous et je peux vous dire que c'est une curieuse famille. Ils sont là dans leurs salons et parlent de leur dégoût moral de l'extradition et des répugnants hommes de gauche qui l'exécutèrent et du communisme, ils manquent la plupart du temps des connaissances sur ce dont ils parlent mais ils s'attardent volontiers aux "braillards ignorants" qui peuplent les manifestations. Mais parfois aussi ces réactionnaires peuvent se montrer étrangement humains. L'un d'entre eux m'a beaucoup aidé bien que je n'aie jamais eu l'occasion de le voir personnellement. Il avait servi dans un des camps d'internement, il souffrait d'un cancer des os à un stade très avancé, il était à l'hôpital, la morphine n'avait plus d'effet et il vivait dans des souffrances épouvantables mais il m'a aidé. Il a péniblement revu ses documents, les a rassemblés, commentés et il l'a fait parce qu'à travers ses douleurs il avait toujours réussi à garder un dernier reste de l'indignation qu'il avait ressentie lors de l'extradition. Que dois-je faire de lui ? Que dois-je faire de lui ? Suis-je la victime de ma sensibilité ou de la sienne ? Il est mort une semaine plus tard, était-il mal renseigné, je n'ai jamais eu l'occasion de le détromper — et le voulais-je en fait ?

''Les faits ce sont les choses et les phénomènes tels qu'ils existent objectivement'', dites-vous. Mais moi je suis assis sur mon pot de subjectivité et alors et maintenant se fondent comme des mirages. Prendre position devant cette extradition signifie aussi d'une certaine manière prendre position devant d'autres questions politiques, c'est ainsi que je le ressens : comme un choix de position. Qu'est-ce que je considère comme précieux ? La liberté ? Je vis à une époque où la liberté de parole se voit de plus en plus limitée, bientôt il n'y aura plus que les écrivains qui auront le droit de faire leurs cabrioles inoffensives, et encore — la liberté de parole, est-ce le cap que je me suis fixé ? Président Mao, vous souriez encore, je vous comprends. Dans cette époque où les opinions sont dirigées, aussi bien à l'Est qu'à l'Ouest, j'ai l'impression que cette liberté est un peu surestimée, comme si les cartes de la morale étaient pour la plupart dessinées pour satisfaire les intellectuels et leurs désirs. La liberté est définie comme liberté de parole car il est important que nos livres et nos articles soient imprimés. Si on jette un écrivain en prison la coupe de l'indignation est vidée jusqu'à la dernière goutte : la liberté de parole est en danger. Vivre, par contre, n'est pas très nécessaire, la mort n'indigne pas. Six cents morts de faim ou un écrivain censuré — nous savons pour qui nous indigner. La morale économique n'a jamais paru très intéressante aux créateurs d'opinion puisqu'ils s'occupent de morale et non d'économie. La description d'une bonne morale est faite par ceux qui ont pour métier de décrire. Le droit de décrire s'identifie alors à la morale. Que pendant ce temps des gens meurent de faim ou sous la torture n'est qu'une question économique.

"Président Mao, vous dites que je m'embrouille, que je parle de choses hors du sujet, que je dois en rester à mon extradition. Mais ne voyez-vous pas que je m'y tiens ? J'en suis là, et l'enfant que je porte ne naît jamais et l'enquête ne donne pas de réponse et j'en suis là. Ici. Vous avez raison de dire que nous avons été leurrés. Mais avec quel leurre ? Certes, nous avons perdu depuis longtemps la confiance en nos journaux, en nos politiciens et en nos organes fabricants d'opinion, ils nous ont menti si longtemps que nous n'avons plus confiance en eux *quoi qu*'ils disent, même si par hasard ils disent la vérité. Mais que nous reste-t-il ? Nous vivons pourtant dans cette société. Sommes-nous donc obligés d'écrire une nouvelle histoire ? Point par point ? Cela me semble laborieux mais c'est une solution possible.

"Je m'arrête ici, écrivait-il, pendant que ma confusion bourgeoise est encore désemparée et avant qu'elle ne devienne ridicule. Les événements des dernières années semblent avoir réduit ma ténacité émotionnelle : de plus en plus souvent je ressens combien ma rage est courte, combien tout rejaillit et me rend vivant et actif, une colère désemparée brillante comme de l'eau, qui dure quelques minutes puis s'écoule et disparaît, tout s'écoule et disparaît. J'ai peur que la limite d'épuisement de l'indignation ne soit pas très loin pour nous tous, au delà il n'y a que le cynisme. Il est là, calme, il nous regarde, il nous observe, il est immobile. Je continue donc mon enquête. J'écris cette lettre en octobre 1967. J'ai posé beaucoup de questions et elles n'ont pas de réponse. C'est tout ce que je peux dire pour le moment. Je m'arrête ici."

13

Le 25 janvier 1946 à 18 h 15 le "Beloostrov" quitta le port de Trelleborg. L'embarquement des internés s'était terminé vers 15 heures, les derniers à embarquer furent les Allemands du camp de Fridhem ; parmi eux se trouvaient aussi quelques Baltes. La journée avait été belle, le soleil clair et le vent frais et lorsque le navire quitta le quai celui-ci était presque vide, la grande majorité des gardes étaient retournés vers leurs garnisons.

On déborda le "Beloostrov", il tourna lourdement, fit demi-tour dans le bassin du port, glissa lentement entre les deux môles puis s'éloigna. Le crépuscule commençait à tomber, une légère brume couvrait la mer et une demi-heure plus tard le bateau avait complètement disparu. Tous les internés étaient dans les cales. Personne ne fit de signes de la main. L'extradition était finalement tout à fait terminée.

Les dernières photos des camps furent prises après l'extradition. Quelques policiers y furent en effet envoyés pour divers travaux. Un policier fit quelques clichés. Sur l'un d'eux quatre policiers suédois sont alignés devant des baraquements : c'est au camp de Gälltofta. Dans le fond, des fils de fer barbelés et des chevaux de frise, derrière ce double barrage on aperçoit les baraquements aux toits presque plats. Image bien connue. Les quatre policiers de la photo tournent le dos aux baraquements, ils regardent l'objectif et sourient. Ils se tiennent par les épaules. Le soleil est clair, les ombres sont nettes et longues, on distingue par terre une mince couche de neige. Les quatre hommes sourient, la journée doit être belle. La photo est en même temps paisible et décontractée. Dans le fond on ne voit personne, pas de mouvements, pas de vie.

Au dos de la photo il y a écrit : "Après l'évac."

IV. LE RETOUR

"Certaines personnes qui ont réussi à s'enfuir de Lettonie dans les années qui suivirent l'extradition des internés baltes ont raconté que beaucoup des extradés avaient été pendus en dehors de Riga, on obligea même les enfants des écoles à y assister pour qu'ils soient prévenus. Un Allemand qui se trouvait à bord du "Beloostrov" et qui, pour cause de maladie, fut renvoyé en Allemagne de l'Est et de là se réfugia en Allemagne de l'Ouest, a raconté en 1947 que plusieurs des Baltes avaient été exécutés comme traîtres à leur patrie ; il a lui-même été témoin direct de la mort de quelques-uns, fusillés au bord d'une fosse commune."

Birger Nerman :
Les Etats baltes doivent vivre (1956)

1

Ils entendirent les faibles vibrations, des bruits de voix, ils sentirent le léger balancement lorsque le "Beloostrov" tourna, le tangage plus dur de l'autre côté de l'entrée du port, et par les hublots ils purent voir la côte suédoise disparaître dans le crépuscule. Une demi-heure plus tard les haut-parleurs diffusèrent des airs d'accordéon. Ils se regardèrent avec des sourires entendus mais les airs d'accordéon continuèrent, entêtés, dans les mauvais haut-parleurs, jusque tard dans la soirée. Ils étaient là assis sur leurs couchettes et écoutaient. La première inspection eut lieu vers 19 heures.

Elle fut faite par un officier russe qui parlait couramment letton. Il passa de cabine en cabine et prononça un petit discours. Discours très bref ; il dit qu'ils devaient maintenant se sentir en sécurité, qu'ils n'avaient pas à avoir peur, qu'aucun mal ne leur serait fait. Personne ne lui répondit, le discours dura environ une minute puis l'officier sortit. Ils se mirent à parler à voix basse. Qu'allait-il leur arriver ? Ils tombèrent tous d'accord pour dire que le petit discours qu'ils venaient d'entendre ne prouvait rien du tout, ni dans un sens ni dans l'autre.

Un quart d'heure plus tard arriva un groupe de soldats russes. Ils recueillirent tous les documents et notèrent cela sur des registres, puis ils se firent remettre tous les objets de valeur et disparurent. La mer était maintenant assez houleuse, le navire roulait fortement et apparemment la nuit allait être difficile. "Beaucoup eurent le mal de mer mais personnellement je dormis longtemps et profondément, c'était comme si je venais de passer quelque chose de très dur et j'étais maintenant épuisé et avais besoin de dormir."

Dans la matinée une violente secousse les réveilla : plusieurs d'entre eux furent jetés à bas de leurs couchettes et un moment on frôla la panique. Manifestement ils avaient heurté une glace flottante. Ils restèrent longtemps immobiles dans le noir, écoutèrent les bruits et les ordres. Les moteurs ne tardèrent pas à ronronner de nouveau, la houle diminua, ils purent se rendormir.

Ils ne voyaient pas grand-chose des gardes. Tout pouvait encore se passer.

Au matin on leur permit de monter sur le pont par petits groupes pour fumer. Il faisait beau, la mer était d'un gris de plomb et le roulis était beaucoup moins fort qu'auparavant. Ils parlaient toujours de leur avenir, formaient de petits groupes chuchotants. Ils avaient emporté de la nourriture de Suède et elle n'avait été confisquée qu'en partie. Ils n'avaient rien d'autre à faire qu'attendre. Ils essayèrent de suivre la route — on crut d'abord que le navire se dirigeait vers Leningrad, puis il fut évident qu'on allait plus à l'Ouest. La deuxième nuit vint, la mer était calme maintenant. Tôt dans la matinée un des Lettons qui venait de monter sur le pont raconta qu'il avait vu une côte. C'était la terre et il pensait que c'était la Lettonie.

Deux heures plus tard ils entraient dans le port de Liepaja. Les légionnaires étaient rentrés chez eux. Ils étaient en Lettonie.

C'était le 27 janvier 1946, ils étaient rentrés. Ils reçurent l'ordre de rester sous le pont et le débarquement ne commença que dans l'après-midi. Il y eut tout d'abord un appel sur le pont, on les compta et on les contrôla puis on les fit descendre à terre où l'on procéda à un nouveau contrôle. Les Baltes furent tout le temps mis à part des Allemands.

Le port était rempli de gens, pour la plupart des soldats et des gardes, et les légionnaires virent tout de suite qu'ils étaient l'objet de beaucoup d'attention. Il faisait toujours beau, ils portaient leurs uniformes suédois gris et leurs bonnets de fourrure suédois blancs, et beaucoup de gens se rassemblaient autour d'eux. Ils étaient maintenant sur le sol letton, vêtus de leurs uniformes suédois. Vers 17 heures le contrôle fut terminé et on leur commanda de se mettre en marche. Le "Beloostrov" blanc était à quai mais il paraissait plus petit ici qu'à Trelleborg. Les gardes étaient armés de mitraillettes. Le groupe fut mis en rang par deux et on donna l'ordre du départ. "Nous fûmes poussés comme du bétail à travers Liepaja." Comment ont-ils ressenti le retour ? "Nous fûmes débarqués puis nous avons marché jusqu'au camp." Y eut-il des brutalités ? "Ils nous donnaient des ordres et on obéissait." Comment vous sentiez-vous ? "Comme du bétail." Pourquoi ?

Le camp était une ancienne sucrerie.

Quelque mille soldats allemands s'y trouvaient déjà mais on avait évacué quelques baraquements et les Baltes ne furent pas mélangés aux Allemands. On les rassembla dans une sorte d'avant-cour puis dans un baraquement où ils furent épouillés, rasés et lavés, puis on les conduisit finalement à leur cantonnement.

On les fit mettre en rang et un officier du NKVD prononça un discours.

Il constata brièvement qu'ils étaient à présent des prisonniers de guerre mais qu'ils n'avaient rien à craindre. Ils ne devaient surtout pas croire les histoires effrayantes qu'avaient racontées les fascistes et les capitalistes. On allait maintenant examiner les actes des légionnaires. Ceux qui étaient des criminels de guerre seraient jugés et condamnés comme tels. Ceux qui n'avaient été que mobilisés de force et qui n'avaient commis aucun crime de guerre allaient être libérés et prendraient part au travail de reconstruction. Les légionnaires devaient d'ailleurs se réjouir d'avoir échappé à la Suède capitaliste.

Il demanda ensuite si quelqu'un avait des plaintes à formuler, s'ils avaient été maltraités ou s'ils avaient d'autres remarques à faire. Personne ne répondit. Après un moment de silence il se tourna et partit. Les légionnaires entrèrent dans leurs baraquements. Le nouveau camp était inauguré.

Les renseignements sur les conditions de vie au camp de Liepaja varient très peu. La plupart d'entre eux disposaient encore de nourriture suédoise et ils purent la garder au moins en partie pour leur usage personnel. La ration était constituée en outre de 670 grammes de pain et d'une soupe de farine servie trois fois par jour. A l'intérieur des baraquements les couchettes étaient sur trois étages et la bousculade fut grande, au moins dans la partie allemande du camp. Les Baltes disposaient d'un peu plus de place. Les Allemands, par ailleurs, furent obligés de travailler en dehors du camp tandis que les légionnaires baltes étaient exemptés de travail ou n'accomplissaient que les corvées intérieures au camp.

Au bout de quelques jours la première enquête commença. Les interrogateurs n'étaient que deux : un Letton de Riga et un civil russe qui ne dit pas un mot. Ils distribuèrent un dossier à chacun des légionnaires, il comportait 49 questions et on leur enjoignit de répondre avec autant de détails que possible : sur leurs parents, leur éducation, les choses vécues pendant la guerre, etc.

Les dossiers une fois remplis, ils furent appelés l'un après l'autre pour fournir plus de détails. Ils demandèrent à Ernsts Kalsons, l'officier le plus âgé du groupe :

— Nous comprenons que des jeunes gens aient été enrôlés de force, que d'autres aient été des sympathisants fascistes, des victimes d'une éducation bourgeoise, des aventuriers ou des hommes avides de gloire. Mais vous, un homme âgé, quelle force malveillante vous a obligé à entrer dans l'armée allemande ?

Cette enquête fut la seule effectuée à Liepaja.

Pour certains des internés des enquêtes plus détaillées furent cependant entreprises plus tard. C'est en particulier le cas pour Eichfuss qui pendant plusieurs semaines fut occupé à rédiger une description minutieuse de sa vie.

Quelle fut l'attitude des gardes ?

Rien n'indique qu'il y ait eu des brutalités directes pendant ces six premiers mois. Les conditions de vie au camp n'étaient pas bonnes mais supportables : dans plusieurs témoignages on se plaint de l'abondance de punaises. Les témoignages écrits à l'Ouest s'attardent pourtant souvent sur des brutalités réelles ou supposées de la part des hommes de garde. "Les Baltes n'avaient pas le droit de travailler — nous ne faisions que des corvées au camp, telles que lavage ou épluchage des pommes de terre. Une fois pourtant les gardes nous emmenèrent en dehors du camp à environ un kilomètre, nous devions démolir un bunker de bois qui servirait au chauffage de nos baraquements. Pendant la marche les jeunes gardes russes nous ordonnèrent de ne pas nous retourner, de ne pas parler et de garder nos mains dans le dos. Ces Russes nous injurièrent souvent, répétant "mordy zdorovyje" et "on ne va pas tarder à régler nos comptes". Le bunker démoli, il fallut porter le combustible sur le dos jusqu'au camp."

Eichfuss ? Un interné allemand qui le connaissait bien rompit à cette époque avec Eichfuss et s'opposa à lui par la suite. "Il est significatif, écrivait-il dans un témoignage, que dès cette époque le docteur Eichfuss ne s'entretenait plus qu'avec quelques antifascistes ou démocrates manœuvrés par les bolcheviques et qui en réalité n'étaient rien d'autre que des traîtres et de véritables criminels de profession."

La rupture entre Eichfuss et les autres officiers était maintenant définitive, ils ne se parlèrent plus jamais. En mai ils furent pourtant transférés ensemble. Un petit groupe de Baltes fut alors conduit à un camp dans les faubourgs de Riga ; faisaient partie de ce groupe Eichfuss, certains officiers de haut rang tels que Kessels et Gailitis, et un petit nombre de soldats, parmi eux tous les Estoniens.

Les Allemands appelaient ce nouveau camp "Rote-Düna", il avait déjà servi de camp d'internement à l'époque allemande. Ils y passèrent l'été. En août tous les Estoniens, sauf un qui s'était évadé, et une partie des officiers lettons furent libérés. On les fit s'aligner dans la cour devant les baraquements, ils reçurent leurs papiers, l'un après l'autre, et ils furent libérés. Pour les Estoniens ceci était la fin d'une longue période d'internement — ils étaient libres pour toujours et n'allaient plus jamais être arrêtés.

Pour certains des autres l'histoire est un peu plus compliquée.

Les autres ?

Le groupe de légionnaires baltes conduit à Riga était relativement petit — la plupart restèrent à Liepaja. Mais on allait aussi les transférer. Au début du mois de juin (certains renseignements indiquent fin mai) la majorité des légionnaires venus de Suède (ils étaient alors environ 110 hommes, presque tous lettons) furent transférés à un nouveau camp, situé à Jelgava, à une soixantaine de kilomètres au sud-est de Riga.

A Jelgava ce fut la fin du repos, ils durent commencer à travailler. Il y avait une briqueterie, chaque homme reçut l'ordre de faire un certain nombre de briques par jour, faute de quoi les rations de nourriture étaient diminuées. Ce n'était pas un mince travail, l'été fut dur et pénible et ceux des légionnaires qui ne s'étaient toujours pas remis complètement de la grève de la faim peinèrent durement. La nourriture était mauvaise mais il ne servait pas à grand-chose de se plaindre, alors ils se taisaient. Ils eurent le droit de recevoir des visites et pour la première fois depuis plusieurs années ils purent revoir leurs parents. Ceux-ci pouvaient venir de Riga au camp et les femmes restèrent tout l'été, derrière les barbelés, avec leurs fichus noirs et leurs petits balluchons de toile à la main, ils purent se parler et les légionnaires apprirent bientôt que la Lettonie n'était pas un pays où coulaient le lait et le miel. On était au deuxième été de paix, l'hiver avait été dur et pénible pour la population civile et, si la nourriture des prisonniers était mauvaise, celle des civils n'était pas meilleure. Tout leur parut plus supportable lorsqu'ils apprirent cela.

Le cantonnement ? Peu de place. Vermine ? Oui, vermine. Comment se sentaient-ils ?

Comment se sentaient-ils ?

"Il y eut un tel changement dès l'embarquement sur le bateau à Trelleborg — avant cela le désespoir, nous ne désirions que mourir, tout était si dénué d'espoir, nous nous enfoncions de plus en plus dans le noir. Mais une fois extradés — c'était comme si chacun de nous s'était cramponné à la vie de toutes ses forces. Maintenant il s'agissait de survivre, à tout prix, même si la vie n'était pas drôle tous les jours. Personne ne songeait plus au suicide, seulement à survivre. Je me souviens de l'été à la briqueterie de Jelgava — comme on a travaillé et peiné et on *voulait* vivre, à tout prix, à tout prix. En fait les conditions étaient bien pires ici qu'en Suède. Mais c'était comme si... il y avait un autre désir de vivre en somme. Il s'agissait seulement de survivre. Tu comprends ?"

Le dénouement surprenant arriva dans la dernière semaine d'août. Les légionnaires furent alignés dans la cour et un officier russe prononça un bref discours. Il expliqua que les enquêtes étaient maintenant terminées, qu'ils allaient être libérés et qu'ils pouvaient aller où ils voulaient. Ils devaient s'adresser immédiatement au bureau, par ordre alphabétique.

Trois seulement restèrent au camp : Recis, Peteris Ziemelis et un soldat nommé Balodis.

Puis ils purent partir, sortir du camp, libres. Ils avaient été internés pendant presque exactement 16 mois et les noms des camps formaient des points de repère dans le long fleuve d'événements qui les avait entraînés, comme des particules sans ressources au milieu du courant. Havdhem. Bökeberg. Rinkaby. Ränneslätt. Gälltofta. Liepaja. Riga. Jelgava. Ils étaient finalement libres, ils étaient revenus dans un pays ruiné par la guerre, brisé, brûlé, un pays qui selon la plupart des gens était maintenant occupé par les troupes russes et vivait sous leur domination, ou bien selon l'autre point de vue, un pays enfin retourné dans le sein maternel russe.

Ce n'étaient pas des vacances qui les attendaient mais ils étaient libres quand même.

S E, ancien caporal-chef de la 15ème division SS lettonne, avait vingt-quatre ans en août 1946. Il avait fait des études mais ne les avait pas terminées, ses parents se trouvaient à l'Ouest, il était ancien légionnaire, ce qui ne représentait rien de favorable en Lettonie soviétique, il n'avait pas d'argent, pas de métier et pas de travail, il n'avait rien. Il était libre, certes, et apparemment il n'allait pas être exécuté comme on le lui avait dit, mais sans plus. Il sortit sur la route Jelgava-Riga, il n'était pas encore sûr qu'on ne les trompait pas mais ce qu'il pouvait faire de mieux était d'essayer de gagner Riga. Il se mit au bord de la route en espérant qu'une voiture s'arrêterait. Il y avait du soleil, la fin de l'été était chaude, il était rentré chez lui, il était libre, il aurait dû ressentir beaucoup de grandes choses mais il ne s'en souvient en tout cas pas aujourd'hui.

Un camion s'arrêta finalement, il put monter. Il fallut deux heures pour atteindre Riga et le légionnaire rentra enfin chez lui.

Est-ce vrai ? Ont-ils vraiment été libérés en août 1946 ?

Pas tous mais la plupart. Et ceux qui ne furent pas libérés finirent par apprendre que les autres étaient libres. Vincas Lengvelis, le chasseur de partisans, qui se trouvait alors dans le camp de Riga et qui devait sept ans plus tard raconter son histoire dans un long récit écrit en Allemagne de l'Ouest, apprit aussi par ses camarades ce qui était arrivé au groupe de Jelgava. "Jonas Jancys racontait que les Russes avaient retiré à nos amis et soldats tous leurs papiers puis les avaient libérés."

Tous les documents accessibles disent la même chose,

lettres, notes, témoignages, tous ceux qui vivent aujourd'hui et qui peuvent raconter ce qui s'est passé : en août 1946 au moins 90 % des légionnaires baltes extradés par les Suédois furent libérés et purent retourner dans leurs foyers.

Etait-ce fini pour autant ? Etait-ce si simple ?

Non, ce n'était pas fini. Ce n'était pas si simple. Une grande partie de l'histoire du retour des légionnaires restait encore à raconter mais jusque-là tout pouvait être fixé avec certitude : en août 1946 presque tous les extradés furent libérés.

2

Il se rendit en Lettonie pour la première fois début juillet 1967 : une courte visite, quelques journées claires en plein été. En septembre de la même année il y retourna une deuxième fois, pour une visite plus longue.

Il s'y rendit pour parler avec les extradés et il parla avec eux.

Il ne s'y rendit pas sans préparation et il avait reçu beaucoup d'avertissements, parlé avec beaucoup de gens, reçu beaucoup de lettres, il était bien préparé. Dans les lettres ils écrivaient souvent que l'idée de retrouver les légionnaires était naïve ou absurde ou bien ils écrivaient qu'il n'était qu'un homme naïf et crédule qui pensait pouvoir découvrir la vérité dans les vérités qu'on allait lui servir. *L'idée de rencontrer les anciens légionnaires en Lettonie est bonne mais vous avez agi naïvement. Vous avez donné aux autorités russes la raison de votre voyage et vous pouvez être certain que la nouvelle a été envoyée à Riga afin que l'on surveille le visiteur et que les éventuels pourvoyeurs de matériaux soient bien préparés. Oui, vous êtes naïf et vous ne connaissez pas les conditions de vie en Lettonie asservie. Vous serez surveillé, les murs seront remplis de microphones en écoute permanente, vous ne pourrez pas parler en privé avec les légionnaires, on vous amènera quelques hommes endoctrinés et terrorisés qui diront que tout va bien, que personne n'a jamais été condamné ou tué, que tous ont été libérés et que tout va très bien, très bien. O, sancta simplicitas !*

Il parla avec beaucoup de Baltes en Suède, et tous l'avertirent, et beaucoup lui déconseillèrent d'y aller, et quelques-uns essayèrent de l'en empêcher, et certains essayèrent de l'empêcher de se procurer des adresses, et la plupart lui laissèrent entendre qu'il se jetait dans un piège.

Etait-ce un piège ?

Il était évident que d'énormes problèmes d'objectivité se dressaient devant les questions posées autour de cette extradition et devant les témoignages des internés. Les fausses sources étaient innombrables ainsi que la déformation possible des faits pour des raisons extérieures. Deux témoignages avaient déjà été publiés à l'Ouest : le récit de Vincas Lengvelis et le témoignage de G J Matisons. Tous deux semblaient nettement insatisfaisants, rédigés à l'Ouest et formulés plutôt comme pamphlets que comme documents. Tous deux donnaient sans aucun doute beaucoup d'informations justes mais l'ensemble était malheureusement un pamphlet anticommuniste et cela rendait plus difficile son appréciation. Lengvelis, tout comme Matisons, avait été classé et traité comme Allemand par les autorités russes, séparé des autres Baltes puis libéré avec les Allemands : ces deux légionnaires n'étaient donc pas représentatifs et ils n'avaient que très peu de choses à dire sur le sort des autres Baltes. Lorsque Matisons dans son long récit décrit un interrogatoire et mentionne les accusations portées contre lui d'avoir participé à l'extermination de juifs et de prisonniers il faut alors traiter avec beaucoup de précautions l'accusation, la question de sa culpabilité, de l'authenticité de la situation et de la justesse dans les accusations qu'il nous présente de brutalités pendant l'interrogatoire.

On doit observer avec autant de précautions les témoignages donnés à l'Est. Il est important de décrire avec exactitude la situation lors des entretiens. A sa première visite il rencontra trois légionnaires extradés. Deux des entretiens se déroulèrent en présence d'un interprète et les renseignements fournis ont donc peut-être été déformés. Ils sont par conséquent nettement peu satisfaisants. Le troisième se passa cependant en privé et sans interprète, à Jurmala, sur la plage de Riga, et de ce point de vue formel il est acceptable.

En septembre il parla en tout avec onze extradés. En aucune de ces occasions un interprète ne fut présent, mis à part le fait qu'il se servit pour trois entretiens d'un des extradés qui avait appris le suédois et le parlait parfaitement. Celui-ci fit office d'aide, d'interprète et d'intermédiaire. Rien ne permet cependant de le considérer d'une manière ou d'une autre comme un contrôleur ou de penser qu'il ait été disposé à rapporter aux autorités ce que ses anciens camarades avaient dit.

Les entretiens se déroulèrent quelquefois dans sa chambre d'hôtel, deux fois dans des maisons privées et par ailleurs dans des parcs, lors de promenades, dans des locaux de passage, dans des vestibules et à l'occasion de courses. Il eut été impossible d'enregistrer ou de contrôler tous ces entretiens de l'extérieur.

Avant le premier voyage, il se mit en rapport avec l'ambassade russe à Stockholm et annonça l'intention de son voyage. Il pensait en effet que toute tentative de prise de contact en secret avec les extradés *aurait pu* leur nuire et il ne voulait pas courir ce risque. Avant son deuxième voyage en Lettonie, il réussit pourtant à se procurer un certain nombre d'adresses grâce aux Baltes de Suède. Il rendit donc visite à trois des extradés de cette manière non officielle, discrètement, sans que personne ne le sache. Il ne fut pas suivi. Ces entretiens et les renseignements qu'ils lui fournirent ne se distinguèrent en principe pas des autres.

Eurent-ils peur ? Quelques-uns eurent peur, se montrèrent soupçonneux, renfermés. Quelques-uns n'eurent aucune crainte. Certains furent réservés. Les légionnaires avec qui il parla appartenaient à toutes les catégories : condamnés et non condamnés, vétérans de Sibérie et fonctionnaires bien établis. Eurent-ils peur de lui ? Virent-ils un danger ? Comment considérèrent-ils le chercheur ? En quoi cela influença-t-il leurs réponses ?

Tombait-il dans un piège ?

Au début de l'enquête il était comme la plupart des Suédois, complètement ignorant et insoupçonneux du problème balte. En Suède vivent aujourd'hui environ 100 000 Baltes et descendants de Baltes, il ne s'était guère douté de leur existence. Mais ils existaient, en partie assimilés, en partie gardant des restes de leur ancienne culture, possédant des journaux et des maisons d'édition et des écoles à eux et une structure politique leur appartenant entièrement, avec des oppositions politiques intérieures qui ne se distinguaient que peu de celles d'autres sociétés. Il n'était pas bien difficile de s'apercevoir qu'aux yeux de la société suédoise ils étaient un type d'hommes désirables, ils avaient la vitalité et la faculté d'adaptation et pour la plupart d'entre eux le processus d'assimilation s'était déroulé pratiquement sans conflits.

C'était comme découvrir lentement un nouveau monde à l'intérieur du monde familier.

Et leur fonction politique ?

Une importante minorité, plus de 100 000 personnes.

Il les avait aperçus par hasard alors qu'eux, ils n'avaient cessé de regarder les Suédois. Que pensaient-ils ? Quelles opinions politiques les dirigeaient ?

Le groupe le plus petit parmi les Baltes fut le plus facile à distinguer et à observer. C'était la petite aile droite, extrémiste, active, bruyante et décisive chez les Baltes, quelques pour cent d'entre eux mais ayant longtemps réussi à former l'image pour l'extérieur. Celle du politicien exilé dans le pays désert de la politique d'exil. Malgré la distance idéologique qui les séparait de lui, le chercheur ne pouvait se défendre de les considérer avec une sorte de compassion : les entretiens dans les cafés, las et navrants comme dans une nouvelle sur la bohème dans un café de Paris. Ils doivent avoir des parents dans toutes les capitales d'Europe occidentale et pas seulement là : ils sont les morceaux d'une armée de réfugiés de Grèce, d'Espagne, de Hongrie, des Etats-Unis, d'Amérique du Sud, des Etats baltes et de l'Europe de l'Est. Mais pour un politicien balte en exil la situation devait être encore plus désespérante : la seule chose, la seule chose absolument qu'il pouvait espérer était une troisième guerre mondiale qui devait faire éclater l'Union soviétique en morceaux. Mais l'espoir était-il raisonnable ? Cela ne semblait pas les préoccuper ni les influencer. Ils continuaient obstinément, héroïquement, avec un entêtement sans espoir, à mener la politique commencée un jour, politique en vase clos : peu disposés à réviser leurs points de départ et leurs buts mais pourtant conscients, maussades et désespérés, que la réalité leur échappait.

Quelque part, au milieu de ce monde particulier dans le monde, vivait l'extradition des Baltes, telle un cœur battant faiblement, l'écho d'une époque plus sensible, plus dramatique et pour eux de plus d'espoir. Eux qui refusaient de voir que le monde changeait, eux qui n'avaient que l'anticommunisme comme foi vivante. Etaient-ils sans importance ? "*Le fait que plusieurs centaines de milliers de Baltes aient pu gagner le monde occidental a rendu un service inappréciable au monde libre. Personne mieux que vous les Baltes ne connaît la véritable nature du communisme et pour cela vous avez grandement aidé le monde à se faire une juste aversion.*"

Extrait d'un discours de Birger Nerman en 1954. Et la citation indique sans aucun doute quelque chose d'important voire de primordial : le rôle que joue la péroraison anticommuniste, surtout pour la droite des Baltes exilés.

Etait-ce difficile à comprendre ? En réalité non, puisque les Baltes n'ont vécu pratiquement que les côtés de l'U.R.S.S. et de l'histoire de la révolution soviétique qui présentent de troublantes analogies avec ceux de l'impérialisme. Mais ne s'en prenait-on à l'Union soviétique que sur des bases nationalistes ? Il avait parlé avec assez de Baltes sociaux-démocrates pour savoir qu'il existait une autre possibilité. Mais la critique n'était-elle pas trop souvent une attaque issue de l'ultra-conservatisme et parfois même du semi-fascisme ?

Certains semblaient s'être arrêtés, fixés, momifiés. Le monde changeait, le communisme changeait, le fascisme renaissait, des mouvements révolutionnaires voyaient le jour et se faisaient écraser, des mouvements libertaires se développaient, les blocs se reformaient. Certains s'employaient toujours à donner au monde "une juste aversion" des communistes, sans réaliser que le communisme n'était plus synonyme de l'Union soviétique.

Les problèmes devaient être énormes puisque tous les signes moraux avaient changé. Le diable ne semblait plus habiter uniquement à Moscou, il y avait aussi un petit diable à Washington. N'y avait-il pas de corrélation avec l'image du monde d'aujourd'hui ? *La marche de la liberté du comité de juin contre l'Union soviétique et le communisme a rassemblé plus de 1 700 participants. En tête du cortège marchait une femme seule portant une banderole "Liberté pour les Etats baltes". La majorité des participants du cortège aux flambeaux étaient âgés de 30 à 40 ans, pour la plupart des Baltes ou des réfugiés des pays occupés par l'U.R.S.S. de l'autre côté du rideau de fer. Dagens Nyheter* * de novembre 1967.

N'était-ce pas là une situation ambiguë ?

Ne devaient-ils pas se rendre compte qu'il y avait là un paradoxe : eux qui un jour avaient vu une grande puissance soumettre leur pays et avaient consacré leurs vies à lutter contre cette grande puissance soutenaient maintenant obstinément une autre grande puissance en train d'écraser un petit pays indépendant ?

De l'importance de geler les relations. Homme letton suédois, vingt-trois ans, deuxième génération, citoyen suédois. "Je voudrais bien visiter la Lettonie mais c'est impossible. Il existe des journaux d'émigrants où l'on publie les noms de ceux qui s'y rendent c'est comme d'être appelé traître. Et on ne veut pas l'être." Pourquoi serait-il un traître ? "Aller en Lettonie ne signifie peut-être pas reconnaître le régime mais reconnaître en tout cas qu'on ne se considère pas comme réfugié politique." Pourquoi ? "On ne peut tout de même pas être en même temps réfugié politique et faire du tourisme dans son ancien pays." Aimeriez-vous y retourner à l'occasion d'un voyage ? "Oui, j'aimerais bien." Mais pourquoi les groupes de droite ont-ils si peur de voir se resserrer les contacts entre les Baltes en exil et les Baltes du pays natal ? "Je suppose qu'ils pensent que la lutte contre le communisme en deviendrait plus difficile. Les lignes de combat plus diffuses, ou quelque chose comme ça." Ne court-on aucun autre risque en s'y rendant ? "Non, il n'existe aucun exemple de Balte exilé ayant été arrêté lors d'une visite."

Les pièges abondaient. Etait-il en train de tomber dans l'un d'eux ?

— J'ai reçu votre lettre, écrivait-il, je ne pense pas pouvoir répondre. Je sais que cette affaire d'extradition est infectée mais je crois que vous avez tort lorsque vous dites que l'extradition est devenue un bouclier derrière lequel on se cache. "*Lorsqu'on vit comme réfugié dans un pays, et c'est ce que nous faisons en Suède, tôt ou tard on finit par se sentir non désiré, non bienvenu, comme un parasite, une plante qui pousse dans la mauvaise terre. Quand on est étranger, quand on n'a pas le droit d'être ici. Alors on cherche désespérément un argument, une raison pour pouvoir vivre ici. Pour quelques-uns d'entre nous l'extradition des légionnaires est devenue cette raison. La Suède a commis un jour un crime envers quelques Baltes et elle a maintenant une obligation envers nous. Cela nous donne un droit moral à vivre ici. Et c'est pour cette raison que l'extradition est vivante. Elle atténue notre qualité d'étranger.*" Je crois que vous avez tort, écrivait-il, parce que je veux croire que vous avez tort. S'il était réel que la société suédoise a créé un traumatisme, ceci serait alors contre nous une accusation plus grave que presque toute autre chose dans cette affaire. Votre lettre m'a beaucoup troublé, j'ai testé votre déclaration sur d'autres Baltes. Ils nient fermement le fait que l'extradition soit employée comme alibi pour exister, ils ne comprennent pas l'idée, ils ne comprennent même pas que vous vous sentiez étranger. De plus vous avez tort formellement. S'il existe un mythe de l'extradition celui-ci n'est pas tant soutenu par les Baltes. Il vit parmi les Suédois, nous le portons nous-mêmes, il est peut-être employé comme argument politique mais comme argument entre Suédois.

Je ne peux cependant rien savoir de la solitude de l'exilé.

Quels étaient les pièges ? Etait-il ignorant ?

— Je vous remercie de votre lettre, écrivait-il, je vais tenter d'y répondre en sachant pourtant que je ne le peux pas. Pourquoi suis-je si étrangement honteux devant des gens qui vivent en exil ? Pourquoi leur inquiétude me frappe-t-elle comme une accusation ? Vous parliez de la tragédie de l'exil, du "fait d'être exilé" et il y avait dans votre lettre ce même mélange curieux de précision, de désespoir amer et de fatigue que j'ai souvent trouvé chez les Baltes exilés de la première génération, jamais par contre chez ceux de la deuxième génération. Vous dites qu'un homme privé de son langage n'est qu'à moitié un homme, que vous avez perdu le contact avec le développement de votre langue et que ceci est un mur qui vous garde dans votre qualité d'étranger. "*Si l'on fait un voyage au pays on s'aperçoit qu'on parle comme une vieille traduction de la Bible.*" Mais où commence la résignation ? "*Je voudrais tout d'abord vous faire part d'un petit secret bien triste. L'exilé, l'animal inconnu, est en général bloqué dans son développement en même temps qu'il quitte son pays. Il ne vieillit pas d'un jour depuis le moment où il part. Certains pensent que c'est si compliqué qu'ils se suicident. Je n'ai moi-même que seize ans. Je suis une adolescente de quarante ans mariée et mère de famille. Nous ne devenons pas plus vieux, nous ne faisons que vieillir.*" Il est possible que cela soit vrai pour vous mais mon problème est de savoir à quel point vous êtes représentative. "*Lorsqu'ils ont fui ils ont cessé de vivre, de grandir, de changer*" : vous devez réaliser que ceci n'est pas uniquement la description d'une des tragédies humaines de notre temps, mais aussi une accusation portée dans plusieurs directions : contre l'Union soviétique, contre la société suédoise — et, dans une certaine mesure, contre ceux qui s'enfuirent. Et moi-même je suis là au milieu de mon tas de morceaux de puzzle, j'essaie de les assembler en une image, d'une certaine manière ceci fait partie de l'image de l'extradition des Baltes. Mais de quelle manière ? Vous décrivez clairement, avec amertume mais avec une distance qu'il me faut admirer, les résultats de la situation d'exilé. "*Voulez-vous connaître l'autre funèbre secret ? Ma conviction profonde est que nous autres exilés sommes au fond des asociaux. Inconsciemment asociaux ou socialement inconscients. Nous ne choisissons peut-être pas la voie du crime mais nous nous désintéressons. Nous nous désintéressons, nous prenons de la distance, nous reculons. Appelez cela comme vous voulez. Bien entendu nous suivons les lois et tout le reste. C'est une autre sorte d'asocialité à laquelle je pense, elle est en fait plus dangereuse que l'asocialité criminelle, aussi nette qu'elle soit. Mais plus confortable pour tous les partis. Certes il existe un rapport forcé entre l'exilé et son pays mais que peut-on y faire ?''* Oui, que peut-on contre le fait qu'il existe deux peuples lettons ? Puis-je vous citer un de ceux avec qui j'ai parlé en Lettonie il n'y a pas si longtemps ? Il était letton, il était nationaliste mais il pensait s'être aperçu que l'hostilité des Lettons en exil envers le régime soviétique s'était paradoxalement tournée petit à petit contre les Lettons qui étaient restés, contre les Lettons de la mère patrie. Voici ce qu'il disait : ''Nous comprenons leur haine du communisme et de l'Union soviétique. Mais pourquoi la plupart d'entre eux ne veulent-ils pas nous rendre visite ? Pourquoi cette propagande haineuse contre ce que nous faisons, contre les maisons que nous construisons et contre notre niveau de vie et contre tout ce que nous faisons ? Parfois nous avons l'impression qu'ils nous méprisent : nous, les petits cousins pauvres qui sommes restés, qui n'avons pas eu la bonne idée de fuir. Est-ce vrai, toi qui les connais ? Est-ce vrai qu'ils nous méprisent vraiment, nous qui sommes restés ici ?'' Et j'ai dit : non. Ce n'est pas vrai. Et ce n'est pas vrai, pas pour la plupart. Vous dites : tout dépend de qui vous rencontrez. Peut-être lui ai-je menti un petit peu quand même ?

Mais comment pourrais-je, moi, Suédois, décrire le sentiment ambigu de frustration, de culpabilité, de fureur et de chagrin avec lequel le Letton en exil regarde son ancien pays ? *Culpabilité*, dites-vous — *la culpabilité n'est pas la nôtre*. En êtes-vous absolument sûre ? N'y a-t-il pas dans le manque que vous ressentez une tache de culpabilité ? Et cette névrose de culpabilité n'est-elle pas parfois cachée par une sorte de — non, pas de mépris mais de distance ?

Les morceaux du puzzle avaient des formes curieuses, ils s'entassaient devant lui : des sentiments sous la forme de morceaux de puzzle, des répliques, des attitudes. Quelles attitudes et quels préjugés avait-il personnellement ? Pendant la traversée en bateau en juillet il rencontra une Lettonne suédoise âgée se rendant à Riga. A quoi s'attend-elle ? Son problème est de passer la douane avec des vêtements qu'elle a amenés comme cadeaux. Elle lui décrit son plan : elle s'habille de plusieurs épaisseurs de sous-vêtements et de trois robes et passe la douane. On ne l'arrête pas, elle revient le lendemain soir au bateau à bord duquel elle loge, vêtue d'une seule robe. Son impression de la Lettonie ? Dans un paquet elle apporte aussi des chaussettes en nylon. Elle rend visite à ses oncles et cousins. Comment ont-ils reçu ses cadeaux ? Ce qui l'a surprise le plus c'est que la douane ait été si relâchée. Les formalités ont duré horriblement longtemps mais on l'a très peu regardée. Elle aurait pu avoir les robes dans une valise. Ses parents l'ont remerciée bien sûr mais elle a été étonnée qu'ils aient de si bons vêtements. Mais ce n'était quand même pas aussi bien qu'en Suède, évidemment. Il faisait chaud et elle avait l'air grosse avec tant de vêtements sur le dos en passant la douane. Comment avait été sa visite ? Sa famille n'avait pas voulu trop parler des conditions en Lettonie. Ils avaient certainement peur. Ils n'osaient pas vraiment critiquer le régime. Le premier contact avait été un peu ténu mais ensuite ça avait été beaucoup mieux. Des amis à elle avaient eu plus de chance — ils avaient réellement appris quelque chose. C'était sa première visite en Lettonie depuis vingt-trois ans. Revenir comme ça, c'est toujours assez pénible.

Filature ? Surveillance ? Le soir vers 8 heures il prit contact avec un homme âgé, un social-démocrate qui habitait dans les faubourgs de Riga. "Avez-vous été filé ?" demanda le vieux. Au cours de l'entretien il alla chercher une boîte de thé, sous le thé il y avait quelques feuillets, une lettre. "On n'est jamais assez prudent." Quelles sont ses expériences ? "On a appris beaucoup de choses sous Staline." Est-ce que quelque chose a changé ? "On n'est jamais assez prudent. Restez un an ici et vous *saurez*. Le contrôle, la méfiance, la censure postale. Vous êtes trop jeune pour comprendre." Le lendemain un entretien dans un café. Un jeune homme, vingt-cinq ans. "Ils ont été effrayés à l'époque de Staline et ils ne peuvent toujours pas respirer calmement. C'est une question de génération." Est-ce vrai ?

Lors de ses entretiens avec les légionnaires il les pria chaque fois d'examiner avec lui la liste des noms des extradés qu'il leur présenta. Ils devaient marquer ceux de leurs anciens camarades qu'ils savaient en liberté maintenant, ceux qu'ils avaient rencontrés dans les cinq dernières années et surtout ceux qu'ils savaient avoir été condamnés et avoir accompli une peine après l'extradition. Aucun de ceux à qui il présenta les listes ne refusa. Plusieurs furent très intéressés, manifestement curieux, et ils firent de nombreux commentaires détaillés. C'est ainsi qu'une liste synthétique put être dressée petit à petit, une synthèse de ce qui s'était passé, peut-être pas tout à fait exacte mais la plus exacte sans aucun doute de toutes celles qui ont été faites jusqu'à présent.

La liste n'est évidemment pas sûre à cent pour cent et elle ne peut l'être. Elle s'intéresse surtout au sort des Lettons : au sort des 130 Lettons extradés. La Lettonie est certes un petit pays mais les distances sont plus importantes que l'on ne croit. Les liaisons entre la campagne et la ville sont insuffisantes, la mobilité n'est pas la même que chez nous. Beaucoup — la plupart — des anciens légionnaires habitent à la campagne, ils ont des contacts limités avec ceux qui habitent Riga. Ce sont ces derniers qui répondent des informations.

Voici un résumé préliminaire.

Tous les *Lettons* extradés sauf quatre semblent avoir été libérés en août 1946. Ils étaient tous en liberté pendant l'hiver. Début avril 1947 un groupe des extradés fut à nouveau arrêté. A la suite d'une série de procès qui eurent lieu au printemps, en été, et en automne 1947 ils furent accusés d'être des criminels de guerre et furent condamnés à différentes peines de détention et, dans un cas, à mort.

On peut donc considérer comme à peu près certain que les Lettons suivants furent condamnés. *Soldat Jekabs Balodis. Capitaine Ernsts Kessels. Sous-officier Arvids*

Kaneps. Lieutenant G J Matisons. Lieutenant Paul Lielkajs. Lieutenant Jekabs Raiskums. Soldat Arnolds Smits-Petersons. Instructeur Gustavs Vilks. Capitaine Villis Ziemelis. Lieutenant-colonel Karlis Gailitis. Lieutenant Olgerts Lacis. Lieutenant Oscars Recis. Lieutenant Peteris Ziemelis. Instructeur Augusts Kaneps. Soldat Manfreds Liepins. Soldat Evalds Liepins. Soldat Valentin Silamikelis. Dr. Elmars Eichfuss-Atvars.

Cela fait 18 noms. On peut les considérer comme assez sûrs.

A ceux-ci vient s'ajouter un petit groupe de noms sur le sort desquels on est très incertain. 9 noms. *Alberts Celmins, Peters Apkalns, Voldemars Eltermanis, Valdis Knoks, Herberts Aunins, Janis Jekabssons, Oscars Krastins, Janis Teteris, Jekabs Zutis.* En face des noms de ces derniers des points d'interrogation ont été mis. Des Lettons exilés en ont mentionné certains comme ayant été condamnés. Il n'existe aucune preuve certaine. Il est raisonnable de penser qu'au moins quelques-uns de ces hommes n'ont jamais été condamnés.

Viennent encore s'ajouter deux légionnaires condamnés. L'un condamné en 1954 à Riga pour port illégal d'arme ; l'autre en 1955 à quatre ans de travaux forcés pour détournement de fonds — il était alors employé dans une administration officielle. Comme dans ces deux cas les motifs d'accusation n'ont rien à voir avec l'extradition, ces légionnaires peuvent rester anonymes.

18 Lettons condamnés aux travaux forcés. Si on y ajoute en entier le groupe des 9 le chiffre s'élève à 27. Il est probablement un peu inférieur. En augmentant un peu la marge d'erreur on peut dire que le nombre total de Lettons condamnés fut inférieur à 30.

Qu'est-ce qui est probable ? Qu'est-ce qui est vrai ?

Lorsqu'il se rendit à Riga en septembre 1967 il essaya de savoir pourquoi ceux qui avaient été condamnés l'avaient été. Quels avaient été les motifs d'accusation.

On le présenta à un historien letton qui avait travaillé sur des documents datant de la période d'occupation allemande en Lettonie, et qui avait libre accès à toutes les archives. Celui-ci accorda son aide, on peut être *absolument* sûr qu'il ne le fit pas à l'insu des autorités et sans leur approbation. Il s'aperçut très vite qu'il n'était pas difficile d'obtenir des renseignements sur les condamnés si on trouvait les documents. Le matériel n'était pas rassemblé, nulle part il n'y avait de gros dossier "Extradition des Baltes". Du point de vue soviétique les jugements portés contre les légionnaires extradés n'étaient qu'une partie infime et sans intérêt en soi des procès plus vastes intentés aux criminels de guerre et aux collaborateurs à la suite de la "grande guerre patriotique". Il fallut donc chercher en de nombreux endroits, dans beaucoup d'archives, ce qui prit beaucoup de temps. L'historien qui l'aidait avait aussi son travail quotidien à faire et il dut accomplir ces recherches à l'heure du déjeuner, au cours de diverses pauses et le soir.

Il fut pourtant possible de trouver certains renseignements. Beaucoup sont très intéressants.

Les objections sont bien entendu faciles à faire ici. *Le Suédois ne parlait pas letton, il ne pouvait donc pas examiner lui-même les documents*. Il devait se contenter des résumés qu'on lui présentait. Les renseignements ne pouvaient être que des dépositions, il n'avait pas à sa disposition la défense des accusés, uniquement les jugements et les motifs d'accusation. Les condamnés ne purent donc pas — sauf en deux cas en partie contrôlés — donner leur avis. Il est impossible aussi d'avoir une vue d'ensemble des procès : les renseignements dont il disposa étaient des renseignements isolés. C'est sous ce jour qu'on doit les considérer, on peut les accepter avec un certain degré de crédibilité ou les considérer comme absolument sans valeur.

S'ils sont mentionnés ici c'est compte tenu de ces réserves évidentes.

Il est quand même possible de tirer certaines conclusions. Les arrestations effectuées en 1947 le furent toutes selon une certaine idée. Le fait qu'un citoyen letton soviétique se soit engagé ou ait été enrôlé de force dans l'armée allemande ne fut apparemment pas un motif *formellement* suffisant d'arrestation et de procès. Le principe directeur semble avoir été que tous ceux qui pendant un temps plus ou moins long avaient servi dans un *corps policier* letton ou allemand furent arrêtés et traduits en justice. Il est possible qu'il y ait eu des exceptions à cette règle mais les cas qu'il put contrôler indiquèrent tous que l'appartenance à un corps policier fut considérée comme particulièrement grave.

On se rend compte aussi très facilement que les arrestations ont touché des catégories différentes avec une intensité différente. Le groupe le plus frappé fut celui des *officiers* passés directement de Lettonie à l'île de Gotland. Le groupe de Bornholm par contre, venu de la poche de Danzig et qu'il fallait en gros considérer comme une fraction régulière du front, s'en tira beaucoup plus aisément. Le groupe de Bornholm n'était cependant en aucune manière une fraction uniforme et là aussi les officiers ne formaient pas un groupe homogène.

Tous ceux qui furent condamnés semblent l'avoir été à la suite de procès individuels après une série d'examens individuels. On peut remettre en question la valeur des jugements, des motifs d'accusation et des procès eux-mêmes, mais il faut noter que dans pratiquement tous les cas les motifs d'accusation semblent s'être appliqués à des corps policiers coupables de crimes de guerre pendant l'occupation allemande et en arrière du front.

Et puis ? Quelles autres conclusions peut-on tirer ?

Il est aisé de dire que tout ceci est désespérément naïf. Que tous les renseignements qui lui ont été fournis avaient dû être falsifiés et que les publier serait un nouveau crime envers les extradés, déjà si mal traités par les Suédois. Peut-être en est-il ainsi : mais d'autre part pendant bientôt vingt-deux ans les Suédois ont aussi accusé l'Union soviétique d'avoir tué tous les légionnaires, arbitrairement et sans procès, et de l'avoir fait sans la moindre trace de preuves — on peut peut-être considérer que l'équilibre a été rétabli maintenant. Pourtant il hésita longtemps, longtemps, pour savoir s'il devait ou non publier les renseignements russes. Etaient-ils exacts ? Tout cela ne cessa de tourner dans sa tête durant l'hiver, l'enquête et le livre qui un jour avaient été un plaisir en devinrent un pénible tourment. Qu'était-il en train de faire ? Un procès amateur de ceux qui avaient déjà été condamnés ? Et c'était lui qui allait prononcer le verdict ? Lui ? Lui, le fouineur, était-ce à lui de décider ?

Non, déterminer exactement si les renseignements qu'on lui donnait étaient justes ou non était impossible. Ce qu'il put constater c'est que si les renseignements avaient été falsifiés, la falsification était habile. Les biographies n'étaient pas purement imaginaires mais tenaient compte des vies réelles des accusés. Dans certains cas il put contrôler et comparer les accusations avec la version des accusés eux-mêmes et il y eut bien entendu des différences mais plutôt dans l'interprétation des faits que dans les faits eux-mêmes.

Un exemple.

Il était officier de carrière letton et lorsque les Allemands arrivèrent il s'engagea puisque de toute façon il n'avait qu'un seul métier : celui d'officier. Sa famille se réfugia à l'Ouest, lui-même arriva en Suède et fut extradé. En août 1946 il fut, comme les autres, libéré, et il travailla à Riga jusqu'en juin 1947. Il fut alors à nouveau arrêté. Selon les documents des archives on l'accusa d'avoir servi en 1944 dans un bataillon policier en service derrière le front en Lettonie et qui aurait été responsable de persécutions de la population civile et d'exterminations. Il fut condamné à quinze ans de camp de travail, fut envoyé dans un camp du nord-ouest de la Sibérie et libéré au bout de huit ans. Il retourna à Riga en 1955.

Etait-ce vrai ?

Au cours de l'entretien, auquel n'assistait personne d'étranger à l'affaire, le ton fut ouvert et franc, le Suédois demanda quels avaient été les motifs de l'accusation. "Ben, dit-il en riant légèrement, ils n'ont pu que m'accuser d'avoir servi dans un bataillon policier." Est-ce vrai ? "Oui, j'avais été enrôlé dans un bataillon policier dans lequel je n'ai servi que cinq semaines. *Cinq semaines seulement !* J'y avais été enrôlé de force et je n'ai tué personne, ni juifs ni Lettons. Ce que le bataillon a fait avant ou après je n'en sais rien. Mais moi je n'ai pas commis de crime de guerre. Mais à cause de ces cinq semaines dans ce bataillon policier j'ai été condamné à quinze ans. *Quinze ans !*"

Voilà l'exemple. L'homme donnait une impression ouverte et sympathique, il discuta avec sérieux tous les problèmes concernant le sort des extradés, il ne sembla pas désireux d'écourter l'entretien. *Dans ce cas* les renseignements donnés par les archives ne semblent pas être purement imaginaires. Prendre position sur la question de la culpabilité est bien entendu tout autre chose. Ce que l'on peut constater c'est que selon toute vraisemblance les *accusations* portées dans tous ces procès furent précisément celles-ci : *accusations* d'avoir servi dans des corps policiers pendant l'occupation.

Tombait-il droit dans un piège ? Fut-il leurré et dupé ?

Il balançait entre un doute qui s'appliquait finalement à *toutes* les dépositions et un début de phobie à l'égard de ce doute qui avait parfois tendance à devenir mécanique. Mais il savait que la moindre tentative de dire que *tous* les extradés n'étaient pas des saints serait accueillie par une tempête de rage. On s'en était si longtemps servi comme argument politique en Suède qu'on avait oublié que les extradés étaient aussi des hommes, qu'il y avait des bons et des mauvais, des faibles et des forts, des sages et des stupides, des criminels et des saints. Qu'ils étaient *des hommes*. Pourquoi ne voulait-on pas le reconnaître ? Reconnaître que parmi ces 146 Baltes extradés qui avaient fui leur pays pour gagner le nôtre il était tout à fait possible qu'il s'en trouve certains que l'on pouvait qualifier de criminels de guerre. *Tous* les accusés et condamnés ne l'étaient pas nécessairement, les accusations pouvaient être exagérées ou fausses. Mais *quelques-uns* ? Et que cela ne jetait pas d'ombre sur les autres extradés ou n'avait en fait aucune importance pour juger l'extradition des Baltes ? Si les renseignements qu'il avait obtenus étaient exacts, si les 14 légionnaires avec qui il avait parlé avaient dit la vérité, alors les autorités soviétiques avaient quand même considéré que plus de 100 extradés étaient sans taches — victimes de mobilisations forcées, innocents de crimes de guerre. N'était-il pas important de mentionner que plus de 100 extradés étaient sans taches ? N'était-il pas important d'essayer de faire des différences, de les examiner l'un après l'autre — il s'agissait quand même d'individus ? Et faire tout cela sans moralisme et — si possible — sans préjugés ?

Il importait de rester sceptique devant les témoignages qu'il entendait, de garder ses distances, d'observer. Mais il pensa souvent : ne serait-il pas raisonnable de pouvoir enfin regarder ces extradés, leur sort et leur désespoir et leurs erreurs et leur histoire, d'envisager cela calmement, sans moralisme, sans les considérer comme une cohorte d'anges ou de diables, seulement comme un groupe d'hommes tous différents ?

Et puis finalement ce qui suit est un compte rendu. Parce que malgré toutes les réserves il est quand même possible de raconter une histoire du retour des légionnaires.

3

Cikste — il était à l'hôpital de Kristianstad avec Kessels et Eichfuss, on le distingue sur certaines photos : un homme au visage maigre et anguleux, des cheveux très foncés. Il est aujourd'hui dessinateur industriel en chef dans une usine à Riga, il a réussi, il est habillé correctement, toujours maigre et les cheveux foncés, il parle un allemand excellent et rapide. La pièce est très chaude, un ventilateur tourne mais la chaleur pèse quand même énormément. Nous sommes un samedi. Pendant les trente premières minutes les questions l'impatientent beaucoup, il reste poli mais ironique. Il parle vite, avec une sorte de dédain continuel. Le dédain semble se tourner dans plusieurs directions : contre l'interrogateur, contre les Suédois, contre la chaleur, contre le problème posé, contre le monde dans lequel il vit. Il est surtout impatienté par le fait d'être obligé de discuter des questions vieilles de plus de vingt ans, d'une époque à laquelle il ne pense jamais, du temps passé, d' expériences oubliées. Il est impatienté parce qu'on lui rappelle, à lui, homme jouissant d'une position dans la société, une époque où de gré ou de force il a collaboré avec les ennemis de l'Etat. Cela ne peut plus lui nuire mais cela l'irrite. Il est irrité aussi par les questions qu'il trouve bêtes et par l'interrogateur, il le considère comme un représentant des Suédois qui l'ont extradé un jour. Au bout d'un moment, à moitié malgré lui, il s'intéresse, il essaie d'éclaircir ce qui selon lui s'est passé. Il parle avec la vive répugnance du scientifique à s'exprimer catégoriquement sur des choses dont il n'est pas tout à fait certain, il fait une distinction très nette entre ce qu'il sait, ce qu'il a entendu dire, ce qu'il considère comme probable et ce qu'il considère comme improbable. Les fausses affirmations sont écartées par des mouvements rapides et irrités des mains. Extérieurement il ne semble pas craindre quelque chose mais il est possible que son dédain ait trouvé son origine un jour dans une sorte de crainte. Il méprise les Suédois qui l'ont extradé "bien qu'ils eussent promis de ne pas le faire". Mais il est difficile de distinguer des restes d'amertume. Il fait partie de ceux qui vivent bien. Il est marié, a des enfants. Quand les questions prennent fin il se lève aussitôt, serre la main presque par routine et quitte la pièce d'une démarche sûre et rapide sans se retourner. Ce premier entretien a duré une heure vingt minutes et a donné très peu de résultats si ce n'est l'impression générale qu'il ne veut pas discuter le problème. Ceci est un problème suédois, ce n'est pas son problème. Il nous le laisse. Le samedi après-midi il se rend en général dans sa maison de campagne avec sa famille. Il a déjà deux heures de retard.

Soldat S P. "En fait on ne savait pas grand-chose l'un sur l'autre — tout le monde se taisait. Nous venions d'horizons si différents ; ceux qui sont arrivés sur Gotland — et la plupart des officiers en faisaient partie — avaient servi non pas au front mais à l'arrière. Il courait parfois des bruits les concernant mais on ne savait rien. Il y avait quelques rumeurs sur Lapa par exemple, qu'il... on disait qu'il avait pas mal de choses sur la conscience. C'était à propos de juifs, je crois. Mais personne ne savait rien de sûr. Je me rappelle qu'il y avait un tas d'insinuations et de bruits qui circulaient dans le camp."

S travaille maintenant comme biologiste. Il a passé son examen à l'université de Riga en 1959. Le retard dans ses études provient en partie du fait que de 1947 à 1953 il se trouvait dans un camp de travail dans l'Oural.

C'est tard le soir et il y a peu de gens dans le parc. Nous sommes au mois de septembre mais il fait très chaud et bien que ce soit l'automne il est possible, tard le soir, de se promener en chemise dans les rues de Riga. Ici ils peuvent parler, personne ne les dérange.

Titre : entretien sur la sincérité et sur la crainte.

— Dites-moi maintenant, dit le Suédois, ce que je peux écrire et ne pas écrire. Dites ce que vous voulez voir rester entre nous, ce qui pourrait vous nuire et ce qui peut être imprimé. Je ne désire la mort de personne, dites ce que je dois taire.

L'interlocuteur a passé la cinquantaine, il parle bien l'allemand.

— Vous comprenez mal ma situation, dit-il. Tout ce que j'ai dit, j'en réponds. Ce que je raconte de mes expériences, j'en réponds. C'est vrai puisque je l'ai vécu moi-même. Ecrivez-le.

— Mais ne risquez-vous pas des ennuis ? Que pensez-vous de votre séjour au camp ? Des procès, des jugements ?

Il était alors officier. Il fut condamné. Il fut libéré en 1954 mais il ne retourna en Lettonie qu'en 1957.

— Sous Staline, dit-il, vous n'auriez jamais eu l'autorisation de parler avec moi. *Eux* ils vous l'auraient peut-être donnée mais pas moi. Je n'aurais jamais osé dire la vérité ni parler avec un étranger. Nous aurions sûrement été surveillés et l'entretien aurait... j'aurais eu des ennuis. Et même si vous aviez pu parler avec moi je ne vous aurais pas dit la vérité. Je vous aurais donné la vérité que je les savais désirer, je vous aurais menti et je vous aurais trompé. C'était comme ça sous Staline, ça ne sert à rien de vous décrire cette époque-là puisque vous ne comprendrez jamais. Vous ne comprendrez pas cette crainte perpétuelle qui nous dominait. Cette crainte reste encore chez beaucoup d'entre nous, celui qui l'a sentie une fois... c'est comme une cicatrice. C'est devenu mieux avec Khrouchtchev et maintenant... oui. Ecrivez ce que je dis. Je n'ai pas peur, plus maintenant. Je peux vous parler du camp, c'était atroce mais peut-être pas aussi atroce que le disent beaucoup de gens.

— Mais certains de ceux avec qui j'ai parlé ont eu peur. Je l'ai vu sur leurs visages. Ils étaient mal à l'aise, brefs, réservés. Ils devaient avoir peur. Parfois ils m'ont menti, certaines fois il est facile de voir quand des hommes mentent, ils mentaient grossièrement, c'était manifeste.

— Ceci est une autre chose, dit-il. Vous devez comprendre notre situation — toute la situation. Nous revenions en Lettonie et nous avions servi dans l'armée allemande. Dès avant la guerre une grande partie de la population haïssait les Allemands et ceux qui s'étaient entendus avec les Allemands avaient fui. Les Allemands avaient brûlé une grande partie du pays, tué des centaines de milliers de civils. On découvrit les camps de concentration et tout le monde put voir. Les Russes n'étaient peut-être pas très aimés non plus mais les anticommunistes les plus acharnés avaient gagné l'Ouest et les Russes nous aidèrent quand même à rebâtir le pays et... eh bien, ils furent en quelque sorte des collègues. Pas les bureaucrates mais les Russes eux-mêmes. Mais les Allemands c'étaient des sadiques meurtriers qu'il fallait haïr. Et *nous*, nous avions donc servi dans l'armée allemande — il y avait une barrière psychologique, un mur entre ceux qui avaient combattu *aux côtés* des Allemands et ceux qui avaient servi dans des groupes de partisans ou même qui n'avaient été que des résistants passifs. Bien sûr, la plupart d'entre nous avaient été mobilisés de force. Mais le fait d'avoir servi dans l'armée allemande *ce n'était pas une chose dont on parlait*. Vous me comprenez ?

— Peut-être...

— Imaginez... Oui, par exemple s'être engagé dans l'armée allemande bien qu'on soit français ou norvégien. Spontanément ou à contrecœur — il n'est pas agréable d'en parler. En particulier pas ici.

— Est-ce désagréable pour vous aussi ?

— D'une certaine manière oui, mais pas beaucoup. Mais je peux vous garantir qu'*aucun* des légionnaires, aucun de ceux avec qui vous parlez ici, n'aime remuer cette boue. Ils peuvent être aussi aimables que vous le voulez, et ils n'ont pas peur d'être punis ou quelque chose comme ça, mais ils n'aiment pas remuer ça.

— Mais pour nous, Suédois, c'est toujours un problème...

— Bon, alors c'est votre problème. Gardez-le alors. Dans ce cas ce n'est pas un problème balte mais un problème suédois. Bon. Gardez ce problème.

— Vous n'avez pas peur de moi en tant qu'étranger ? Peur de parler avec moi ?

— Aujourd'hui ?

— Oui.

— Non.

— Les Lettons exilés qui se rendent en Lettonie disent autre chose.

— Ah, eux c'est différent. Dans certains milieux d'ici il n'est pas considéré comme de bon ton d'avoir des rapports trop réguliers avec les Lettons exilés et cela n'est pas *uniquement* de notre faute ni de la faute du régime. Ils viennent ici bien vêtus et voient des commissaires politiques dans tous les buissons, ils se comportent comme des espions bien qu'ils n'en soient pas. Ils ne comprennent pas notre situation. Ils viennent ici et attendent nos jérémiades. Ils voient le mécontentement qui existe mais ils ne voient pas notre fierté pour ce que nous avons fait de bien. Ils sont parfois bien fatigants et avec eux on parle plutôt sans témoins.

— Et avec moi !

— Ecrivez ce que vous voulez.

— Vous êtes tout à fait sincère ?

— Ecrivez. Ecrivez ce que je dis.

Ancien officier, bientôt soixante ans, pas de condamnation. Lorsqu'il a fini de parler, lorsqu'il a dit tout ce qu'il avait à dire, lorsqu'il a regardé sa montre d'un geste ostentatoire et à force de froideur taciturne a fini par réduire l'entretien à plus rien du tout, lorsqu'il a pris congé et ouvert la porte, lorsqu'il a fait tout ceci, il éclate d'un grand rire ambigu.

— Ah oui, j'ai oublié, dit-il. Je suppose que je dois aussi adresser mon salut à la Suède. Ils nous ont extradés pour pouvoir acheter du charbon polonais. J'espère que vous avez beaucoup de charbon maintenant. Ils ont acheté le charbon et nous étions la monnaie. Je suis content d'avoir pu contribuer au réchauffement.

Puis il sort rapidement. Il reste deux tasses, un petit tas de mégots sur une soucoupe, un Suédois. C'est dans la matinée. L'entretien a duré deux heures et doit être qualifié de raté.

Il avait dix-neuf ans lorsqu'il arriva en Suède. Il fêta ses vingt ans en Suède. Il a maintenant quarante et un ans. Il habite Riga, est marié mais n'a pas d'enfants.

Il est manœuvre, gagne 120 roubles par mois. 8% partent en impôts, moins encore pour le loyer. Il dit vivre bien. Son logement fait 24 m² sans compter l'entrée et la cuisine. Le vieux centre de Riga n'a pas encore été rénové et son appartement n'est pas très bon, surtout selon les critères suédois. Bien entendu il a la possibilité de déménager dans une de ces cités-dortoirs qui poussent dans les faubourgs de Riga mais il ne les aime pas, elles sont modernes mais impersonnelles, il les trouve laides, il aime le vieux centre de Riga. Sa femme travaille aussi, elle gagne à peu près 100 roubles par mois. Il dit qu'ils se débrouillent bien.

La liberté ? "Avant, dit-il, il n'y avait pas de liberté. On n'osait pas ouvrir sa gueule de peur d'être arrêté. Donc personne n'ouvrait sa gueule. On avait appris à se taire. Maintenant on n'est plus obligé de se taire sauf que je ne peux pas descendre dans la rue et crier que le régime est pourri." Le régime est-il pourri ? "Plus maintenant." Opinion politique personnelle ? "Je suis socialiste." Peut-il critiquer le régime ? "Je peux critiquer les abus que je vois." Le fait-il ? "Je ne suis pas de ceux qui écrivent dans les journaux, ça je ne peux pas le faire. Mais je n'ai pas peur." Pense-t-il vivre dans un Etat policier ? "Non." Est-ce que d'autres gens en Lettonie pensent qu'ils vivent dans un Etat policier ? "Ça c'est une question de génération. Faites une différence entre ceux qui ont plus et ceux qui ont moins de — disons quarante ans. Ceux qui ont des souvenirs marquants des années trente, ceux-là ont de la peine à se trouver bien. Ils n'ont jamais accepté. Ils ont connu l'époque bourgeoise, ils ne pourront certainement jamais devenir de vrais socialistes." Et lui-même ? "Je crois que j'ai accepté." Est-il nationaliste ? "Ben, oui, je suis fier d'être letton. Mais pas jusqu'à vouloir séparer la Lettonie de l'Union soviétique. Ce serait stupide."

La Suède ?

"La Suède est un bon pays, dit-il. J'ai lu un peu sur la Suède depuis que je suis rentré en Lettonie. J'apprécie les Suédois. C'est un peuple qui aime la paix et on en a besoin maintenant. Ils ont réussi à rester en paix pendant plusieurs centaines d'années, j'admire un tel peuple." Mais ils vous ont extradés ? "Oui, c'était une connerie. C'était une drôle de faiblesse." Mais vous dites que vous vivez bien maintenant ? "Cela n'a rien à voir. C'était une faiblesse quand même. Beaucoup de gens en Lettonie admirent la Suède. Nous lisons des livres sur l'époque suédoise au XVIIème siècle, nous l'appelons "la bonne époque suédoise". Je crois que la plupart des Lettons admirent vraiment la Suède et s'y intéressent. Y a-t-il en Suède le même intérêt pour la Lettonie ? Non ? Ah bon." Mais vous devriez quand même haïr les Suédois parce qu'ils vous ont extradés ? "Non, non — on l'a oublié, je ne ressens pas de *haine* : et pensez à toutes ces manifestations en notre faveur, tous les journaux et tous ces articles, je ne l'oublierai jamais. Cela montre quand même que les Suédois sont un bon peuple."

Mais ils vous ont extradés quand même ?

"Oui, dit-il avec un sourire léger mais net, oui. Mais j'ai appris une chose dans ma vie : faire la distinction entre un peuple et son gouvernement. Entre les hommes et la politique."

Et ceux qui ne furent pas condamnés ? Ceux qui retrouvèrent la liberté un jour d'août 1946 pour ne plus jamais se retrouver dans un camp ? Que se passa-t-il pour eux ?

Les non-condamnés représentaient quand même la majorité. Furent-ils condamnés d'une autre manière ?

Ils s'aperçurent bien vite qu'ils étaient rentrés dans un pays cruellement blessé par la guerre, qu'il y avait un énorme besoin de main-d'œuvre et qu'ils ne resteraient chômeurs. Mais ils allaient aussi s'apercevoir que leur liberté avait des limites, que les traces laissées par la période passée en Suède et les années comme légionnaires ne s'effaceraient pas aussi facilement que ça. Ils s'aperçurent rapidement que les autorités les toléraient, qu'on les laissait vivre et travailler en paix mais pas beaucoup plus. Les portes des universités leur étaient fermées, tout perfectionnement de leur apprentissage impossible, l'avancement à des postes indépendants pratiquement impossible. Ils pouvaient travailler, ils avaient un salaire comme les autres mais les postes vraiment qualifiés étaient hors de leur portée. Ils se sentaient les Noirs de la société soviétique, libres, mais en même temps entourés de murs invisibles. "Nous étions considérés comme des hommes de deuxième catégorie, pas comme les autres. Pas des hommes *aussi bons* que les autres. Pas des *patriotes* aussi bons que les autres. Nous avons eu les travaux les moins bons, pas nécessairement ceux qui étaient les moins bien payés mais ceux qui n'étaient pas recherchés et qui ne donnaient aucun prestige social. Des logements *un peu* moins bons. Il nous fallut attendre *un peu* plus longuement."

Les témoignages de beaucoup d'autres confirment celui-ci et on peut le considérer comme véridique. Cette période eut un début et une fin, elle cessa à la mort de Staline : le changement fut alors radical et presque immédiat. Cette année-là beaucoup de jeunes légionnaires extradés commencèrent des études à l'université. "Une semaine après l'annonce de la mort de Staline j'ai fait une demande d'entrée à l'université et elle a été acceptée, du premier coup. Alors j'ai compris que quelque chose avait commencé à changer."

Entretien le lendemain matin : promenade le long de la Daugava.

— Hier quelqu'un me disait que jusqu'en 1953 il s'était senti un homme de deuxième catégorie. Qu'en pensez-vous ?

Réaction immédiate.

— Homme de deuxième catégorie ? *J'étais tout au plus un homme de troisième catégorie !* Je n'étais pas aussi *bon* que les autres !

— Et combien de temps cela a-t-il duré ?

— C'est la mort de Staline qui a tout changé. C'était comme de passer le coin d'un mur et de découvrir une nouvelle réalité.

Crainte ? Liberté ?

— Vous comprenez, disait-il, la crainte a beaucoup de visages. Vous pensez qu'il n'existe pour nous qu'une crainte : celle d'être emprisonné, d'être envoyé en Sibérie. Quelques-uns ont dû ressentir cette crainte à l'époque, pas moi, mais certains ont dû. Maintenant personne n'a à redouter cela. Mais il existe d'autres craintes. La crainte d'une aversion invisible. Que le voisin sache. Il existe de nombreuses peines. Une peine peut ne pas être mesurée en années, la captivité n'est pas uniquement l'emprisonnement dans un camp de travail. Mon voisin a perdu sa femme et ses enfants, tués par les Allemands. Son père a été envoyé en camp de concentration mais s'en est tiré. Moi je faisais partie de l'armée allemande, j'avais été enrôlé de force bien sûr, mais quand même. Lorsque nous parlons nous pensons à tout ceci et un fil de fer barbelé se tend entre nous. Je suis alors prisonnier et condamné à nouveau. Vous me comprenez ?

— Pourquoi me racontez-vous tout ceci ?

— Parce que le temps passe. Parce que tout change. Parce que je veux faire comprendre ce qui s'est passé pour ceux qui ont été condamnés et pour ceux qui ne l'ont jamais été.

Il y en avait d'autres qui disaient :

— Avoir été en camp de travail est si commun que personne ne réagit lorsqu'on en parle. La plupart des Lettons de ce pays ont des parents qui pendant un temps plus ou moins long ont séjourné dans un camp de travail. Jusqu'en 1950 on déportait très régulièrement. Il est rare de rencontrer quelqu'un qui n'y a jamais été ni aucun de ses parents. Nous sommes une nation purifiée.

Lorsqu'il fut extradé il venait d'avoir dix-sept ans et ce qu'il se rappelle le plus nettement de son séjour en Suède c'est lorsque Vabulis s'était plongé un couteau dans le cou le jour de l'extradition. Il était dans le même car que Vabulis, en face de lui, et lorsqu'il essaie de décrire comment cela s'est passé ses yeux se remplissent de larmes et il se tait. Il est ouvrier, son équipe commence à 20 heures, sa femme travaille dans une librairie du centre de Riga. Il est assis les mains serrées entre ses genoux, il regarde calmement le Suédois.

"Mais il a pu rester", dit-il ensuite. Qui ? "Vabulis." Oui, il a pu rester. "Il habite en Suède ?" Non, il est mort là, sur le quai. "Il est mort ?" Oui, il est mort. "Je ne le savais pas." Il garde un moment le silence. "Je ne le savais pas. Oui, dit-il, j'étais assis là, en face de lui. C'est ça. Oui."

Janis Slaidins, le médecin, fut le premier libéré. Après une semaine il était déjà libre, il était médecin, on avait besoin de lui. Il travailla, il fit carrière. Beaucoup de gens disent de lui qu'il a réussi, en 1967 il a soutenu une thèse. Le séjour en Suède et les événements qui le précédèrent ont-ils créé un obstacle à sa carrière ou l'ont-ils retardée ? Il répond non, avec une expression guindée et en se dérobant pourtant : cela veut dire qu'il est impossible de répondre à cette question, impossible. Il revient souvent sur le mot "humiliant". Le traitement en Suède était extrêmement correct mais humiliant. Pendant les premiers temps en Suède ils avaient été traités très aimablement et puis vers la fin de l'automne et en hiver ils avaient été considérés comme des criminels. Il s'attarde en particulier sur l'attitude des médecins suédois, il l'a ressentie dédaigneuse, glacée, dure mais formellement correcte. Il dit qu'il s'était attendu à mieux de la part de collègues.

— Les derniers mois tout était humiliant. Nous fûmes dispersés dans des camps différents, on nous poussait comme un groupe d'enfants ou de fous. On pouvait dire ou faire ce qu'on voulait, personne ne s'en souciait.

Son visage est long, sec, mais ouvert en même temps et il donne l'impression d'un intellectuel, avec beaucoup de force vitale. Il est aimable. Il revient souvent au mot "humiliant".

Au bout de deux heures la conversation dévie. Ils se mettent à parler des différents types d'opérations des ulcères de l'estomac. Le carnet se remplit de croquis. Il ne fume pas. Il ne connaît pas grand-chose du sort des autres. Il a peu de contacts avec eux.

Tout le monde comprit que le lieutenant-colonel Gailitis allait être condamné : tout le monde connaissait ses relations avec les Allemands et sa fonction à Struthof. Parmi les motifs de sa condamnation on lit aussi un passage disant qu'il a été "commandant dans un bataillon policier". De source non officielle il fut libéré en 1956 mais n'eut le droit de retourner en Lettonie qu'en 1961.

Il est mort, en liberté, le 14 juillet 1966. Il court beaucoup de bruits au sujet de sa mort — quelques-uns disent qu'il s'est suicidé, que la solitude lui pesait trop et qu'il finit par choisir la mort.

C'est dans ce cas une petite partie seulement de la vérité. En automne 1965 il entra dans un hôpital de Riga. Il était malade, on devait l'examiner. Un des médecins qui l'examinèrent était Janis Slaidins. Ils se reconnurent. Apparemment Gailitis était très malade et on constata bien vite qu'il avait une tumeur cancéreuse avec métastases. Il ne le savait pas. Le cancer était déjà trop avancé, on ne pouvait pas opérer. Ils parlèrent ensemble un moment mais ne mentionnèrent que peu les événements qu'ils avaient vécus ensemble. Il mourut en juillet 1966.

Les procès ?

Revenu du camp de travail vers 1955, il rencontra un ancien de Suède dans les rues de Riga. Ils discutèrent des événements d'après-guerre. Le légionnaire — on peut l'appeler K — avait été arrêté en mars 1947, accusé d'avoir servi dans un bataillon policier coupable de persécutions de la population civile et de certaines exterminations en nombre limité dans les campagnes. Des témoins s'étaient présentés. "Ils mentirent horriblement et exagérèrent." Les preuves présentées, K avait plaidé non coupable, et pour le cas où les accusations auraient été fondées en partie, avait demandé les circonstances atténuantes, invoquant qu'il avait été obligé d'obéir aux ordres. "Mais je n'avais pas une chance. C'était un étrange procès. Le juge et le tribunal étaient d'avance persuadés de ma culpabilité et mon propre défenseur s'est finalement levé en disant qu'apparemment j'étais coupable. Comment appelez-vous un procès pareil ! Un procès ! Mon propre avocat !"

Augusts Dupurs, lieutenant, né en 1916, libéré en 1946, non condamné. "En 1947 certains des extradés furent à nouveau arrêtés et un jour je fus appelé à témoigner contre un de mes anciens camarades. Il était accusé de crime de guerre, je ne sais pas lequel. Je devais dire comment cela s'était passé en Suède et je l'ai fait. Je ne me souviens en fait de rien de particulier. Il y avait un juge et un tribunal. C'est tout ce dont je me souviens. J'ai témoigné puis je suis rentré directement chez moi." Le procès avait-il l'air correct ? "Je n'en sais rien. On m'y a emmené et j'ai donné mon témoignage sur la période en Suède et ensuite j'ai pu rentrer chez moi." Le procès était-il public ? "Oui, il devait l'être, j'ai reconnu plusieurs personnes dans la salle. Ils étaient assis aux bancs du public." Comment avez-vous réagi ? "C'était très désagréable." Pourquoi cela ? "C'était très désagréable, c'est tout ce dont je me souviens. J'ai témoigné puis je suis rentré chez moi le plus vite possible." Vous souvenez-vous d'autre chose ? "Non."

Des raisons de cette année de liberté. "Le plus étrange est que les procès ne commencèrent pas tout de suite mais en 1947 seulement. Nous avons d'abord vécu six mois en liberté." Comment cela se fait-il ? "Je suppose qu'il leur fallut d'abord mettre de l'ordre dans leurs papiers. Tout était dans un tel chaos à cette époque-là, juste après la guerre." Certains ne furent-ils jamais libérés ? "Oui, j'en connais quatre d'entre nous qui ne le furent pas. Recis, Balodis, Peteris Ziemelis et Eichfuss." Est-il possible qu'il y eût d'autres *Lettons* ? "Peut-être, mais pas beaucoup plus. Je crois que ces quatre-là ont été les seuls à rester *tout le temps* en captivité." Et les Lituaniens ? "Je ne sais pas. Il y avait parmi eux plusieurs Baltes germaniques. Ils ont sûrement été traités comme les Allemands."

Villis Ziemelis, accusé d'avoir servi dans un bataillon policier. Jekabs Raiskums, condamné pour avoir servi comme officier dans un bataillon policier. Paul Lielkajs, accusé d'avoir servi comme officier dans un bataillon policier.

Qu'est-ce que cela signifiait ? Pourquoi était-ce considéré comme particulièrement grave ?

Il est encore aujourd'hui difficile pour un Occidental de juger et de prendre position devant ce qui s'est passé dans les Etats baltes au cours de la deuxième guerre mondiale. Il existe d'une part des preuves évidentes que des déportations vers l'Est se produisirent pendant la première époque russe de 1940 à 1941, et d'autre part des preuves tout aussi évidentes qu'un massacre encore plus atroce se déroula pendant l'occupation allemande, un gigantesque massacre de juifs, de communistes, de populations civiles dont il est encore impossible d'avoir une vue d'ensemble. Certains faits semblent pourtant être considérés comme sûrs et ce aussi bien par le monde occidental. L'extermination des juifs fut en Lettonie la plus efficace d'Europe : 89,5 % des juifs lettons furent exterminés, soit 85 000 juifs dans les deux premières années. Les Allemands furent aidés dans leur tâche par des Lettons volontaires qui furent organisés en *Einsatzgruppen*. Ceci ne se passa bien entendu pas uniquement en Lettonie — "En septembre 1941 un groupe lituanien appartenant au Einsatzcommando 3 déferla sur Raseinyai, Rokishkis, Sarasi, Perzai et Prienai et tua tous les juifs de cette région — le nombre total de juifs tués par ce groupe s'éleva à 46 692 en trois mois seulement" (*The Destruction of the European Jews*). Les corps policiers lettons formés par les Allemands atteignirent une efficacité identique, et furent vite craints et haïs de sorte qu'après la guerre l'accusation d'avoir appartenu pendant un temps long ou court à un corps policier ayant opéré en arrière du front pesa extrêmement lourd. Quels groupes de la société lettonne furent exterminés ? Bien entendu tous les juifs et les communistes mais d'autres aussi. Entre le 1er et le 31 juillet 1941, 24 625 juifs furent tués dans les forêts de Bikierni en Lettonie, les responsables étaient des SS allemands, des policiers lettons, des nazis allemands, des corps SS allemands, des collaborateurs lettons : aussi bien à l'Est qu'à l'Ouest de nombreux documents portent de graves accusations sur les collaborateurs lettons. Qui peut distinguer la vérité sans étudier lui-même les documents originaux ? Cinq compagnies policières lettonnes furent organisées au sein de l'Einsatzgruppe A, elles furent chargées d'exterminations et de faire régner la terreur. Les groupes lettons d'extermination furent surtout actifs pendant la première année d'occupation allemande : ils commencèrent au cours de l'été leurs opérations en arrière du front russe divisé et en train de céder et quand les Allemands entrèrent en Lettonie, ils trouvèrent des Lettons déjà bien formés et prêts à leur venir en aide. Trop bien disposés parfois...

Rapport d'un commandant allemand en Lettonie, octobre 1941 : "Je suis persuadé que les exécutions perpétuelles de communistes qui se poursuivent actuellement font une très défavorable impression sur certaines parties de la population. Je ne nie pas le fait que Vidzeme ait été très fortement infectée de communisme. Mais dès les premiers jours qui suivirent l'arrivée de l'armée allemande, des centaines de communistes ont été tués par des membres des milices lettonnes ou par la police lettonne. Au cours de ces journées la police de la sécurité allemande se tenait relativement calme. On ne peut plus accepter de telles méthodes." Selon des enquêtes russes, 313 000 civils furent exécutés par les Allemands en territoire letton pendant la guerre. Le fait tragique sur lequel reviennent souvent les œuvres majeures publiées sur les exterminations entreprises pendant la guerre est que les collaborateurs lettons, les troupes de la milice et la police lettonne semblent avoir joué un rôle prépondérant dans ces exterminations.

Ceci a-t-il un rapport avec les légionnaires extradés de Suède ?

Pour la plupart d'entre eux : non. Ceux qui arrivèrent à Ystad via Bornholm semblent presque tous avoir appartenu à une autre catégorie : celle des envoyés de force au front. Seule une petite partie des condamnés de 1947 appartenait à ce "groupe Bornholm". Pour ceux qui arrivèrent sur Gotland venant directement de Lettonie, la chose est peut-être un peu différente. Les arrestations et les condamnations semblent les avoir plus durement atteints.

Quelques exemples. Les indications suivantes proviennent d'archives soviétiques. Comme il a déjà été noté, on doit les accepter avec une certaine réserve. Elles ne manquent cependant pas d'intérêt.

Oscars Recis, lieutenant, né en 1914, rejoignit Gotland en mai 1945. On a pu rassembler sur lui les renseignements suivants. En novembre 1941 il se présenta comme volontaire à la SD allemande *(Sicherheitsdienst*, la Sécurité SS) dans la ville lettonne de Daugavpils. Il y travailla au fichier des communistes lettons et des nationalistes lettons non-communistes mais hostiles aux Allemands. En 1941 il partit pour Livani, y passa chef d'une section de la police de SD, à son procès il fut accusé d'avoir participé personnellement à des sévices. En juin 1944 il occupa le poste de remplaçant du chef de la maison de correction de Ventspils. A son procès un certain nombre de témoins se présentèrent pour dire qu'il avait lui-même frappé des prisonniers, entre autres avec une matraque.

Il fut cependant surtout accusé d'avoir participé à l'extermination des juifs au cours de son service à Daugavpils. Il fut condamné en 1947 à dix-huit ans de prison. En 1956, trois ans donc après la mort de Staline, il se trouvait toujours dans un camp. Les dossiers contiennent une note pour cette année-là : il introduisit alors un recours en grâce à un tribunal d'appel. Le recours en grâce fut rejeté, motif du refus : ses crimes étaient trop sérieux pour permettre une réduction de la durée de sa peine. Les mêmes documents indiquent pourtant qu'il fut libéré le 23 janvier 1958.

Peteris Ziemelis, né en 1918, lieutenant, gagna Gotland, fut interné, extradé par les Suédois. Voici ce que disent de lui les archives. En juillet 1941 il s'engagea comme volontaire dans la police "lettonne" de la sûreté. Il servit à Daugavpils, ville lettonne à l'est de Riga où il devint chef d'un département d'enquête. A cette époque un ghetto juif existait à Daugavpils, le premier créé en Lettonie et beaucoup de juifs de la région y avaient été conduits. En novembre et décembre 1941 ce ghetto fut anéanti. Peteris Ziemelis fut accusé lors de son procès d'avoir été, ainsi que trois autres hommes, le responsable direct du meurtre de 33 000 juifs de Daugavpils, dont 3 960 enfants. Au cours du même procès Ziemelis fut accusé d'avoir personnellement commis certaines cruautés lors de cette extermination et d'avoir fait monter dans sa chambre des femmes juives du ghetto et de s'en être servi sexuellement. Il fut accusé d'avoir personnellement et avec l'aide de deux assistants exécuté 50 juifs dans les journées des 8 et 9 novembre 1941. Etant à cette époque chef d'un commando d'extermination Ziemelis n'avait pas à effectuer lui-même les exécutions sauf dans des cas exceptionnels.

Selon ces indications il appartenait pendant toute cette période à un corps policier purement *letton*, dirigé bien entendu par les occupants allemands et leur obéissant. En juillet 1944 il entra dans la SD. En octobre 1944, officier à la SD, il fut transféré à Courlande où il reçut un poste comme chef de la maison de correction de Ventspils : il y a donc un certain parallélisme avec l'histoire de Oscars Recis qui était à la même époque chef remplaçant de cette maison de correction. En mai 1945 Peteris Ziemelis s'enfuit en Suède. Son grade était alors, selon ces sources, SD-Untersturmführer.

Ziemelis et Recis furent condamnés lors du même procès : celui-ci fut très important, 162 témoins furent entendus par la cour, les indications données plus haut sont extraites du procès-verbal de ce procès.

Peteris Ziemelis fut condamné à mort. Il est le seul des extradés dont on puisse dire, *preuves à l'appui* et avec une certitude absolue, qu'il a été condamné à mort. Il est possible qu'une ou plusieurs autres condamnations à mort aient été prononcées mais celle-ci est la seule qui paraisse absolument sûre puisqu'elle est confirmée par des actes officiels soviétiques.

La condamnation à mort fut-elle mise à effet ?

Les documents n'apportent là aucune réponse. L'historien letton qui fournit les renseignements constata seulement qu'une condamnation à mort avait été prononcée et qu'après ceci les indications cessaient. Il semblait donc probable que Ziemelis avait été exécuté.

Mais.

Au cours d'un entretien en septembre 1967, le

lieutenant letton L P dit avoir échangé une correspondance avec Peteris Ziemelis jusqu'en 1964. Il se serait alors trouvé dans un camp de travail en Union soviétique. Il aurait aussi raconté qu'il avait effectivement été condamné à mort mais que, gracié, sa peine de mort avait été commuée en vingt-cinq ans de prison, peine apparemment irréductible.

Selon cette version qu'on a certaines raisons de croire, Ziemelis serait le dernier des légionnaires à accomplir toujours sa peine. Son temps de peine devrait expirer en 1972.

D'autres condamnations à mort furent-elles prononcées ?

Il est possible que Ernsts Kessels, mort en liberté en 1962 après avoir accompli une longue peine (il est mort en Lettonie), ait été à l'origine condamné à mort. Certaines sources lettonnes en Suède le disent. Le chercheur ne pense pas qu'il en ait été ainsi : il est plutôt probable que Kessels fut condamné à vingt ou vingt-cinq ans de travaux forcés et libéré par anticipation. C'est ce qui ressort des indications quelque peu confuses que le chercheur a recueillies.

On peut aussi constater une chose : il est peu probable que d'autres condamnations à mort aient été prononcées contre des Lettons. *Aucune* exécution ne semble avoir eu lieu. Si Peteris Ziemelis, Oscars Recis, Karlis Gailitis ou Ernsts Kessels n'ont pas été exécutés, il est alors peu probable que d'autres de ce groupe l'aient été.

Peut-on se fier aux archives ? La biographie de Peteris Ziemelis est-elle exacte ?

Il existait bien un ghetto juif à Daugavpils, il fut anéanti aux mois de novembre et de décembre 1941. L'histoire peut être vérifiée jusque-là. L'accusé ne peut pas parler et la question reste donc posée. Lorsqu'il arriva sur l'île de Gotland il déclara tout simplement aux autorités chargées de l'enregistrement qu'il avait "servi comme officier SS à Ventspils''. Ce petit morceau du puzzle semble s'accorder avec le reste. Mais lors de l'examen individuel que les autorités suédoises entreprirent le 25 novembre, à la suite des nombreuses demandes faites au Riksdag, Peteris Ziemelis fournit des renseignements tout différents. Sous son nom il y a écrit : ''Passeport civil. Off. letton. Enrôlé de force dans l'armée russe. Déserteur. Pas de service militaire allemand. Arrivé en Suède en uniforme letton.''

Il avait donc revu ses indications.

Son camarade Oscars Recis fournit en cette occasion les renseignements suivants aux autorités suédoises : ''Off. letton. Enrôlé de force dans l'armée russe. Déserteur. Pas de service militaire allemand mais a travaillé pour des autorités militaires allemandes en tant que meunier. S'est enfui de Courlande vers Gotland en manteau d'off. letton.''

Comment auraient dû agir les autorités suédoises ?

Au cours de l'hiver 1966-1967 le chercheur demanda au gouvernement suédois l'accès aux documents relatifs à l'extradition des Baltes et conservés secrets, d'une part dans les archives de UD et d'autre part dans les archives du ministère des Armées. Il répéta ses demandes, les autorités militaires acceptèrent de fournir des renseignements mais le gouvernement dit non. Le nombre de requêtes et de réponses forma bien vite un tas assez important. La réponse fut cependant non, on argua entre autres que cette question touchait à des relations avec une puissance étrangère. Il put cependant constater que cette puissance étrangère (l'U.R.S.S.) semblait considérablement plus coopérante et ouverte que les autorités suédoises, il paraissait relativement plus simple de pénétrer dans les archives secrètes russes que dans les archives secrètes suédoises. Tirer de ceci des conclusions sur la possibilité pour un citoyen de regarder de près les affaires de l'Etat est pourtant impossible. Il écrivit cela dans une lettre à un ministre suédois. ''Je n'ai *pas* eu l'impression que la Suède soit un Etat policier. Je ne tire *pas* de ceci des conclusions hâtives. La plus grande franchise affichée par l'U.R.S.S. peut *très bien* n'être qu'apparente, accidentelle ou dépendre de points de vue tactiques. Ces expériences personnelles ne sont en *aucune manière* la preuve que l'U.R.S.S. aurait la conscience plus pure que la Suède.''

Parmi les renseignements qu'il avait demandés, certains concernaient les légionnaires qui n'avaient pas été extradés. Il demanda des renseignements sur Oscars Lapa, Edvard Alksnis et Peteris Vabulis. Lapa et Vabulis s'étaient suicidés en Suède. Alksnis s'était enfoncé un crayon dans l'œil et habitait maintenant à Londres. Que disaient les archives soviétiques sur eux ?

Deux jours plus tard il eut la réponse.

Sur Edvard Alksnis et Peteris Vabulis *rien* dans les archives n'aurait pu servir de motif d'arrestation. Ils avaient effectivement servi dans l'armée allemande mais ne s'étaient apparemment *pas* rendus coupables d'une forme quelconque de crime de guerre. Leurs noms étaient blancs et s'ils avaient été extradés ils auraient, comme tous les autres dans le même cas, été libérés.

En ce qui concerne Oscars Lapa la réponse fut cependant un peu différente.

Les renseignements donnés sur lui sont les suivants.

Oscars Lapa était né à Liepaja. Il était pharmacien. Pendant les années trente Lapa avait été membre d'une association semi-fasciste appelée Perkonkrusts (La Croix du Tonnerre). En 1942 Oscars Lapa entra dans la SS et fit ses classes dans une école de la SD à Fürstenwald. En mai 1942 il passa sous les ordres de Viktor Arajs. Il existe sur ce dernier une documentation très détaillée et très sûre, à l'Ouest aussi, la plupart des enquêtes le font apparaître comme un important criminel de guerre. Sous son commandement de très vastes exterminations furent entreprises en Lettonie : des sources soviétiques indiquent qu'il doit être considéré comme responsable de l'extermination d'au moins 100 000 prisonniers de guerre lettons, lituaniens, russes blancs, ukrainiens et polonais.

Le rôle de Oscars Lapa sous ce commandement n'est mentionné en aucune façon dans les documents. Il est uniquement noté qu'il avait le grade d'Untersturmführer dans la SS et qu'il commandait un groupe de vingt-cinq hommes.

Il reste sous ce commandement pendant deux ans. Au printemps 1944 on le retrouve dans les documents — il arrive alors à Liepaja où il sert comme officier dans la SD. En automne 1944 il entre dans la 15ème division SS lettonne, division pour la plus grande partie constituée de jeunes Lettons mobilisés de force, mal armés et envoyés au front où ils furent durement éprouvés. Ils furent ensuite emmenés en Allemagne pour réorganisation. Au printemps 1945 un débris de cette division fuyait Danzig et rejoignait Bornholm puis la Suède. Parmi eux se trouvait Oscars Lapa.

Qu'a-t-il fait pendant les deux années sous le commandement de Arajs ? Il est inutile de spéculer, il est mort, il n'a jamais été traduit en justice. L'historien letton, qui examina les archives et se fit une idée, même si celle-ci est superficielle, de la manière d'agir de la justice à cette époque, pensait en tout cas que si Lapa avait été extradé il était probable qu'il aurait figuré parmi ceux qui furent traduits en justice. Aurait-il été condamné ? De quoi aurait-il été accusé ? Question inutile, puisque ce procès n'a jamais eu lieu.

Peut-on se fier à toutes ces archives ? Rien n'est certain. Mais les indications qu'elles fournissent présentent quand même un intérêt, puisque, abstraction faite de savoir si elles sont vraies ou fausses, elles reflètent probablement très bien les accusations qui en 1947 furent portées contre une partie des légionnaires extradés de

Suède. Des *accusations* de ce type furent apparemment portées contre eux. *Les motifs de jugements* étaient exactement ceux-ci.

Les accusations sont-elles vraies ou fausses, aucune personne étrangère à l'affaire ne peut aujourd'hui le dire.

Mais les renseignements sur Lapa ? A-t-il servi pendant deux ans sous le commandement de Viktor Arajs ? Il n'a jamais été traduit en justice, il n'a jamais pu se défendre, il n'a aujourd'hui aucune possibilité de se défendre. Il s'est suicidé en Suède, sous le poids d'une situation qui semblait absolument sans espoir, au dernier soir de sa vie il disait être certain de son exécution. Ne devrait-on pas en rester là ? Faut-il absolument remuer les cendres des morts ? Ne sommes-nous pas en train de soutenir un procès contre les morts ?

Et de toutes les questions posées autour de l'extradition celle-ci sembla la plus dure à résoudre : quelle position le chercheur devait-il prendre face à tout ceci ? Il se souvenait des avertissements continuels reçus en Suède : "Ils vont te mentir, ils vont t'empêcher de savoir. Ils vont te bourrer de mensonges. Ne les crois pas. Ne les crois pas." Maintenant un tas de documents, de renseignements, de photographies et de notes s'élevait autour de lui, il n'avait pas la possibilité de contrôler lui-même le degré de véracité puisqu'il ne parlait pas letton, allait-il publier tout cela ? Etait-il en train d'être dupé, trompé ? S'ils mentaient il fallait avouer qu'ils mentaient habilement car une multitude de petits détails semblaient justes. Ils lui avaient dit que Vabulis était innocent mais que Lapa aurait sûrement été condamné s'il avait été extradé — pourquoi dans ce cas n'avaient-ils pas menti pour tous les deux ? Pourquoi justement dans le cas de Lapa sur lequel on avait déjà entendu tant d'insinuations en Suède, Lapa qui lui-même avait peut-être mentionné quelque chose de tout ceci lors d'un entretien avec un Suédois au soir de sa mort ?

Non, ce n'était pas faire un procès avec les morts. Les

morts se levaient et parlaient d'eux-mêmes : Per Albin Hansson et Oscars Lapa, Peteris Vabulis et Ernsts Kessels, Christian Günther et Karlis Gailitis. L'histoire une fois réveillée ils se levaient tous et se mettaient à parler, ils étaient tous accusés et accusateurs, les documents parlaient et les lettres parlaient, l'histoire parlait et l'histoire semblait mener un procès avec elle-même. Ils parlaient tous avec des voix furieuses et offensées et leur fureur n'allait jamais cesser puisque cette extradition n'allait jamais cesser de vivre grâce à eux. Renseignements, documents, archives, accusations — si c'était ainsi qu'il avait été trompé, l'histoire allait le corriger. Pour le moment il pouvait se limiter à présenter les morceaux du puzzle qu'il pensait avoir trouvés, même si c'était désagréable à faire.

Pouvait-on déduire autre chose des motifs d'accusation ou des procès-verbaux ? On pouvait entre autres remarquer que pour certains des accusés le verdict semblait extrêmement dur. Quinze ans de prison pour avoir servi une courte période dans un corps policier. Des accusations beaucoup plus graves avaient été portées contre certains autres mais les peines infligées n'avaient guère été plus sévères. L'écart séparant les peines des petits criminels de celles des grands semblait étrangement réduit.

Mais d'autre part — très peu des légionnaires condamnés semblent être restés en prison jusqu'au terme de leur peine. La plupart furent libérés entre 1952 et 1957. Après cinq à dix années, donc, de camp de travail. Ils retournèrent en Lettonie, l'un après l'autre.

Ne renonce pas. Continue. Lapa : selon certaines indications ses parents furent déportés par les Russes en juin 1941. En ce cas quelle influence cela a-t-il eu sur l'attitude de Lapa vis-à-vis des communistes ? Quels renseignements sur lui-même a-t-il donnés aux autorités suédoises ? Le 25 novembre 1945 : "Oscars Lapa. Né le

19.6.1904. Passeport civil BZ 017664, délivré par la préfecture de police de Liepaja le 10 janvier 1929. Fils adoptif de Lapa. Père naturel : Otto Pettersson commerçant à Cesvani en Livonie. Dit que les pharmaciens ne pouvaient pas être appelés sous les drapeaux, montre la copie d'un certificat délivré par l'université de Riga, disant qu'il a passé son examen en pharmacie." Mais que s'est-il passé pendant ces deux années sous les ordres de Viktors Arajs ?

Addenda. Des 130 Lettons, au maximum 25 à 30 semblent avoir été condamnés. Mais en mars 1968 un des extradés, lui-même condamné, lui écrivait encore "dans notre groupe, c'est-à-dire celui des Lettons extradés, environ 15 hommes semblent avoir été condamnés et la grande majorité d'entre eux avaient travaillé dans la police pendant l'occupation". Celui qui écrivait cette lettre avait au cours de l'hiver accompli certaines recherches personnelles et parlé avec plusieurs des extradés, à Riga aussi bien qu'en province. Il avait en outre essayé d'entrer en contact avec Peteris Ziemelis et Oscars Recis, mais sans succès. Le nombre probable des Lettons condamnés doit donc se situer entre 15 et 30 : il est aujourd'hui impossible de préciser davantage. Des 7 Estoniens 1 seul fut condamné. Et les 9 Lituaniens ? 6 d'entre eux étaient des officiers, 1 médecin et 2 sous-officiers, ils n'appartenaient pas au groupe Danzig-Bornholm, on peut supposer que le pourcentage de condamnés parmi ces Lituaniens est très élevé, éventuellement 100%. Pour certains on dispose de preuves, Lengvelis, Langys et Jancys par exemple furent condamnés. Le chiffre maximal de condamnés serait alors 30 plus 1 plus 9, c'est à dire 40. Le chiffre minimal serait 18 plus 1 plus 9 soit 28. On pourrait alors raisonnablement supposer qu'environ 35 des 146 légionnaires extradés firent l'objet d'une condamnation.

On peut faire des objections mais c'est jusqu'ici qu'*il*

est arrivé dans *son* enquête. Environ 35 des 146 extradés furent condamnés.

Aucun exécuté.

Un des camps se trouvait à Vorkuta, autour d'une ville nommée Vorkuta, un camp étendu sur une large superficie, entourant une ville, situé dans la plaine au pied des monts Oural. Par certains jours clairs ils pouvaient voir les montagnes border l'horizon. La région est riche en charbon et deux fleuves la traversent, la Pechora et la Vorkuta. Le camp n'était pas d'un seul tenant mais fait de plusieurs petits camps éparpillés avec les mines ou les usines. Les travailleurs logeaient dans des baraquements de bois, la promiscuité était grande, les conditions d'hygiène mauvaises, le désespoir total. Les premières années qui suivirent la guerre, la nourriture était mauvaise et ce fut sans cesse une lutte pour la vie. Les conditions s'améliorèrent ensuite lentement mais la plupart de ceux qui connurent ce camp parlent des premières années avec horreur : elles furent épouvantables. On travaillait en trois équipes, la journée de travail était de huit heures mais on ne comptait pas le chemin à faire pour aller et pour revenir du travail. En hiver le froid était horrible et c'était alors un avantage de travailler au fond de la mine, la température y étant plus supportable. Mais tous n'y travaillaient pas et pour ceux qui travaillaient à l'extérieur les brûlures dues au gel furent un danger permanent. Les salaires ? Ils étaient insignifiants mais ils recevaient quand même un salaire. En général entre 50 et 150 roubles par mois et le rouble valait très peu à cette époque.

Quelques-uns des légionnaires arrivèrent là, à Vorkuta. L'un d'eux, L B, devait y rester huit ans.

Les premières années furent les pires, les conditions étaient alors extrêmement pénibles. Au début des années cinquante des améliorations se firent lentement, un changement radical se produisit à la mort de Staline. Pour la première fois il resta de la nourriture après le repas, des morceaux de pain et des assiettes à moitié vidées. Le salaire fut plus élevé aussi.

— Comment étiez-vous traités dans le camp ?

— Je crois que l'on peut dire qu'en général les gardes nous traitaient correctement. Personnellement je n'ai jamais subi aucune forme de brimade et je n'en ai vu aucune. Par contre j'ai entendu parler de la première année après la guerre, il semble qu'il y en ait eu alors. Je n'excuse pas cela, mais il faut se rendre compte que les sentiments étaient tendus à l'époque. Les Russes haïssaient tout ce qui était allemand, haïssaient les Allemands et l'armée allemande et ceux qui y avaient servi, je ne veux pas justifier les mauvais traitements qui eurent lieu parfois au camp mais les Russes avaient quand même beaucoup souffert. Mais là où je travaillais et pendant les années que j'ai passées là les gardes ont été corrects. Il faut comprendre qu'eux aussi vivaient dans des conditions pénibles et tristes. Ils n'étaient pas au paradis eux non plus , ils n'avaient pas de raison d'être durs, je suppose qu'ils se sentaient plutôt nos camarades d'infortune.

— Vous êtes sincère maintenant ?

— Ce que je dis est vrai, je n'ai aucune raison de mentir. Nous avions la chance d'avoir un bon commandant dans notre camp. Et je me rappelle que nous disions souvent que si la situation changeait du jour au lendemain, si brusquement nous avions le pouvoir et que lui devenait notre prisonnier nous ne nous vengerions pas sur lui. Nous ne lui ferions pas de mal. C'était un homme bien. Vous comprenez ? *Ein guter Mensch* !

— Et sinon ?

— Le problème pour nous n'était ni le personnel de garde ni la direction du camp. Le problème était que les prisonniers politiques et les prisonniers de droit commun étaient mélangés. Et les droit commun — eh bien, je ne veux même pas en parler. Nous les détestions. Mais nous étions forcés de travailler avec eux, de vivre avec eux. C'était ça le pire.

— Et sinon ?

— Ça marchait. Nous avons survécu. Nous sommes revenus.

— Et encore ?

— Je ne me souviens pas, dit-il. Ce n'est pas que je ne veux pas me souvenir. Ou que je n'ose pas me souvenir. Mais ce qui s'est passé est loin maintenant. Vorkuta, les camps, les mines, les réfectoires, les baraquements, le fil de fer barbelé, les rassemblements, le travail, le froid. C'est une sorte de rêve. Je sais que j'y étais, mais c'est comme un rêve, c'est trop irréel, comme si ça ne m'était pas arrivé à moi. Je ne souffre pas quand je repense à ce temps-là. Je ne sens rien du tout. Comme si je regardais à travers une brume, comme un rêve ou un cauchemar qui m'échappe de plus en plus.

Il fut libéré en 1955. Quelques années plus tard il retourna à Riga.

De quoi se souvient-il ? Un jour il reçut le bonjour d'un pays qu'il n'avait pas oublié : la Suède. C'était du beurre de Suède. Il le vit sur l'étiquette et il mangea le beurre. Il dit qu'il ne se souvient pas si cela ramena en lui des sentiments particuliers vis-à-vis de la Suède. Le beurre était bon. Il le mangea.

Ils vivaient avec les Allemands mais ils devaient rester plus longtemps qu'eux. Des bruits circulèrent un jour disant que Adenauer était revenu de Moscou et avait obtenu des libérations. Bientôt les Allemands furent effectivement libérés mais les Baltes durent rester. Ils en furent révoltés et protestèrent mais cela ne servit à rien. Ils durent rester.

Le légionnaire officier P qui a aussi l'expérience des camps de travail parle longuement de cela. Il est maigre, ses yeux sont brillants mais mélancoliques, ses gestes sont vifs, une dent en acier inoxydable, il sourit souvent.

Il habite seul à Riga.

Sa famille se trouve en Australie. Sa femme, ses deux

enfants. Il a vu ses fils lorsqu'ils étaient petits mais plus jamais par la suite. Il n'obtient pas le visa de sortie et eux ne veulent pas lui rendre visite.

Il habite tout seul à Riga.

— J'écris à ma famille, dit-il. J'écris souvent et ils répondent. Je crois qu'ils vivent bien en Australie. Un des garçons s'est marié ce printemps. Je ne peux pas y aller mais chaque fois que j'écris je leur demande quand ils comptent venir. Vous ne venez pas me voir, je leur demande. Mais ils ne répondent jamais à cela. Ils répondent à toutes les autres choses mais jamais à cela justement. J'écris, je demande et je redemande mais ils ne disent jamais quand ils pensent venir. Vous pouvez comprendre pourquoi ?

— Ils ont peut-être peur de retourner ?

— Mais ils n'ont pas à avoir peur.

— Ils n'ont peut-être pas les moyens ?

— Oui, dit-il, et il pose ses mains sur ses genoux et se tait, confus et découragé, non, dit-il ensuite, ils n'ont sûrement pas les moyens. C'est un long voyage.

— Ou c'est peut-être, dit le Suédois, qu'ils se considèrent comme des réfugiés politiques et qu'ils ne veulent pas, par principe, se rendre dans leur pays.

— Oui, dit-il. Oui. On ne peut jamais savoir puisqu'ils ne répondent jamais. Mais ce serait bien de revoir les garçons.

Les lettres ? De quoi parlent-ils dans les lettres ?

— Parfois, dit-il, on voit que nous sommes devenus si différents. On le voit dans les lettres. Nous avons vécu des choses si différentes. Parfois je pense que même si toutes les frontières disparaissaient et que tous les gens pouvaient se voir comme ils l'entendent nous ne pourrions peut-être pas vivre ensemble quand même. Tant d'années ont passé... Parfois je ne sais pas si j'oserais.

— Oserais ?

Mais il ne répond pas.

— Et le retour en Lettonie, comment était-ce ?

— Ah, dit-il, et il sourit. C'était bien mais je crois que personne ne peut le comprendre. Tout avait changé. On avait reconstruit tant de choses. C'était comme si lentement la Lettonie s'était mise à revivre. Nous l'avions rebâtie et maintenant elle vivait à nouveau, comme avant la guerre.

— Nous ?

— Oui, c'était nous qui l'avions rebâtie.

— Mais les camps, comment était-ce dans les camps ?

Il reste silencieux un moment.

— Non, dit-il finalement, vous ne comprendriez pas. C'est difficile à expliquer. Je peux décrire comment nous vivions, ce que nous mangions, comment on travaillait, ce qu'on faisait quand on ne travaillait pas. Mais vous ne comprendriez quand même jamais.

Il existe un nombre infini de témoignages sur la vie et les conditions dans les camps de travail soviétiques, ils sont très exacts et contiennent des comptes rendus très détaillés sur les portions de nourriture et sur la largeur des couchettes, la hauteur des clôtures, le travail et l'organisation des camps, tous les témoignages sont exacts et précis, certains sont teintés de haine, certains de préjugés idéologiques et d'autres de compréhension. La littérature sur ces camps est vaste et il lut beaucoup de récits et entendit beaucoup de témoignages, mais jamais son impuissance ne fut mieux marquée que par ces mots : vous ne comprendriez quand même jamais. Alors après cela il mit un point et écrivit une sorte de résumé : Ils furent condamnés en 1947. Ils restèrent dans les camps pendant de longues années, les premières libérations commencèrent au début des années cinquante, la plupart étaient en liberté quelques années plus tard. Le 17 septembre 1955 le Soviet suprême promulgua son amnistie générale "pour les citoyens soviétiques ayant collaboré avec les occupants pendant la grande guerre patriotique de 1941 à 1945". *Tous ceux* qui avaient collaboré avec les Allemands ne bénéficièrent pas de l'amnistie. Mais une période de l'histoire des camps de travail était maintenant définitivement achevée et les peines des légionnaires étaient terminées.

"Cela semble peut-être curieux mais en fait je suis socialiste maintenant." Est-il sincère ? "J'ai vu beaucoup de choses. J'ai vécu beaucoup de choses. Il est difficile d'expliquer comment on change." Les endoctrinait-on dans les camps ? "Un peu, mais ce n'est pas à cause de ça." Mais pourquoi ?

Le légionnaire P parla en quelques mots de sa position vis-à-vis de l'U.R.S.S. et un léger sourire ambigu passa alors sur son visage. Aux questions sur sa position politique actuelle il répondit pourtant évasivement et regarda le Suédois avec une expression étrange dans son regard. Celui-ci passa alors à un autre type de questions.

Combien de réponses ? Quelles réponses ?
Beaucoup de réponses. Autant que d'individus.

4

Ils terminèrent leur entretien, se serrèrent la main et prirent congé. Ils avaient discuté sur un banc dans le parc, c'était tard le soir, il se leva et s'en alla, tandis que le Suédois restait. Huitième entretien : Riga septembre 1967, durée : deux heures quarante minutes, un soir d'été chaud. Le Suédois resta assis sur le banc et pensa : le voilà qui s'en va après m'avoir laissé fouiner dans sa vie. Il n'avait pas peur et était tout à fait sincère, mais la seule chose que j'aie faite c'est de fouiner, comme un chien. J'arrive, je renifle, et j'essaie de déceler le fumet de sa vie.

Il resta là sur le banc du parc et pensa : l'odeur de sa vie est peut-être toujours là comme un fumet. Je reste ici et j'essaie de sentir et lorsque le fumet a disparu je peux me mettre à le décrire.

Vie ? Mort ? La veille il avait examiné un vaste tas de documents sur la Lettonie pendant la deuxième guerre mondiale, sur les exterminations, sur les collaborateurs, sur les corps de partisans, sur les nationalistes et leur lutte contre les Allemands, sur la lutte des communistes contre les Allemands et sur les camps d'extermination. Les documents allemands étaient les plus faciles à parcourir mais il y en avait d'autres aussi, plus difficiles. Les photographies, voilà les plus difficiles. De cette suite infinie de photographies d'exterminations prises par les Allemands et par des collaborateurs lettons émanait une absurde impression de pornographie. Images de gens qui se préparaient à mourir. La plupart semblaient être des femmes et elles étaient toujours obligées de se déshabiller entièrement puis on les poussait vers les fosses communes et on les tuait. Le photographe était juste à côté et les photos étaient excellentes. Elles se déshabillaient en petits groupes accroupis et grelottants, se tenaient debout, angoissées, les mains croisées sur la poitrine et regardaient inexpressives l'objectif. Elles ne le savaient pas mais elles étaient déjà un rapport quotidien : 73 exterminés, 144 exterminés, 12 exécutions. Judenfrei. Eléments communistes. Nationalistes. Traîtres. Une photographie d'une fosse commune, prise d'une dizaine de mètres, on ne voyait qu'en partie le tas de cadavres. Sur le dessus, jetée d'une manière presque provocante, soutenue par des parties de corps sanglantes, par des corps et des poitrines et des membres, gisait une jeune femme, les bras étendus comme en extase, la tête rejetée en arrière, les jambes légèrement écartées. Pourquoi a-t-on gardé les photos ? Parce que ceci est la pornographie de la mort. Souvent les photos étaient prises tandis qu'on poussait les victimes apathiques en avant vers la fosse, un jeune garçon les poussant en avant avec son fusil, un civil en casquette :

qui était-il ? Des photos prises dans les Etats baltes, il y en avait énormément, elles paraissaient innombrables, quel rapport avaient-elles avec l'extradition des Baltes ?

Quel rapport avaient-elles avec l'extradition ?

Une statistique. Des chiffres. Le camp de Salaspils, le mur d'exécution qu'il avait vu, la lande sèche. Les photocopies des résultats obtenus par les commandos d'extermination. Quel était le résultat final ? 320 000 ou 410 000 exécutions ? Ou seulement 128 650 ? Cela l'aveuglait-il tant qu'il en oubliait les déportations effectuées par les Russes au cours de l'été 1941 ? Quel avait été le sort de ces déportés ? Avaient-ils pu revenir, étaient-ils morts dans les camps de travail, que s'était-il passé ? Combien parmi ces peut-être 40 extradés condamnés avaient réellement participé aux atroces crimes de guerre qui sans aucun doute s'étaient déroulés pendant l'occupation allemande des pays baltes ? Quelques-uns ? Une poignée ? Une dizaine ? Plusieurs ?

Il lui restait maintenant sa confusion croissante et un reste de fumet de vie. Ce n'était pas cela qu'il avait voulu. Il avait commencé en essayant de répondre à une question très simple : était-il juste de les extrader ? Maintenant il était assis dans un parc, entouré de lumières et d'ombres, il écrivait dans un carnet comme si les notes avaient pu le sauver, derrière les arbres une circulation peu intense, des bruits faibles, étouffés. Il voulait formuler une réponse mais la réponse semblait impossible à formuler en mots. Si je pouvais prendre les odeurs, pensait-il, si seulement je pouvais rassembler les fumets des vies que j'ai examinées : comme un chien. Il s'était habitué à s'occuper de sentiments formulés en mots, pas en réalités, mais aux questions posées maintenant ne semblaient répondre que des fumets ambigus. S'ils avaient voulu lui mentir au sujet de Peteris Ziemelis pourquoi donc avaient-ils dit qu'il semblait avoir été exécuté alors qu'il vivait ? Etait-ce là un des nombreux signes tendant à montrer que les renseignements étaient authentiques ? Ou bien n'avait-il senti que les traces du fumet de la vérité et rien de plus ? Mais aidez-moi à rassembler les odeurs, pensait-il. L'odeur de la côte de Gotland un matin de mai à 4 heures. L'odeur de toile de tente. L'odeur de la police suédoise. L'odeur d'hôpital, l'odeur de solitude, l'odeur de désespoir. Que sent le désespoir ? L'odeur de leurs mots lorsqu'ils essayaient de formuler des sentiments à moitié oubliés. "A Gälltofta c'était le pire." Comment cela ? "Ben, oui, enfin, c'était le pire."

Auraient-ils dû être extradés ? Pourquoi l'extradition des Baltes eut-elle de telles conséquences, une telle publicité ? Devait-il choisir une réponse de gauche ou de droite ? "*Les éléments fascistes et réactionnaires de toutes sortes ont montré une nouvelle fois que leur aversion, teintée d'intérêt, pour le mouvement ouvrier domine entièrement leurs pensées et leur façon d'agir. Ils négligent les intérêts de leur pays. Ils ont tout fait pour compliquer les relations entre la Suède et l'*U.R.S.S.*, qui ne sont déjà pas si bonnes. La Suède extrade sans que personne ne s'y oppose, sans examens individuels, des criminels de guerre, des collaborateurs, des SS et autres soldats danois, norvégiens et d'autres nationalités. Nous savons que des peines sévères les attendent, parfois la mort, mais on les extrade. Il faudrait par contre toujours mettre l'*U.R.S.S. *dans une catégorie à part. Avec l'*U.R.S.S. *il n'y aurait pas besoin de tenir des promesses, ni de suivre le droit civil. Il faut à tout prix qualifier de monstre l'*U.R.S.S. *qui a sauvé le monde du nazisme*", disait la gauche en décembre 1945. "*Pour beaucoup de Suédois ce qui s'est passé est comme un abcès perpétuellement douloureux. Il n'est pas de ceux qui se guérissent tout seuls. Il faut l'ouvrir*", disait la droite. Que répondait-il lui-même ? Pouvait-il encore éviter de répondre ?'

Il devait revenir en Suède en automne 1967 et parler de ceci avec beaucoup de gens. Il s'efforça, suivant la bonne manière libérale qu'il avait apprise, de ne pas être catégorique, mais on aboutissait toujours à ceci : les choses ne s'étaient pas trop mal passées pour les extradés.

Ils n'avaient pas été exécutés, la plupart avaient été libérés. Ceux qui avaient été condamnés avaient dans la grande majorité des cas été libérés par la suite. Ils étaient revenus. Ils habitaient en Lettonie, on pouvait les rencontrer.

Les réactions furent parfois étranges.

Quelques-uns de ceux avec qui il parla furent très heureux. Ils furent heureux non pas parce que les anciens légionnaires étaient tirés d'affaire mais parce qu'ils allaient pouvoir employer cela comme argument politique.

Certains furent apparemment déçus.

— Il n'y a pas eu d'exécution massive comme on l'avait cru, dit-il. Pas de massacre, pas de pendaisons. Il y a eu des procès. Pour un petit groupe l'extradition fut une tragédie personnelle mais c'était pour des raisons particulières, semble-t-il. Pour la plupart la vie est quand même devenue supportable. Pas brillante mais supportable.

— Ah bon, dirent-ils. Ah bon.

— Mais vous ne vous réjouissez pas ? dit-il. Il n'y a pas eu de massacre ! Ils s'en sont tirés !

— Bien sûr, dirent-ils. Si c'est vrai, enfin.

— Cela semble vrai, probable au moins.

— Ah bon, dirent-ils.

— Mais vous ne vous réjouissez pas ?

— Si, bien sûr... si.

Et pourtant il savait qu'ils n'exprimaient ni cynisme, ni mépris de l'homme, ni aveuglement moral. Mais ils s'étaient pendant si longtemps habitués à considérer les légionnaires et l'extradition comme un argument politique qu'ils avaient oublié les hommes. Si leurs souffrances diminuaient et si il n'était plus question de mort, alors leur utilité politique diminuait aussi. Et ce n'était pas bien, pas bien du tout. Personne, bien sûr, n'avait jamais voulu leur mort d'une façon concrète, pas même leurs amis. Mais beaucoup de gens les avaient pendant longtemps considérés comme morts et une tragédie s'était alors développée et, au fur et à mesure que le temps passait, la tragédie avait atteint la limite du sublime, la culpabilité s'était faite de plus en plus importante, le crime de plus en plus horrible, tout était devenu horriblement *net*. Et ils avaient pendant si longtemps pensé à ces 146 hommes sous la forme d'une tragédie nette et sublime que chaque tentative de diminuer la tragédie ou de la ramener à la réalité était une tragédie en elle-même. Ou une infamie.

Comment mesure-t-on la grandeur d'une tragédie ?

Il nota leur déception ou leur dépit absurde mais il n'eut pas la force de leur faire la morale. Lui-même, au cours de l'enquête, avait perpétuellement failli agir et ressentir les choses de la même façon. Sans cesse il avait perdu de vue l'homme, sans arrêt il l'avait transformé en un argument politique, sans arrêt il avait essayé de diminuer ou d'amplifier la tragédie, sans arrêt agi comme s'il s'était occupé d'un objet abstrait. Il se souvenait bien des premières semaines de l'enquête : le ravissement devant les suicides, la déception qu'ils ne soient pas plus nombreux. Deux morts : une petite tragédie. Cinq morts : une tragédie grave. Cent morts : une lourde culpabilité nationale, un abcès à crever, dans lequel plonger le couteau. *Littérature* : très utilisable.

De quoi se compose une culpabilité nationale ?

Maintenant il était assis là dans le parc. Ce dont il s'occupait était un problème politique et non pas une question de fumets. Il venait de parler avec un extradé. Avait-il appris quelque chose ? "Quel âge avez-vous ?" avait demandé le légionnaire à l'enquêteur. Trente-deux ans. "Un Suédois de trente-deux ans. Oui, moi j'en avais trente-quatre alors, j'ai fêté mon anniversaire là-bas, à Ränneslätt, je m'en souviens très bien. Très nettement."

Quel âge ? Trente-deux. Nationalité ? Suédoise. Occupation ? Ecrivain. Occupation ? Moraliste. Nationalité et caractère ? Moraliste suédois, chercheur d'odeurs, chien, marié, un enfant. Couleur politique ? Gauche. Couleur politique ? Socialiste de gauche.

L'enquête a-t-elle apporté un changement d'opinion politique ? As-tu appris quelque chose ? Oui, tout. C'est-à-dire ? Tout. Quel âge as-tu ? Trente-deux ans.

Il ne ressentit aucune culpabilité ni aucune complicité mais il apprit lentement à s'intéresser à autre chose qu'à son propre engagement et puisque cela semblait le laisser nu il eut souvent froid. Quant au reste il parut la plupart du temps occupé à chercher des fumets de vie humaine pour voir si vie était conciliable avec idéologie.

Il eut cette impression-là, de plus en plus nettement, de plus en plus irrémédiablement nettement mais il ne cessa pas de renifler lorsque passèrent des fumets de vie. Il baptisa ceci son reste de sentimentalité.

L'odeur de vie. Il ne cessait de la traverser. "Comme le navire traverse la brume sans que la brume ne s'en aperçoive." Cela devait être une citation de Tranströmer. En tout cas ceci avait changé le navire.

Il finit par rentrer à son hôtel. Minuit, pas de voitures, toujours l'air tiède. Dans le centre il fit le tour d'une gigantesque statue, une sorte de déesse de la liberté soulevant trois étoiles vers le ciel sombre. Ces trois curieux Etats baltes. A un arrêt de taxi quelques personnes attendaient, elles le regardèrent sans expression. Il monta à sa chambre, sortit ses notes et commença à les mettre au propre. Des dates, des flèches, des incidents, des analyses. Les odeurs avaient disparu, les points d'interrogation, l'envie de faire un puzzle. Je peux rester ici une année sans rien comprendre de plus, pensa-t-il, sachant très bien le contraire, et il éteignit la lumière. A 9 heures le lendemain matin il devait recevoir la prochaine expérience superficielle du mécanisme de l'affaire balte. Cela le rassura. Il put alors s'endormir.

5

Lorsque le docteur Elmars Eichfuss-Atvars quitta la Suède

il ne laissa derrière lui rien d'autre qu'un certain nombre de lettres et un mythe. Le mythe grandit et se transforma, et comme personne ne savait qui il était en réalité, il devint pour beaucoup de gens le personnage principal, étrangement fuyant, de toute l'extradition des Baltes. Le mythe le transforma aussi en saint. "*Souriant, le docteur Eichfuss-Atvars passe parmi les sans défense. Personnage maigre, droit, en pantalon kaki et chemise militaire. Ses cheveux drus couleur des blés mûrs, sa barbe claire et soignée lui font un visage de prêtre ; dans ses yeux vifs un reflet de la mer, il croit ferme à la possibilité d'une amitié entre les peuples et maintient dans le camp une sévère discipline. Il ne se lasse pas de répéter oralement ou par écrit sa phrase : "Nous luttons pour la justice et l'humanité." Ses camarades d'infortune le regardent avec vénération, les étrangers avec étonnement. Qui est-il, cet homme fier, hardi, et que rien n'a brisé ? Un saint ? Un hystérique ? D'où lui vient, au milieu de ce désespoir pesant comme du plomb, la force de sourire et de plaisanter ? D'où lui vient cette faculté de suggestion ? Lorsqu'il entre dans un baraquement les agités se calment. On lui rend son sourire avec reconnaissance, les affamés saisissent sa main comme un morceau de pain.*"

Le mythe resta mais le personnage disparut. Le dernier souvenir qu'on a de lui est son arrivée les bras chargés de fleurs, sa brève et informelle conférence de presse là sur le quai de Trelleborg. Il prend congé des policiers, passe la barrière, monte la passerelle, s'arrête sur le pont et dit "Merci la Suède !" à haute voix et disparaît derrière les hauts parapets de bois dont le bateau est muni. Il porte un bonnet de fourrure, il semble calme et plein de vitalité, il domine la scène à chaque seconde et sourit sans cesse.

Il disparaît là de l'histoire.

Il ressurgit au camp de Liepaja où il semble s'être créé immédiatement de très bons contacts avec le personnel de garde et où il semble aussi avoir été traité comme quelqu'un d'important. Il parle maintenant presque uniquement avec ceux qu'on appelle les "antifascistes" du camp et a cessé presque toute relation avec les officiers baltes. Il parle à la radio russe et critique violemment les autorités suédoises.

En mai 1946 il semble qu'il fut transféré dans un camp à Riga, il y dispose toujours de certains avantages. En automne 1946 on perd sa trace.

Il réapparaît en 1948. Il se trouve alors dans le camp de travail de Norilsk, dans le nord-est de la Sibérie. Norilsk est une ville, une mine, une usine atomique. Il n'est pas seul : dans la région se trouvent 170 000 travailleurs forcés. Eichfuss apparaît là un jour de février 1948, il porte une barbe roux clair, il arrive avec vingt Baltes dont aucun cependant n'appartient au groupe extradé par les Suédois.

Celui qui l'a vu là s'appelle Joseph Marton, un Hongrois qui fut libéré plus tard et habite et travaille maintenant en Suède, à Västerås.

Le camp était situé dans une plaine entourée de hautes chaînes de montagnes, il n'y avait presque pas d'arbres, les baraquements avaient été construits par les internés eux-mêmes, ils n'étaient pas si mauvais mais avec l'inconvénient que soixante-dix hommes partageaient un même baraquement pas bien grand. Ils dormaient sur de gigantesques banquettes adossées aux murs, vingt hommes sur chaque banquette, comme étalés sur une planche à pain, il y avait deux étages de banquettes. En hiver, quand il faisait froid dehors, le baraquement entier semblait devenir un trou de rats sales et ronflants, où la chaleur était la seule chose positive. Les premières années furent les pires : vers la fin des années quarante il y eut quelques améliorations et la vie fut plus supportable. Le pire c'était les hivers, il faisait froid à Norilsk, la température descendait jusqu'à 50 et même 64 degrés sous zéro, chaque jour ils faisaient le chemin à pied du camp aux mines, du camp aux ateliers et aux usines. Ils étaient relativement bien équipés en vêtements chauds mais quand le vent soufflait rien n'y faisait. Ils étaient habillés, ils avaient aussi de quoi manger, même s'ils ne furent que très rarement rassasiés. "Mais on vivait quand même mieux que la population civile en U.R.S.S. pendant les premières années de l'après-guerre — j'ai été dans beaucoup de camps, je sais de quoi je parle. La population civile souffrait cruellement de la faim et certains en moururent à cette époque. Mais nous qui étions dans les camps de travail étions sûrs de trouver notre ration quotidienne. Pour ceux de l'extérieur c'était un problème. Les Allemands avaient tout brûlé. Tout."

Il n'y avait pas que des prisonniers politiques à Norilsk, la majorité étaient des droit commun. On comptait à Norilsk environ 30% de détenus politiques et 70% de droit commun. Les prisonniers de droit commun dominaient les camps, ils créèrent leurs hiérarchies personnelles et leurs propres lois.

Une histoire drôle d'un camp : exemple. Le cuisinier de chaque équipe de travail retirait chaque jour les denrées dont il avait besoin. Parmi les denrées il y avait quelques kilos de beurre qu'il fallait mettre dans la soupe. La graisse était très recherchée et quelques prisonniers de droit commun obligeaient chaque jour le cuisinier à leur donner la moitié du beurre qui servait ensuite d'argent, de pots-de-vin, de monnaie d'échange ou simplement de nourriture personnelle. Le cuisinier obéissait. Un jour il fut remplacé, un nouveau cuisinier arriva, il refusa de continuer ce marché et il mit le beurre dans la soupe. Il y avait dans la cuisine deux grandes marmites de fer avec couvercles, couvercles qu'on fermait à clef chaque jour, des vols de soupe s'étant produits. Le lendemain du jour où le nouveau cuisinier avait refusé de céder aux pressions, trois hommes s'approchèrent de lui. Une des marmites contenait un demi-mètre d'eau bouillante. Les trois hommes saisirent le cuisinier et le plongèrent dans la marmite. Puis ils mirent le couvercle et fermèrent à clef. Le gaz brûlait sous la marmite. On entendit quelques coups violents à l'intérieur de la marmite mais qui s'arrêtèrent bien vite pourtant. Le cuisinier mourut, un nouveau cuisinier fut nommé, il ne refusa pas. Tous les camps de travail éprouvèrent de grandes difficultés à contrôler les prisonniers de droit commun et leurs organisations rapidement établies dans les camps. L'histoire du cuisinier fit le tour de tous les camps et elle fut considérée comme extraordinaire et très drôle. Elle n'est mentionnée ici que comme épisode comique dans le récit.

Elmars Eichfuss-Atvars arriva à Norilsk en février 1948 et il devait y rester de nombreuses années.

Pendant les premières années il ne se distingua pas beaucoup. Il participa comme les autres au rassemblement du matin, fut compté et contrôlé, fit le chemin menant au lieu de travail comme les autres : il fut l'un d'eux, même si sa tâche était un peu différente de la leur. Il servit en effet au bout d'un certain temps comme infirmier, il devait accompagner les équipes sur leur lieu de travail et se tenir prêt en cas d'accidents légers. Dans de tels cas il faisait les premiers pansements, le premier diagnostic, faisait ce qui pouvait être fait sur place et envoyait si nécessaire le patient à l'hôpital du camp. Mais il n'avait pas le droit de servir comme médecin dans cet hôpital. Il ne fut jamais considéré comme médecin par ses camarades prisonniers. S'il avait été médecin il aurait été placé immédiatement à l'hôpital car le manque de médecins était grand dans les camps. On ne prit pas Elmars Eichfuss-Atvars. Il resta infirmier, se mit dans les rangs le matin, passa le portail du camp et revint le soir, il eut froid, ne transpira jamais, n'ayant pas à travailler durement, rentra au camp, fut compté, dormit, dormit. Et ainsi pendant des années.

Les nationalités différentes étaient nombreuses dans les camps et les Baltes restaient volontiers entre eux. Les autres prisonniers leur reprochèrent souvent leur "hauteur", on généralisait volontiers sur les différentes nationalités. Peut-être les Baltes étaient-ils entourés d'une sorte de distance, d'orgueil, d'isolement. Certains étaient là depuis 1941, la plupart étaient là parce qu'ils avaient collaboré avec les Allemands pendant l'occupation, certains étaient des criminels de guerre, quelques-uns étaient là parce qu'ils étaient des nationalistes trop entêtés, certains parce qu'ils étaient sociaux-démocrates et peu disposés à cesser de l'être. Les Baltes s'unissaient presque toujours contre les autres. "Ils représentaient la crème intellectuelle du camp, ils le savaient, et en profitaient parfois, et nous autres nous pensions qu'il était difficile de parler avec eux." Ainsi des conflits se différencièrent et se développèrent dans les camps, selon les races et les nationalités, selon l'éducation et l'intelligence, la méfiance était grande et réciproque. Aucune brutalité ni aucun mauvais traitement ne semblent s'être produits de la part des gardes de 1948 à 1953. Les gardes étaient plutôt tristes que brutaux, on vivait à Norilsk, Sibérie, personnel de garde ou internés — garde ou prisonnier —, quelle était la différence ici, près de l'Océan Glacial Arctique ? Ils travaillaient, ils construisaient une ville, un gigantesque centre atomique, ici se montait ce qui allait devenir un des centres industriels les plus importants de la Sibérie du Nord-Est, une grande ville : mais les distinctions entre prisonniers et gardes semblaient de plus en plus effacées, les jours usaient les différences. Finalement ils ne faisaient plus que vivre là ensemble tandis que les jours passaient.

Les dernières années Elmars Eichfuss-Atvars fut de plus en plus seul. Son mystérieux rayonnement, qui lui avait un jour donné une position de puissance, ne semblait plus que l'isoler, le transformer en une curiosité. Il se distingua de plus en plus des autres Baltes et eux s'éloignèrent de lui. Les quelques amis et confidents qu'il s'était faits dès son arrivée au camp s'éloignèrent aussi, au fur et à mesure que les années passèrent. Maintenant il ne parlait presque jamais à personne, il n'avait pas d'amis, guère d'ennemis non plus. Son excentricité s'accentua de plus en plus. Il se rasa entièrement le crâne mais garda sa barbe claire, on le vit passer avec son crâne chauve, sa barbe roux clair et son mystérieux silence ; il allait nu-tête, toujours, ne se souciant pas du froid. Il avait l'air d'un moine tibétain. A cette époque tout le monde à Norilsk savait qui était Eichfuss. Il était le barbu au crâne rasé qui se disait médecin, qui souriait souvent mais ne parlait jamais à personne. Au milieu de la masse grise des rangs il était facile à identifier. Lorsqu'ils le rencontraient ils le saluaient : "Salut foutu prophète", disaient-ils. "Tu as fait tes prières aujourd'hui ?" demandaient-ils. Ils l'appelaient "le moine". Ils pensaient qu'il était hautain ou fou et ils le lui disaient. Ils disaient entre eux que ça ne devait pas être bon pour sa tête. Finalement ils souriaient tous quand on mentionnait son nom, avec un mélange de moquerie et de sympathie. A Norilsk, Elmars Eichfuss-Atvars était un nom connu.

On perd à nouveau sa trace en 1953. On sait qu'il était alors toujours au camp de Norilsk, qu'il vivait, qu'il avait toujours son poste d'infirmier. Le Hongrois qui jusqu'à maintenant a servi de témoin quitta le camp cette année-là. Deux ans plus tard ce même Hongrois rencontra un ancien camarade de Norilsk, ils parlèrent de Eichfuss. Le camarade lui dit qu'il pensait que Eichfuss était mort.

Il serait mort de mort naturelle, cependant causée par le fait qu'il était chauve et qu'il ne portait jamais de chapeau. Il serait mort au début de 1955 et il aurait été enterré au cimetière des internés de Norilsk. L'histoire de Elmars Eichfuss-Atvars se terminerait là.

Les points d'interrogation restent nombreux. Est-il mort à Norilsk ? En mars 1953 il y eut une révolte au camp, elle dura jusqu'en août. C'était après la mort de Staline, les internés voulaient que le camp soit réorganisé et que l'amnistie s'étende à des groupes plus importants. Eichfuss participa-t-il à cette révolte ? Fut-il leader ? Fut-il actif ? Comment ressentait-il sa vie ? Pensait-il que le séjour en Suède était la période centrale de sa vie et que tout ce qui était avant ou après n'était qu'entre parenthèses, qu'il n'avait vécu en fait que pour jouer le rôle qu'il avait tenu à Ränneslätt et au cours des mois qui suivirent ? Comment a-t-il ressenti son séjour à Norilsk ? Pourquoi a-t-il cherché à s'isoler ? Quelle sorte d'homme était-ce ?

"A Norilsk je pensais tout le temps que Eichfuss était orgueilleux, fier — comme s'il avait fait quelque chose de très important et se sentait un homme très important." Vous n'avez jamais essayé de vous évader ? "Comment aurait-on pu ? Il y avait 1 700 kilomètres jusqu'à la gare la plus proche." Eichfuss est-il vraiment mort ?

En septembre 1967 le chercheur demanda aussi à avoir accès aux renseignements concernant la biographie et le sort final de Elmars Eichfuss-Atvars. Cela se fit rapidement et ce qui suit est un résumé de ce qu'il apprit. Les renseignements donnés ici proviennent des archives soviétiques et les réserves qui ont déjà été faites auparavant sont bien entendu valables ici aussi.

A la fin des années trente Elmars Eichfuss-Atvars était officier dans l'armée lettonne. A la suite du pacte germano-soviétique, lorsque la Lettonie fut définie comme zone d'intérêt russe, Hitler engagea tous les Baltes germaniques à retourner en Allemagne. Eichfuss était Balte germanique, il quitta la Lettonie et s'engagea dans l'armée allemande. En quelques mois il devint lieutenant. Après le début de la guerre on le retrouve dirigeant une division "Sondertruppe" — ici les renseignements sont obscurs, il est possible qu'il ait quitté la Wehrmacht pour entrer dans la SS.

Il fait en tout cas partie du personnel de garde d'un camp de prisonniers de guerre russes en Ukraine, à Zjitomir.

Eichfuss "dirige une section sanitaire" — les documents ne définissent pas exactement ce que cela impliquait mais il est possible qu'il ait servi comme infirmier. Au cours de son procès il fut pourtant accusé d'avoir appartenu à une section responsable du massacre de civils dans un petit village russe de cette région.

Il reçut la Croix de Fer, premier grade puis deuxième.

En 1942 il entre dans la Sûreté allemande, la SD, et y travaille comme "Sonderführer". En 1944 il revient en Lettonie, les renseignements manquent sur cette période. Il s'enfuit en Suède, est extradé, en 1947 il est condamné à dix ans de camp de travail.

Selon ces mêmes sources historiques Eichfuss fut libéré en 1954.

Les points d'interrogation sont nombreux. Les années antérieures à 1942 ne sont pas claires, il semble tantôt avoir servi dans l'armée allemande comme officier ordinaire, tantôt comme "Sanitätsoffizier" dans un camp de prisonniers. L'accusation d'avoir participé à des persécutions de la population civile de Zjitomir ne semble pas très fondée non plus, même si l'on sait que les crimes commis par l'armée allemande furent effroyables dans cette région : en automne 1967 avait encore lieu à Darmstadt un procès intenté à des criminels de guerre au cours duquel certaines des accusations portèrent sur les exterminations entreprises dans la région de Zjitomir, on y dévoila un grand nombre de détails atroces. Mais l'officier infirmier Eichfuss y avait-il participé ? N'avait-il pas assez à faire au camp ? Sa peine, dix ans, semble étrangement réduite si l'on considère les graves accusations portées contre lui, chose que l'historien letton qui examina les documents remarqua aussi avec un certain étonnement.

Mais si l'on compare ceci avec le récit de sa vie que Eichfuss fit lui-même au directeur général Axel Höjer, on peut constater que les deux versions ne diffèrent pas tant l'une de l'autre, mais se soutiennent plutôt. Il semble tout à fait clair dans les deux versions qu'il a servi à Zjitomir.

Un point reste cependant obscur : Eichfuss aurait été

libéré en 1954. Il serait donc mort en liberté ?

— Que lui est-il arrivé ? Quand est-il mort ? Où est-il mort ?

— Il y a écrit qu'il a été libéré en 1954, c'est tout. Il y a aussi une petite note datant de 1965. A cette époque il gagnait apparemment sa vie comme homéopathe et, pour une raison ou pour une autre, il a eu des démêlés avec quelqu'un. La note mentionne en tout cas qu'en 1965 il a été condamné à dix jours de prison pour rixe.

— Il aurait donc été vivant en 1965 ?

— Apparemment. Les documents le disent. C'est la dernière note qu'on trouve sur lui.

— Où habitait-il à l'époque ?

— A Tukums. C'est une petite ville au sud de Riga à environ soixante kilomètres.

Le renseignement était facile à contrôler : il existe en Lettonie des bureaux qui permettent de retrouver des adresses. Si l'on possède le nom, la date de naissance et la province où habite la personne que l'on recherche, il est aisé de la retrouver, et Eichfuss existait réellement. Il vivait à Tukums, il avait une adresse. Il vivait, c'était certain. Mais Tukums était située dans une zone interdite aux étrangers, la Lettonie est une "république frontière" et de grandes parties du pays sont d'un accès interdit aux étrangers, surtout à l'ouest. Il demanda l'autorisation de se rendre à Tukums, la demande commença à suivre son chemin dans l'appareil administratif, on lui dit que l'examen de sa demande durerait au moins une semaine. Il serait alors trop tard.

Le lendemain il essaya de contacter Eichfuss par téléphone : on lui donna le numéro et un ami letton téléphona pour lui. Une femme répondit que Eichfuss était malade, qu'il était alité depuis mai 1967, il souffrait d'une faiblesse cardiaque et ses jambes étaient à demi paralysées, il ne pouvait malheureusement pas se rendre à Riga, elle ajouta que Eichfuss serait certainement triste de ne pas pouvoir rencontrer le Suédois.

Tout semblait impossible. Eichfuss était à Tukums et ne pouvait se rendre à Riga et le Suédois était à Riga mais n'avait pas l'autorisation de faire les soixante kilomètres qui le séparaient de Tukums. Il fit une dernière offensive désespérée auprès du ministère de l'Intérieur, il y eut un échange de propos extrêmement irrités mais l'affaire semblait impossible à accélérer.

Et puis, tard dans la soirée du vendredi, arriva un télégramme de Eichfuss : "Qui me cherche ? Je peux venir à Riga. Fixez l'heure et le lieu de rendez-vous. Dr. Elmars Eichfuss-Atvars."

Il restait alors quatorze heures avant le départ de l'avion du Suédois, de l'enquêteur, du fouineur. Il envoya immédiatement une réponse. Ils se verraient tôt le lendemain matin à l'hôtel. Eichfuss devrait prendre un taxi, il serait le bienvenu.

Qu'est-ce que tout cela signifiait ? Etait-il vivant ? Etait-il malade ? Pourquoi avait-il télégraphié ? Pourquoi était-il si pressé de voir le Suédois ?

C'était son dernier jour à Riga, la vague de chaleur pesait toujours sur la ville, le soleil était brûlant bien qu'il fût tôt le matin. Eichfuss allait peut-être surgir, s'il existait.

Il existait. Et il arriva finalement ; cet homme si étrangement fuyant, qu'il avait poursuivi à travers tant de documents et de témoignages, arriva à 8 heures et demie du matin le 9 septembre 1967, il était toujours en vie mais sans plus. Une femme frêle, âgée d'une cinquantaine d'années, entra dans le hall de l'hôtel et téléphona au Suédois qu'il descende. Lorsqu'il sortit il remarqua tout de suite le taxi. Il était garé devant l'Hôtel Riga et Elmars Eichfuss-Atvars était assis sur le siège arrière, la portière était ouverte, ses jambes sortaient, il tenait à la main une canne. Il n'avait pas de barbe, ses rares cheveux blonds étaient peignés en arrière, il était devenu très gros et il ne lui restait pas beaucoup de dents, mais c'était lui, on ne pouvait s'y tromper. Un petit groupe de gens l'entourait et brusquement le Suédois compris que c'était une sorte de délégation qui était venue, pas un homme seul. Il y avait la petite femme brune et fine qui apparemment ne parlait que le russe et qui l'avait appelé à l'hôtel, c'était l'épouse de Eichfuss. Puis une autre femme un peu plus âgée qui devait être une voisine ou une belle-sœur de Eichfuss. Elle ne cessa de regarder le Suédois avec un visage inexpressif, comme le chauffeur, un homme d'un certain âge, robuste, qui devait apparemment aussi être un parent ou un voisin de Eichfuss. Et il y avait, pour finir, trois petits enfants. Deux garçons et une petite fille. L'aîné des garçons devait avoir onze ans, la fille quatre ou cinq ans. Les garçons étaient en costumes sombres, habillés pour une visite en ville, l'aîné portait un bouquet de fleurs, de longs glaïeuls. Eichfuss lui fit tout de suite signe d'avancer. Le garçon s'approcha du Suédois et le regarda d'un air sérieux, lui tendit les fleurs et dit quelque chose que le Suédois ne comprit pas.

Le groupe entourant la voiture souriait maintenant aimablement au Suédois.

Ils commencèrent à parler. Eichfuss dit bonjour et sourit, il présenta ceux qui l'entouraient, les trois enfants étaient les siens, il dit qu'il était heureux de parler avec un Suédois, il avait été malade pendant longtemps mais ceci l'avait guéri, il parlerait volontiers avec le journaliste suédois. Ses jambes semblaient très gonflées, il portait des sandales mais il expliqua qu'il pouvait marcher et qu'il n'y avait pas de danger pour sa santé.

Il fallait seulement l'aider un peu à marcher, c'était tout. Il fallait entrer dans l'hôtel, il avait besoin de quelqu'un sur qui s'appuyer, c'était tout. Il allait très bien.

Puis ils le mirent sur ses pieds et ils commencèrent à marcher. Il avait quitté un lit de malade à Tukums en Lettonie, un lit dans lequel il était couché depuis quatre mois, il l'avait quitté pour voir ce Suédois qu'il désirait voir plus que toute autre chose, il avait parcouru les soixante kilomètres jusqu'à Riga et maintenant il marchait ou plutôt on le traînait. Ils passèrent lentement la porte du hall de l'hôtel, tout le monde cessa ses occupations pour regarder passer cet étrange cortège. Le visage de Eichfuss était tout pâle, il transpirait abondamment, il avançait lentement mais avec une sorte de résolution furieuse, fanatique presque. Il était venu à Riga pour voir le Suédois et maintenant rien, rien ne pourrait l'arrêter : son souffle était haché et rapide, son visage blanc, mais ses yeux brillaient d'une étrange flamme, il irait jusqu'au bout. Ils avançaient très lentement, de l'autre côté se tenait le chauffeur qui sans tarder avait demandé de l'argent au Suédois, pour le voyage, inquiet et pressé d'agir au moment favorable ; il l'avait reçu. Derrière eux venaient la femme et la belle-sœur et les trois enfants à la file. L'aîné des garçons portait à nouveau les fleurs, le bouquet était si grand qu'il le cachait presque, l'enfant regardait sans cesse autour de lui avec des yeux curieux mais restant sérieux. Un cercle de spectateurs se forma rapidement autour de l'étrange cortège. Ils firent entrer Eichfuss dans l'ascenseur et pressèrent le bouton. Il n'y avait plus grand chemin à faire. Ils entrèrent dans la chambre. Ils l'assirent sur une chaise. Il était là, il vivait, il souriait. Il fit un signe à l'une des femmes, elle apporta tout de suite une bouteille remplie d'un liquide sombre, qui pouvait être un médicament mais aussi bien de l'alcool.

Eichfuss prit la bouteille de sa main droite, la porta à sa bouche, but bruyamment un tiers du contenu, s'essuya le front avec un mouchoir, fixa ses yeux bleu clair, étrangement brillants, profonds, sur le Suédois, et se mit à parler. Il parlait un allemand excellent, il parla sans s'arrêter et sans se laisser interrompre pendant une heure dix minutes, au bout desquelles il se laissa enfin couper par une question.

Il commença par parler du séjour en Suède mais revint de nombreuses fois sur sa situation actuelle. Il dit qu'il habitait dans un sous-sol humide à Tukums, vivait dans une pièce de 18 mètres carrés, son fils aîné y avait attrapé des rhumatismes, il désigna le garçon qui sourit, gêné, mais qui devait sans doute penser que tout ceci était une aventure palpitante. Il montra sa femme du doigt, fit remarquer leurs vêtements : il était pauvre, dit-il, ils vivaient dans des conditions misérables, ils étaient obligés de vivre du salaire de sa femme qui n'était que de 65 roubles, ils n'avaient pas la vie facile. Tout juste le minimum vital. Il portait des pantalons amples et bouffants et une chemise déboutonnée au col. Il parla sans cesse distinctement, avec précision, ses petites mains dodues remuaient en mouvements rigoureusement équilibrés. Sa voix était basse et douce mais très distincte, pendant toute la conversation il regarda le Suédois droit dans les yeux.

Il donna tout le temps des renseignements précis et exacts mais en même temps le degré de véracité de ce qu'il disait sembla varier énormément. La vérité venait puis s'en allait, comme un brouillard qui s'épaissit puis se dissipe. Rien sur son visage ou dans sa voix ne se remarquait lorsqu'il passait des inventions à la vérité. Les deux femmes restèrent tout le temps assises sur le lit en face de Eichfuss et le regardèrent, calmement et sérieusement. Les enfants étaient assis par terre. Les fleurs sur la table.

Si seulement on arrive à passer tout ceci, pensa le Suédois très rapidement, si seulement on s'en sort, s'il survit et si tout marche bien alors je me remets à croire en un Dieu.

Eichfuss décrivit la période qui suivit l'extradition à Trelleborg en quelques généralités brèves et un peu confuses. Tout s'était bien passé à bord du "Beloostrov". Il avait disposé d'une cabine personnelle, celle d'un officier (chose que les contrôleurs suédois avaient déjà pu constater à Trelleborg). Le voyage s'était bien passé. Les Russes étaient des gentlemen. A Liepaja l'officier chargé de l'enregistrement lui avait demandé s'il avait de la famille et Eichfuss avait alors répondu : "Famille ! Le monde entier me connaît ! Il est ma famille !" Dans le camp à Riga il avait eu une bonne chambre privée et avait disposé d'une ordonnance ; mais en automne, lorsque les autres extradés furent libérés ou dispersés dans d'autres camps (il ne savait pas si c'était l'un ou l'autre, ils avaient seulement disparu), la Tcheka s'était occupée de lui et l'avait mis dans une prison normale à Riga et là les conditions avaient été bien moins bonnes.

Ici il rompt l'ordre chronologique et raconte qu'en janvier après l'arrivée à Liepaja ils furent tous invités à parler à la radio russe des conditions qu'ils avaient rencontrées en Suède. Eichfuss avait cependant refusé. Ils étaient venus avec leurs microphones mais il avait refusé. Pendant onze mois ils avaient essayé de le faire parler, essayé de le flatter, de le convaincre, mais il avait refusé. Il ne voulait pas parler de la Suède à la radio. Quelques-uns avaient parlé et ils avaient été tirés d'affaire. Tous ceux qui avaient refusé, et ils étaient en majorité, avaient été condamnés, personnellement il avait refusé. Après avoir essayé de le convaincre pendant onze mois ils s'étaient lassés et l'avaient traduit en justice. Ils n'avaient rien pour l'accuser, alors ils avaient été obligés d'inventer des accusations (mais la vraie raison était qu'ils voulaient se venger parce qu'il n'avait pas voulu parler à la radio).

Le Suédois prenait des notes frénétiquement, il pensait : je ne peux tout de même pas dire que j'ai lu une copie de son discours à la radio. C'est impossible, ça ne pourrait pas marcher, tout pourrait arriver alors.

Au procès, dit Eichfuss, ils l'avaient accusé d'espionnage. Il aurait exercé des activités contre-révolutionnaires en Suède et il aurait été en contact avec des espions. La Tcheka l'accusa d'être un espion. Et il fut condamné pour cela. Sa peine fut de dix ans, il fut envoyé dans une ville du nord de la Sibérie qui s'appelait Norilsk. Il y travailla comme médecin, c'était difficile là-bas, horriblement difficile, personne ne peut se l'imaginer. Par la suite ce fut de mieux en mieux, vers la fin de son séjour au camp il avait vécu dans de meilleures conditions que celles dans lesquelles il vivait à l'heure actuelle. En 1953 il fut envoyé en Modovie. Il fut libéré en 1959, au cours des dernières années on ne le laissa pas exercer la médecine mais il dut travailler comme manœuvre. Il retourna en Lettonie en 1959.

Apparemment les renseignements fournis par les archives diffèrent ici de sa version personnelle. Quand a-t-il été libéré ? On peut cependant ajouter qu'il était fréquent qu'un prisonnier ait été libéré formellement mais n'ait pas été autorisé à quitter la région dans laquelle il se trouvait. Cela explique beaucoup de contradictions : un état de semi-liberté, décrit comme captivité par l'individu, comme liberté par l'administration.

On peut ajouter une chose : son fils aîné a onze ans. Il est donc né en 1956. Cela indique peut-être que sa captivité entre 1954 et 1959 n'était pas complète. Ses propres déclarations sur ce point sont confuses. "J'étais libre à certaines périodes." "J'ai habité à Moscou pendant un moment." "A Moscou le logement était très mauvais, seulement 9,6 mètres carrés."

Il revient souvent sur certains incidents de son séjour en Suède. Lorsqu'il mentionne ses conférences de presse il donne les dates exactes, l'heure, combien de minutes il parla, les réactions des journaux à ses déclarations. Il décrit exactement, avec une précision cristalline, l'extradition à Trelleborg, le voyage en voiture pour se rendre au port, les fleurs, les journalistes, ses mots d'adieu, la réaction à ses mots d'adieu. Il sourit en parlant de ceci, l'expression de ses yeux se fait plus intense, il parle plus vite, il devient plus persuasif.

Vers la fin de la conversation il répond à quelques questions. Quand il écoute, au moment où il est silencieux, son visage revêt une autre expression : il se penche en avant, regarde l'interrogateur, son visage devient vigilant, soupçonneux. Il écoute la question jusqu'à la fin puis il se penche en arrière, soudain détendu, et se remet à parler.

Il se dit marxiste mais marxiste en théorie. Les idées

de Marx ont été gâchées. Lénine pourtant était un grand homme.

— Ce qu'il y a de pire avec moi, dit-il deux fois, c'est que je dis toujours la vérité. Je ne peux pas faire autrement, je suis obligé.

Maintenant il travaille, dans la mesure où il peut travailler, comme traducteur. Il ne peut plus pratiquer la médecine. "Ils m'ont retiré mes papiers."

Deux fois au cours de l'entretien l'enquêteur expliqua qu'il comptait rassembler ces faits en un livre. Eichfuss hocha alors vivement la tête, il avait compris.

Il donna incidemment quelques renseignements qui peuvent avoir un certain intérêt.

— Beaucoup avaient peur d'être extradés. Certains avaient de bonnes raisons d'avoir peur, d'autres n'en avaient pas. Quelques-uns étaient stupides. Alksnis n'avait aucune raison de se percer l'œil avec un crayon, il n'avait rien fait, il n'avait rien à craindre. Vabulis non plus n'avait rien à craindre, il n'avait rien fait. Mais Lapa, oui, il avait des raisons d'avoir peur. Il avait fait pas mal de choses. Lui, je le comprends. Les Russes avaient déporté ses parents ou quelque chose comme ça, je ne sais pas très bien, et pendant la guerre Lapa s'était vengé. *Er hatte sich revanchiert.*

Eichfuss ment-il sur ce point ou bien est-ce un indice que les renseignements donnés par les archives sont corrects ? Si lui-même n'avait rien fait, devait-il avoir peur ou non ? Que savait-il des autres ? Se basait-il sur des bruits ou sur des attitudes ?

Vers la fin de l'entretien qui dura presque deux heures, Eichfuss était très fatigué. Son visage, qui pendant la première heure s'était animé, rempli de couleurs et d'éclat, était maintenant redevenu pâle, presque bleu pâle. Il transpirait abondamment bien que la pièce fût assez fraîche et il s'appuyait lourdement sur son coude.

Il parlait maintenant de plus en plus vite et nerveusement en une sorte de style télégraphique, pour pouvoir en dire le plus possible avant la fin de l'entretien. Les enfants, qui tout le temps étaient restés assis par terre près d'un mur, avaient perdu tout intérêt pour la conversation dont ils ne comprenaient pas un mot, ils regardaient sans cesse autour d'eux dans la pièce, l'un d'eux grimpa sur sa mère qui le laissa faire. Le Suédois demanda à plusieurs reprises comment il se sentait mais Eichfuss repoussa toutes les propositions d'interrompre la conversation par des mouvements de mains irrités. Il allait très bien. Il n'y avait pas de danger. "Cette conversation m'a guéri." Il n'y avait pas de danger. Il était médecin, il savait. Maintenant il voulait parler.

Pourtant il devint finalement évident qu'ils devaient interrompre l'entretien : l'avion partait dans une heure et demie. Le Suédois interrogea du regard l'épouse, elle fit un signe de la tête. Eichfuss finit par sourire, résigné. L'entretien était terminé.

Avant le départ une petite cérémonie se déroula. L'aîné des deux garçons s'approcha à nouveau et donna un petit insigne au Suédois. Il avait reçu l'insigne dans un camp de pionniers, maintenant il le donnait au Suédois. L'insigne était rouge et blanc et représentait Lénine. Il y avait un texte en russe que le Suédois ne pouvait pas lire. Le garçon fit un pas en arrière et regarda fixement l'étranger qui accrocha lentement l'insigne sur son veston. Tout le monde était silencieux maintenant, Eichfuss sourit. D'une étrange manière le Suédois se sentit tout prêt à fondre en larmes sans savoir pourquoi, puis ils se mirent tous à parler et il se sortit de son sentimentalisme ou ce que ça pouvait bien être.

Maintenant en tout cas ils allaient partir.

Ils prirent Eichfuss sous les bras. Ses jambes semblaient plus gonflées que jamais, il fallut cinq minutes pour gagner l'ascenseur puis trois minutes avant que l'ascenseur arrive, enfin ils purent le faire entrer et ils appuyèrent sur le bouton et descendirent. Il y avait du monde dans le hall de l'hôtel et tous les gens se retournèrent pour regarder, comme ils l'avaient fait auparavant. Les enfants suivaient en petit groupe sérieux. Ils sortirent par le tambour et se retrouvèrent sur la place devant l'hôtel, là où tout avait commencé.

Il était maintenant presque 11 heures, le soleil brillait, il faisait très chaud. En quelques minutes tout était devenu un cauchemar scintillant : les deux femmes sérieuses et silencieuses, les trois enfants aux visages calmes, Eichfuss au visage bleu pâle et ruisselant de sueur et sa respiration hachée et rapide et sa furieuse résolution d'avancer, à tout prix, sa résolution fanatique d'atteindre le Suédois, de parler avec lui puis de survivre aussi, de ne pas tomber, de ne pas mourir. Qu'est-ce que c'était qu'une thrombose ? Quelle était la gravité de sa faiblesse cardiaque ? Que voulaient dire ses jambes gonflées ? Le Suédois le soutenait sans cesse du bras gauche, un bras autour du corps, et lui tenant la main. Il sentait Eichfuss trembler, sa main était trempée, il tremblait et souriait sans cesse en marchant, c'était comme dans un cauchemar. Ce n'est pas de ma faute, pensait-il sans arrêt, ce n'est pas de ma faute, c'est lui qui a voulu venir, c'est lui qui a envoyé le télégramme, je ne pouvais pas savoir qu'il était si malade. Et pourtant il savait que c'était de sa faute. C'était lui qui avait commencé à remuer leurs vies, à fouiner dans leurs sorts, qui avait tiré le passé, il était responsable. Ce sont mes questions, ma curiosité, mon enquête, mon livre qui l'ont attiré ici. C'est de ma faute, uniquement de ma faute. Il serrait convulsivement la main de Eichfuss et pensait : maintenant il faut que je mène cela à bon port. Il s'appuie sur moi. Je l'ai cherché pendant longtemps et je l'ai trouvé, c'est comme s'il était Livingstone et que je venais d'apercevoir la fumée de son village et de le voir venir vers moi. Mais je vais réussir ce que ni le gouvernement suédois ni le gouvernement russe n'ont réussi à faire : tuer le docteur Elmars Eichfuss-Atvars. Et ce n'est pas ce que je désirais.

Ils arrivèrent au taxi. Le chauffeur n'était pas là. L'aîné des garçons fit le tour de la voiture et essaya d'ouvrir les portières mais elles étaient toutes fermées. Ils étaient là dans la rue, soutenant Eichfuss et incapables de l'asseoir nulle part, il faisait horriblement chaud et Eichfuss était tout blanc et le chauffeur avait disparu.

— Pas de danger, dit Eichfuss en bredouillant. Il n'y a pas de danger pour moi. Essayez seulement de trouver le chauffeur.

Un cercle de gens commençait à se former autour d'eux. Il vit E S traverser la place en courant : lui aussi avait été à Ränneslätt et avait été extradé. En Suède il avait commencé à apprendre le suédois et il avait continué une fois rentré en Lettonie, il avait rendu d'énormes services au Suédois pendant son séjour à Riga. Il venait maintenant pour lui dire au revoir avant son départ et il reconnut immédiatement Eichfuss. Ils se saluèrent, se dirent quelques mots et se regardèrent en silence. Un jour ils avaient été dans la même chambre d'hôpital à Ulricehamn mais ils ne s'étaient pas vus depuis 1946. Maintenant ils n'avaient pas grand-chose à se dire.

Quelqu'un courut chercher le chauffeur. La situation était totalement absurde et impossible : le soleil était brûlant, ils transpiraient tous abondamment, Eichfuss pendait entre eux, respirait lourdement mais souriait toujours faiblement. Le Suédois qui maintenant transpirait aussi horriblement eut brusquement la sensation d'avoir déjà vécu tout ceci : en un bref instant il se souvint de la chaleur, de la confusion et des cris à Jackson, il y avait de cela une éternité, il s'était arrêté sur le trottoir à côté de la marche, au milieu de la chaleur horriblement éblouissante et il avait brusquement compris qu'en fait c'était plus son engagement qui l'intéressait que le but de la manifestation. Une éternité semblait s'être passée et beaucoup de choses avaient changé. Qu'est-ce qui avait changé ? Pas la réalité en tout cas.

Quelqu'un cria et finalement on vit le chauffeur arriver en courant au coin de la rue, il portait une grosse pastèque verte, il arriva gêné, ouvrit le coffre et y jeta la pastèque puis ouvrit les portes et toute la réalité sembla pousser un soupir de soulagement. Ils aidèrent Eichfuss à se fourrer dans la voiture. Et celui-ci sembla brusquement retrouver de nouvelles forces, il se remit à parler avec une nouvelle vitalité stupéfiante, à moitié couché sur la banquette arrière. Il transmit ses amitiés à la Suède et à tous ses amis suédois, il avait aimé la Suède, dit-il, il transmit ses amitiés à tous les journalistes suédois, il remercia pour l'entretien, il sourit. Son visage perdit petit à petit sa couleur bleu pâle, il respira plus facilement, il parut subitement tout à fait calme. Les enfants se casèrent dans la voiture, puis les femmes, et Eichfuss finit par se taire. Ils se tendirent la main. Eichfuss sourit silencieusement et regarda le Suédois de ses étranges yeux clairs et brillants. Un instant de repos absolu, de relâchement, de paix presque, passa brusquement. Il n'y avait plus rien à dire. L'entretien était terminé. Le chauffeur mit le contact, on ferma la porte et ils partirent.

La dernière chose qu'il vit de Elmars Eichfuss-Atvars fut son visage dans la lunette arrière de la voiture, tourné en arrière dans un mouvement forcé, désespéré presque, la main levée en signe d'adieu, une tache blanche à l'arrière de la voiture, qui devint de plus en plus petite puis disparut. Et il pensa combien il était étrange que l'art suive toujours la réalité et la réalité l'art : un jour il avait écrit un roman sur un magnétiseur et il avait pensé s'être ainsi débarrassé de l'irrationnel. Mais le magnétiseur avait quitté la littérature pour se remettre à sa poursuite et il venait de le retrouver : ici, au soleil et sous la chaleur, devant l'hôtel, à Riga, en Lettonie.

Il resta immobile sur le trottoir et vit les gens se disperser petit à petit. Il fut soudain empli d'un violent soulagement, presque insupportable. C'est passé, pensa-t-il. Il n'est pas mort devant moi. C'est fini. Je suis un fantastique égoïste suédois, je me sens soulagé, c'est passé.

Venait-il d'assister à une tragédie ou à une farce

tragique ? Eichfuss lui avait laissé quelques photos dans la chambre. Elles dataient de quelques années, prises à Tukums, alors qu'il était encore en bonne santé. Les photos étaient idylliques, Eichfuss semblait fort et encore jeune, il était moins gros et paraissait plus jeune de dix ans. Il jouait avec les enfants, il portait la petite fille dans ses bras, il cueillait des fleurs, il était assis sur un banc avec sa femme et il souriait. Les photos donnaient une impression de vie moyenne et bourgeoise, sa maladie devait avoir tout changé. Sur un papier il avait fait un bref résumé de ce qu'était sa situation et il l'avait joint aux photos. Il avait déjà raconté presque tout lors de l'entretien mais avait écrit en plus les diagnostics de ses maladies depuis 1961, les noms des médecins qui le soignaient, il notait que ses fils avaient participé à un camp de pionniers pendant l'été, qu'il bénéficiait d'une aide sociale, en particulier pour les frais de scolarité et autres (les notes sont ici pratiquement illisibles). En quelques phrases il esquisse cependant une situation plus sombre. "Vis comme dans un Etat capitaliste. Sous-sol humide, 18 m² pour 5 personnes, le fils a des rhumatismes. Suis apatride — nègre blanc en somme."

Tragédie ou farce tragique ? Ceci devait quand même être la dernière réplique d'une tragédie. La question était seulement de savoir où cette tragédie avait commencé. A Zjitomir ? En Suède ? A Trelleborg ? A Norilsk ? Quel rôle l'extradition avait-elle joué ? Il était tentant de faire de Eichfuss un exemple type mais d'un autre côté l'enquêteur avait rencontré trop de légionnaires extradés bien établis dans la société pour oser dire une telle chose. Ils vivaient dans des appartements modernes avec femme, enfants et travail, et semblaient considérer l'extradition plutôt comme un épisode gênant de leurs vies que comme une tragédie décisive. Non, Eichfuss n'était pas représentatif. Mais il existait. S'il y avait une question de posée, il était une des 146 réponses possibles. On ne pouvait pas généraliser en partant de son sort. Mais il semblait quand même impossible de l'ignorer complètement.

Il disparut, une tache blanche et diffuse à la lunette arrière d'une voiture par une journée brûlante de septembre à Riga en 1967, mais il ne devait jamais disparaître de l'enquête ni des pensées de l'enquêteur. Une demi-heure plus tard celui-ci était assis dans un taxi pour aller à l'aéroport, ceci était le type moderne de l'enquête où l'on atterrit et l'on décolle de la vie des autres en suivant un horaire. Mais une partie de l'enquête et une partie de sa vie étaient terminées. Ceux qu'ils avait rencontrés et avec qui il avait parlé ne pouvaient plus le poursuivre avec leurs vies autrement que dans ses pensées et dans ses rêves, autrement qu'en refusant de cesser d'exister en lui.

6

Au cours de nombreuses soirées il balança entre les photos, les notes, les morceaux de puzzle et les incidents dont il disposait, hésitant sur la manière dont il allait terminer. Il fallait de toute façon mettre quelque chose, même s'il paraissait absurde de dire que l'œuvre était achevée, que l'image était complète : ce qu'il donnait n'était qu'une tranche, une des interprétations, une sélection.

Finalement il se décida pour ceci.

C'était en juillet 1967, il quittait Riga après son premier voyage. Il avait passé les heures précédant le départ dans un café près du port. Il était venu en bateau et repartait en bateau. Ils étaient assis là au milieu de la rumeur chaotique des heures qui précédaient le départ, et une femme s'était alors approchée d'eux. Elle devait avoir soixante ans. Elle était allemande, elle avait suivi son mari prisonnier de guerre dans un camp de travail dans l'est de l'U.R.S.S., elle avait vécu là-bas avec lui et ils avaient eu deux enfants et puis son mari l'avait quittée et s'était marié avec une Russe. Maintenant elle vivait depuis longtemps seule avec les enfants. Elle s'approcha de la table, s'assit ; elle parlait vite, elle était tendue, tout ce qu'elle disait n'était pas clair mais ils comprirent qu'elle ne recevait pas de visa pour sortir d'U.R.S.S. alors qu'elle le désirait. Ses enfants étaient adultes maintenant et travaillaient tous deux à Riga mais elle ne s'y plaisait pas. Elle ne parlait qu'un très mauvais letton ; bref, la situation était impossible et désespérée, un jour cette femme avait dû être très belle. Elle était là, devant son verre de jus de fruit, son profil pur et ses cheveux peignés en arrière, avec qui cherchait-elle à entrer en contact ? Il n'y avait pas grand-chose à faire, ils allaient embarquer maintenant, quelle sorte de femme était-elle ? Ils montèrent à bord du bateau, elle n'était même pas une parenthèse dans son enquête, une virgule peut-être, il avait parlé avec elle pendant un quart d'heure, quelle était son histoire ? Pouvait-il s'attarder aux virgules ? Le bateau était à quai presque au centre de Riga, il venait de l'ouest, de la mer, remontait le cours de la Daugava et arrivait presque au centre de Riga. Le bateau était là, ils embarquèrent. Enormément de gens étaient venus pour faire leurs adieux, c'était un des deux bateaux qui chaque été arrivent de Stockholm et du monde occidental avec des touristes et des parents. Il était sur le pont et regardait la foule épaisse des gens sur le quai. Il ne vit pas la femme du café, elle était une virgule qu'il pouvait rayer pour de bon. Dans quel conflit politico-moral venait-elle se placer ? Dans quel dessin jouait-elle le facteur irrationnel ? De quels principes en collision était-elle la victime ?

Une grande esplanade s'étendait entre le bâtiment des douanes et le bord du quai, près de six cents personnes s'y massaient déjà. D'autres encore allaient venir.

C'était le 17 juillet 1967, soleil brillant, mer de fleurs à l'infini, musique. Ils étaient venus de l'Ouest rendre une courte visite et s'en retournaient, la plupart des passagers du bateau étaient des Lettons en exil revenant presque tous pour la première fois depuis la guerre. On était ici au bref point de contact, douloureusement intime, entre les deux peuples qui un jour n'en avaient fait qu'un. Ils étaient venus et maintenant ils s'en allaient. Presque tous laissaient derrière eux leurs mères et leurs pères, leurs frères, sœurs et cousins, ils ne s'étaient pas vus depuis la guerre, depuis l'hiver 1944 et maintenant ils se séparaient à nouveau. Vingt-trois ans de séparation, quelques jours ensemble puis au revoir encore une fois.

Il savait comment cela allait se passer puisqu'il l'avait vu à l'arrivée. Ils étaient serrés contre le bastingage, penchés en avant, faisant des signes aux gens sur le quai. Ça allait être comme ça. Devant lui ils pleuraient déjà, affolés, ne pensant plus à leur dignité, ils pleuraient dans leurs mouchoirs et dans leurs mains, en bas les gens agitaient leurs mains et criaient : Revenez ! Revenez ! Revenez ! Il y avait maintenant peut-être mille personnes sur le quai, il était midi mais une légère brise soufflait du fleuve, atténuant la chaleur. Ils jetaient des fleurs. C'était insupportable.

Il vit E, là en bas, lui qui un jour avait connu le camp de Ränneslätt mais qui maintenant faisait partie de ceux qui avaient réussi dans la société : il portait son meilleur costume sombre et agitait les mains en souriant. Non, ils n'allaient pas pleurer, il n'y avait pas de raison. Mais les autres ? Les mille qui étaient là en bas et les cent qui avaient osé venir ici de Suède ? L'image semblait obstinément vouloir s'élargir, il serrait dans sa main un petit morceau de puzzle mais le morceau semblait vivre, changer, recevoir des influences.

Il vit non loin de lui l'inspecteur des Eaux et Forêts de Västerås, âgé de quatre-vingts ans, et avec qui il avait parlé au bar à l'aller : il avait quitté la Lettonie en 1944 et avait finalement osé revenir pour voir une dernière fois son frère et sa sœur. Une dernière fois avant de mourir. Il le distinguait de profil au moment où le bateau commença à s'éloigner du quai : son visage tremblait, comme s'il avait été frappé d'une grande incertitude ou d'une grande faiblesse en lui-même, le visage tremblait et s'effondra finalement en un sanglot ridiculement sec.

Il était debout sur une chaise derrière le rang épais qui bordait le bastingage, prêt à capturer dans son appareil photographique le sanglot du monsieur de quatre-vingts ans, l'attendant, pour qu'il soit assez fort. Mais pour finir il ne réussit pas à appuyer sur le bouton, bien qu'il fût conscient qu'il n'avait fait que cela tout au long de l'enquête : il avait braqué un appareil photo devant lui, guettant le moment où l'homme allait devenir visible. Il savait qu'il avait le droit de presser le bouton, qu'il devait le faire mais il ne le put pas. Puis il oublia cela parce qu'ils se mirent à chanter, sur le quai, une vieille chanson lettonne qu'il ne comprenait pas, tout le monde chantait et puis finalement les haut-parleurs jouèrent une marche et il pensa que dans cette Russie bizarre, triste, calomniée, cruelle, bureaucratique et étrange, même les marches étaient sur le mode mineur.

Et ils pleuraient et pleuraient et pleuraient, on ne pouvait plus les regarder, c'était impossible.

Il alla s'asseoir de l'autre côté du pont. C'était vide, le soleil brillait, il faisait merveilleusement chaud et bon. La Daugava coulait lentement. De l'eau, du soleil, des reflets. De l'autre côté du fleuve : des maisons, des chantiers, des chalands, des bateaux. Des gens. C'était comme de choisir son bord : ici, de son côté, c'était vide et bon, là, de l'autre côté, ils criaient et agitaient leurs mains et pleuraient. L'événement qu'il avait essayé de décrire semblait toujours prêt à se dissoudre dans des sentiments impossibles à contrôler, à diriger, à comprendre. Il y avait dans la vie un plan sur lequel les actes des hommes étaient conscients et où les résultats des actes étaient discernables et c'était ce plan qu'il avait sans cesse cherché : un état où l'homme est responsable de ses actions et a finalement appris à diriger la réalité qui l'entoure, a finalement appris le mécanisme de la vie. Mais il existait aussi un autre plan, plus diffus et plus mystérieux, que semblait dominer le visage d'un homme qui souffrait : un homme sans passé, sans histoire, vaincu par la réalité.

Il avait toujours détesté l'expression "l'homme qui souffre" puisqu'il détestait le sentimentalisme en lui-même, mais parfois il lui avait semblé voir l'homme qui souffre, nu, livré, comme une victime, et cela l'avait secoué avec une force à laquelle il ne s'était pas attendu. Livré à quoi ? A son apathie ? A son indulgence ? A son aversion de voir qu'il était quand même libre et avait la possibilité de distinguer et de maîtriser les forces qui le dirigeaient ? Les abstractions le recouvraient comme des voiles, pendant combien de temps encore les bruits des hommes allaient-ils l'atteindre ?

Cette extradition. Loin derrière, quelque part au centre de l'histoire, loin, loin derrière, il y avait un début, un tournant, le moment où quelqu'un avait fait un choix et où l'avalanche s'était mise en branle. Mais où ? Un bref instant il lui sembla voir Günther, le ministre des Affaires étrangères, lever les yeux de ses papiers, demander la parole et dire : "Oui, eh bien il reste encore quelque chose". N'était-ce pas cela qu'il avait dit un jour de juin 1945 ? *Oui, eh bien il reste encore quelque chose*. Etait-ce là que tout avait commencé, ou bien plus tôt ? Non, il avait employé une mauvaise image : les événements politiques ne sont pas des avalanches. On peut les diriger, les influencer. Mais que cherchait-il en fait ?

Il avait dit qu'il voulait enquêter sur le sort des 146 extradés, mais juste à côté se présentait un autre problème, plus vaste et plus compliqué mais aussi brûlant bien que personne n'en eût parlé : une sorte de traumatisme qu'il s'était toujours employé à éviter de définir puisqu'il concernait la situation actuelle et ne pouvait pas être examiné à la loupe ou avec du recul. "*Vous auriez aussi dû traiter un problème qui est beaucoup plus compliqué que la question de notre responsabilité dans la déportation de 146 hommes : la question de notre lien culturel avec les Etats baltes aux problèmes desquels nous devrions prendre part au lieu de leur tourner le dos par des simplifications politiques. La question de savoir pourquoi nous nous sommes isolés d'une partie importante de notre entourage*." Il avait toujours essayé de comprendre les raisons et les conditions de cette longue fixation des Suédois sur l'extradition des Baltes, était-ce là une réponse ? Etait-ce là une petite partie d'un traumatisme suédois ou de l'Europe occidentale, apparaissant brusquement mais dans des conditions inconnues, une partie d'une culpabilité, une expression de la maladie secrète de l'Europe schizophrène ?

On pouvait apporter tant de réponses. Traumatisme interne ou externe : il avait brusquement compris la manière avec laquelle les Suédois négligeaient ou niaient ou combattaient le monde culturel balte qui existait en Suède et il avait en même temps ressenti l'énorme et pathétique besoin de contact qui existait ici en Lettonie, des culpabilités tournées vers l'intérieur et vers l'extérieur. Tout faisait partie d'un traumatisme confus et chargé de culpabilité et, pour plus de sécurité, jamais discuté.

Derrière lui il entendait le chant, les cris, les sanglots : le bref instant de contact entre deux mondes maintenant annulé, le rêve de communauté disparu. "*Vous auriez dû essayer d'entamer une discussion sur...*" Les lettres l'avaient atteint et allaient encore l'atteindre, comme des signaux lointains, le tic-tac de signaux dans le noir, des appels désemparés, des propositions pleines d'espoir. Les visages des hommes : les politiciens aussi avaient des visages. Il se souvenait de la courte note de Undén, l'écriture petite et précise mais lasse : "*J'étais fatigué hier lors de votre visite et je me suis mal exprimé. Ce que je voulais dire est que je n'agirais pas différemment si je me trouvais à nouveau placé dans la même situation.*" Plus tard il avait parlé au téléphone avec Undén des conséquences de l'extradition mais la voix avait alors paru très lointaine, disparaissant parfois, se taisant, comme derrière un mur d'extrême lassitude, d'abandon ou de résignation. Östen Undén était-il le vrai personnage central de cette tragédie : un homme qui avait hérité d'une décision qui s'opposait en fait à ses convictions et qui avait été obligé de défendre une chose en laquelle il ne croyait pas ?

Tant de questions se posaient autour de cette extradition.

Maintenant ils pleuraient derrière lui, ils criaient et pleuraient, les cris volaient au-dessus de l'eau comme des oiseaux. Il avait toujours cru que l'homme avait la possibilité d'enregistrer les forces qui le dirigeaient et c'était resté l'hypothèse de travail qui avait dominé son enquête : mais lorsqu'elle fut terminée la réalité semblait avoir fait un pas sur le côté et d'autres questions se posaient. Des questions qui avaient toutes leur source dans des problèmes identiques à ceux qui entouraient l'extradition des Baltes mais avec d'autres signes : des questions sur la structure hiérarchique de la politique, sur le rôle de la violence, sur le rôle des organes d'opinion, sur l'homme ordinaire étranger à la politique. Le bateau tournait, loin là-bas à l'avant il y avait des remorqueurs, il ne pouvait pas les voir mais il savait qu'ils étaient là. S'il voulait il pouvait avancer un peu et les voir. La politique était accessible, elle n'était réservée à personne, le dessin était accessible, même si lui avait échoué en grande partie. Dans des moments de perspicacité ou d'apparente perspicacité il lui semblait voir comment les systèmes économiques et politiques poussaient les hommes devant eux, les liaient et dirigeaient leurs opinions à l'aide de milliers de fils pratiquement invisibles, dirigeaient leur indignation et leur indifférence, les réveillaient ou les séduisaient. Le mécanisme de la séduction, le mécanisme de l'indifférence. Les conditions de la captivité et celles de la libération. Le mécanisme du sentiment. Mais le dessin pur, cristallin dont il avait rêvé, le jeu logique qu'il avait recherché semblait toujours être caché par des hommes et par des visages d'hommes et par des vies. Par des vies.

Il était assis seul de son côté du pont, tourné vers le soleil. Il ne le savait pas alors mais ce qu'il vivait était la dernière phase heureuse de l'enquête. L'été allait encore être détendu, le travail sans passion, un mois ou deux encore il allait pouvoir travailler sur l'extradition et sur les extradés comme s'il s'agissait d'un jeu. Puis tous les visages et toutes les voix allaient s'emparer de lui, leur sort allait s'imposer, la vision des choses allait devenir obscure, le traumatisme confus et compliqué, sa propre vie trop proche des leurs. Parce qu'ils vivaient et qu'ils allaient continuer à vivre, même s'ils étaient morts, et lorsqu'un jour de printemps 1968 il écrivit les dernières lignes ce fut avec un sentiment presque désespéré de soulagement, comme si enfin la chance allait lui être donnée de respirer, de vivre sa vie, de sortir de la prison qu'ils lui avaient bâtie.

Il était assis là, sur le pont, au soleil, et le jeu était encore un jeu et n'était qu'en partie caché par leurs visages. Il pensait : je laisse tout derrière moi, je me ferme. Devant moi il y a une surface d'eau, un fleuve, du soleil, de la lumière, des reflets, de la chaleur. Il pensait : je reste ici, je n'entends pas leurs cris, ne vois pas leurs larmes. Je reste ici, ne participe pas, reste assis au soleil. Tout seul. Je me persuade que je ne vais jamais comprendre. Je ne vais de toute façon jamais comprendre.

INDEX

Aftonbladet : Quotidien de Stockholm, libéral, indépendant. Social-démocrate depuis 1963.

Aftontidningen : Quotidien social-démocrate de Stockholm, 1942-1956.

Andersson Ivar : Né en 1891. Publiciste, politicien. Rédacteur en chef de *Svenska Dagbladet* en 1940. Homme de droite, membre du Riksdag et du Comité des Affaires étrangères.

Arbetaren : Quotidien syndicaliste.

Bagge Gösta : Né en 1882. Professeur en faculté d'économie politique. Politicien homme de droite.

Bergvall John : Né en 1892. Politicien membre du Riksdag (Folkpartiet). Membre du Comité des Affaires étrangères.

Bernadotte Folke : Né en 1895. Comte, officier de l'armée. Président de la Croix-Rouge suédoise en 1946. Dirigea les travaux de sauvetage des victimes des camps de concentration. Négociateur de l'ONU en Palestine en 1948, il y fut assassiné le 17 septembre de la même année.

Björkquist Manfred : Né en 1884. Evêque du diocèse de Stockholm de 1942 à 1954.

Carolina Rediviva : Bibliothèque de l'université d'Uppsala.

Cullberg John : Né en 1895. Docteur en théologie. Evêque du diocèse de Västerås de 1940 à 1962.

Dagens Nyheter : Quotidien libéral de Stockholm fondé en 1894.

Dagsposten : Quotidien, 1941-1951. Organe de la tendance nationaliste suédoise, il fut périodiquement financé par les Allemands.

Danell Sven : Né en 1903. Prêtre, évêque du diocèse de Skara. Publications sur les Estoniens vivant en Suède.

Diakonistyrelsen : Conseil central de l'Eglise. A la fois institution publique et instrument des œuvres bénévoles de l'Eglise. Financé par des dons publics. L'archevêque en est le président, des prêtres comme des laïcs participent à la direction.

Domö Fritiof : Né en 1889. Politicien, homme de droite, membre du Riksdag. Ministre dans le gouvernement de coalition de 1939 à 1945.

Enander Bo : Né en 1904. Publiciste, historien. Démocrate.

Engdal Per : Né en 1909. Politicien et écrivain. Connu pendant la deuxième guerre mondiale comme le leader du mouvement nazi Opposition Suédoise.

Erlander Tage : Né en 1901. Politicien social-démocrate. Ministre au gouvernement de coalition de 1944 à 1945. Premier ministre de 1946 à 1970.

Expressen : Quotidien libéral de Stockholm. Même éditeur que *Dagens Nyheter.*

Folkpartiet : cf. Partis bourgeois.

Gardes blanches : Troupes gouvernementales finlandaises aidées des volontaires suédois des Brigades Suédoises qui réprimèrent le mouvement révolutionnaire communiste de 1918 en Finlande.

Geijer Arne : Né en 1910. Président de LO. Membre du Riksdag.

Gjöres Axel : Né en 1889. Politicien social-démocrate.

Gotlands Allehanda : Quotidien modéré de Visby sur l'île de Gotland.

Gränebo Carl : Né en 1881. Membre du parti agrarien au Riksdag.

Gullberg Hjalmar : Né en 1898. Poète, membre de l'Académie suédoise en 1940. Il s'est suicidé en 1961 dans le lac Yddingen des bois de Bökeberg, lieu de promenade fréquenté.

Gustav Adolf : En 1945 le roi était Gustav V et le prince héritier Gustav Adolf. Ce dernier fut roi (Gustav VI Adolf) de 1950 à 1973.

Günther Christian : Né en 1886. Diplomate, ministre des Affaires étrangères dans le gouvernement de coalition 1939-1945.

Göteborgs Handels — och Sjöfartstidning : Quotidien libéral de Göteborg, connu pendant la deuxième guerre mondiale pour sa position fermement antinazie.

Göthberg Lennart : Né en 1920. Critique littéraire et auteur.

Hansson Per Albin : Né en 1885. Politicien social-démocrate, membre du Riksdag. Premier ministre de 1932 à 1946.

Harrie Ivar : Critique littéraire et traducteur (en collaboration avec Hjalmar Gullberg).

Hedin Sven : Né en 1865. Explorateur, géographe et auteur. Très contesté pour sa sympathie envers les Allemands.

Herlitz Nils : Né en 1888, politicien et économiste.

Holmberg Yngve : Né en 1925. Politicien, membre du Riksdag. Chef du parti de droite jusqu'en 1970.

Holmbäck Åke : Né en 1889. Politicien libéral. Docteur en droit. Ministre de 1930 à 1932.

Håstad Elis : Né en 1900. Economiste, politicien de droite.

Höjer Axel : Né en 1890. Docteur en médecine. Directeur général de la Santé publique de 1935 à 1952.

Lidman Sven : 1882-1960. Poète et auteur de sermons. Prédicateur pentecôtiste.

Linder Erik Hjalmar : Né en 1906. Historien de la littérature.

Lindqvist Axel Albert : Né en 1878. Politicien social-démocrate, membre du Riksdag et du Comité des Affaires étrangères.

Lindström Rickard : Né en 1894. Journaliste, politicien social-démocrate, membre du Riksdag.

LO ou Landsorganisationen : Organisation centrale des syndicats suédois.

Madigan Elvira : 1867-1889. Danseuse sur corde dans un cirque, elle s'enfuit avec son amant déserteur, le lieutenant Sixten Sparre. Leur fuite, leur amour impossible ont été retracés dans un film de Bo Widerberg (1967).

Manifestation paysanne : Manifestation organisée le 6 février 1914 à Stockholm par le parti de droite, où 30 000 paysans vinrent demander au roi un rapide renforcement de la défense. Cette manifestation obligea le premier ministre Staaf à quitter le gouvernement.

Morgontidningen : Quotidien social-démocrate de Stockholm.

Mossberg Eije : Né en 1908. Politicien social-démocrate.

Myrdal Gunnar : Né en 1898. Professeur en faculté. Economiste. Politicien social-démocrate. Ministre du Commerce en 1945.

Möller Gustav : Né en 1884. Journaliste. Politicien social-démocrate. Membre du Riksdag. Ministre des Affaires sociales et ministre du Commerce.

Nerman Birger : Né en 1888. Archéologue, philologue. Propagandiste actif pour l'indépendance des Etats baltes.

Nerman Ture : Né en 1886. Frère de Birger. Journaliste, politicien, écrivain. Fondateur et chef du journal démocrate *Trots allt !* Malgré tout, il mena une campagne contre le nazisme et réprouva la politique suédoise de déférence envers l'Allemagne nazie.

Nycop Carl Adam : Né en 1909. Directeur de la revue illustrée *SE* en 1938. Directeur d'*Expressen* de 1944 à 1948.

Ny Dag : Quotidien communiste de Stockholm.

Nystedt Olle : Né en 1888. Pasteur président du consistoire. Doyen du chapitre à Stockholm.

Nyström Per : Né en 1903. Auteur. Secrétaire d'Etat au ministère des Affaires sociales.

Ohlin Bertil : Né en 1899. Politicien, économiste. Chef du Folkpartiet. Ministre du Commerce de 1944 à 1945.

Palme Olof : Politicien. Ministre social-démocrate en 1963. Premier ministre en 1969.

Partis bourgeois : Regroupement des partis d'opposition (aux sociaux-démocrates en place depuis 1945). En 1946 les partis bourgeois regroupaient parti de droite, parti agrarien et Folkpartiet (libéral).

Partis centristes : Cf. ci-dessus.

Pethrus Lewi : Né en 1884. Journaliste. Chef du mouvement pentecôtiste de Suède.

Prince héritier : Cf. Gustav Adolf.

Quensel Nils : Né en 1894. Politicien.

Quisling Vidkum : 1887-1945. Militaire et politicien norvégien. Ministre de la Défense en Norvège de 1931 à 1933. Fondateur en 1933 d'une organisation nationaliste. Chef du gouvernement, collaborateur pendant l'occupation allemande. Exécuté à la libération. Par extension son nom s'est appliqué à toutes les personnes ayant collaboré avec les ennemis du pays.

Riksdag : Parlement suédois — 383 membres. Composé de deux chambres de 1865 à 1971 puis réduit à une chambre.

Sandler Rickard : Né en 1884. Politicien social-démocrate. Ministre des Affaires étrangères de 1932 à 1939. Délégué à l'ONU.

Segerstedt Torgny : Né en 1876. Historien des religions, auteur, professeur en faculté. Directeur du journal *Göteborgs Handels — och Sjöfartstidning* en 1917.

Sikfors : Village du nord de la Suède connu pour ses fêtes de la Saint-Jean, souvent très violentes.

Sköld Per Edvin : Né en 1891. Politicien social-démocrate.

Stockholms Tidningen : Quotidien libéral de Stockholm.

Staaf Karl : Né en 1860. Politicien, avocat. Premier ministre libéral de 1911 à 1914. Cf. Manifestation paysanne.

Svantesson Allan : Né en 1909. Pasteur, secrétaire général du Diakonistyrelsen.

Svenska Dagbladet : Quotidien de Stockholm. Libéral en 1908 et tendance conservatrice depuis 1922.

Svenska Morgonbladet : Quotidien de Stockholm. Libéral chrétien.

UD ou Utrikesdepartementet : Le ministère suédois des Affaires étrangères.

Undén Östen : 1886-1974. Juriste, universitaire et politicien social-démocrate. Ministre des Affaires étrangères de 1924 à 1926 et de 1945 à 1962.

Västmanlands Läns Tidning : Quotidien libéral de la province proche de Stockholm, à l'ouest. (Västerås).

Wigforss Ernst : Né en 1881. Universitaire et politicien. Trois fois ministre des Finances : 1924-26, 1932-36, 1940-49. Chef de file et théoricien du parti social-démocrate. Grand artisan de l'égalité des revenus.

TABLE

BABEL

Extrait du catalogue

407. FÉDOR DOSTOÏEVSKI
Nétotchka Nezvanova

408. REZVANI
Le Vol du feu

409. JEAN-JACQUES ROUSSEAU
L'Etat de guerre

410. SERGE QUADRUPPANI
Colchiques dans les prés

411. JEAN-PAUL JODY
Stringer

412. FRANCINE NOËL
Nous avons tous découvert l'Amérique

413. DAVID HOMEL
Il pleut des rats

414. JACQUES POULIN
Chat sauvage

415. MICHEL TREMBLAY
La Nuit des princes charmants

416. ALBERTO MANGUEL
Une histoire de la lecture

417. DANIEL ZIMMERMANN
Les Virginités

418. CAMILO CASTELO BRANCO
Amour de perdition

419. NIKOLAJ FROBENIUS
Le Valet de Sade

420. DON DELILLO
Americana

421. GÉRARD DELTEIL
Dernier tango à Buenos Aires

422. FRANCIS ZAMPONI
In nomine patris

423. INTERNATIONALE DE L'IMAGINAIRE N° 12
Jean Duvignaud

424. INTERNATIONALE DE L'IMAGINAIRE N° 13
Jeux de dieux, jeux de rois

425. CLAUDE PUJADE-RENAUD
Le Sas de l'absence *précédé de* La Ventriloque

426. MICHEL LIS
Le Jardin sur la table

427. MICHEL LIS ET PAUL VINCENT
La Cuisine des bois et des champs

428. FÉDOR DOSTOÏEVSKI
Le Crocodile

429. FÉDOR DOSTOÏEVSKI
Le Petit Héros

430. FÉDOR DOSTOÏEVSKI
Un cœur faible

431. NANCY HUSTON
L'Empreinte de l'ange

432. HELLA S. HAASSE
La Source cachée

433. HERBJØRG WASSMO
La Chambre silencieuse

434. FRANÇOISE LEFÈVRE
La Grosse

435. HUBERT NYSSEN
Le Nom de l'arbre

436. ANTON TCHEKHOV
Ivanov

437. ANTON TCHEKHOV
Les Petites Pièces

438. GÉRARD DE CORTANZE
Les Vice-Rois

439. ALICE FERNEY
Grâce et dénuement

440. ANNE-MARIE GARAT
L'Insomniaque

441. FÉDOR DOSTOÏEVSKI
Humiliés et offensés

442. YÔKO OGAWA
L'Annulaire

443. MENYHÉRT LAKATOS
Couleur de fumée

444. ROGER PANNEQUIN
Ami si tu tombes

445. NICOLE VRAY
Monsieur Monod

446. MICHEL VINAVER
Ecritures dramatiques

447. JEAN-CLAUDE GRUMBERG
La nuit tous les chats sont gris

448. VASLAV NIJINSKI
Cahiers

COÉDITION ACTES SUD – LEMÉAC

Ouvrage réalisé
par les Ateliers graphiques Actes Sud.
Achevé d'imprimer
en septembre 2000
par Bussière Camedan Imprimeries
à Saint-Amand-Montrond (Cher)
sur papier des
Papeteries de Jeand'heurs
pour le compte
d'ACTES SUD
Le Méjan
Place Nina-Berberova
13200 Arles.

N° d'éditeur : 3833
Dépôt légal
1re édition : octobre 2000
N° impr. : 004185/1